浙江大学文科高水平学术著作出版基金
中央高校基本科研业务费专项资金　资助

浙江学者丝路敦煌学术书系

唐西北方音丛考

张金泉 著

ZHEJIANG UNIVERSITY PRESS
浙江大学出版社

图书在版编目（CIP）数据

唐西北方音丛考 / 张金泉著. —杭州：浙江大学
出版社，2020.10
ISBN 978-7-308-17459-6

Ⅰ.①唐… Ⅱ.①张… Ⅲ.①西北方言—方言研究—
唐代—文集 Ⅳ.①H172.2-53

中国版本图书馆 CIP 数据核字（2017）第 239996 号

唐西北方音丛考

张金泉　著

责任编辑	宋旭华　蔡　帆
责任校对	王荣鑫　刘　丹
封面设计	项梦怡
出版发行	浙江大学出版社
	（杭州市天目山路 148 号　邮政编码 310007）
	（网址：http://www.zjupress.com）
排　　版	杭州中大图文设计有限公司
印　　刷	浙江印刷集团有限公司
开　　本	880mm×1230mm　1/32
印　　张	16.625
字　　数	445 千
版 印 次	2020 年 10 月第 1 版　2020 年 10 月第 1 次印刷
书　　号	ISBN 978-7-308-17459-6
定　　价	48.00 元

总　　序

　　浙江,我国"自古繁华"的"东南形胜"之区,名闻遐迩的中国丝绸故乡;敦煌,从汉武帝时张骞凿空西域之后,便成为丝绸之路的"咽喉之地",世界四大文明交融的"大都会"。自唐代始,浙江又因丝绸经海上运输日本,成为海上丝路的起点之一。浙江与敦煌、浙江与丝绸之路因丝绸结缘,更由于近代一大批浙江学人对敦煌文化与丝绸之路的研究、传播、弘扬而令学界瞩目。

　　近代浙江,文化繁荣昌盛,学术底蕴深厚,在时代进步的大潮流中,涌现出众多追求旧学新知、西学中用的"弄潮儿"。20世纪初因敦煌莫高窟藏经洞文献流散而兴起的"敦煌学",成为"世界学术之新潮流";中国学者首先"预流"者,即是浙江的罗振玉与王国维。两位国学大师"导夫先路",几代浙江学人(包括浙江籍及在浙工作生活者)奋随其后,薪火相传,从赵万里、姜亮夫、夏鼐、张其昀、常书鸿等前辈大家,到王仲荦、潘絜兹、蒋礼鸿、王伯敏、常沙娜、樊锦诗、郭在贻、项楚、黄时鉴、施萍婷、齐陈骏、黄永武、朱雷等著名专家,再到徐文堪、柴剑虹、卢向前、吴丽娱、张涌泉、王勇、黄征、刘进宝、赵丰、王惠民、许建平以及冯培红、余欣、窦怀永等一批更年轻的研究者,既有共同的学术追求,也有各自的学术传承与治学品格,在不同的分支学科园地辛勤耕耘，为国际"显学"敦煌学的发展与丝路文化的发扬光大作出了巨大贡献。浙江的丝绸之路、敦煌学研究者，成为国际敦煌学与丝路文化研究领域举世瞩目的富有生命力的学术群体。这在近代中国的学术史上，也是一个值得关注的现象。

始创于1897年的浙江大学，不仅是浙江百年人文之渊薮，也是近代中国社会科学与自然科学英才辈出的名校。其百年一贯的求是精神，培育了一代又一代脚踏实地而又敢于创新的学者专家。即以上述研治敦煌学与丝路文化的浙江学人而言，不仅相当一部分人的学习、工作与浙江大学关系紧密，而且每每成为浙江大学和全国乃至国外其他高校、研究机构连结之纽带、桥梁。如姜亮夫教授创办的浙江大学古籍研究所（原杭州大学古籍研究所），1983年受教育部委托，即在全国率先举办敦煌学讲习班，培养了一批敦煌学研究骨干；本校三代学者对敦煌写本语言文字的研究及敦煌文献的分类整理，在全世界居于领先地位。浙江大学与敦煌研究院精诚合作，在运用当代信息技术为敦煌石窟艺术的鉴赏、保护、修复、研究及再创造上，不断攻坚克难，取得了举世瞩目的成就，拓展了敦煌学的研究领域。在中国敦煌吐鲁番学会原语言文学分会基础上成立的浙江省敦煌学研究会，也已经成为与甘肃敦煌学学会、新疆吐鲁番学会鼎足而立的重要学术平台。由浙大学者参与主编，同浙江图书馆、浙江教育出版社合作编撰的《浙藏敦煌文献》于21世纪伊始出版，则在国内散藏敦煌写本的整理出版中起到了领跑与促进的作用。浙江学者倡导的中日韩"书籍之路"研究，大大丰富了海上丝路的文化内涵，也拓展了丝路文化研究的视野。位于西子湖畔的中国丝绸博物馆,则因其独特的丝绸文物考析及工艺史、交流史等方面的研究优势,并以它与国内外众多高校及收藏、研究机构进行实质性合作取得的丰硕成果而享誉学界。

现在,我国正处于实施"一带一路"倡议的起步阶段,加大研究、传播丝绸之路、敦煌文化的力度是其中的应有之义。这对于今天的浙江学人和浙江大学而言,是在原有深厚的学术积累基础上如何进一步传承、发扬学术优势的问题,也是以更开阔的胸怀与长远的眼光承担的系统工程,而决非"应景"、"赶时髦"之举。近期,浙江大学创建"一带一路"合作与发展协同创新中心,举办"丝路文明传承与发展国际学术研讨会",都是在新的历史条件下迈出的坚实步伐。现在,浙江大学组织出版这一套学术书系,正是为了珍惜与把握历史机遇,更好地回顾浙江学人的丝绸之路、敦煌学研究历程,奉献资料,追本溯源,检阅成果,总结经验,推进交流,加强互鉴,认清历史使命,展现灿烂前景。

浙江学者丝路敦煌学术书系编委会
2015 年 9 月 3 日

.

出版说明

　　本书系所选辑的论著写作时间跨度较长,涉及学科范围较广,引述历史典籍版本较复杂,作者行文风格各异,部分著作人亦已去世,依照尊重历史、尊敬作者、遵循学术规范、倡导文化多元化的原则,经与浙江大学出版社协商,书系编委会对本书系的文字编辑加工处理特做以下说明:

　　一、因内容需要,书系中若干卷采用繁体字排印;简体字各卷中某些引文为避免产生歧义或诠释之必需,保留个别繁体字、异体字。

　　二、编辑在审读加工中,只对原著中明确的讹误错漏做改动补正,对具有时代风貌、作者遣词造句习惯等特征的文句,一律不改,包括原有一些历史地名、族名等称呼,只要不存在原则性错误,一般不予改动。

　　三、对著作中引述的历史典籍或他人著作原文,只要所注版本出处明确,核对无误,原则上不比照其他版本做文字改动。原著没有注明版本出处的,根据学术规范要求请作者或选编者尽量予以补注。

　　四、对著作中涉及的敦煌、吐鲁番所出古写本,一般均改用通行的规范简体字或繁体字,如因论述需要,也适当保留了一些原写本录文中的通假字、俗写字、异体字、借字等。

五、对著作中涉及的书名、地名、敦煌吐鲁番写本编号、石窟名称与序次、研究机构名称及人名，原则上要求全卷统一，因撰著年代不同或需要体现时代特色或学术变迁的，可括注说明；无法做到全卷统一的则要求做到全篇一致。

书系编委会

目　　录

我与敦煌学研究

编这本集子是对自己作一次检验。我是学音韵学的,恰值二十世纪五十年代,由《敦煌变文集》与《敦煌变文字义通释》出版而激起敦煌语言研究之热潮,有幸在著名敦煌学家姜亮夫、蒋礼鸿两位先生身边,开始研读敦煌遗书,并从此开始一生事业。全程可分为三个阶段,或者说有三个方面。

第一阶段,初不识门径,受王力先生的启示,才确定了努力方向。《汉语史稿》指出:变文"是汉语史的极端宝贵的材料","《切韵》以后,虽有了韵书,但是韵书由于拘守传统,并不像韵文(特别是俗文学)那样正确地反映当代的韵母系统"。于是我运用传统的音韵学方法,从整理曲子词和变文的韵读入手,编出韵谱,归纳韵类,排出韵系。证实俗文学的韵母系统,确实与传统韵书不同,具有鲜明的口语特色。这一结果和著名音韵学家罗常培先生的《唐五代西北方音》暗合,且能互证互补。由此又有《变文假借字谱》的编纂,很有特色的敦煌俗字书《字宝》"序"就称"取音之字,注引假借",标明假借字与本字的同音关系。编纂的结果,也与曲子词、变文用韵吻合。恰从另一个侧面说明辨识曲子词和变文的假借字需要留意唐五代西北方音。进而还想搜集唐五代笔记小说中相关资料,撰写《唐五代西北方音》,形成比较完整的系统,竟未能如愿。

第二阶段,发现敦煌俗字书与当时口语关系密切,并有唐五代西北方音遗存,遂萌生搜集整理的意愿。当年关于敦煌遗书最完备的文本,当推缩微胶卷与《敦煌宝藏》。通读当中,即便断页残片，也力求不遗漏，在剔除重复、更正误名并缀合以后，共得211 种，计 738 个写卷（含音义书）。数量之多，堪称我国辞书史上的大发现，却是璞玉待诂，至今犹待刊布和研究。且举一例，将 S.5731、S.6117、S.6208 和 S.11423 四残卷拼成《新商略古今字样撮其时要并行正俗释》以后，仅书题关于"新"、"古今字样"和"商略"诸标示，就足以窥探唐代字样学的蓬勃发展。且其注音，多浊上同去、入声字与阴声字同读等口语音，与传统韵书大异。唐兰先生《中国文字学》总结说："由中国文字学的历史来看，《说文》《字林》以后，可以分成五大派：一、俗文字学派；二、字样学派；三、《说文》学派；四、古文字学派；五、六书学派。前两派属于近代文字学，后三派属于古文字学，在文字学里都是不可少的。清代学者只复兴了《说文》学和古文字学……搜集新材料、用新方法来研究文字发生构成的理论、古今演变的规律，正是方来学者的责任。"业已将所得主要部分编纂成《敦煌音义汇考》，蒙季羡林先生题签"汇前贤研究硕果，集敦煌音韵大成"。《敦煌市志》的古代敦煌方言部分就是主要依据其中资料写成的。

第三阶段，尝试为俗字书逐一作疏证。所以先取《字宝》，是出于以下考虑：一、它拥有五个写卷，能够互校，而且补全。二、其"序"明言"今天下士庶同流，庸贤杂处，语论相接，十之七八，皆以协俗，既俗字而不识，则言话之讹𧬣（土戈反）矣"。认为所处已是口语协俗的时代，主张白话，俗字与正字并重，其书即专录口语俗字的。三、全书载口语词多达 400 余条，颇见于白居易诗等唐代文献、《敦煌变文字义通释》所及，乃至《广韵》，可以相互印证，足见其语言环境有相通之处。四、其书重注音，却罕有释义，以致虽在遗书发现之始即得到学者注目，却至今未能得到应有发掘和利用。诚如潘重规先生所言："所著录者皆通俗手写之文字，倘能聆音识字，即可立晓其义。故卷中词语注明音读者至详，而解释意义者极罕……然时移语变，未注明音义者，到后世读者多不能解。"我的办法是,《字宝》既然从口语中来,就让它回到口语中去。就是说从同时代的文献中寻找语例,而敦煌变文与曲子词等俗文学尤当注重。这工作繁难而艰巨,但是,语例能提供语境,起到"倘能聆音识字,即可立晓其义"的类似功能。还可以依据《字宝》"序"的自身说法,在记录这些口语词语时,乃是从正统字书中取字的。所谓"余今讨穷《字统》,援引众书:《翰苑》、《玉篇》、数家《切韵》,纂成较量,辑成一卷"。尽可能寻取相对应的文字来作比照,虽然这些古书大多早佚不存。汉字的形、音、义之间的关系应当深究,故此又收进《试论〈广韵〉的又音》一文。每想此项工作,不止在于读懂一本俗字书,更在于有助于探究中古汉语的语音、文字和词汇的形成与发展,填补目前该领域研究的一些空白,是可以努力去做的。

敦煌遗书被誉称为宝藏,仅与语言文字相关的写卷,据我梳理,就多达211种738个(详见本书《敦煌古字书考略》),涵盖音韵、文字、训诂诸方面,一派繁荣昌盛的景象。联系唐代结束多年战乱而实现统一,乃至"盛世",其间人群之交流和语言之融合达到新阶段。语言文字研究,硕果累累,亦是必然。如字样学的兴起;《切韵》抄卷遍布,且多增补,收字归韵亦有异同,显示语言规范的普及同时兼采集新因素,等等。只是以往未予以重视,习惯以《说文》等前代标准,说它们是非正规。

学海无涯,认识有限,一人之力更是渺小。面对敦煌遗书这一座丰富宝藏,回顾工作过程,只在不断认识所得所失,唯尽力是求。今得以出版,幸甚幸甚!

《字宝》疏证

序

为《字宝》作疏证,出于两个考虑:一是《字宝》的重要学术价值,二是发掘并利用其价值。《字宝》是唐人自著的民间口语字书,共收语词四百余条,多为历来字书所未载,并有现代学者列为考释的词语。敦煌学家姜亮夫在《敦煌学概论》说它"收录的大都唐代西北俗语,既是考唐音的重要材料,也是读其他卷子以至唐宋以来俗文学的不可少的'字典'"是可信的。然早佚无闻,阅千余年,才因敦煌遗书的发现而名世。随即被伯希和、斯坦因等人携藏英国和法国。20世纪初,由学者刘半农诸人抄录回国刊布,却是影响不彰。诚如敦煌学家潘重规所言:"卷中所采辑者皆当世口中之恒言,所著录者皆通俗手写之文字,倘能聆音识字,即可立晓其义。故卷中词语注明音读者至详,而解释意义者绝罕……然时移语变,未注明意义者,则后世读者多不能解。"(见《瀛涯敦煌韵辑别录·巴黎藏伯二七一七卷抄录》)难读是重要原因。昔日的优势何以成为后人的困惑?我想这与语言环境相关。《字宝》辑于唐时,故当时"聆音识字"、"立晓其义",历经千余年的"时移语变",也就成为古董。若要发掘并利用其价值,就需回到当时的语言环境中去。所谓"归'来处'去",也就是回语言实际交流中去,修辞书重视语例、语证是一个意思。这里强调的是时代性，《字宝》采集的词语是唐代口语，理当从唐代口语取证，不能因为未见于前代字书而斥之为"俗"。为此，我做了三件事。一是从它取字的书中找出它的所取的语言环境，以作比较。《字宝·序》称"余今讨穷《字统》，援引众书：《翰苑》、《玉篇》、数家《切韵》，纂成较量，辑成一卷"，虽然一些书都已经早佚不存，也是尽力为之。二是从同时代的文献，尤其是敦煌俗文学作品中寻找语例，以显现它的语言环境。就个人所见，《字宝》中的词与字，往往见于敦煌变文、曲子词、白居易诗，乃至慧琳音义，皆可佐证其《序》"今天下士庶同流，庸贤杂处，十之七八，皆已协俗"，所收系当时口语词的说法。《敦煌变文字义通释》书名不加"俗"字很有深意。甚者还可以联系唐以后文献，助力中古汉语到近代汉语的发展的研究。三是编辑者虽没有明白列出书例若干，但是，可以从书的实际内容归纳出来，有助于解释所收词和字的语言环境。详本书《论敦煌本〈字宝〉》一文。从"来处"来，归"来处"去，这就是我做的疏证。《字宝》全书收语词四百余条，要一一解释清楚，可以说是一项难以完成的任务。难于求全，难于求尽，只是试做而已。末了，现今发现的《字宝》写卷共有五：斯619、斯6204、伯2717、伯2508和伯3906，详见杭州大学出版社《敦煌音义汇考》。唯伯3906卷完整，加之书写多舛，疏证即以伯3906为底本，综合多本作校。

正文

　　凡人之运手动足，皆有名目，言常在口，字难得知。是以兆人之用，每妨下笔，修撰著述，费于寻检。虽以谈吐常致疑之，又俗猥刺之字不在经典史籍之内，闻于万人理论之言，字多僻远，口则言之，皆不之识。至于士大夫转学之客，贪记书传典籍之言，详心岂暇繁杂之字！每欲自书，或被人问，皆称不识，何有耻之下辈而惭颜于寡知！则有无学之子，劣智之徒，或云俗字不晓，斯言谬甚。今天下士庶同流，庸贤共处，十之七八，皆以协俗。既俗字而不识，则言话之讹𰉀（土戈反）矣。在上者固不肯录而示之，小学者又贪轻易而懒之。致使暧昧贤愚，蒙细无辨。余今讨穷《字统》，援引众书：《翰苑》、《玉篇》，数家《切韵》，纂成较量，缉成一卷。虽未尽天下之物名，亦粗济含毫之滞思。号曰《字宝》，有若碎金。然零取救要之时，则无大叚，而副笔济用之力，实敌其金。谓之碎金，开卷有益，读之易识。取音之字，注引假借。余思济众为大，罔以镣洁为美，将持疑从来者也。今分为四声，傍通列之如右。

　　"运手动足"原只"运动足"三字。周祖谟先生《敦煌唐本字书叙录》疑"运"下脱"手"字。潘重规先生《P. 2717字宝碎金新校》疑"足"上脱"手"字。慧琳音义卷二十六"手抱脚蹋"条注云："南经谢公改为'运手动足'，言虽是巧，于义有阙疏也。"因知"运手动足"当是习语常言，从周录。"凡人……皆不之识"言现用文字不能满足口语的需要，而满足口语需要正是文字发展的必然趋势。"至于士大夫……斯言谬甚"意在批评唯以经典史籍用字为尊而排斥口语俗字的不良风气。此习由来已久，至如唐初著名语言学家颜师古亦有类似的论述。其《急就篇》注序云："至如蓬门野贱、穷乡幼学，递相承禀，犹竞习之。既无良师，只增僻谬。若夫缙绅秀彦、膏粱子弟，谓之鄙俚，耻于窥涉，遂使博闻之说，废而弗明，备物之方，于兹寝滞。"可谓积习难改。"今天下……讹𰉀矣"，此言对认识唐代语言实际情况，是极其可贵的。敢于面对唯古为正和书面语言文字为尊的风气，力争口语和俗字的应有地位。《广雅·释诂二》:"诒,欺也。"王念孙疏证:"诒者,《说文》:'沇州谓欺曰诒。'《燕策》云:'寡人甚不喜訑者言也。'訑与诒同。今江淮间犹谓欺曰诒,是古之遗语也。"《说文》所载的方言词,至唐代《字宝》已是通语。"余今讨穷……辑成一卷",说编书的规则或方法。从正统字书中取字,一不增加新字,二沟通口语与书面语,所谓"士庶同流"、"皆以协俗"。乃是编民间字书的有效方法。《字统》,后魏阳承庆撰,早佚。唐《封氏闻见记》作杨承庆,卷二载:"后魏杨承庆者,复撰《字统》二十卷,凡一万三千七百三十四字。亦凭《说文》为本,其论字体,时复有异。"清谢启昆《小学考》则说它"实开王安石《字说》之先声矣",见卷十五。《字说》今亦不存,其强说形声字,主张声旁皆表意,如波为水之皮之说,颇为后人诟病。有关《字统》的辑佚书有:清任大椿《小学钩沉》、马国翰《玉函山房辑佚书》、黄奭《佚书考》、顾震福《小学钩沉续编》、龙璋《小学搜佚》以及近人李增杰《古代六种字书佚文补辑并注》诸书。《翰苑》乃唐张楚金撰,三十卷,早佚。今有日本大正十一年内藤湖南影印旧抄本《翰苑》残卷第三十,《跋》云:"首题'翰苑卷第□,张楚金撰,雍公叡注';次有目;次正文大书,体用骈俪,夹注双行,称引繁富。楚金后序言:'以唐显庆五年三月十二日癸丑昼寝并州太原县之廉平里,梦与兄越石同谒孔子,寤而兴叹,遂著是书。'言虽涉诞,其著书之时可据以考焉。"显庆五年即公元660年。《玉篇》为南梁顾野王撰,三十卷,成于大同九年(543),是第一部将楷书作为规范字体的汉字字典,且征引繁富,辨识详审,已具现代字典的模式。唐宋间有多次修订和增捕,传世的《大广益会玉篇》是宋大中祥符六年(1013)陈彭年等人重修的,收字增多,而注解大有删削,已非原书之旧。1984年,中华书局汇聚已发现的残抄本，影印出版了《原本玉篇残卷》，存正文二千余字，注七万五千多字，约为原书的八分之一。可依据《原本玉篇残卷》所收，兼参照《大广益会玉篇》，考释《字宝》所辑之字。《切韵》系隋陆法言撰，五卷，成于仁寿元年（601）。至唐代，用以考试取士，几乎成为官韵，于是传写、笺注、增补之本层出不穷，可惜亡佚殆尽。宋初，则有陈彭年等人据前代《切韵》诸本，修订增广，名为《大宋重修广韵》，遂被后人视为研究《切韵》的主要依据。清代学者甚至径视《广韵》为《切韵》。今人周祖谟收集迄今所发现的唐五代韵书残本，其中大多是敦煌出土的《切韵》系韵书，由中华书局出版，名为《唐五代韵书集存》。书中唯故宫本《王仁昫刊谬补缺切韵》堪称完帙，可据以考释《字宝》所收。"号曰《字宝》，有若碎金"句，明言书名为字宝，而碎金只是比喻。今人拟名碎金或字宝碎金者，皆不可取。下文"谓之碎金"言其效用，非指书名，因有"实敌其金"之说。"则无大叚"句，"叚"通"瑕"。"取音之字，注引假借"，此为编例之一，如首条"肥脆体：笔苗反，又儦"，脆是取音之字，儦是注引假借之字。"今分为……如右"，以四声为序是唐时惯例，颜元孙《干禄字书·序》云："遂参校是非，较量同异……勒成一卷，名曰干禄字书。以平上去入四声为次"，至唐大历十一年（776）张参《五经文字·序》，则有"近代字样，多依四声"之说。全书字组分上下两排，所谓傍通即把有字音、义或音义相通的字组并立成排，起互相印证的作用。字组尚有诸多体例，详《论敦煌本〈字宝〉》。

平声字

肥臕体：笔苗反，又儦。

字组借"肥"释"臕"。按："臕"字不见于《玉篇》、《切韵》。《广韵·宵韵》则有之，云："臕：脂臕肥貌。"《集韵·宵韵》亦云："臕：脂肥貌。"因知"臕"与"肥"义似，臕肥二字可视为同义并立，"脂臕肥"亦与"脂肥"相当，"臕"与"脂肥"相当。《乐府诗集·横吹曲辞五·企喻歌辞之二》云："放马大泽中，草好马着臕。"唐·元稹《缚戎人》诗云"蕃马臕成正翘健"，皆其例。唐代人尚肥，当时"肥"是壮健的意思。《切韵》释"肥"为"丰肌"，见微韵，是也。白居易《寄庐小尹》诗云："谁谓具圣体，不如肥瓠躯。""肥瓠躯"与"肥臕体"，词语结构与语意都相似。可以说"肥臕"即今之"肥臕"。因此，"肥臕体"的"体"字具有明义的功能也展现出来了，说明"肥臕"二字是用来描述躯体状态的。《字宝》极少释义，但是，其字组组合皆有含义，值得我们深究。由"肥臕"到肥臕，这中间还有一个演变过程。《说文》有"臕"而无"臕"，肉部云："臕，牛胁后脾前合革肉也"，即小腹两边肉。元·马致远《耍孩儿·借马》云："近来时买得匹蒲梢骑，气命儿般看承爱惜，逐宵上草料数十番，喂饲得臕息胖肥"，"臕息"是长臕了，自然全身也就"胖肥"，即壮健了。虽然"臕"不等于"肥"，但是，二者是相关联的。随着语言发展，到宋代徐锴《说文系传》则云："今谓马肥为臕肥也。"清段玉裁注《说文解字》亦云："今俗谓牲肥者为臕壮，音如标。"故今之"肥臕"可遡源至唐之"肥臕"。当可视为近代汉语双音词形成的史料。今《辞海》、《古汉语大词典》把"臕"仅看作"臕"的异体字，太过笼统，"臕"不具有"臕"的本义。案：诸卷"膔"皆讹"腜"。P. 2717、S. 619 两卷注衍"肥虐反"三字，显然由误"膔"为"腜"所添。足见今见的写卷都不是原本。

物譌斜：苦乖反，又喎。

"譌"、"斜"义似，譌斜也属字组同义并立明义例，物字则是确定后二字字义范畴。《玉篇·立部》释"譌"为"不正也"。《切韵·佳韵》更云："物不正也。"恰与字组首字作"物"相合。章太炎《新方言》云："今江南谓不正为譌"，犹存唐语。注云"又喎"则明假借。喎是呙的后起字。《说文·口部》："呙：口戾不正也。"与譌字音同而义似。时移语变，实用中，二者日渐趋同。《法华经·随喜功德品》云："亦不缺坏，亦不呙斜。"《朱子语类》卷十一有云："圣贤言语，当虚心看，不可先有立意去撑柱，便喎斜了。"二字已是混一，"呙斜"便是"譌斜"。至清代，段玉裁注《说文》，便于"譌"字注云："俗字作歪"，"歪"字今犹常用。清·吴玉搢《别雅》详加考释，云："觚邪、夭邪，歪邪也。《周礼·夏官》：'形方氏掌制邦国之地域而正其封疆，无有莘离之地。'注：莘离读为觚哨之觚，正之使不觚邪离绝。觚，苦蛙切，即今歪字。古无麻韵，正合今之歪音。按《说文》'譌：不正也。'古称程邈四简篆书譌扁应势，此正歪之本字。今人合不正二字为歪字，不知其本作譌矣。唐诗'随风乘蝶学夭邪'，宋词'杏靥夭邪'，亦皆读如歪。又譌亦作喎。《三国志·魏武帝纪》注引曹瞒传云：'乃阳败面喎口'，则又从譌省也。"见卷一。然则唐言"譌斜"即是今语"歪斜"，已是清代学者共识。案：《别雅》所引的"莘离"二莘字皆当作乖字，阮元校勘记云："莘，今作乖，俗误为莘。《说文》：'乖，背吕也。象胁肋形。'《玉篇》于乖部加莘，训为莘斜也。苦娲切。莘斜者，犹觚邪云尔。"物不正的譌与口不正的喎合而为一，是个体归于综合,具体升至抽象。记录它的文字自蠵、喎至歪,则是由繁至简。考其音,由《字宝》注"苦乖反"读溪纽,到《玉篇》音"火呙反"读晓纽,再到今人的歪读零声母,也有差异。从唐至今,此字的形、音、义都有显著的变化。

肥虺㺉:乌怀反,丑乖反。

　　"虺㺉"是叠韵诔语,《玉篇》、《切韵》皆释为"马病"。语出《诗·周南·卷耳》:"陟彼崔嵬,我马虺隤",意为马疲惫乏力的状态,亦即"马病"。至晋代,已有异议。郭璞《尔雅注》称:"人病之通名,而说者便谓之马病,失其义也。"细审"我马虺隤"句意,应是"马虺㺉"为"马病"而非"虺㺉"便是"马病"。清代学者郝懿行《尔雅义疏》考释云:"按《说文》作穨。云'秃貌'。隶作颓,通作隤。《说文》:'隤:下队也。'《释名》:'阴肿曰隤,气下队也。'《诗》释文引孙炎云:'马退不能升之病',亦望文生训耳。且虺㺉二字俱为叚音。"叚音即假音,即假借字。今《字宝》于"虺㺉"前加"肥"字,义当与"病"有所区别。并将此条与"肥膪体"组成傍通,更强调其"肥"的含义。若说病态,似当释作"肥肿",相当今人说的"浮肿"。"傍通"是《字宝》很重要的书例,两条或两条以上的字组编成并列,显示其音相通,或义相通,或音与义都相通的联系。如平声字中"𪌍胶:丑知反"与"𪍑雀儿:丑知反",如入声字中"屑塞:之甲反"与"插塞:之甲反"。𪌍为名词,𪍑为动词;屑塞之塞为名词,插塞之塞为动词。案:《玉篇》收有"腲脮",释为"肥貌",音"乌罪反"与"他罪反"。《切韵》则释作"肥弱病"。当与"肥虺㺉"之"虺㺉"相近。与"虺㺉"相较,"腲脮"倒是新造本字。《类篇·肉部》亦云:"腲:邬贿切。腲脮,肥也。""脮:吐畏切。"此语早见于汉代王褒《洞箫赋》,其"阿那腲脮者已"句,唐·李善注引《埤苍》云:"腲脮:肥貌。"唐·释寒山《诗三百三首》之五十九："鸱鸦饱腶腰,鸾凤饥徬徨。"亦用其意,腰同胲。

目䁾眵:上兜,下所支反。

䁾眵,今云"眼屎"。《玉篇》、《切韵》皆释作"目汁凝"。其为谜语,单言曰"眵",或曰"䁾"。又作"兜眵"、"眵兜"、"戴兜"诸形。明·焦竑《俗书刊误·俗用杂字》云："目汁凝曰眵,音诗,俗音矢。韩昌黎诗:两目眵昏头雪白。"此诗句出《短檠灯歌》。玄应音义卷十八:"眼眵:充支反。《说文》:'戴兜,眵也。'今江南呼眵为眵兜也。"《急就篇》第四章:"痒热瘭痔眵戴眼"。唐颜师古注:"眵谓眇䁾,目之蔽垢也。"眇䁾,亦戴兜。《说文·目部》云:"眵:目伤眦也。一曰戴兜也。"戴,戴兜,目眵,一也。见部则有"覣"字,云:"目蔽垢也。从见竖声,读若兜。"如此,䁾即是覣之俗字。案:"兜"是《切韵》的小韵字,《字宝》注音每用小韵字,显现它与《切韵》的联系。又:注"所支反",音与《玉篇》"充支切"、《切韵》"叱支反"不同纽。章太炎《新方言·释形体》云:"今人谓眼中凝汁为眼眵,读如矢。""矢"与今"眼屎"的"屎"同纽。从《字宝》音"所支反"到明代焦竑的"俗音矢"再到章太炎《新方言》的"读如矢",一脉相通,却与《切韵》、《玉篇》之音有所不同,可谓既是俗音又是唐口语音。

人瞠眼:丑庚反,怒视。

"瞠眼",今云"瞪眼"。《当代汉语词典》:"瞪眼:1.睁大眼睛看:瞪眼让他给跑了。2.很生气:吹胡子瞪眼。"《玉篇》、《切韵》皆释为"直视"。直视义可上溯至《庄子·田子方》,所谓"夫子奔逸绝尘,而回瞠若乎其后矣。"陆德明释文引《字林》云:"直视貌",其义与《当代汉语词典》的"睁大眼睛看"义相当。怒视义与直视义相通,情态大异,语证宜下探,《宋史·周三臣传》有云:

"通性刚而寡谋,言多忓物,肆威虐众,谓之韩瞠眼。"恰与注"怒视"义相合。《字宝》以口语从《玉篇》《切韵》诸书中取字,却不取所载之释义,当自有见地。按二义本同一脉,因语境不同各有所重使然。《当代汉语词典》所载之第二义,已见于《字宝》及《宋史》诸古籍,因知《古代汉语大字典》仅释"瞠"为"瞪着眼睛直视。"可谓得其一而失其二。

拈揲:丁兼反,又战量。

　　注云"战量"即是释义。字形,《玉篇》作"战掇",《切韵》作"战揲",敦煌本《俗务要名林》与《切韵》相同,可见当时常用。清梁绍壬《两般秋雨盦随笔》卷五:"以手量物轻重曰战揲,见《庄子》注。或曰颠笃,音义同也。今各处口谈,尚有此语。又以一心权事之是否,亦用此二字。"诸写卷误"拈"作"拑",形似之故,今正。案:拈字从手占声,战字从支占声,可视作异体字。《周礼·春官·典同》:"微声韽。"郑注"韽读为飞钻涅韽之韽"。阮元校勘记云:"释文作飞钻。贾疏作飞钳,云:'言察是非,语飞而钳持之。'《集韵》二十四盐、二十五沾皆云:《鬼谷篇》有'飞钻涅闇'。段玉裁云:《集韵》所本者是也。"亦钻、钳误书之一例。《字宝》拈揲作拈,所用亦非本义。故注以"丁兼反"之音,以示区别。而注"又战量"之战,才是本字。《康熙字典·手部》:"拈:《唐韵》《集韵》《韵会》并奴兼切,音鲇。《说文》揶也。《广韵》指取物也。""掂:《字汇》丁廉切,点平声,手掂也。按《集韵》:'以手称物曰战揲。'战音丁兼切。或作玷。此改为掂,俗字无考。"又"揲:《唐韵》丁果切,《集韵》《韵会》《正韵》都果切,并音朵。与揣同。称量忖度也,又摇也。又《唐韵》《集韵》并都唾切,音剁。亦量也。"

相偎倚：乌皆反，又挨。

"偎"是口语新词，不见于《玉篇》、《切韵》诸书。字组把它与"倚"字并列见义，前加"相"字，表示所收字是述说彼此关系的。"偎"亦"倚"，是靠的意思。白居易诗以近俗著称，其《岁除夜对酒》诗，有"醉依（乌皆反）香枕坐，慵傍暖炉眠"句。"依"与"傍"对文见义，此"依"即彼"倚"，也就是"偎"。诗人能说这个词却不知其字，故借"依"字为用，而加注反切，与《字宝》殊途同归。唐·释贯休则径借"挨"字为用，其《览姚合〈极玄集〉》诗就有"好鸟挨花落，清风出院迟"的语例。案：注"又挨"之"挨"，本义为击打，读上声，与"偎"有别。《字宝·序》称："取音之字，注引假借"，音近而已。《说文·手部》云："挨：击背也。"段玉裁注："《列子》：'攘拟挨抌'，张注曰：乌骇反，推也。"此其本义。其后《玉篇》云："挨：于骇切。推也"，《切韵》云："挨：於骇反。打"，均源于此。直至辽·释行均的《龙龛手镜》，其手部始有"挨：乌皆反。倚也；又于骇反。打也"之说，兼载新旧二义。因知《字宝》所载对于研究近代汉语，是很有价值的。又：细审此字从人屋声，于形声不合，疑当作从人厓声，当是俗书形近所致。读《太平广记》得一旁证，卷二燕昭王条："王登捱日之台。"整理者汪绍楹注："明钞本捱作掘。本书四〇二引《拾遗记》作握。"字从厓、从屈、从屋易混，然从形声结构来说，当以从扌厓声为正。偎字从亻，比从扌，更能体现"靠"的字义。

心忪恌：音锺，调。

忪，《玉篇·心部》云："心动，惊也，遑遽也。"《切韵·锺韵》云："心动。"唐·李贺《恼公》诗云："犀株防胆怯，银液镇心忪。"恌，《切韵·萧韵》云："薄，轻"，轻薄的意思。唐·李商隐《送从翁从东川弘农尚书幕》诗云："薄俗谁其激，斯民已甚恌。"字组冠以心字,表示字义俱属于心理范畴。《切韵·萧韵》"恌"音"吐彫反","调"音"徒聊反",二者声纽分清浊。《字宝》视作同音,是值得注意的音变。

人眼蒢:音花,又灯炑。

"眼蒢"即眼花。白居易有《病眼花》诗,云:"花发眼中犹足怪",乃是视觉模糊的形象说法。蒢字从草从际,会意字,际即是视的异体字,眼中有草,是为眼花,与"花发眼中"异曲同工。《字宝》编者注重分别文,于此收了三个。眼花为"蒢",从艹从际为会意字;草木用"花",从艹化声为形声字;灯花作"炑",从火匕声为形声字。匕是化的异体字,《篇海》卷十三引《搜真玉镜》云:"炑:音花。"过于强调汉字形体的表意作用。

人齰嗽:即焰反,即逾反。

双声谜语,意为不廉洁。《玉篇》、《切韵》都解释为:"不廉。"此语有平、去二读。注音将前字读去声而后字读平声,有所不同。尚未找到语例。

面齄风:支加反。

面部的一种皮肤病。胡朴安《中国文字学史》引《玉篇》"齄:庄加切,皰也。今作齄。"释云:"按《黄帝素问》:'劳汗当风,寒薄为齄。'注:'俗谓之粉刺。'此种粉刺,生于面部,在鼻者尤显,故《玉篇》训为皰,今作齄。《类篇》直训为鼻上皰。因之《正字通》训为红晕似疮,浮起在鼻者曰酒齄。"今人叫"酒糟鼻子"。刘宋刘义庆《幽明录·易头》云:"夜梦一人,面齄皰,甚多须。"面齄皰,就是面齄风。齄与齄是异体字,疱、皰也是异体字,齄皰是同义合成词。《字宝》"去声字"中另有"人皰鼻"条,与此相较,称名各有所重，亦见当时当地此病常见。风指中医所说的病因“六淫”：风、寒、暑、湿、燥、火之一。《黄帝素问》即有“劳汗当风，寒薄为皻”之说。

婢𡡉：音脾、𩪘，又仳倠。

婢𡡉，俗字。字书只见“仳倠”。《玉篇·人部》云：“倠：许维切。《淮南》曰：‘嫫母仳倠。’《说文》：‘仳倠，丑面也。’”可见“婢𡡉”即“仳倠”。所谓“取音之字，注引假借”，“婢𡡉”是取音之字，而注引假借是“仳倠”，用以明义。案：婢，《切韵》音“方奚反”，属齐韵帮纽；而脾音“符支反”，仳音“房脂反”，系浊音。此视三字为同音，清浊不分，则浊声母可能消失而且轻重唇音已经不分。又：《切韵》以“方奚反”属齐韵，“符支反”属支韵，“房脂反”属脂韵。周祖谟《宋汴洛语音考》云：“北宋除支、脂、之、微通用外，齐韵平上去三声及去声之祭韵亦均与以上四韵合用不分”，认定了北宋的新语音。《字宝》的同音假借已启其先河。

声䯄䯄：支咬反。

䯄，耳鸣声，象声词。《玉篇·耳部》云：“䯄：壮交切。耳鸣也。”《切韵·肴韵》云：“䯄：耳中声。侧交反。”案：“声䯄”之“䯄”不是重言后缀，字组首字“声”是用来启示它是声音之一，“耳鸣声”是名词。

人頦頤：音孩，夷。

頦亦頤，即下巴。《庄子·渔父》云：“左手据膝，右手持頤以听。”慧琳音义卷一“頤頷”条引《方言》云：“頤、頷，互名也。”又引《文字集略》云：“頦也。”为一物多名。案：慧琳音义此条注音作“頤音夷，頦音孩”，恰与《字宝》同。

朘项:音燕。

　　朘,亦项,也就是颈,今通称颈。朘项也是颈,是同义合成的双音词,为唐时口语新词。慧琳音义卷一有"项朘"条,引《说文》云:"前曰颈,后曰项。"又云:"案:朘即颈之异名也。"《敦煌变文集·孔子项託相问书》云:"鸿鹤能鸣者缘咽项长",又问:"虾蟆能鸣,岂缘咽项长?"咽项即朘项。玄应音义卷二十五"鬼朘"条云:"又作咽,同。"是也。然而,《玉篇》《切韵》皆以朘为朘喉,不知有"朘项"之说。又有误认朘只限用于朘脂的。周祖谟《广韵校本》于先韵将"朘:朘项"误校成"朘:朘脂",今见敦煌遗书,可谓力证。

暁眼:古侯反。

　　深陷的眼睛。《玉篇·目部》云:"暁:深目貌。"白居易《新乐府·西凉伎》云:"如从流沙来万里,紫髯深目两胡儿。"深目即暁眼,是西域胡人的面貌特征。字又作"眍",元·佚名《叨叨令过折桂令·驼背伎》云:"眼儿眍,鼻儿凸。"明·焦竑《俗书刊误·俗用杂字》云:"目深曰暁,音抠。又音讴。"案:"古侯反"属见纽,而《玉篇》、《切韵》都读溪纽,略有不同。

笑唲唲:由伊反。

　　唲,《玉篇·口部》云:"乎典切。不顾而吐也。"《切韵·铣韵》则云:"小儿欧乳","胡茧反"。音义俱不合。字组以"笑"字当头,"唲唲"当是象声。今言"笑兮兮",与此相近。《玉篇》有"咦"字,释为"笑貌",音"弋之反",近之。

马趢踏：捎。

《玉篇·走部》云："趢，走也。"走的古义为奔。而足部则云："踏：足着地"，引申可释作迈步。宋·王安石《春怨》诗云："游人少春恋，踏去却寻春。"依并列见义的释词例，当时口语"踏"已有迈步的意思，故用来印证陌生的"趢"字。韩愈《符读书城南》诗云："飞黄腾踏去，不能顾蟾蜍。"腾踏是飞奔的意思。趢踏亦腾踏。案：《玉篇》趢音"所六切"，而注音字"捎"音"所交反"，如此作注，有入声消变之兆。

语声褻：音西，悲声也。

语声褻是语声嘶哑，注云："悲声也"，故冠以"语"字，与并立的"物甈声"构成傍通。"甈"是瓦器破裂之声，注云："破甖声也"，故冠以"物"字。二声相似，二字音同而义别，确定为不可混用。《原本玉篇残卷·言部》云："褻：先奚反。《说文》：'悲声也。'野王案……或为嘶字。"慧琳音义卷十"嘶喝"条云："又作褻，同，先奚反……《埤苍》嘶，声散也。"慧琳音义卷二十五又云："破而声甈：先奚反。《通俗文》云：'瓦甖声也'，甖音问。经文误为嘶字。"说明当时三字确有混用，而讲规范的字书都主张分用。《字宝》自称"今讨穷《字统》，援引众书：《翰苑》、《玉篇》、数家《切韵》，纂成较量，辑成一卷"，这就是一例。《字宝》是讲究正字的，与其他俗字书有所不同。

猪蚸地：音灰。

《切韵·灰韵》云："蚸：豕掘地。"《玉篇·兀部》作"豗"，释云："猪豗地也"，与此条同。慧琳音义卷五十五"蚸地"注："上音灰。《埤苍》云：'蚸：豕以鼻垦地取虫谓之蚸也。'"所谓"掘地"乃是"以鼻垦地"，说解更为准确。《敦煌变文集·舜子变》云："自有群猪与犈耕地开垄。"同书《降魔变文》云："化出水牛甚可怜，直入场中惊四众，磨角掘地喊连天。""与犈耕地"和"掘地"，都是"豛"。

物甈声：音西，破甖声也。

　　详上"语声誓"。

相嫽妭：音寮、钵。

　　"相"字表示彼与此的态势，许多字组常用作首字。"嫽妭"是借字。《切韵·萧韵》云："嫽：相戏。"段玉裁认为这是新义。《说文·女部》云："嫽：女字也。"段玉裁注："《广韵》：'相嫽戏也'，此今义也。""今义"，在唐时应是新义。诗文往往借用"撩"字，如韩愈《次同冠峡》诗云："无心思岭北，猿鸟莫相撩。"陆游《闭户》诗云："三日不作诗，幽禽语撩人。"《水浒传》第二十六回："却把些话来撩他。"皆其例。撩是挑逗的意思。上溯还有庾信《结客少年场行》"歌撩李都尉（李延年），果掷潘河阳（潘岳）"的语例。然则，《玉篇·手部》云："撩：力条切。手取物也。"《说文·手部》则云："撩：理之也。"段玉裁注引《通俗文》曰："理乱谓之撩理。"皆与此不同，当是本义。由"理乱"转为"撩戏"是词义的引申。妭字，《玉篇·女部》释云："蒲活切。天子射击也。《说文》云：'美妇也。'《文字指归》曰：'女妭秃无发，所居之处，天不雨也。'"与"嫽"义不相涉，当是"拨"的借字。嫽妭，即是撩拨、挑逗的意思。唐·张鷟《游仙窟》云："渠未相撩拨，娇从何处来？"宋·秦观《忆秦娥》词："清寒冽，只缘不禁，梅花撩拨。"《太平广记》卷一七七"葛周"条引"河北谚曰：'山东一条葛，无事莫撩拨。'"撩拨已定型。作为唐时口语新词，书写未曾定型，因而有了"嫽妭"。案："钵"，《切韵》"博末反"，属帮纽，被注字"妭"属并纽，又是清浊互注。

手捬撦：自盐反，下尺者反。

捬，或撦，或捬撦，都是拔取的意思。捬，《切韵》、《玉篇》都释为"取也"。唐·贾岛《原居即事言怀赠孙员外》诗云："镊捬白发断，兵阻尺书传。"撦，《切韵》释为"开裂"，义稍有不同。但是，唐颜愍楚《俗书证误》云："撦：今扯。"《正字通·手部》云："扯：俗撦字。"则以拔取之释为佳。捬撦，是并列合成的双音词，敦煌曲子词《春闺怨》云："含笑觑，轻轻骂，把衣捬撦。"宋刘攽《刘贡父诗话》云："杨大年(忆)、钱文僖(惟演)、晏文献(殊)、刘子仪(筠)为诗皆宗义山(李商隐)，号西昆体，后进多窃取义山诗句。御宴，优人有为义山者，衣服败敝，告人曰：'吾为诸馆职捬撦至此。'"

人娋掠：音捎。

《切韵·肴韵》："娋：小娋，侵。"说本《说文》，其女部云："娋：小小侵也。"段玉裁释为："侵者，渐进也。"王筠《句读》云："案：此音盖以娋为侵削之专字……推其音，则谓稍稍蚕食之也。"《集韵·效韵》则云："娋：《博雅》：'侵也'，谓为人所侵侮。"娋、掠义近。掠，《切韵·漾韵》释为"强取"。字组以掠明娋之义，当亦是抢夺之意。

火燖炒：自盐反。

燖为水煮，炒是干炒，二者皆熟食之法，故首字为"火"。慧琳音义卷六十二"令燖"条云：燖，"俗字也，正作燅。《考声》云：'煮也，熟也。'"燅已见于《说文·火部》，云："于汤中瀹肉也。"《敦煌变文集·王昭君变文》有"煞十万口羊，退犊燖驼"句，退与燖对文见义，是去尽毛以便蒸煮的意思。燖字与前条捬字音同形近,既成傍通,也容易致误。如《太平广记》卷二九〇"诸葛殷"条有云:"既缚入城,百姓聚观。交唾其面,燖撮其鬓发,顷刻都尽。"就是一例,《字宝》是很讲究用字规范的。

相㨃就:而缘反。

㨃,也是"就",即是迁就、调和。《玉篇·手部》释作"摧物"。《集韵·仙韵》亦云:"㨃:烦㨃,犹捘莎也。"二书释同。《函海》云:"两手揉物曰㨃。㨃:儿宣切,音碝。"捘莎即是搓合。"㨃就"则是合成词,意为迁就、撮合。宋·陈亮《龙川集·与辛幼安殿撰书》云:"四海所系望者,东序惟元晦,西序惟公与子师耳。又觉夏戛然不相入,甚思无个伯恭在中间㨃就也。"元·王实甫《西厢记》第四折:"俺家里陪酒陪茶到(倒)㨃就。"皆其例。

角髇子:呼交反。

髇即髇箭,子为后缀,此后还有"义髻子"、"弄傀儡子"、"人拄杖枴子"和"斗杚扢子"数条,"子"为后缀,已是常式。"角"指制造材料。《玉篇·骨部》云:"髇:呼交切。髇箭。"这是一种会发声的响箭,古时往往用来发信号。敦煌又一俗字书《俗务要名林》字又作"骹",云:"鸣箭也。虚交反",是又一异体俗字,见戎仗部。又有作骲字的,唐·陆龟蒙《奉和袭美〈新秋言怀三十韵〉次韵》:"猎兴起鸣骲。"案:有关弓箭的词语,《字宝》尚有"云錍"、"弓敖硬"、"箭笴"、"銛鐯笞"等,颇具地区特色。

挝鼓:知瓜反,打也。

《玉篇·手部》云:"挝:陟瓜切。打鼓也。"注文"打也"已作解释。鼓是古代最常用的发信号工具之一。打鼓是口语,其前多作挝鼓、播鼓、击鼓、搥鼓等等。《切韵·麻韵》释挝为捶,不云

"打"。至宋，欧阳修撰《归田录》，其卷二则说："今世俗言语之讹而举世君子小人皆同其谬者，惟打字尔……其义主考击之打，自音谪耿。以字学言之，打字从手从丁，丁又击物之声，故音谪耿，不知因何转为丁雅也。"所说"谪耿"、"丁雅"都是反切。然而，读《敦煌变文集·燕子赋》"不悉事由，望风恶骂。父子团头，牵及上下，忿不思难，便即相打"的押韵，新音已现于唐五代。后文还有"打浑人"条，也是佐证。

心謷硬：五交反。

《玉篇·言部》云："謷：五劳、五交二反。不肖人也。"《切韵·豪韵》作"不省语"。二书都本《说文》，《说文·言部》云："不省人言也。"段玉裁注："省，各本作肖，今正。言字依《韵会》补。《诗·板》：'我即尔谋，听我嚣嚣。'传曰：'嚣嚣犹謷謷也'，笺云：'女听我言，謷謷然不肯受'……《东方朔传》：'声謷謷。'亦正谓其不省人言耳。"当是固执不听的意思。"謷硬"也是固执不听的意思，是同义并列的合成词。《敦煌变文集·维摩诘经讲经文》作"拗硬"，所谓"阒聘（骋）无明夸拗硬"。又作"憿硬"。见P. 3644 习书残卷。

手挼挱：乃和反，素和反。

挼挱，双手搓摩的意思，叠韵诶语。《玉篇》作"挼莏"，《切韵》作"挼莏"，P. 2609《俗务要名林》又作"挼挱"。溯源则有《礼记·曲礼》："共饭不泽手。"郑玄注："择谓挼莏也。"孔颖达疏："古之礼，饭不用箸，但用手。既与人共饭，手宜洁净，不得临食始挼莏手乃食，恐为人秽也。"此语未见于《礼记》，而见于汉、唐人的注和疏，而后使用范围也超出了用饭。唐·元稹《酬李甫见赠》诗云："十岁荒狂任博徒，挼挱五木掷枭卢"，即其例。

弓骹硬：五交反。

骹硬即瞉硬，前者说弓，而后者说心。弓以硬为强，《敦煌变文集·张淮深变文》："弓硬力强箭又褐，头边虫鸟不能飞。"杜甫的"挽弓当挽强"，成为至今流传的名句。《玉篇》、《切韵》只释"骹"为"击"，此当是借用。

手搓捻：此哥反。

搓亦捻，搓捻义同挼挨，字组意在释"搓"。搓是双手搓揉，捻是用手指捏，慧琳音义卷六十："撚：年典反。以二指一去一来相縒曰撚。"唐·崔道融《杨柳枝词》云："雾撚烟搓一索春"，便是一例。

云錍：匹兮反。

錍是一种长杆而箭镞又薄又阔的大箭。《清会典图·武备图》字作"鈚"，云："鈚箭，杨木笴长三尺一寸，铁镞长三寸，薄而阔"，为能射远的快箭。杜甫《戏呈元二十一曹长》诗云："胡马挟雕弓，鸣弦不虚发。长鈚逐狡兔，突羽当满月。"案：底本无"云"字，据 P. 2508 和 S. 619 二卷补。S. 6204 卷"錍"字上面模糊。P. 2717 卷残缺。又 P. 2508、S. 619 和 S. 6204 三卷有注，作"又鈚"二字，亦自有据。玄应音义卷十一："为錍：又作鈚、鎞二形，同普迷反。《通俗文》：'霍叶曰鈚'，鈚即大箭。"《字宝》则以錍为正字，鈚为借字。然而，早在汉代已借用为箭镞名或箭名。汉·扬雄《方言》卷九就有"凡箭镞……其广长而薄镰者谓之錍"的解说。三国·曹丕《饮马长城窟行》也有"武将齐贯錍"的诗句，已是沿用不绝。考《说文·金部》："錍，鉴錍也"，"鉴，鉴錍，斧也"，錍是谑语的一部分，可谓此錍非彼錍。按《方言》早于《说文》，而

《说文》未载箭名之錍。

相谩蓦:莫干反。

谩,蒙骗。《原本玉篇残卷·言部·谩》注云:"野王案:《说文》:'谩,欺也。'"《切韵·寒韵》云:"谩:谩欺、谩言。"《敦煌零拾·鹊踏枝》云:"叵奈灵鹊多谩语,送喜何曾有凭据。"《敦煌变文集·燕子赋》:"呪虽百种作了,凤凰要自难漫(谩)。"校记:"漫甲卷作谩。"皆其例。蓦通昧,隐瞒。《荀子·大略》云:"蔽公者谓之昧,隐良者谓之妒。"杨倞注:"掩蔽公道谓之暗昧。"二字连用成词,也是蒙骗的意思。《敦煌变文集·金刚般若波罗蜜经讲经文》云:"塞谩蓦,世间术。"《五灯会元·承天辞确禅师》:"正令提纲,犹是捏窠造伪,佛法祇对,特地谩蓦上流。"

颗刟:音科,落。

颗,借字,S.619卷作剐。《玉篇·刀部》云:"剐:古火切。割也。"白居易《池畔二首》之二:"持刀剐密竹,竹少风来多。"刟是剔除的意思,二者义近。《广雅·释诂一》云:"剐,剔也。"王念孙疏证:"剐者,《众经音义》十一引《通俗文》云:'去骨曰剔,去节曰剐。'"案:颗,上声;剐,也是上声。颗可能是借用。而注"音科"却读平声。而且又将字组列在"平声字"中,说明作者看来此字确读平声,只不过借了个音近的上声字而已。

声訒訒:女惊反。

訒訒是重言,说话重重复复。《切韵·蒸韵》云:"訒:就。"说本《说文·言部》:"訒:厚也。"段玉裁注:"因仍则加厚,訒与仍音义略同。"《敦煌变文集·燕子赋》有:"从今以后,别解祇承,人前并地,莫更呐呐。"呐呐即是唠叨、啰嗦的意思。呐为

"訒"的俗字。《类篇·言部》云:"訒詷:如蒸切。《说文》:'厚也。'或从乃、仍。"吶即訒,从口从言可相通。案:注"女惊反"属娘纽梗摄,而《切韵》作"如承反",属日纽曾摄。此注音显示二者音近甚至音同。S.6204 卷"惊"作"竞",即是二韵相通之佐证。

啗啄:侧咸反,下卓。

啗,《玉篇》、《切韵》俱作"鹐",意为"鸟啄食",与"啄"同义。唐·章孝标《鹰》诗云:"可惜忍饥寒日暮,向人鹐断碧丝绦。"《玉篇·鸟部》云:"鹐:知咸、口咸二切。鸟啄食。"《切韵·咸韵》亦云:"鹐:鸟啄物。苦咸反","鹐,苦咸反,鸟鹐物,又竹咸反"。反切上字"知"、"竹"同属知纽,而"侧"属照纽,有所不同。而 S.6204《俗务要名林》字又写作"喊啅",释云:"鸟食物也。上都咸反,下都角反。"字形字音略有不同。

人俟照:乃高反,解医狂人。

未详。俟字唯见于《字汇补·人部》,云:"俟:《唐韵》与猱同。"今存《唐韵》是残卷,仅有去声一部分和入声部分,无从查考。注云"解医狂人",解是会或能的意思。案:《说文》有柔字,木部云:"木曲直也。"段玉裁注:"柔之引申凡㮰弱之称,凡抚安之称。"据注文的释义"解医狂人",则"俟"当是驯柔的意思,以其对象是人,故字加人傍。《广雅·释诂一》云:"犪、驯,善也。"清王念孙疏证引《说文》:"犪:牛柔谨也","驯:马顺也",因云:"柔与犪亦声近义同。故《史记·夏本纪》:'犪而毅。'集解引徐广音义云:'犪,一作柔。'""照"是察知、理解。《三国志·魏志·陈思王曹植传》云:"臣闻骐骥长鸣,则伯乐知其能;卢狗悲号,则韩国知其才。"故"俟照"可以解释为驯柔理解的意思。驯柔理解,故能"解医狂人"。

人吺呾:丁侯反,多割反。

双声谑语,唠叨的意思。《玉篇》作"呬吺",音"丁颊切"、"丁侯切",云:"多言也",见口部。二字倒转,字形不同而已。《说文·口部》则作"讍吺",云:"吺:讍吺,多言也。"段玉裁注:"言部曰:'讍,多言也。'讍吺,《玉篇》作呬吺。"《敦煌变文集·张义潮变文》云:"莫怪小男女吺哆语",又是一体。

手抨擅:上普耕反,下坛。

抨,弹,抨弹,都是"弹"的意思。"擅"通"弹"。《说文·手部》云:"抨:弹也。"段玉裁注:"《广雅》曰:'弹,抨也。'抨即抨,布茎切。玄应曰:'抨,弹绳墨也,补耕切。又普耕切,江南音也。'按孟康《汉书》注曰:'引绳以抨弹。'"非但抨是弹绳墨,抨弹也指弹绳墨。玄应《一切经音义》卷十六"拼石"注云:"谓振绳墨拼弹者也。"唐·元稹《树上乌》诗云:"灵蛇万古唯一珠,岂可抨弹千万亿。"

人趫捷:去娇反。

矫健、敏捷。汉·张衡《西京赋》云:"轻锐僄狡趫捷之徒,赴洞穴,探封狐。"又《后汉书·朱儁传》云:"贼帅常山人张燕,轻勇趫捷,故军中号曰飞燕。"唐诗文习见。陈鸿《东城父老传》云:"(贾)昌生七岁,趫捷过人,能抟柱乘梁。"P. 4064《将帅论》有"或有趫趏紧利,救急备卒,即可以一夫,不可举为大将"之说。趏是捷的俗字。

物嚭剥:音披。

嚭是借字。此词已见于先秦,书写用"皮"字。《战国策·韩策》云:"聂政大呼,所杀者数十人,因自皮面抉眼,自屠出肠,遂以死。"皮面即削去面皮。后写作"劇",汉·牟融《理惑论》云:"聂政劇面自刑",是后起形声字。玄应《一切经音义》卷十四云:"劇皮:音皮。《广雅》:'劇,剥也。'"《俗书刊误》卷一一俗用杂字云:"开肉曰劇:音披。"后又出现"劇剥"双音词。慧琳音义卷六十:"劇剥:上音披,俗字。手执利刀剥取牛皮与肉相离,名为劇剥也。"《字宝》收此,证明当时口语常用。其借用繁杂的囂字,可能与当时广为流传的《伍子胥变文》说到伯囂这个人相关。又《敦煌变文集·伍子胥变文》称伯囂为"宰彼"或"彼","今有佞臣宰彼,可以货求必得","彼乃欢忻受纳"。彼字与注"音披"之披音近形似。案:《玉篇》、《切韵》"皮"属轻唇浊音,"囂"是重唇清音,"披"是轻唇清音。三者相混,是轻重唇不分、清浊不分了。

手搊拽:楚愁反。

搊,抓住。《敦煌变文集·太子成道变文》云:"手搊无忧树,脚红连花。"同书《燕子赋》云:"鹊鹆恶发,把腰即搊……撩瞻擒去,须臾到州。"《玉篇》、《切韵》都释作"手搊",意同现代语的"揪"。"搊拽"即是抓着拖走,都是用手的动作。

物坳宨:乌加反。

宨与坳同义,凹也,指物体的形状。唐·元结《宨尊诗》云:"宨石堪为尊,状类不可名。"同义连用则成双音词,苏轼《丙子重九》诗云:"惟有黄茆浪,堆垄生坳宨。"清·胡文英《吴下方言考》卷四:"宨音蛙……吴谚谓凹为'宨'。"案:注"乌加反"后,尚有"乌话反"三字,与被注字不合,故不取。

人趋蹡:七羊反。

蹡亦是趋,小步快走的样子,以示小心谨慎。《诗·齐风·猗嗟》云:"巧趋跄兮。"正义云:"《曲礼》云:'士跄跄',今与趋连文,故知跄,巧趋貌。《曲礼》注又云:'行而张足曰趋。'趋,今之吏步则趋,疾行也。礼有徐趋疾趋,为之有巧有拙,故美其巧趋跄兮。"说之甚详。趋跄即趋。段玉裁于《说文·足部·蹡》注云:"蹡为正字,跄为假借字。"唐代沿用。白居易《渭村退居》诗云:"登朝思检束,入阁学趋跄。"《敦煌变文集·搜神记·辛道度》云:"女子还出迎来,道度趋蹡而入。"蹡同蹡。《集韵·阳韵》云:"蹡:《说文》:'行貌。'引《诗》:'管磬蹡蹡。'或书作蹡。"《字宝》采用正字,强调文字规范。

抷减:音诜。

抷,损也,亦减。《切韵·豏韵》云:"减:损也。"《切韵·臻韵》又云:"抷:从上取物。"语本《说文》,其手部云"从上挹也"。又云:"挹:抒也。"《广韵·缉韵》云:"挹:酌也。"《诗·小雅·大东》云:"维北有斗,不可以挹酒浆。"抷是从上取减。《广雅·释诂二》云:"掊,抷,减也。"王念孙疏证:"掊,抷皆取之减也。"

偻㑩:音娄,罗。

P.2717 卷注有"又兽名"三字,说明是假借用,意为能干的,是形容词。双声谜语,字形不一,或作楼㑩、娄罗、喽啰、偻㑩诸形。《敦煌变文集·维摩诘经讲经文》有云:"我长于诸处,夸汝娄罗。"后发展成名词,则是指能干的人或干事的人。系当时活跃的口语词。说见蒋礼鸿《敦煌变文字义通释》。又:明·赵南星《目前集·后·常言部》释"偻㑩"云:"五代史汉刘铢恶史弘肇、杨邠,于是李业潜二人于帝,杀之。铢喜谓业曰:'君可谓偻㑩儿矣。'偻㑩，俗言狡猾也。苏氏《演义》作楼罗，云：干办集事之人称。《水浒传》作喽啰。今遂成群盗之定名矣。"这段话述说了此语词的含义自唐及其后的演变。

巑岏：疾官反、五官反。

陡峭的山峰，叠韵诽语。《原本玉篇残卷·山部》云："巑：在丸反。《楚辞》：'登巑岏以长企。'王逸曰：'巑岏，锐山。'"其引申义，指消瘦而无精打采的形态，正如"娄㑩"字从彳却不指动物而指人。唐·李群玉《将游荆州投魏中丞》诗云："贫埋病压老巑岏，拂拭菱花不喜看。"描述消瘦无神的形态。《敦煌变文集·王昭君变文》云："遣妾攒岏，仗（状）似败兵之将"，写法有所不同。详蒋礼鸿《敦煌变文字义通释》。

獌猳：音麻、遐。

獌，字书未载。猳，据《广韵》，是"豭"的俗字，"牡豕也"，音"古牙切"，与此音"遐"不合。獌猳未详其义。案：《广韵》有"𪘰𪘏"，注云"难语。出陆善经《字林》"，音"莫霞切"、"胡加切"。《玉篇·心部》有"𢝼𢠨"，也解释作"难语"，字形不同而已。何谓难语？"难语者，其声不易也。吴中小儿作戏影语云'羊𪘰𪘏'。"说见清·胡文英《吴下方言考》卷四。𪘰𪘏是羊叫的象声词。羊叫，其声含糊不清，故云"其声不易也"。

心崎岖：欺、驱。

崎岖，双声诽语，指山路曲折不平。《玉篇·山部》云："崎：去奇切。崎岖，山路不平。"此是本义。首字为"心"，则指心路不平，已成比喻义。唐文多用之。《敦煌变文集·维摩诘经讲经文》云："心里崎岖招损污，胸中平稳免轮回。"S.4571又有写作

"踦驱"的，所谓"可尘亿数之烦恼踦驱"。案：此义早有，且见载于字书。《原本玉篇残卷·山部》云："丘宜反。《楚辞》：'都轸丘兮崎倾。'王逸曰：'山嵚崟难涉历也。'《埤苍》：'崎岖，不安也。'岖，丘隅反。《史记》：'崎岖强国之间。'"字组用首字"心"表明所取的是后义，正是《字宝》编者一种释字的方法，可称之为首字辨义法。

人嘽唆：七官反、索戈反。

嘽唆，教唆、怂恿的意思。因是口语，语例只能往唐代以后去找。《西游记》第三十一回："你凡事撺唆，是他个得意的好徒弟，你不救他，又寻老孙怎的？"撺、嘽同音，《字宝》或以为此语大多用语言，故用口傍。《醒世恒言·李汧公穷邸遇侠客》云："那婆娘一味舍不得这绢匹，专意撺唆老公害人。"案：《正字通·口部》云："唆：又俗云使唆。古无唆字，通用嗾。"嗾，今《汉语大字典》云："使狗声，亦即谓使狗"，"比喻怂恿别人作坏事。如：嗾使"。嗾使即"俗云使唆"。

峥嵘：士争反，下横。

本意为山势高峻貌。此与"心崎岖"并列傍通，当用其比喻义，为出众非凡貌。唐·杜荀鹤《送李镡游新安》诗云："邯郸李镡才峥嵘。"《敦煌变文集·维摩诘经讲经文》云："若有善法宝堂中，开论峥嵘师子吼。"皆此类。又《原本玉篇残卷·山部》字作"崝嵘"，没有说到比喻义。《切韵》作"峥"，又云"亦作崝"，亦没有说到比喻义。可见《字宝·序》称"援引众书"，也是有选择的。

手撺挵：七官反，下丁末反。

撺挵，义同嘽唆，挵是夺的俗字。《通俗编》卷四："俗谓诱人为非曰撺掇。"始见于宋以后文字。《朱子语类》卷一二五:"子房为韩报秦,撺掇高祖入关。"此二字,《玉篇》、《切韵》未载。《集韵·桓韵》有"撺",云"掷也"。《广韵·末韵》有"掇",云"拾掇也"。皆非此用。案:此与"人嘽唆"为傍通,词义相通。然而,此以手字为首字,重在动作而非言语。

事阑珊:音兰,珊。

阑珊,叠韵谜语。《汉语大字典》有"阑珊",是"衰落、将残、将尽"的意思。白居易《咏怀》诗云:"诗情酒兴渐阑珊。"此前加"事"字,意正相合。唐·章孝标《织绫词》云:"残经脆纬不通梭,鹊凤阑珊失头尾。"此为物阑珊。《玉篇·足部》云:"跚:先安切,蹒跚",蹒跚似亦意近。

人嬮嬐:于兼反,七盐反。

嬮嬐,和静细到的意思。语例见《敦煌掇琐·女人百岁篇》,云:"一十花枝两斯兼,优柔婀娜复嬮嬐。""优柔婀娜"指女容。"嬮嬐"指女德,故云"两斯兼"。又云:"五十连夫怕被嫌,强相迎接事嬮嬐。"《切韵·盐韵》云:"嬮:和静","嬐:锐细"。注作"于兼反"为添韵,盐、添二韵相邻可通。

胮肛:疋江反,许江反。

《玉篇·肉部》云:"胮:薄江切。胮肛,胀大貌。"是叠韵谜语。韩愈《病中赠张十八》诗云:"连日挟所有,形躯顿胮肛。"P.3717赵洽《丑妇赋》云:"恶努胮肛之嘴。"音转为膨脝。《广韵·庚韵》云:"膨,膨脝,胀貌。"义正同。

人䎿泥：丑加反，足踏泥是也。

䎿，亦作"踏"。元·关汉卿《王闰香夜月四春园》第二折："我如今踏着脚踪直到李庆安家。"䎿字疑为从止从尚之误，止即足。《广雅·释诂二》云："堂"，"蹋也"。蹋同踏。

䏶胮：浦江反，知丈反。

䏶，即胮。《龙龛手镜·肉部》云："胖，古；䏶，正；胮，今。普邦反。胮胀，腹满也。"胮即胮。《敦煌变文集·太子成道经》云："忽见一人卧于荒郊，胮胀烂坏。"慧琳音义释"胮胀"云："上普邦反。《埤苍》云：腹满也。并从肉，或作胖痕，皆古字也。"

毛氉耗：丁侯反，素侯反。

氉耗，白发蓬乱貌，叠韵谇语。《广韵·侯韵》作"髳鬏"，释云："白头。"《集韵》释云："发乱。"又作"刁骚"，一声之转。元·关汉卿《状元堂陈母教子·楔子》云："白发刁骚两鬓侵，老来灰尽少年心。"

硗碻：苦交反，口角反。

双声谇语，干硬的意思。慧琳音义卷五十二："硗碻：上苦交反，下苦角反。《通俗文》：'物坚硬谓之硗碻。'《孟子》曰：'硗碻瘠薄之地。'"唐孟郊《秋怀》诗之十："南逸浩淼际，北贫硗碻中。"

朋侪：音柴。

侪亦朋。《集韵·皆韵》云："侪，《说文》：'等辈也。'《春秋传》：'吾侪小人。'"朋侪则是同义合成。唐·窦昉《嘲许子儒》诗云："岁暮良工毕，言是越朋侪。"唐·元稹《痁卧闻幕中诸公征乐会饮因有戏呈三十韵》云："钿车迎妓乐，银翰屈朋侪。"

人奸謧:音乖。

未详。案:S.6204 注有"音乖"二字,S.619 于注后批一"讹"字,又于上声字添"奸宄:音同"一条。疑即此。宄是上声字。"音乖"则是平声。此注平声读,并将字组列在平声字中,疑是方音,而 S.619 卷批以"讹"字,又在上声字中添"奸宄:音同"一条,则是依照传统字书的修正。

人㔿寒:苏官反。

㔿寒,多作寒酸。字书未见"㔿"字,而有"霰"字。《切韵·寒韵》云:"霰:小雨",音"素官反"。二字音同形似,疑是俗书。唐·杜荀鹤《秋日怀九华旧居》诗云:"烛共寒酸影,蛩添苦楚吟。"寒酸,叠韵连语,唐诗文多用作"酸寒",指迁腐窘困的情状。唐·刘叉《答孟东野》诗云:"酸寒孟夫子,苦爱老叉诗。"唐·李商隐《义山杂纂》共分四十四类,第十六类名为"酸寒",罗列十种情状,如书斋作会、村汉着新衣之类。敦煌文书则见 S.1477《祭驴文》,其中有"更被傍人大笑,弄却多小酸寒"的描述。

黐胶:丑知反。

黐即黐胶,古时一种用苦木皮捣汁制成的胶,黏力很大,常用来捕鸟兽。《切韵·支韵》云:"黐:所以黏鸟。"古作黐,后面的傍通条"稴雀儿",又作稴。不过,黐是名词而不是动词。唐·贾岛《玩月》诗云:"立久病足折,兀然黐胶黏。"明·谢肇淛《五杂俎·物部》曾有以黐胶捕虎的记载,云:"又有以黐布地及横施道侧者,虎头触之,觉其黏也,爪之不得下,则坐地上,俄尔遍体皆污,怒号跳扑至死。"清·胡文英《吴下方言考》卷三:"昌黎诗:'敦敦凭书案,有若鸟黏黐。'案:黐,黏胶也,吴中谓之黐胶。"因知清代吴下犹有此物。

相媕婀：庵，乌哥反。

媕婀，敷衍了事的意思，双声谜语。《说文·女部》云："婀：媕婀也。"段玉裁注："媕婀，双声字。《韵会》作阴阿。李焘本作阴婀。《集韵》、《类篇》同。《广韵》曰：'媕婀，不决。'媕音庵。"韩愈《石鼓歌》云："中朝大官老于事，讵敢感激徒媕婀。"白居易《有木诗·序》云："余尝读《汉书》列传，见佞顺媕婀图身忘国，如张禹辈者。"案：今《集韵》又作"譀阿"，覃韵云："譀謞、譀阿：语不决。或作諂。通作媕。"

穞雀儿：丑知反。

用黐胶捕鸟雀，穞是动词，意为用黐胶粘。唐时有一种捕鸟的工具叫黐竿，即首端施以黐胶的长竿。唐·薛能《彭门解嘲二首》之二："伤禽栖后意犹惊，偶向黐竿脱此生。"详黐胶条。案：穞字，《玉篇》音"力支切"，云："长沙云：禾把也。"《广韵》音"吕支反"，释云"长沙人谓禾二把为穞"。二书音义相同，表明它是长沙方言词，而与《字宝》有别。二书又注黐字有力支、丑知二切，而《切韵》黐字只音"丑知反"。可见，《字宝》用当时的俗字，从黍与从禾，只是换了意义相似的形旁而已。名词为黐而动词为穞，编者赋予字义上的差别。

物谆正：之匀反。

未详。案：《集韵·谆韵》云："谆：朱伦切。《说文》：'告晓之孰也。'一曰：恳诚貌。或作啍、忳、纯。"此于"谆正"之前加"物"字，已不指人事而指物，"谆正"当同于"纯正"。《敦煌变文集·佛报恩经讲经文》云："乳无纯正醍醐乱，信不坚牢妄念侵。"录以备考。

相戱夺:侧缄反。

未详。《切韵》云:"戱:昨闲反。虎浅文。"与"夺"字义不协。前加"相"字是表示彼与此之间的关系的体例,也不协。"昨闲反"与"侧缄反",音更不合。今存疑。

鼓声鼕鼕:音同。

鼕鼕,象声词。唐·顾况《公子行》:"朝游鼕鼕鼓声发,暮游鼕鼕鼓声绝。"白居易《答元八宗简同游曲江后明日见赠》:"坐愁红尘里,夕鼓鼕鼕声。"亦作冬冬。《大唐新语·厘革》云:"旧制京城内,金吾晓暝传呼以戒行者,马周献封章,始置街鼓,俗号鼕鼕,公私便焉。"

跧伏:支关反。

跧、伏、跧伏,都是踡伏的意思。唐·储光羲《同王十三维哭殷遥》诗云:"慈乌乱飞鸣,猛兽亦已跧。"唐·陈子昂《奏白鼠表》云:"顿首跧伏,怗若无气。将士同见,皆谓贼降之征。"跧伏意同匍匐。案:跧字《玉篇》作"庄挛切",《切韵》又作"居员反",皆与"支关反"不同。唯《广韵·删韵》云:"跧:跧伏。阻顽切。"韵同。

鼓声鼟鼟:腾腾。

鼟鼟,象声词。《切韵·登韵》云:"鼟:他登反。鼓声。"唐·元稹《纪怀李六户曹崔二十功曹》诗云:"闲随人兀兀,梦听鼓鼟鼟。"亦作"登登"。唐·鲍溶《塞下》诗云:"匈奴天未丧,战鼓长登登。"案:鼓是我国古时普遍使用的最常见的发信号工具。发音有不同,各凭听觉的象声也会有不同。于是《字宝》在此连续收载了三条。又:《切韵》鼟属透纽,而腾属定纽。此注为清浊相混。诸本鼕皆误作"鼚"。《玉篇·鼓部》云："鼕：音戚。守夜鼓也。鼚，同上，俗。"今正。

拴绊：数关反。

拴、绊、拴绊，都是系缚的意思。《玉篇》、《切韵》皆未见。《广韵》有之，云："拴：拣也"，"此缘切"。音义都不合。当是口语新字，语例应向后代找。元·孙仲章《勘头巾》第二折："我下马来，把马拴在树下。"元·关汉卿《杜蕊娘智赏金钱池》第三折："那时节眼札毛和他厮拴定。"尚未见拴绊的语例。

鼓声韸韸：音蓬。

韸韸，象声词。《原本玉篇残卷·音部》云："韸：薄公反。《毛诗》：'鼍鼓韸韸。'传曰：'韸韸和也。'《韩诗》：'韸韸，声也。'《埤苍》：'鼓声也。'"亦有就借用"蓬"字的，《敦煌变文集·妙法莲华经讲经文》云："锺声哄哄兮皆闻，鼓声蓬蓬兮满路。"案：诸本脱"鼓"字，依此前傍通条"鼓声鼞鼞"和"鼓声鼕鼕"补。

轻睒睒：苏公反。

"睒"字未见于字书。按例，首字"轻"是主词，"睒睒"用以描述"轻"的情状。如"笑哯哯"、"花蕧蕧"和"雨霏霏"诸条。

齿龅齫：音包，下五交反。

《玉篇·齿部》云："龅：步交切。露齿。"今谓龅牙。齫字不见于字书。齿部字与之形近者惟"齩"字，《切韵》云："齩：五巧反，啮。"音义都不合。因此怀疑这是错字。按例，齿是主词。龅与齫应是描述齿的情状的字，并且二字意思相近。

镜匳:音廉。

盛铜镜的梳妆盒。玄应音义卷十四:“麨籢:又作奩。《小学篇》作槺,同。力沾反。《韵集》:‘籢,所以敛物也。’《说文》:‘籢:镜籢也。’今江南亦有粉匳、棋匳也”。

头𦅸:音须。

古时妇女束发的织物。宋·高承《事物纪原》引《三仪实录》曰:“燧人时为髻,但以发相缠而无物系缚,至女娲之女,以羊毛为绳向后系之。后世易之以丝及彩绢,名头𦅸。”乃古时妇女的饰品。《夷坚志补》卷三:“徙居临安外沙,扑卖头𦅸、篦掠。”S. 610《杂集时要用字壹仟叁佰言·衣服部》就收有“头𦅸”一语。

草蔫萎:于焉反,下威。

蔫、萎都是草木枯败的意思。《广雅·释诂二》云:“蔫、菸、痿,葾也。”王念孙疏证:“皆一声之转也。蔫者,《说文》:‘蔫:菸也。’《大戴礼·用兵篇》:‘草木殕黄。’殕与蔫同。菸者,《说文》:‘菸,痿也。’《楚辞·九辩》云:‘叶菸邑而无色兮。’又云:‘形销烁而瘀伤。’瘀与菸同。痿者,《说文》:‘痿:病也。’《诗·小雅·谷风篇》:‘无木不萎。’萎与痿亦同。众经音义卷十云:‘今关西言菸,山东言蔫,江南言痿。’”原是不同的方言词。此可证明都已融入通语。案:《敦煌变文集·维摩诘经讲经文》云:“既有秀黄貌。”“秀”是“委”或“萎”字之误。同书《父母恩重经讲经文》就有“阿娘消瘦如花貌,变化萎黄疾病多”之句。字组首字为“草”,则所载之“蔫萎”专用于草木。又《切韵》萎属支韵,而威属微韵,二韵字互注。不仅突破《切韵》框架,也突破《广韵》支、脂、之三韵同用而微韵独用的框架。

趀集：音鸠。

趀集即鸠集，以"集"释"趀"，并列见义。《说文·走部》云："逑：敛聚也。从走求声。《虞书》：'旁逑屖功。'"段玉裁注："今《尧典》逑作鸠，说者亦云鸠聚。"又见于勹部勼字注，云："《释诂》曰'鸠，聚也'。《左传》作鸠，《古文尚书》作逑。辵部曰：'逑：敛聚也。'《庄子》作九。今字则鸠行而勼废矣。"案：趀、逑二字，或从走或从辵，可视为异体字。

趑趄：音雌，蛆。

《说文·走部》云："趑：趑趄，行不进也。"段玉裁注："《易》：'其行次且'……趑者，后出俗字；趄，又因趑而加走旁者也。"《玉篇》、《切韵》俱作趑趄，论字义，虽被称为"俗字"，也应是后起本字，而"次且"是借字。

人嚣虚：虚娇反。

嚣虚，漫天说谎的意思，亦作虚嚣。元·关汉卿《赵盼儿风月救风尘》第三折："有万种虚嚣歹议论，断不了风尘。"《敦煌变文集·降魔变文》云："卿为忠臣，不可虚譊。"此"虚譊"即"虚嚣"。究其源，始于"嚣嚣"。《广雅·释训》云："嚣嚣，虚也。"王念孙疏证："《法言·君子篇》云：'或曰：人有齐死生，同贫富，等贵贱，何如？曰：信死生齐，贫富同，贵贱等，则吾以圣人为嚣嚣。'吴秘注云：'若信是言，则吾以圣人六经之旨为嚣嚣之虚语耳。'《君子篇》又云：'或曰：世无仙则焉得斯语？曰：语乎者，非嚣嚣也欤！'吴秘注云：'嚣嚣然方士之虚语耳。'"嚣本义是喧哗，因喧哗不实，而成虚语。故嚣亦虚也，虚亦嚣也。玄应音义卷十三："嚣升：许朝反。嚣犹虚也，嚣亦喧哗也。"其后遂有"嚣虚"一词。梁·萧统《钟山解讲诗》云："精理既已详，玄言亦兼逴。方知蕙带人，器虚成易屏。”

品婡婡：丁钩反。

婡婡，齐整貌。《切韵·觉韵》云：“婡：恭谨貌。”钱大昕《十驾斋养新录》卷四考释“婡”字，云：“《说文》：‘婡：谨也。读若谨敕数数。’按《史记·张丞相列传》：‘娖娖廉谨。’索隐引小颜云：‘持整之貌。’《说文》无娖字。古书数有促音（《尔雅·释草》‘数节’），数数即《史记》所云娖娖也。”品亦是齐的意思，婡婡描述齐的情状。《广雅·释诂四》云：“品……㨖、洒、齐也。”王念孙疏证：“品者，《檀弓》云：‘品节斯，斯之谓礼。’是品为齐也……《后汉书·中山简王传》：‘官骑百人称娖前行。’李贤注云：‘称娖犹齐整也。’义并与㨖同，今俗语犹谓整齐为整㨖，声如捉。”品婡婡犹如今言齐簇簇，齐刷刷。

又哓嘘：一腰反。

哓嘘即嚣虚。书《序》所谓“注引假借”者也，按例当入“嚣虚”条注文。但诸本皆如此，况自有音注，很像独立条目，故仍之。注“一腰反”，其上字与下字同纽，有误。

靴鞻鞓：素钩反。

《玉篇·革部》云：“鞻：速侯切。软皮也。”又云：“鞓：他丁切，皮带。”鞓同鞓，《广韵·青韵》云：“鞓：皮带也。鞓：上同。”则靴鞻鞓就是靴的软皮带。明·焦竑《俗书刊误·俗用杂字》云：“带革曰鞓，一作鞓。”明·汤显祖《牡丹亭·遇母》云：“不载香车稳，趿的鞋鞓断。”鞋鞓与靴带同为一类。

汤洴洴：之加反。

洴洴即渣渣，是汤中的残留物。此以洴释渣，而"汤"也不是单纯的"热水"。渣、洴、渣洴，词义相当。此突出字，是因为口语词，其字难觅。洴，是借用。《玉篇·水部》云："音昨，水也。"渣，《广韵》认为是"溠"的异体字，也是水名。敦煌遗书有用查字的，P.2049卷背所谓"洴五饼，中院餕腶羊用。查壹饼，后件与牧羊人用。"另外《广韵》收有柤字，是"煎药洴"。《太平广记》卷二三七李德裕条："过三煎，则弃其柤。"《玉篇·水部》有沜字，云："沜洴也。"沜洴即渣洴。《广韵》却说它是"棠木汁"。至明张自烈的《正字通》，始有"渣，俗以此为渣洴字"的记载，见水部。然渣洴一语早见于中古口语。汉桓宽《盐铁论·国病》云："文学守死渣洴之语而不移。"又有宋·朱熹《论语集注·泰伯》云："而涤荡其邪秽，消融其渣洴。"

色黰晕：乌还反。

黰亦晕，颜色染散、淡开的意思。此以晕释黰。慧琳音义卷三十六有"晕淡"，云："以彩色晖淡其画也。"唐·裴谐《观修处士画桃花图歌》"晕绿匀红渐分别"。黰，未得语例。《玉篇·黑部》云："之忍切，美发"，非此黰。《切韵·山韵》释为"深黑"，音"乌闲反"，相近。《广韵》释为"染色黑"近似，浸润、扩散的意思。

倚俙：音希。

倚俙即依俙，仿佛的意思，叠韵诔语。应不陌生，可能因取音用字有所不同而录入。"俙"，《玉篇》云："呼皆切。解也，讼也。"《切韵》云："乌皆反。讼也。"皆非此用。

物糢糊：音漫。

糢糊，漫漫一片的意思。糢，是借字。《玉篇》、《切韵》皆释作"糢头"。白居易《和微之春日投简阳明洞天三十韵》云："泉岩雪飘洒，苔壁锦漫糊。"漫糊亦糢糊，亦即模糊。锦漫糊也就是白漫漫、光灿灿的一片。以"音漫"注糢，也是"取音之字，注引假借"的意思。

人譀諤：五甘反，下苏告反。

譀亦諤，譀諤也是諤。都是戏闹、嚷嚷的意思。《广韵·覃韵》云："譀：不惠也。又谑弄言。五含切。"《原本玉篇残卷·言部》云："諤：桑到反。《周礼》：'车徒皆諤。'郑玄曰：'諤，讙也。'……《说文》：'扰也。'《广雅》：'鸣也。'《声类》：'群呼烦扰耳也。'"

狗猥吠：呼刀反。

猥、吠，都是狗狂叫的意思。猥，《玉篇》云："犬呼也。"《切韵》云："犬声。"《太平广记》卷三一三"张璟"条，有"至衡州犬猥滩"的记载，犬猥是对滩水急声的描述。

趏利：音莎。

趏亦利，是迅捷的意思。利有快疾的意思。《淮南子·地形训》云："轻土多利，重土多迟。"高诱注："利，疾也。"《晋书·王濬传》云："濬将至秣陵，王浑遣信要令暂过论事。濬举帆直指。报曰：'风利，不得泊也。'"趏，《玉篇·走部》释云："走貌。"此"走"是跑。S.617《俗务要名林·杂畜部》云："趏，苟走疾也。"苟是狗的假借。有不知而误者，《切韵》云："趏：趏疾。"S.2071 笺注本《切韵》抄作"趏：趏病"，即其例。

人檀駮：上坛，下补角反。

檀，弹的借字，前文“手抨擅”，注：“下坛。”疑与此同，俗书从扌从木每相混淆。駮即驳。《玉篇·马部》云：“駮：布角切。马色不纯。今作驳。”人檀駮指的是人事。弹是弹劾，驳是批驳。《魏书·李冏传》：“冏性鲠烈，敢直言，常面折高祖，弹驳公卿，无所回避。”李善注《文选·表上》云：“四曰駮，推覆平论，有异事进之曰駮。”

聧聧：女江反。

聧聧，耳鸣声，象声词。《玉篇·耳部》云：“聧：女江切。《淮南子》曰：‘听雷者聧。’注云：‘耳中聧聧然。’”

石齑臼：即兮反，下舅。

齑，捣细的姜蒜或肉。《切韵·齐韵》作韲，云：“捣姜蒜为之。”P. 2609《俗务要名林·饮食部》收有三体，均与此小别，是当时使用很频繁的字。《敦煌变文集·伍子胥变文》又有借“荠”字的，云：“知弟渴乏多时，遂取葫芦盛饭，并将苦苣为荠。”又云：“苦苣为韲者，以苦和苦也。”石齑臼，就是捣齑的石臼。

蹱直：丑凶反。

按并立明义例，蹱，当是借字，其义与“直”相近。《玉篇·足部》云：“蹱：职凶切。躘蹱。”音义不协。人部另有佣字，释云：“耻恭切。均也，直也。”音同而义近。《说文·人部·佣》段玉裁注：“均之义有未尽，故更言直也。直谓无枉曲也。”慧琳音义卷三十三有“佣直”，释云：“上宠龙反。《毛诗传》曰：‘佣，均也。’郭注《尔雅》谓齐等也。《说文》亦均也，直也。从人庸声。经文从肉作脯,俗字也。"刘宋·天竺三藏求那跋陀罗译《杂阿含经》卷十:"入于山林,见大芭蕉树,佣直长大。"此佣直似之。

儿襁褓:百耕反、下谢。

儿,指婴孩或即小儿。襁褓是小儿被之称。《汉书·宣帝纪》云:"曾孙虽在襁褓,犹坐收系郡邸狱。"颜师古注:"李奇曰:'襁,络也,以缯布为之,络负小儿。褓,小儿大藉也。'孟康曰:'褓,小儿被也。'师古曰:'襁,即今小儿绷也。褓,孟说是也。'"说解甚详。繃、襁是异体字,也叫襁,是用来络小儿被的辅助物。大藉就是大席。故而褓合称即指小儿被。颜师古"今小儿绷"之说,可证当时唐时口语。唐·元稹《台中鞫狱》诗云:"奇哉乳臭儿,绯紫绷被间。"直呼为绷被。唐·苏鹗《杜阳杂编》云:"此不足为婴儿绷席,曷何为我被耶!"此"婴儿绷席"等同"被",也就是"儿襁褓"。

纡恶:衣俱反。

纡,《切韵·虞韵》释云:"忆俱反。萦。"萦为萦绕、郁结。李白《古风五十九首》之五十六:"鱼目复相哂,寸心增烦纡。"恶,则是厌恶。二字近义并立,有以恶释纡之用。

拳扠人:丑皆反,又摦。

扠,打也。此条与《切韵》所载近似。其云:"扠:丑佳反。以拳加人。亦作摦。摦音丑皆反。"佳、皆二韵,《切韵》分立而相邻,至《广韵》已注明"同用",《字宝》此条正是这一语音演进的朕兆。案:P.2976大唐进士刘瑕《温泉赋》云:"弓彏矢卓,脚蹉拳捶"。《敦煌变文集·燕子赋》云:"不问好恶,拔拳即差。"或作捶,或作差,都是扠。玄应音义卷六"相扠"条云:"扠,近字也。"

足见这是一个当时非常活跃的口语词。

心不啴展：音摊。

啴亦展，啴展，舒畅、舒坦的意思。《说文·口部》云："啴：喘息也。一曰喜也。"段玉裁注："《乐记》'其乐心感者，其声啴以缓'注：'啴，宽绰貌。'"舒畅、舒坦是引申义。

挼酒：苏回反，又榱。

挼酒即催酒，酒席上的仪式之一。明·方以智《通雅·礼仪》考释"嶉酒"云："一作榱酒，即催酒也。元有喝盏之仪。李涪《刊误》言榱酒三十六拍促曲名'三台'，榱合作啐，盖送酒也。《资暇录》言与涪同。程大昌言'内燕抗声索乐，但云榱（音催）酒。'《字书》：'榱，屈破也'，当是啐酒之转。《名贤诗话》：王仁裕诗'芳尊每命管弦嶉'。又赵翙《交趾事迹》言嶉酒逐歌。可知嶉酒乃唐人熟语，宋朝相沿不改也。义当用催，而别作榱、嶉。何必强引啐字？《字宝》作挼酒。《切韵》云："挼，击也"，"苏回反"。是借用。宋·叶梦得《石林燕语》卷五有云："公燕合乐，每酒行一终，伶人必唱催酒，然后乐作。此唐人送酒之辞，本作碎音，今多为平声。文士亦或用之。"案：注"素回反又榱"。《切韵·灰韵》云："榱：素回反。榱牘。挼：击。"二字同音。"又榱"则是"注引假借"。

贪惏：音蓝。

贪惏即贪婪。《说文·女部》云："婪：贪也。"段玉裁注："此与心部之惏，音义皆同。"《字宝》主张用字规范，取了从心之惏。无独有偶，S.617《俗务要名林·聚会部》"贪惏：不知足"，亦取用惏字。此语甚古，已见于《左传》、《楚辞》诸书。

唟㗫：士闲反，下骤。

恶骂的意思。二字皆从口，然《广韵》作"僝僽"，云："恶骂也。"宋·黄庭坚《忆帝京·私情》云："那人知后，怕夯你来僝僽。"元·关汉卿《钱大尹智宠谢天香》第四折："他若带酒，是必将咱僝僽。"此语多见于宋及宋以后的诗文。《集韵·宥韵》又有"或从言"之说。

鸟圝：音油。

圝即鸟圝，猎人用来诱捕鸟的鸟。《说文·口部》云："圝：囮，或从繇。"段玉裁注："按或当作也，本二字。一化声，一繇声，其义则同。《广雅·释言》曰：'囮，繇也。'是可证为二字转注矣。潘岳《射雉赋》：'恐吾游之晏起'，又'良游呃喔，引之规里'。徐爰注：'雉媒，江淮间谓之游。'唐·吕温有《由鹿赋》。游与由即圝字也。"唐·刘恂《岭表录异》卷中："鹇鹠即鸱也，为圝，可以聚诸鸟。"

口齘龁：知皆反。

齘亦龁，咬的意思，不过齘是狠龁，龁是浅龁。《切韵·皆韵》云："齘：卓皆反，啮也。"《敦煌变文集·燕子赋》云："儿捻拽脚，妇下口齘。燕子被打，可笑尸骸。"宋梅尧臣《送方进士游庐山》诗云："坞田将获鸟雀横，秋果正熟猿猴齘。"慧琳音义有一段很好的说解，卷七十六"齚啮"释云："上齚字，诸字书并无比字。译经人随意作之，相传音在诸反，非也。正合作齘，音卓皆反，谓没齿龁也。《广雅》云：'齘，啮也。'古人释云：断筋骨也。又有音齚为截，亦非也。下研结反。前《法花音义》云：'啮，龁也。少啮为啮，没齿为齘。于义为正。"案："在诸反"是"在诣反"之误,见《龙龛手镜·齿部》。

慵馋:石容反,士咸反。

慵,懒也;馋,贪也。慵馋,又懒又贪,已是双音词。S.617《俗务要名林·聚会部》云:"馋慵,嗜食而懒也。"《敦煌变文集·太子成道经变文》云:"努力向鹫峰求圣道,新妇莫慵馋不擎却回来。"《玉篇》、《切韵》俱释慵为"懒",释馋为"不嫌也"或"不廉",也就是贪的意思。白居易写过一首《咏慵》诗,虽属自嘲,却启迪人,录以备阅。其诗云:"有官慵不选,有田慵不农。屋穿慵不葺,衣裂慵不缝。有酒慵不酌,无异尊常空。有琴慵不弹,亦与无弦同。家人告饭尽,欲炊慵不舂。亲朋寄书至,欲读慵开封。尝闻嵇叔夜,一生在慵中。弹琴复锻铁,比我未为慵。"

㪠头:居靴反。

㪠字,《玉篇》、《切韵》诸字书未载,疑为"撅"之误。明·方以智《通雅·谚原》云:"撅头即掘头。《卮言》曰:'王僧虔用掘笔。'《幽明录》云:'磨十指垂掘。'《搜神记》:'荀序得掘头船。'张志和《渔父词》用'撅头船'。撅、掘通。"掘笔是秃笔,十指垂掘即十指垂秃,则掘头船当是秃头船,难于乘风破浪的笨拙船。

筯㩌物:音饥,又剞。

㩌是以筯取物的动作,此以词组释字之例,如前之"人掌泥"和"拳扠人"之类。S.3393《王梵志诗·亲家会宾客》云:"亲家会宾客,在席有尊卑。诸人未下筯,不得在前㩌。"筯、箸是异体字,又名筷子。㩌见《切韵·支韵》,云:"㩌:㩌角。攲:攲取物。"从才从支,义可相通,故剞可视为攲的俗写。注云"又剞",则是《序》云"取音之字,注引假借"之例。㩌是"取音之字",剞为"注引假借"。然而,对照《切韵》,字音小异,其上声纸韵云:"掎:居绮反,牵一角。剞:曲刀。"二字皆读上声,与注"音饥"作平声读有所不同。案假借取字,声调不同也是有的。况"音饥",《切韵》属脂韵,而"掎"属支韵,此处也是混读不分。

上声字

物骱塞:口雅反。

骱,塞住的意思,相当于今人说"卡"。慧琳音义卷五十二:"尾骱:古文,今作骱,同。口亚反。《埤苍》:'腰骨也。'"由名词活用为动词以后,词义也由腰骨引申为不上不下的意思。明·焦竑《俗书刊误·俗用杂字》云:"骨鲠在喉曰骱,苦假切。"正是塞的意思。慧琳认为是唐时新字。

檾麻:音倾。

檾即檾麻,纤维比较粗。宋·罗愿《尔雅翼·释草》云:"苘,枲属,高四五尺,或六七尺。叶似苎而薄,实如大麻子,今人绩以为布,及造绳索。"上古用来制衣。《说文·枲部·檾》段玉裁注:"《诗》两言裘衣。许于此称檾衣,于衣部称裘衣,而云'裘,檾也',示反古。然则裘衣者以檾所绩为之,盖《士昏礼》所谓景也。今之檾麻,《本草》作苘麻,其皮不及枲麻之坚韧。今俗为粗绳索,多用之。"元·关汉卿《魔合罗》第一折:"扯将这蒲包上檾麻且系住。"明·焦竑《俗书刊误·俗用杂字》云:"枲麻曰檾麻,一作䔛,音顷"。

口哆唇：丁我反。

哆亦是哆唇，嘴唇翻出而下垂的意思。《切韵·马韵》云："哆：唇垂。"慧琳音义卷七十九："唇哆：多娜反，垂也。"《敦煌歌辞总编》卷三《失调名·须大拏太子度男女》十一首之八："身体黑如漆，目伤复面皱。面上三殊泪，唇哆耳尸陋。"《敦煌变文集·晏子赋》云："使者晏子，极其丑陋，面目青黑，且唇不附齿。"所谓唇不附齿，即是唇哆或哆唇。不过唇哆是主谓结构，而哆唇可能已成名词。案：注"丁我反"，《玉篇》作"处纸、尺写二切"，《切韵》作"车下反"，皆与此不合。唯《广韵》有此音，上声哿韵云："哆，语声"，"丁可切"。音同而义不同。推测《字宝》所记是口语音，而非取自《切韵》诸字书。

揣度：测浼反。

揣度，意同揣测。《淮南子·人间训》云："凡人之举事，莫不先以其知规虑揣度，而后敢以定谋。"案：揣字，《玉篇》、《切韵》俱音"初委切"，属上声纸韵，与此作"测浼反"，属上声贿韵，不同。

性㤹㤅：于讲反，于校反。

㤹㤅，凶狠乖戾的意思。《玉篇》作㑃㤅。《玉篇·人部》云："㑃：于项切，戾也"，"㤅：乙孝切，很㤅也"。P.2319《佛说父母恩重经》云："及至长成，翻为不孝，尊亲共语，应对㤹㤋，拗眼露睛，欺陵伯叔。"说的正是㤹㤅。

垢圿：音苟，下戛。

尘污的意思。《玉篇·土部》云："垢：古偶切，不絜也，尘也"，"圿：古八切，垢圿"。《山海经·西山经》云："钱来之山其上多松，其下多洗石。"郭璞注："澡洗可以碬体去垢圿。"碬，摩擦的意思。垢圿已是合成词。

夥语：音颗。

案：义未详。有"夥颐"一语，录以备考。《史记·陈涉世家》有云："客曰：'夥颐！涉之为王沉沉者。'"司马贞索隐引服虔曰："楚人谓多为夥，又言颐者，助声之辞也。谓涉为王，宫殿帷帐，其物伙多，惊而伟之，故称夥颐也。"清·胡文英《吴下方言考》云："案：夥颐，惊羡之声。今吴楚惊羡人势曰'夥颐'。"章太炎《新方言·释词》云："服虔曰：'惊而伟之，故称夥颐。'其说是矣。又训夥为多，则不知夥为䯩之假借也。今鄙人伟大其物犹叹曰夥颐。夥者，䯩字；颐者，余音。"案：夥"音颗"有疑。《王仁昫刊谬补缺切韵·哿韵》有一段文字可供参考，云："祸：胡果反。不祐。亦作䄇。二。夥：楚云多。颗：枯果反。"二小韵相连，二字相接。因而有可能误抄，不涉声纽差异。联系《字宝》直音往往采用《切韵》的小韵字，则此种可能更大。

诡谲：音鬼，决。

欺诈的意思。《玉篇·言部》云："诡：俱毁切，欺也"，"谲：公六切，谲谏，依违不直言也"。《切韵》略同。宋·邵雍《戒子孙文》云："凶也者，语言诡谲，动止阴险。"又一义是奇怪的意思。李白《上云乐》诗云："不睹诡谲貌，岂知造化神。"《原本玉篇残卷·言部》云："诡：俱毁反……野王按：谲诡犹奇怪也。"案：此条与后文"矫诈"并立傍通，当是取欺诈义。又：《切韵》"音鬼"之鬼属尾韵，而诡字属纸韵。此注音不但突破《切韵》用韵的框架，而且也突破《广韵》纸、旨、止三韵同用而尾韵独用的用韵模式。

哂咍：尺忍反，呼来反。

哂，讥笑。《论语·先进》："曰：'夫子何哂由（子路）也？'曰：'为国以礼，其言不让，是故哂之。'"白居易《小庭亦有月》诗云："村歌与社舞，客哂主人夸。"此用来释"咍"，则咍也是讥笑的意思。《楚辞·九章·惜诵》云："行不群以巅越兮，又众兆之所咍。"王逸注："咍，笑也，楚人谓相啁笑曰咍。"杜甫《秋日荆南述怀》诗云："任受众人咍。"清·胡文英《吴下方言考》卷六："咍：音胎。《楚辞·惜诵》：'行不群以颠越兮，又众兆之所咍也。'案：'咍，发语声。鄙而笑之之辞也。吴中嗤笑人则曰'咍'。"

矫诈：居夭反。

以诈释矫。扬雄《方言》卷三："胶、谲、诈也。凉州西南之间曰胶，自关而东西或曰谲，或曰胶。诈，通语也。"此胶就是矫。因知本条与前"诡谲"也构成傍通。唐·元结《寄源休》诗云："时多尚矫诈，进退多欺贰。"《敦煌变文集·太子成道变文》云："非外道不能出禑（谲）诈之言。"此禑就是矫，而不是谲。

焦脿：方久反，丑甲反。

焦是蒸、焖，脿是薄切肉。焦脿就是蒸肉片。《切韵·有韵》云："焦：蒸焦"，音"方久反"。《齐民要术·蒸焦法》云："焦猪肉法……于铜铛中焦之，一行肉，一行擘葱，浑豉白盐姜椒，如是次第布讫，下水煮之。"《玉篇·火部》则云："焦：音缶。火熟也。"《广雅·释器》云："煿谓之焦。"王念孙疏证："《小雅·六月篇》：'炰鳖脍鲤。'《大雅·韩奕篇》：'炰鳖鲜鱼。'徐邈并音甫九反。《韩奕》笺云：'炰鳖，以火熟之也。炰与焦同。'正义引《通俗文》云：'燥煮曰焦。'"《说文·火部》云："炮：毛炙肉也。"段玉裁注："炰与焦皆炮之或体也。"又"衰"字注云："微火温肉，所谓焦也。

今俗语或曰乌,或曰煨,或曰焖。皆此字之双声叠韵耳。"脧,《说文·肉部》释为"薄切肉"。段玉裁注:"大片肉也。"晋·卢谌《杂祭法》:"春祠用大脧。"此"焦脧"应是蒸脧。

韛袋:音败。

鼓风旺火的皮袋。《玉篇·火部》云:"韛:皮拜反。韦橐也,可以吹火令炽。"S.617《俗务要名林·火部》称之谓"火袋"。唐·施肩吾《早春游曲江》诗云:"羲和若拟动炉韛,先铸曲江千树红。"案:《切韵》被注字和注音字都属去声,而此编入上声,音变现象值得注意。

物柔磋:音盏。

磋,阁置食物的木板。玄应音义卷十七:"梁栈:《三苍》作磋,同。仕谏反。《说文》:'栈:棚也。'《通俗文》:'板阁曰栈也。'"《广雅·释诂三》云:"栖载棚阁樺磋庋也。"王念孙疏证:"皆谓庋阁也……又引《通俗文》:'高置立庋棚曰庋。'阁,《檀弓》:'始死之奠,其余阁也与。'郑注云:'阁庋藏食物。'《内则》:'大夫七十而有阁。'注云:'阁以板为之,庪食物也。'庋、庪并与庋同。"柔的本义是曲木使直的意思,引申为安抚。物柔磋可以理解为存储物的搁板。

儿嫩骇:鱼解反。

嫩是稚嫩,儿为幼儿。以嫩释骇,此骇便是天真的意思。因此嫩与骇可视为同义并列。《玉篇·马部》云:"骇:午骇切,马行也。又无知也。"马行是本义,无知是假借义,即是天真的意思。《集韵》云:"童昏也",也是这个意思。白居易《寒食夜》诗云"痴男骇女唤秋千",是也。《说文·马部·骇》段玉裁注引《方言》

云："痴,骏也……乃读五骇切,俗语借用之字耳。"

水畎溅:音豁。

溅是田渠流水声;畎是田间水沟,已见于先秦古籍。《书·益稷》云:"浚畎浍距川。"孔注:"一亩之间,广尺深尺曰畎。"所以《切韵》云:"古泫反。田上渠。"溅则是水声,属象音词。《切韵》释为"水声",而"豁"是它的小韵字。从这注音字的取用,《字宝》与《切韵》的关系得见一斑。案:"音豁"和"溅"都是去声,以例当编入去声字中,今编在上声字中,是违例。畎是上声字,是否脱漏了它的注音,是个疑问。

相憯:即敢反。

憯,深深刺痛。《玉篇·心部》云:"憯:七敢切。《说文》:'痛也。'"《切韵》音义同。段玉裁注《说文·心部·悲》云:"按憯者,痛之深者也。"《韩非子·解老》云:"苦痛杂于肠胃之间,则伤人也憯。"《淮南子·人间训》云:"子发视决吾罪而被吾刑,吾怨之憯于骨髓。"高诱注:"憯,痛也。"此痛是遭受痛苦,故词条于"憯"前加"相",表示由此及彼的关系。

乱氂氂:尺两反。

乱是主词,氂氂形容乱的情状,用的是借字,氂的本义是鬐毛。此与后文"乱攘攘"构成傍通,详该条。

人鼾睡:音汗。

鼾睡就是熟睡出声。鼾则是熟睡的鼻息声,俗云打呼噜。唐·韩愈以嘲鼾睡为题作诗云:"澹师昼睡时,声气一何猥。"唐·唐彦谦《宿田家》诗云:"停车息茅店,安寝正鼾睡。"

乱攘攘：而两反。

即乱哄哄，又乱又多的状态。《敦煌变文集·孟姜女变文》云："壤壤髑髅若个是"，字从土作壤。取音之字，字形不一。详蒋礼鸿《敦煌变文字义通释》。

宽靫靫：尺者反，又奲。

靫靫，以重言形容大，其实靫也是大的意思。《广雅·释诂一》云："靫，大也。"王念孙疏证："《说文》：'靫，富靫靫貌。从奢单声。'《玉篇》云：'丁可、充者二切'，云：'大宽也。'《说文》：'哆：张口也。'《小雅·巷伯》：'哆兮侈兮。'毛传云：'哆，大貌。'释文：'昌者反。'义与靫同。"案："又奲"注异体字，由《说文》认为奢与奲是异体字可知。

人言言：去偃反，鱼偃反。

二字叠韵，当是谑语。《玉篇》、《切韵》皆释作"唇急"，未见语例。敦煌本王仁昫《刊谬补缺切韵》于释义之后有一段说明，云："陆生载此言言二字列于《切韵》，事不稽古。便涉字祅，留不削除，庶览之者鉴详其谬。"认为是误收录的。而重口语的《字宝》收录此词，说明还活跃在当时口语中。清·胡文英《吴下方言考》卷七："言言：读如眼槛，二字土音。"释云："《玉篇》：'言言，唇急貌。'案：言言，犹云适才也。应之甚速。故云唇急貌。吴谚谓适才过去曰言言。"可见清代吴语犹存此语。

铦鎶笞：自侵反。

鎶字希见，唯《龙龛手镜·金部》说它是鎒的俗字，云："鎶，俗；鎒，正。奴豆反，锄鎶也。"而字音，则与"自侵反"不合。故疑为"镡"字的俗字。《广韵·侵韵》云："镡：剑鼻。又寻、覃二音。"以覃或以寻为声符，当可相通。筈是箭尾，镡属剑头，二者并列，也成一说。然而，"自侵反"属平声，平声字何以编在上声字中，又是问题。又銛字，义为锐利，或为农具，均难与前二者同列。读扬雄《方言》卷三有"取也"之说。郭璞注："取，挑取也。"清·崔灏《通俗篇·杂字》云："銛，俗失锁钥而以物探之。"章太炎《致伯仲书》云："无钥，可令铜匠通銛开。"可备一解。且三字中，唯此"銛"有上声音。案：《释名·释兵第二十三》云："其旁鼻曰镡。镡，寻也，带所贯寻也。"又：慧琳音义卷三"箭筈"注云："《考声》云：'箭者，本竹名也。'案此竹，叶似苇，丛生，高五六尺，茎细劲而且实。可以为矢筈……《考声》：箭口也。案：箭筈者，受弦之口也。"《释名》释"矢"云："其体曰榦，言梃榦也。其旁曰羽，如鸟羽也……其末曰栝，栝，会也，与弦会也。"见卷七《释兵第二十三》。《敦煌变文集·韩擒虎话本》："衾虎拜谢，遂臂上捻弓，腰间取箭，筈（搭）阔（栝）当弦，当时便射。箭既离弦，世（势）同雷吼，不东不西，去蕃人箭阔（栝）便中，从杆至镞，突然便过。"可见剑鼻与筈独有细小的空间，似取此义为顺。

面么攞：莫可反，力我反。

么攞，是羞愧的脸色。首字"面"指脸色。么攞都是借字。《玉篇》作醸醿。面部云："醸：眉可切，面青貌。醿：力可切，醸醿。"面青貌就是羞愧色。《龙龛手镜·面部》云："醿醸醿：上二莫可反，下一勒可反。面惭貌。"《敦煌变文集·庐山远公话》云："于是道安被数，醸醿非常，耻见相公，羞看四众。"其"醸"当是从面之误。案：注"莫可反，力我反"，《切韵》统归哿韵。而《广韵》将前者属哿韵，后者属果韵。二韵之分始于何时，具体纪年，尚不得知。但是，据考证"可能写于代宗之世"的今存蒋斧本《唐韵》，则是二韵已分。唐代宗之世在公元 763—779 年,此事将有助于探索《字宝》的成书年代。

箭笴:公罕反。

笴是箭的主杆。《周礼·冬官·序官》云:"燕之角,荆之干,妢胡之笴,吴越之金锡,此材之美者也。"郑玄注:"笴,矢干也。"《释名·释兵》云:"矢,指也……其体曰榦,言挺榦也。"榦、干同。唐皮日休《寄滑州李副使员外》诗云:"城上封书箭榦中。"《敦煌歌辞总编·失调名(发箭到长安)》云:"忙把金弓接画榦。"《集韵·旱韵》就有"笴干榦竿"四体。《敦煌变文集·韩擒虎话本》作榦,云:"箭既离弦,世(势)同雷吼,不东不西,去蕃人箭阔(括)便中,从榦至镞,突然便过,去射堕(垛)十步有余,入土三尺。"

面龇䶖:之患反,五患反。

龇䶖是牙齿外露而且不正的意思,叠韵谜语。《玉篇·齿部》云:"龇:士眼切,齿不正","䶖:五板、五偃二切,齿见貌"。这是一种难看的面容,所谓"青面獠牙"的"獠牙"就是它的极端。案:此二字皆读上声,而二注音皆属去声。

口剖析:浦苟反。

剖亦析,剖析就是分析,慧琳音义卷八十一有剖析一目,云:"上普口反。杜注《左传》云:'剖,中分也。'顾野王云:'析,破也。'《说文》:'判木也。'……下星亦反。《声类》云:'析,劈也。'《说文》:'析,破木。'"二字的本义都指具体动作,首字为"口",则是指口头的事,意为分析,是并列合成词了。如果说《切韵·序》所云"剖析毫厘,分别黍累",还有比喻的意思,那么唐·虞世南《书旨述》的"剖析前古，无所不工"，就抽象的义项。此口剖析也是如此。

力摆撼：莫解反。

摆亦撼，此以撼释摆，是摇晃、动摇的意思。摆撼已是双音词，也是摇动、摇晃的意思。首字为"力"，正是用力的动作。P. 2594《白雀歌》云："摆撼霜毛始举头"，是其例。唐·李德裕《周秦行记论》云："故自卑秩，至于宰相，而朋党若山，不可动摇。欲有意摆撼者，皆遭诬坐。"则与前条"口剖析"相似，已经不限于具体的肢体动作。案：反切上字"莫"，误。《玉篇》音"补买反"，《切韵》音"北买反"，皆属帮纽，当从。但不知用何字，且存疑。

剟割：途果反。

剟字，未详。见其与"割"字并立，词义当相通。《玉篇·刀部》有"剁"字，释云："斫。"《广韵》云："斫剟也"，字义与"割"类似，可以认为剟即是剁的俗字。但是，《玉篇》音"丁卧切"，《广韵》音"都果切"，皆读端纽。此注"途果反"，属浊音定纽，用以注清音字，已是清浊相混。清浊相混是浊音消变的前兆。

拟撄：希偃反。

以"拟"释"撄"，《说文·手部》云："拟：度也。"段玉裁注："今所谓揣度也。"《玉篇·手部》云："撄：虚偃切，疑也。"这"疑"就是"拟"。《广雅·释诂四》云："撄、拟也。"《切韵》则解释为"手约物"，意思相同。

物齴仰：鱼偃反。

齴字，多本皆误为齛字，与注音"鱼偃反"不合。惟 S. 619 卷不误,故从。《玉篇·齿部》云:"齼:鱼寒切。露齿貌。"《南史·王玄谟传》云:"孝武狎侮群臣,各有称目……颜师伯龂齿,号之曰齼。"龂同缺。以"仰"、"齼"并列,则是具有释义功能,当是仰露的意思。首字为"物"字,是为物仰露。北魏·贾思勰《齐民要术·种谷》云:"春若遇旱,秋耕之地,得仰垄得雨。"仰是使垄仰,即敞露的意思。物齼仰可释为物仰露。案:注"鱼偃反",《切韵》属阮韵;而被注字"齼",《切韵》和《玉篇》皆音"鱼寒切",《切韵》是属于獮韵的。周祖谟《宋代汴洛语音考》云:"至于元韵,《切韵》本与魂、痕为一类,宋人诗中多读同先、仙,与魏晋以来音迥异。其转入先、仙,当亦肇于唐代。"这里说韵是以平声包括上声和去声的。《字宝》以阮韵的反切注獮韵字,正与此同,当是口语音。

轮辊动:公稳反。

辊是借字,今作滚。辊动也就是滚动,首字为"轮",更显出是滚动。五代·李煜《望江梅》词云:"船上管弦江面绿,满城飞絮辊轻尘。"宋·苏轼《南歌子·八月十五观潮》云:"雷辊夫差国,云翔海若家。"陆游《梦中作》诗云:"春风又作无情计,满路杨花辊雪球。"皆其例。其实,辊并非全是借用,它有一个发展过程。《说文·车部》云:"辊:毂齐等貌也。"段玉裁注:"辊,毂匀整之貌也。"这是它的本义。慧琳音义卷一百有"辊芥",释云:"昆稳反。《韵诠》云:'手转之令下也。'或从手作捆,以手转也。或作绲,《考声》云:'如车毂转也。'"手转是引申,车毂转也是引申,可以说就是滚。滚的本义是水大,作为水大的形态是引申,更扩大成一切物的滚动。

足簸籭：博我反，于列反。

《玉篇·竹部》云：簸，“去糠也”；籭，“簸也”。二字义同。《切韵》径以“簸籭”二字释“簸”。因此，簸、籭、簸籭三者义同。《诗·大雅·生民》云：“或舂或揄，或簸或蹂。”孔颖达疏：“或使人在碓而舂之，或使人就臼而抒之，或使人簸扬其糠，或使人蹂践其黍。”簸扬是动作，去糠是目的。《函海·乡言正字》云：“簸谷曰籭。”此前有“足”字，就泛指类似动作了。又：注音“于列反”与字书相差很大，《切韵》作“徒协反”，《玉篇》作“以猎、徒协二切”。其中“以猎切”最相近，只是入声韵尾有所不同。如果说唐五代西北方音已出现入声韵尾消变的迹象，这也是可注意的字例。

又掍掷：公稳反。

以“掷”明“掍”字义。掷，抛也。《玉篇·手部》云：“掍：胡本切。同也”，《切韵》音义同。都与此不合。注“公稳反”，音与前“轮辊动”同。推测此为“注引假借”，义未详。疑应是“轮辊动”条之注，抄本误抄所致。

獵獑：音槛，下糁。

狗叫声。《切韵·槛韵》云：“獑：獵獑，犬声。”则是象声词。

相詀惹：染，诺。

詀，《原本玉篇残卷·言部》云：“詀：如蓝、如檐二反。《说文》：‘詀詀，多言也。’”今本《说文》作“多语也”，意同。《广雅·释训》云：“詪詪……谓谓，譊譊，语也。”王念孙疏证云：“众经音义卷二十引《仓颉篇》云：‘譊，讼声也’，重言之则曰譊譊。《法言·寡见篇》云：‘譊譊者天下皆讼也。’《说文》：‘詀詀，多语也。’

《集韵》、《类篇》并引《广雅》：'詶詶，语也。'今本脱詶詶二字。"则詶惹当有争辩的意思。而首字"相"意为相互，正合。《切韵·药韵》云："惹：詶也。"《类篇·言部》云："詶：谤也。"《广韵·药韵》云："惹：詶惹。"皆可证詶、惹义近。案：《切韵》、今本《玉篇》詶读平声，与此不同。但是，《原本玉篇残卷》载有平、上二读，可能《字宝》自有所取。

人齂鼻：音喜。

齂，即齂鼻，以语词释单字，去鼻涕的意思。《切韵·尾韵》云："齂：齂鼻。"

奸宄：上同。

犯法作乱的人或事。《广雅·释诂》云："奸宄窃盗也。"王念孙疏证："《说文》：奸：私也；宄：奸也；外为盗，内为宄，盗自中出为窃。"案：此条仅见于 S.619 卷。注称"上同"，不明其所同。平声字部有"人奸譋"条，譋字未识。注音"乖"，属平声，与此不合。但是，上同之说，很容易联想到这一条。宄原读上声，"人奸譋"作平声，是否方音，然后在上声字部再出传统的"奸宄"？存疑备考。

舌舐：恃。或舓。同上。

舐，以舌取物。慧琳音义卷十六："舌舐：上善热反。《说文》：舌在口中，所以言也。从千从口，千亦声也。下食尔反。俗字也。《说文》云：舐者，以舌取物也。从舌氏声。正作舓。经从口作呧，非也。《考声》或作猞、舓、舓、咶，五体并古字也。出诸史籍。"案：《切韵·纸韵》云："舓：食纸反。舌取物。或作舓，亦作舐。"《玉篇·舌部》云："舓：神尔切。《说文》云：'以舌取物也。'

舓、舐：并上同。”《说文·舌部》云：“舓：以舌取食也，从舌易声。舐：舓，或从也。”并同慧琳所说合。又：“恃”是注音，“或舐”是异体字，“同上”指与上“舌舓：恃”同。更与《玉篇》所载“舓、舐：并上同”相合。此条仅见于 S.619 卷，“或体”立目不合书例，当是“舌舓：恃”的注文，故附记之。然而《字宝》不载或体，也无“同上”之说，当以删去为妥。

詻习：音兖。

詻字见于《玉篇·言部》，云：“以喘切。笑貌。又善言。”推测此条是以习字释詻字，则当是“沿习”。沿与詻，偏旁易混，而且与“音兖”同音。

寒瘆：所锦反。

以寒释瘆，瘆是寒侵为病的意思。《玉篇·疒部》云：“瘆：山锦切，寒病。痒：同上。”《说文》作“痒”，病部云：“寒病。”段玉裁注：“古多借洒为痒。《晋语》云：‘狐突曰：珧之以金铣，寒之甚矣。’韦昭注：‘珧犹离也，铣犹洒也。洒洒，寒貌。’唐人旧音云洒或为铣。”《正字通·疒部》云：“痒，今感寒体战曰痒。”唐韩愈等《城南联句》云：“痒肌遭眊刺，啾耳闻鸡生。”《西湖游览志》卷二十五：“冲寒而肌粟卒起曰痒瀷。韩退之《斗鸡》诗：‘磔毛各瀷痒。’”皆用字。

縦马：音兖。

縦即縦马，亦以词语释字，一字谓之縦，二字谓之縦马，都是以长绳系马来放牧的意思。《玉篇·糸部》云：“縦：以长绳系牛马放之。”縦马，显示词语的地方特色。案：“音兖”属上声，而縦字属去声，上、去互注是音变的先兆。

穿窕：音孔，亦作窠。

窠，是挖墙洞的意思，与"穿"义似。此字见于字书比较晚，《类篇》有"控"字，云："苦贡反。穿墙谓之控。"同音同义而不同形，应该就是窠的异体字。其后有收载"窠"字的字书。如金·韩孝彦《篇海》释云："古孔切。音矿。剜土也。"义同音近而不同形。明代《应用碎金》则有"窠"字，其《争讼篇·斗殴》云："钻壁，窠。公上声。"元明诗文多见"窠"字。关汉卿《杜蕊娘智赏金钱池》第三折："我比那窠墙贼蝎螫索自忍，我比那俏郎君掏摸须嗫声。"元曲《长生会》第二折："自小做贼，先学窠窟剜墙。"朱有墩《豹子和尚自还俗》云："风高时杀人放火，月黑时窠窟剜墙。"二体俱见于《字宝》，说明唐代已有了这个口语词和字，元、明所见的字是有传承的。《本草纲目·兽·貒》云："短足短尾，尖喙，褐毛，能孔地，食虫蚁瓜果。"犹借用孔字。《正字通·豸部》云："（貒）足尾短，褐毛，尖喙，能孔地，食虫肉。"也是如此。按："亦作"之说似非《字宝》之例，疑为抄者所加。

相詗诱：吉典反。

詗亦诱。清洪颐煊《读书丛录·墨子》中曾说："字书无詗字。"然而，《玉篇·言部》有"詃"字，释云："詃：古犬切。诱也。"是哄骗的意思。当是"詗"的正体。敦煌遗书多作詃。《敦煌变文集·降魔变文》云："门徒尽被詃将，遣我不存生路。"即其例。P.2838《倾杯乐》词云："又被良媒苦出言词相诱詃。"诱詃即詃诱。《切韵·铣韵》云："詃：诱詃。"而在有韵曰："诱：詃诱。"说明二字义同，而且形成双音词的趋势亦已经很明显。慧琳音义卷六十二："詃诱：上涓兖反。《文字典说》云：'詃亦诱也，从言玄声。'"以字音来说，从言玄声不如从言昌声容易认读，因而出现俗字。

马咹嗓：息朗反。

马的呼吸道病，咹是咳嗽，嗓是鼻流脓水，多用于马，故冠以马字。明·俞本元俞本亨《元亨疗马经·王良咹嗽论》云："昔者周灵王问于太史王良曰：'马之咹嗽多生于肺者何也？'太史答曰：'五脏六腑，皆令兽咹，非独肺也。'"又明·张自烈《正字通·口部》云："嗓，俗以马病鼻流涎曰嗓。"陶宗仪《辍耕录》卷二十三："凡六畜势伤，则鼻中常流涎脓水，谓之嗓病。"

人魙魖：崄，虚。

《玉篇》、《切韵》未载魙字，今《汉语大字典》以为是魋尬之魋，却又与注音"崄"不合。未详其义。魖，《玉篇》释为"耗鬼"，见鬼部。首字作"人"，给字义划定了范围。录以待考。

黗黵：公旱反，又玻皵。

脸上黑斑，今谓之雀斑。晋·王羲之《鸬鹚帖》云："鸬鹚粪白，去黗黵瘢疬。"明·李时珍《本草纲目·百病主治药下·面》云："黗黵是风邪客于皮肤，痰饮溃于腑脏，即雀卵斑，女人名粉滓斑。"

人妣欥：音比，姿。

妣欥，短小貌，叠韵谜语。字书多作"䃌妣"。《广雅·释诂二》云："䃌妣，短也。"王念孙疏证："䃌妣，各本讹作妣䃌。《玉篇》、《广韵》并云：'䃌妣，短小貌。'《集韵》引《广雅》'䃌妣，短也。'今据以订正。褚少孙《续日者传》：'卑疵而前，孅趋而言'，谓自卑以诣人，义与䃌妣相近也。《释木篇》云：'木下枝谓之榫榯。'槵榯与桿秕，声义亦相近。"案：《切韵·齐韵》云："桿，槵榯，小树。又树栽。"树栽即树苗，与小树一样，皆树之短小者。又：秕狋与桿秕，是形旁相同，而声旁不同的异体字，只不过《字宝》载俗字而已。《切韵》秕桿二字属齐韵，读平声。此以止摄字作音注，显示口语与韵书的差别，此其一。其二，韵书的平声字，而列入上声字中，也是口语。

人狡猾：绞，滑。

狡猾，狡诈奸猾，古语。《左传·昭公二十六年》云："若我一二兄弟甥舅奖顺天法，无助狡猾，以从先王之命。"《史记·高祖本纪》云："始大人常以臣无赖，不能治产业。"集解引晋灼曰："或曰江淮之间谓小儿多诈狡猾为无赖。"

手捆摩：尺染反，一颊反。

捆摩，指手的动作，疾按的意思。《文选·潘岳〈射雉赋〉》云："捆降丘以驰敌，虽形隐而革动。"李善注引徐爰曰："捆，疾貌。言雉雊于高丘之顶，捆然降下向敌。"摩，见《玉篇·手部》，云："乌协反。指按也。亦作撎。"唐·元稹《连昌宫词》云："李謩摩笛傍宫墙。"宋·洪迈《容斋续笔》卷十六"唐之酒令"条："又有旗幡令、闪摩令、抛打令，今人不复晓其法矣。唯优伶家犹用手打令以为戏云。"闪，捆的借字。

力擎揄：音许讲反。

揄，肩扛。《集韵·讲韵》云："揄扛：山东谓担荷曰揄。或作扛"，"虎项切"。《玉篇·手部》云："揄：火讲切，担揄也。"擎是支柱，以近义来启示对揄字的释义。"力"则表示下列二字都是尽力之事。

手垂軃：丁我反。

軃亦垂。《玉篇》本作軃，云："垂下貌"，"今作軃"。《切韵》作"軃"，云："垂貌。"唐・岑参《送郭乂维言》诗云："朝歌城边柳軃地，邯郸道上花扑人。"明・焦竑《俗书刊误・俗用杂字》云："物下垂曰軃，音妥。"此首字为手，当是手放松下垂的状态，敦煌多佛像，菩萨手姿往往如此。

壮侻儚：麦讲反，许讲反。

侻儚，肥胖的意思，叠韵谜语。《敦煌变文集・佛说观弥勒菩萨上生兜率天经讲经文》云："把戟夜叉肥薨趍，持锵（枪）罗刹廋筋咤。"《敦煌变文字义通释》释"薨趍"云："'趍'是'趓'字的错误。《玉篇》：'薨趓，疲行貌。'上一字莫仲切，下一字香仲切。《广韵》解说相同。"应是"身体胖，行动迟缓"的意思。字组首字为"壮"，此"侻儚"当是形容肥壮之辞。观"肥薨趍"与"壮侻儚"结构相同、意思相通，二者当是同一谜语的不同形态，其义按使用场合而有所差异。

霉霒：乌敢反，七敢反。

昏暗欲雨貌，叠韵谜语。《原本玉篇残卷・水部》云："渰：于敛反。《毛诗》'有渰凄凄。'传曰：'凄，阴云貌也。'《说文》：云雨貌。《广仓》为霉字。"《说文・水部》："渰：雨云貌。"段玉裁注："《汉书》作黤，按：'有渰凄凄'，谓黑云如黤，凄风怒生，此山雨欲来风满楼之象也。"霉，渰，黤，一也。霉霒亦渰凄之谓。

暐晔：于鬼反，于劫反。

明盛貌，双声谜语。《说文》字作从火，无从日。《玉篇》、《切韵》都已从日。《文选·晋左太冲〈吴都赋〉》云："崇临海之崔嵬，饰赤乌之暐晔。"临海、赤乌皆宫殿名。

色黯黮：乌陷反，直陷反。

黯黮，深黑色，叠韵谜语。与"霠霮"形成傍通。彼是昏暗欲雨，此为深黑色，故首字为色。并且，前者从雨，后者从黑，字形有所区分。其实，此种区分是相对的。《楚辞·九辩》云："彼日月之照明兮，尚黯黮而有瑕。"洪兴祖补注："黯，邬敢反；黮，徒敢反，云黑。"杜甫《渼陂行》云："天地黯黪忽异色，波涛万顷堆琉璃。"但是，却表现了《字宝》的文字规范意识。如其"语声誓"字必从言，而"物甏声"字必从瓦，也是傍通组合。

矿硬：古猛反。

矿亦硬，强悍的意思。《原本玉篇残卷》作磺，石部云："磺：孤并反。《说文》：'铜铁朴也。'《广雅》：'铁朴谓之磺，铅朴谓之锺。'又曰：'磺，强也。'"此取又义。案：今本《广雅》字作矿，释诂四云："矿、梗……强也。"王念孙疏证："矿者，《说文》：'犷，犬犷犷不可附也。'《文选·齐故安陆昭王碑文》：'强民犷俗。'李善注引《韩诗》云：'犷彼淮夷。'《汉书·叙传》：'犷犷亡秦，灭我圣文。'犷与矿通。"认为矿是犷之借。然而，《说文》有磺无矿。《原本玉篇残卷》只作磺。矿是后起字，从石广声，是读溪纽的。宋本《玉篇》："磺：古猛切，强也，铜铁璞也。矿：同上。"见石部。《切韵》作矿，以磺为"亦作"，皆其证。《字宝》不从《玉篇》和《说文》，而与《切韵》相同，不用古体而用当时流行体。

义鬏子：知买反。

鬏，《广韵·贿韵》作髢，云："陟贿切。假发髻也。"清·顾张思《土风录》云："髻头：髻本音陟贿切，俗呼作吼，平声。《广韵》十四贿：髻字注：假发髻也。今俗，新嫁娘假髻有髻头之称。考《晋书·五行志》，太元中公主妇女必缓鬓倾髻为盛饰，用髲既多，不可恒戴，必先于木及笼上装之，名曰假髻。其制始于此。""义"有假的意思。宋洪迈《容斋随笔》卷八："自外入而非正者曰义：义父、义儿、义兄弟、义服之类是也。衣裳、器物亦然，在首曰义髻，在衣曰义襕、义领。"宋·乐史《杨太真外传》云："又妃常以假髻为首饰，而好服黄裙。天宝末，京师童谣曰：'义髻抛河里，黄裙逐水流。'""子"是后缀，《字宝》多次出现。如角髇子、弄傀儡子、人拄杖枴子、斗杙刟子等。髻当是新字。《玉篇》、《切韵》只有髻字，或作髽，皆音"都果反"。音义俱别。

石上硾：直类反，石上衦。

硾也就是衦，石上硾即是注称："石上衦"的意思，《说文》及其段注有明白解释。衣部云："衦：摩展衣也。"段注："摩展者，摩其襦绹而展之也。石部硾下曰：'以石衦缯也。'衦之用与熨略同而异。"即将衣放在平石上把襦绹摩展平。慧琳音义卷六十："衦成：干旱反。《说文》云：衦者，由如衦饼。今摩展匹段也。"则与今"擀"字相当。

弄傀儡子：丘每反，力外反。

演木偶戏，弄，玩；傀儡子，木偶；子，后缀。唐·杜佑《通典》卷一四六《乐六》载此，字作"窟儡"或"魁礧"。云："窟儡子，亦作魁礧子，作偶人以戏，善歌舞，本丧乐也。汉末始用之于嘉会，北齐后主高纬尤所好，高丽之国亦有之。今闾市盛行焉。"唐·梁锽《咏木老人》云："刻木牵丝作老翁，鸡皮鹤发与真同。须臾弄罢浑无事，还似人生一梦中。"《敦煌变文集·维摩诘经讲经文》

有云："也似机关傀儡，皆因绳索抽牵，或舞或歌，或行或走，曲罢事毕，抛向一边。"可见在当时当地是颇为流行的。案：傀儡是叠韵谜语，读上声。而注"力外反"属去声。二字一上一去，是上去声相混的字例。

石悬縋：直类反。

縋亦悬，用绳悬物往下送的意思。首字用"石"，是为物的状态之一。《原本玉篇残卷·糸部》云："縋：直伪反。《左氏传》：'夜縋而出。'杜预曰：'縋，悬也。'《说文》：'以绳有所悬也'"。唐刘禹锡《机汲记》云："及泉而修绠下縋，盈器而圆轴上引。"《太平广记》卷三九九"金华令"云："其地成井，深不可测，以丝纂縋石测之。"皆其例。本条与"石上硾"为傍通。縋与硾，音同而义别。然二字往往混用。如《玉篇·石部》云："硾：丈伪切，镇也，笮也。亦作縋。"玄应音义卷十七："硾脚：又作縋，同。直伪反。《通俗文》：'悬镇曰縋。'谓悬石硾之也，硾，下也。"《字宝》却认为必须区分，硾是在石上杆衣，而縋是绳系石下縋。所以一从石，一从糸，字形不同。

手抿抹：弥引反，下末。

抿亦抹，擦拭、抚摩的意思。或作抆，本作捪。《广雅·释诂二》云："攟……抆抿也。"王念孙疏证："抆字亦作抿。《楚辞·九章》：'孤子吟而抆泪兮。'《吕氏春秋·长见篇》云：'吴起抿泣而应之。'"又《说文·手部》："捪：抚也。从手昏声。一曰摹也。"段玉裁注："今人所用抆字，许土部墀下所用搵字，皆即捪字也。"《玉篇》、《切韵》皆作捪，而《字宝》作抿，显示取字的不同。

匾匾：必浅反，都兮反。

竹或芦苇编成的养蚕匾，俗称匾匮。玄应音义卷六引《纂文》云："匾匮，薄也。"并云："今俗呼广薄为匾匮。"薄是原名，广薄，即大匾。《说文·艹部》云："薄：林薄。一曰蚕薄。"段玉裁注："《月令》：'季春具曲植籧匡。'注：'时所以养蚕器也。'曲，薄也。《方言》云：'宋魏陈楚江淮之间谓之箔，或谓之麹。自关而西谓之薄。'《周勃传》：'勃以织薄曲为生。'"《字宝》用俗名，是出于它的宗旨。

人直觍：直降反。

《切韵·江韵》云："觍：直视貌。目不明。又丑巷反。"此前有直字，当用直视貌义。《说文·见部》字作覩，释云："视不明也。从见春声。一曰：直视。"为诸书所本。案：注"直降反"属浊音，《玉篇》《切韵》相对应的音是"丑巷反"，属清音。值得重视。又：诸本"觍"误书从页，今正。

人腼颜：多典反。

腼，羞愧的脸色，也就是"腼颜"。《切韵》释为"面惭"。《说文·面部》云："覥：面见人也。"段玉裁注："面见人，谓但有面相对，自觉可憎也。《小雅》：'何人斯，有覥面目。'传曰：'覥，姡也。'女部曰：'姡：面覥也。'按心部'青徐谓惭曰恑'，音义皆同。而一从心者，惭在中；一从面者，愧在外。韦注《国语》曰：'覥，面目之貌也。'"杜甫《去矣行》云："野人旷荡无腼颜，岂可久在王侯间。"

人齻害：其朕反。

齻害，切齿怒的意思。害是借字。《切韵·怪韵》云："齻龄，切齿怒。"《玉篇》作噤。《新唐书·南蛮传·中》云:"虽女子能齘齘薄贼,况强夫烈士哉。"《玉篇》无"齘"字,而有"噤齘",齿部云:"怒也。"《释名·释疾病第二十六》:"疥,齘也,痒搔之齿齘齘也。"清·毕沅疏证:"《说文》:'疥:搔也。从疒介声。''齘:齿相切也。'《说文》无齘字,当作噤,口闭也。"齿相切是本义,切齿怒为引申义。切齿而口闭,故借用噤字,然而"齘齘"已成为双音词,用字重音而不重形。《旧唐书·吉温传》:"性禁害,果于推劾。天宝初为新丰丞时,太子文学薛嶷承恩幸,引温入对,玄宗目之,而谓嶷曰:'是一不良汉,朕不要也。'"元·王实甫《西厢记》七折:"兰麝散幽斋,不良会把人禁害,哈,怎不回过脸儿来。"禁害亦齘害。

人羞赧:女眼反。

羞是内心,赧是脸色,合而为一是羞赧。《玉篇·赤部》云"赧:女版切,面惭赤也。俗作赧。"《切韵》则以赧为正体,俗字已经升为正体。慧琳音义释"赧然"云:"上拏简反。《方言》:赧,愧也。"《孟子·滕文公下》云:"子路曰:'未同而言,观其色赧赧然,非由之所知也。'"唐·韩愈《顺宗实录》云:"(韦)执谊逡巡惭赧,竟起迎(王)叔文。"《敦煌变文集·维摩诘经讲经文》亦云:"唯增惭赧,尚自忧惶。"唐·孙绰《情人碧玉歌》云:"感君不羞赧,回身就郎抱。"则已是双音词。

口噤:其朕反。

噤是闭口,口噤也就是口闭。《玉篇·口部》引《说文》云:"口闭也。"《楚辞·九叹·思古》云:"口噤闭而不言。"噤与闭同义并列。《史记·袁盎晁错列传》云:"臣恐天下之士噤口不敢复言也。"杜甫《后苦寒行》云:"玄猿口噤不能啸。"皆此意。清代曾有学者认为《说文》无颣字，当作嚜，口闭也。《字宝》将二字列为傍通，明其有同又有异。《说文》无颣字，正证明它为《说文》未收的新字。此字组与"人颣害"相通，突显嚜、颣二字音同而义别。

人体俫：匹问反。

体字从人本声，粗劣的意思。《玉篇》未载。《切韵》释为"粗失"。清·毛奇龄《越语肯綮录》云："（体）即粗疏庸劣之称，今方言粗体、呆体俱是也。"明·张自烈《正字通·人部》亦云："体，别作笨，义同。"按笨字从竹本声，体字从亻本声，形声结构相类，音义也有相通。清·西厓先生《谈征》卷一释"粗笨"云："《宋书·王微传》有粗笨之语。《晋书》：豫章太守史畴肥大，时人目为笨伯。"俫疑是伟字之误。《集韵·没韵》"伟：伟魁，大貌"，音"勒没切"。体俫，同义并列，即粗笨的意思。案：注"匹问反"属去声，而"体"归上声，系上、去声相混。

𩒋𩕾：其朕反。

丑陋的容颜。《玉篇·页部》云："𩒋：丘饮切。丑貌"，"𩕾：牛饮切。𩕾，丑貌"。是叠韵谜语。《切韵·寝韵》释为："容貌丑"，义同。《字宝》所载为口语，其字往往罕见于古诗文，尚未寻得语例。案：《切韵·寝韵》云："𩕾：仕瘆反。丑貌"，"𩒋：卿饮反。容貌丑"。则知注"其朕反"是"𩒋"的音。"其"属浊音群组，而《玉篇》的反切上字"丘"和《切韵》的反切上字"卿"都属清音溪组，此注音有浊为清之疑。又：《玉篇》二字的反切上字皆与《切韵》不同。而《切韵》、《广韵》、《龙龛手镜》三书则如出一辙。疑《玉篇》的反切有误。

逆剌:七养反。

擦伤。《玉篇·刀部》云:"剌:又丈切。皮也。"此"皮"即是上文"剨剥"之"剨",是批、削的意思。《切韵·养韵》则云:"剌:皮伤。"清·王洪嘉《华山志概》云:"人伏行,不自顾其膺之甋而剌也。"甋通磷,因磨损而变薄的意思。案:"七养反"属清纽,而《玉篇》和《切韵》皆读穿纽。

赌赛:睹,塞。

赌、赛或赌赛,都是争输赢的意思。《魏书·任城王澄传》云:"特令澄为七言连韵,与高祖往复赌赛。"元·关汉卿《钱大尹智宠谢天香》第三折:"那里为些些赌赛绝了交契,小小输赢丑了面皮。"案:赛字本义是报答、酬谢的意思。《玉篇·贝部》云:"赛:先再切。报也。"玄应音义卷十九:"报赛:桑再反,案赛谓相酬报也。"由对取胜者的酬劳引申为竞胜。《敦煌歌辞总编·杂曲·杜前飞》云:"前回断当不输赢,此度若输后须赛。"关汉卿《钱大尹智宠谢天香》第三折:"不下钱打赛,我可便赢了你两回。"又:注"塞",既是直音,又是假借。《史记·封禅书》:"冬塞祷祠。"司马贞索隐:"(赛)与塞同。赛,今报神福也。"王念孙《读书杂志二·史记第二·赛》云:"念孙案:赛本作塞,古无赛字,借塞为之。"

衣缞缕:力甘反,力羽反。

双声谜语,衣服破败的意思。语见《左传》。汉扬雄《方言》卷三:"南楚凡人贫衣被丑弊谓之须捷,或谓之褛裂,或谓之褴褛。故《左传》曰:'筚路褴褛,以启山林',殆谓此也。"今本《左传》作蓝缕,杜预注:"蓝缕,敝衣。"字形甚多。敦煌遗书有不限于敝衣的,《敦煌变文集·李陵变文》云:"昨日见汉将率(卒)徒寡鲜,旗鼓缦缕。"

藏弆:音举。

弆,深藏。玄应音义卷十三:"密弆:羌女、丘吕二反,弆,藏也。《通俗文》:'密藏曰弆。'"《敦煌变文集·搜神记·田崑仑》云:"殷勤属告母言:'此天女之衣,为深举(弆),勿令新妇见之。'"举是弆的借字。同篇又云:"遂藏弆讫,崑仑遂西行。"则藏弆已是双音词了。案:此条以藏明弆,又以举作直音,又是"注引假借"。

人謲诮:所马反,七笑反。

謲诮,强词夺理。《龙龛手镜·言部》云:"謲:或作谶,正。所瓦反。强事语言。"清·桂馥《札朴·乡里旧闻·杂言》云:"言语强拗曰謲。"《广韵·马韵》有傻俏,云:"傻俏,不仁",音"沙瓦切"、"七宥切"。二者当相通,一指内心,一指言行而已。

小儿偁偁:乌瓦反,女瓦反。

偁偁,小儿始行貌。《广韵·马韵》云:偁音"古瓦切",又云:"偁偁,行貌",但无偁字的注释。《集韵》去声有"踠踥",云:"小儿始行貌",音"乌化切"、"乃嫁切",见祃韵。即是"踠"。

面诮:七笑反。

诮,责骂。《敦煌变文集·苏武李陵执别词》云:"李陵闻诮,直得身皮骨解。"面诮,当面指责。清·魏源《圣武纪》卷九:"(景安)为参将广福面诮,反挟愤诬劾。"此条和"人謲诮"是傍通。

火炻爇:上点,下如悦反。

炻,《玉篇·火部》云:"胡甘切,火上行貌。"此处直音字作"点",则"炻"当是借字。所谓"取音之字,注引假借"的意思。可以解释为点燃的意思,唐宋诗文多借用点字。唐·皮日休《钓侣》诗云:"烟浪溅篷寒不睡,更将枯蚌点渔灯。"苏轼《次韵定慧饮长老见寄》云:"为鼠常留饭,怜蛾不点灯。"爇则是爇的俗字,字中四点已经是火,再加火字便成多余。《玉篇·火部》云:"而悦切,烧也。"烧即是点燃。《敦煌变文集·长兴四年中兴殿应圣节讲经文》云:"躬瞻相好,自爇香烟。"案:炻的火上行义也可以理解为点火,而且从火占声的结构也能够误读为点,因此可以说炻是点火点的俗字,而点的本义是小黑点,用为点火则是假借。

草榦荄:公罕反,下钵。

草的茎和根。榦是借字,《玉篇》作薜,艹部云:"姑但切。草茎。"荄是根。汉扬雄《方言》卷三:"荄,根也。"《淮南子·地形训》云:"凡浮生不根荄者生于浮萍。"

跥脚:又点脚。

跥,俗字,字书未见。注云:"点脚",则是今"踮"字的前身,是提起脚跟用脚尖着地的动作。元·王实甫《西厢记》第一本三折:"踮着脚尖儿仔细定睛,比我那初见时庞儿越整。"案:"又"字原作正文首字,以例改入注文,所谓"取音之字,注引假借。"

踤着:殂鹘反。

踤,踢的意思。《汉书·扬雄传下》云:"帅军踤阹,锡戎获胡。"颜师古注:"踤,足蹴之也。"

点头耸耳：爽音。

倾听貌。点头，见唐李靖《李卫公问对上》，云："臣教之以阵法，无不点头服义。"耸耳，竖起耳朵用心听着。《国语·周语下》云："身耸除洁，外内齐给，敬也。"王引之《经义述闻》云："耸，敬貌……耸字本作㻸。《说文》：'㻸：敬也。'张衡《思玄赋》曰：'㻸余身而顺止分，遵绳墨而不跌。''㻸余身'即此所谓'身耸'也。"玄应音义卷十五："耸耳：古文㻸、㦻、㣔三形，须勇反……谓警㻸也。"案：注"音爽"，《切韵》属上声养韵。S.6204卷作"双之上声"，《切韵》属上声讲韵，差异很大。读"爽"者当是口语，江、阳二韵相混，为中古音演进到近古音的一大变化。

手舀物：一小反。

《说文·臼部》云："舀：抒臼也，从不臼。"段玉裁注："抒，挹也。既舂之，乃于臼中挹出之。今人凡酌彼注此皆曰舀，其引申之语也。"唐·张泌《妆楼记·半阳泉》云："半阳泉，世传织女送董子经此，董子思饮，舀此水与之。"S.617《俗务要名林·田农部》云："舀，出臼中米。"同为敦煌俗字书，此载的是《说文》所说的本义，而"手舀物"说的是段玉裁所说的引申义。案：P.3906、P.2508、P.2717三卷此前尚有"手臼物"一条，注音作"之六反"，属入声，显然不合书例。当是误"舀"为"臼"所致。《说文·臼部》云："臼：叉手也。"注："又部曰：'叉，手指相错也。'此云叉手者，谓手指正相向也。"

人潸然：所板反。

潸然，悲伤落泪的样子。《切韵·潸韵》云："潸：数板反。悲涕。"唐·王勃《重别薛华》诗云："穷途唯有泪，还望独潸然。"

唐·韦庄《中渡晚眺》诗云:"家寄杜陵归不得,一回回首一潸然。"案:P.3906、P.2508、P.2717 三卷"所板反"作"音山"。《玉篇·水部》云:"潸,所班、所板二切。出涕貌。"有平、上二读。此取上声。

命舛:尺远反。

命舛,时运不济、背时的意思。唐·王勃《滕王阁序》云:"时运不济,命途多舛。"命途多舛即是命舛,也就是不合时运的意思。白居易《渭村退居》诗云:"圣代元和岁,闲居渭水阳。不才甘命舛,多幸遇时康。"舛,《玉篇》释为"相背"。案:"尺远反",《切韵》属阮韵,而舛字,《切韵》作"昌兖反",属獮韵。此二韵字音相混,超出了《切韵》乃至《广韵》的框架。

衣纽繢:尼九反,丘类反。

纽、繢、纽繢,都是衣纽的意思,《说文·糸部》云:"纽:系也。一曰结而可解。"段玉裁注:"结者,缔也。缔者,结不解也。其可解者曰纽。"俗称纽子。P.5001《俗务要名林·女服部》云:"纽:纽子。尼柳反。"繢,《广韵》作襀,云:"襀:纽也。"《玉篇》作缋,云:"缋:丘贵切,纽缋也。"三字皆同。

拄杖枴子:古怀反。

拄杖是通名,枴子则是俗名,这是以通名释俗名,并列见义的典型例子,俗字书所以没有注释也能明义的方式之一。慧琳音义卷六十:"枴行:乖买反。上声,俗字也。即老人把头杖,名为枴子,患脚行不得者拄双枴策腋行,名曰枴行。一切字书并无此字。"案:所谓一切字书并无此字,只能说明此字新出而且知者不多。后于慧琳音义的《玉篇》作枴,木部云:"枴子,老人杖。"至于先于它的原本《玉篇》是否有载，因为残损，不得而知。但是，唐·王仁昫《刊谬补缺切韵》有载，骇韵云："枂：孤买"，后二字是反切。"并无"之说不可全信。《龙龛手镜》以"另"为"呂"的俗字，则从木另声之字也可视为从木呂声之字的俗字。《资治通鉴·后汉高祖天福十二年》云："（契丹主）仍锡（刘知远）以木枂。"胡三省注："枂，老人柱杖也。"案：注"古怀反"属平声，何以注上声字音？当年潘重规《别录》就指出："或当时俗读平声，或'怀'为误字，未敢质言。"据上引慧琳音义"枂行"注文，还有一说："又音乖，今不取。"枂字在当时的确有平、上二读，《字宝》取上声音，却误写了平声反切。

酬柿：力敢反。

柿子加工法之一。《玉篇·酉部》云："酬：力感切，藏柿也。"明·李时珍《本草纲目·果部·柿》云："酬，藏柿也。水收盐浸之外，又有以熟柿用灰汁澡三四度，令汁尽，着器中，经十余日即可食。"明·徐光启《农政全书·树艺·果部上》云："酬柿，水一甕，置柿其中，数日即熟，但性冷。亦有盐藏者，有毒。"

钱鲜：匹善反。

一贯钱的形象说法。古时用绳将钱串编成贯，名一千为一贯。《汉书·武帝纪》云："初算缗。"颜师古注引李斐曰："缗，丝也，以贯钱也。一贯千钱。"明·田汝诚《西湖游览志余》卷四："藉其家，得金箔金二万九千二百五十片，金钱六十鲜。"

旱歉：一敛反。

遭旱而歉收。《广雅·释诂四》云："歉……贫也。"王念孙疏证："歉者，《襄二十四年·穀梁传》云：'一谷不升谓之嗛。'《韩诗外传》

作鎌。《广雅·释文》作歉。并字异而义同。"《说文·欠部·歉》段玉裁注云:"歉,疑当作嗛,谓口衔食不满也。引申为凡未满之称。"此歉,今云歉收。P.2811《金紫光禄大夫守刑部尚书兼御史中丞侯昌叶直谏表》云:"陛下不见频年歉旱,累岁蝗虫。"歉旱与旱歉同义。案:注的反切上字"一"有误,歉字,《玉篇》作"口簟切",《切韵》作"苦簟反",皆读溪纽,当从。但不知本作何字。

音声相诮:楚卯反。

诮,《说文》作訬,言部云:"訬:訬扰也。"段玉裁注:"今俗语訬吏者,当即此字。"《集韵·巧韵》以"诮訬"为异体字。故音声相诮,当是声音嘈杂的意思。案:音声又指声乐。唐时把奏乐人称为音声人。《旧唐书·音乐志一》称:"夫音声能感人,自然之道也。"唐·张鷟《游仙窟》云:"十娘唤香儿为少府设乐,金石并奏,箫管间响,苏合弹琵琶,绿竹吹筚篥,仙人鼓瑟,玉女吹笙……十娘问曰:'笑何事?'桂心曰:'笑儿等能作音声。'"若此,音声相诮便可理解为众乐交响。上引之《游仙窟》文即是此种场面。惜未见语证,存疑备考而已。

身黡志:一奄反。

黡亦志,称人身上的黑斑点。《汉书·高祖纪》云:"左股有七十二黑子。"颜师古注:"今中国通呼为黡子。吴楚之俗谓之志。志者,记也。"从颜注,可知黡是唐时今语,子是后缀。

人傱文:而拱反。

傱,《切韵》从丙,肿韵释为:"不肖。一曰偄劣,亦作擽茸。"明·方以智《通雅六·释诂·诖语》:"偄傱,一作阘茸、毦茸、毦毯。公绍收偄傱字,与阘茸通。《贾谊传》:'偄茸尊显。'师古曰:

'下材不肖之人。'或作髋髢，髢从宂，宂从宀人，宫中宀食也。俗作冗。""髢"通"冗"，髢文，则是冗长无用之文。录以备考。

眼睒着：士锦反。

睒，《玉篇·目部》云："所缄切。见也。"《集韵·咸韵》云："暂见也"，"师咸切"；感韵云："视也"，"桑感切"。案：此与"物碞剌"条并列傍通。碞为碜的俗字，碜硋，粗直伤人的意思。而且，睒字与着字并列，因此着有刺眼、灼眼的意思。唐·张鷟《游仙窟》："入穹崇之室宇，步步惊心；见俛阆之门庭，看看眼碜。"眼碜与后文"珠玉惊心，金银曜眼"的曜眼义同。

叵耐：颇，奈。

叵是不可二字的合音，叵耐即是不可耐。

物碞硋：士锦反、下剌。

二字未见载于字书。今《汉语大字典》亦无。考希麟《续一切经音义》卷三有"碜剌"，云："碜剌：上楚锦反，又作墋。《说文》：'上石砂碜也。'（上字疑土之误。）经文作碜，非也。（今本《说文》无碜、墋二字。）下郎遏反。上言碜，下剌，合作粝。《切韵》云：'麁也，米之脱粟者也。'（按：《切韵》无此语，系《唐韵》所加。其曷韵云："粝：粗粝。加。"）作此剌字，僻也，戾也。非碜糒义也。"按作剌字是据音借字。正与此注音字作"剌"同。《集韵》糒字或从米剌声，亦相似。《敦煌变文集·茶酒论一卷》云："茶片干吃，只粝破喉咙。"据此则是毛糙、粗杂的意思。"碞硋"即是"墋剌"、"碜糒"。《敦煌歌辞总编·杂曲·食时辰》云："我此言，虽碜硴，只要人闻心改彻。"是其例，所说已从"物"引申到"言"。

駊騀：颇、我。

马摇头貌，叠韵连语。《说文·马部》云："駊：駊騀，马摇头也。"杜甫《扬旗》诗："庭空六马入，駊騀扬旗旌。"玄应音义卷十二作叵我，云："谓摇动不安也。经文从足作跛跇，或从山作岖峨，皆俗作也。"此为引申。唐·韩偓《多情》诗云："酒荡襟怀微駊騀，春牵情绪更融怡。"亦是引申。

螺蚌蛤：音棒、合。

三种美味的水生软体动物。《玉篇·虫部》云："蜯：步项切。蜯，蛤也。蚌：同。"又云："螺：音骡。蜯类"，"蛤：古合切。雀入水为蛤"。《切韵·合韵》云："蛤：蚌也。"P. 2571《开蒙要训》有"虾蟆蚌蛤"之句，P. 3071《略杂难字》也收"蚌蛤"二字。可见是被当时民间视为难字的。唐·张鷟《游仙窟》备陈美味，其中就有"江螺海蜯，竹根细眼"。唐·崔珏《道林寺》诗云："明珠大贝采欲尽，蚌蛤空满赤沙湖。"

嵬峨：五回反，下我。

高峻貌。《原本玉篇残卷·嵬部》云："嵬：牛回、牛尾二反。《毛诗》：'陟彼崔嵬。'传曰：'崔嵬，石戴土者也。'《楚辞》：'冠切云之崔嵬。'王逸曰：'高貌也。'"又山部云："峨：五多反。《楚辞》：'冠浮云之峨峨。'王逸曰：'高貌也。'"《敦煌变文集·维摩诘经讲经文》云："戴雾花枝香烂漫，惹烟幡盖势嵬峩。"

人伎俩：忌、两。

伎俩，意为艺能、本领。《切韵·纸韵》云："技：渠绮反。艺，俗作伎。"又养韵云："俩：伎俩。"《敦煌变文集·佛说观弥勒菩萨上生兜率天经讲经文》云："泉下不怜多伎俩，松间总是作尘埃。"

可能由于是新词，当时写法不一。P. 4701《七言诗两首》之二："外边似个猱猡人，莫是怀（中）没伎量。"唐·贯休《战城南》诗云："邯郸少年辈，个个有伎俩。"唐·司空图《题休休亭》诗云："伎两虽多性灵恶。"大都以音取字。案：据《切韵》"伎"在上声纸韵，"忌"属去声志韵。此以去声字注上声字，则是浊上与去声相混了。

手推搂：音耸。

搂亦推。《玉篇·手部》云："搂：先勇切。执也。"《切韵·肿韵》云："搂：执，亦推。"推，有可能是新义，所以不在首要位置。民间字书看作难字收载。P. 2609《俗务要名林·手部》又写作敊，曰："推敊：上凸回反，下先捻反。"语例也只能顺着时代往后找。《醒世恒言·两县令竞义婚孤女》云："贾婆不管三七二十一，和张婆两个，你一推，我一搂，搂他出了大门。"到了《红楼梦》变成"搡"字，第一百二十回："看他竟不像往常，把我混推混搡的，一点情意都没有。"

湫隘：即了反。

《玉篇·水部》云："湫：子由切，水名，在周地。又子小切，隘也。"此取又音义，故得与隘字同义并列。《左传·昭公三年》云："子（晏子）之宅近市，湫隘器尘，不可以居，请更诸爽垲者。"晋·杜预注："湫，下；隘，小。"慧琳音义卷八十六"湫隘"注引《考声》云："地下而兼隘。"白居易《卜居》诗云："但道吾庐心便足，敢辞湫隘与器尘。"唐·白行简《李娃传》云："惧其浅陋湫隘，不足以辱长者所处。"

勦绝：即了反。

　　勦绝意为灭绝。语甚古。勦亦绝。《说文》作"勦"，刀部云："勦：绝也。从刀巢声。《周书》曰：'天用勦绝其命。'"段玉裁注："《夏书·甘誓》：'天用勦绝其命。'天宝已前本如是。《释文》曰：'勦，子六反。'《玉篇》：'子小反。'马本作勦，宋开宝已前本如是。今《玉篇》：'勦：子小切。绝也。勦，同上。'此顾希冯之旧也。自卫包改勦为勦，以刀部训绝之字改为力部训劳之字，于是《五经文字·力部》曰：'勦，见《礼记》，又见《夏书》。'而刀部反无勦字。开宝中改《释文》勦为勦、勦为巢。《群经音辨》、《集韵》等皆云：'勦：绝也。'重纰貤缪，莫能諟正。"据此，《字宝》作勦而不作勦，当是卫包改字以后的字。卫包受诏改《古文尚书》从今文，是在天宝年间（742—755）。这可以为《字宝》成书的上限提供一个确定的依据。联系"勦绝"取字不从《玉篇》而从《切韵》，说明《字宝》从今而不从古。

合巹：音谨。

　　合巹指婚礼上饮交杯酒，引申为结婚。《说文·己部》："巹：谨身有所承也。"段玉裁注："承者，奉也，受也。按《礼记》借为合蓥字。蓥见豆部。"《礼记·婚义》云："妇至，婿揖妇以入，共牢而食，合巹而酳，所以合体，同尊卑，以亲之也。"唐·孔颖达疏："巹谓半瓢，以一瓢分为两瓢，谓之巹。婿之与妇，各执一片以酳，故曰合巹而酳。"借用巹字，王仁昫《刊谬补缺切韵》大不以为然，其上声隐韵云："巹：敬。蓥：酒器，婚礼所用。陆训巹敬字为蓥瓢字，俗行大失。"足见借用巹字，是陆法言原意，至王仁昫时便成"俗行"。《字宝》是从俗的。

戽斗：音虎。

戽斗是抒水器，戽，舀也。《广雅·释诂》云："揇、掏、舀、戽……抒也。"王念孙疏证："戽者，《太平御览》引《纂文》云'潟斗，抒水斗也。'……潟与戽同。今俗语犹云戽水矣。"戽字从斗户声，故《玉篇》释为"抒水器"，《切韵》释为"泄水器"，有上、去两读：上声者，名词；去声者，动词。《农政全书·水利·灌溉图谱》云："戽斗，挹水器也……凡水岸稍下，不容置车，当旱之际，乃用戽斗，控以双绠，两人挈之，抒水上岸，以溉田稼。"说之甚详。S.617《俗务要名林·船部》载有"戽斗"，云："戽斗，泄船中水斗也。上荒古反。"举其一端而已。

人昏懞：莫孔反。

昏懞，迷惘惑乱的意思。懞亦昏。《切韵·董韵》作"懵"，云："莫孔反。心乱貌。"慧琳音义卷九十二有"惽懵"，云："上呼昆反。《广雅》：'惽，乱也。'郑笺《毛诗》云：'惽，无知也。'《说文》：'从心昏声。'下墨朋反。《毛诗》传云：'瞢，乱。'"《三国志·魏志·文帝丕传》云："承问荒忽，惽懵哽咽。"案：《说文·心部》有"惽"无"懵"，云："惽：不憭也。"昏字则在日部，云："昏：日冥也。"《集韵》以"懵"为正体，以"懞"为异体，见董韵。《字宝》作"昏懞"，则是采用了当时流行的俗体，为易读易写。唐·元稹《春六十韵》云："虚逢好阳艳，其那苦昏懞。"

醢酱：音海。

醢也是一种酱。《玉篇·酉部》云："醢：诃改切。酱也。"《切韵·海韵》则云："醢：肉酱。"《周礼·天官·醢人》云："醢人掌四豆之实。"郑玄注："醢者必先膊干其肉，乃后莝之，杂以粱曲及盐，渍以美酒，涂置瓶中，百日则成矣。"案：此条据 S.619 卷增补。

老姥：音母。

老姥就是老妇，是新义。《玉篇·女部》云："姥：莫古切。老母也。"《切韵》释同。慧琳音义卷五十五："老姥：又作妈，同。亡古反。字书妈，母也。今以女老者为母也。"慧琳称此出自玄应音义。按玄应音义卷十三："老姥：又作妈，同。亡古反。字书：妈，母也。今以女老者为姥也。"慧琳所说"为母也"，当是玄应书"为姥也"之误。慧琳音义卷八十一又云："老姥贲：次摹补反，江表传云：姥，妇人老称也。字书亦从马作妈，音同。"姥从女从老，本是会意字，今读作老，则是形声字。唐·白行简《李娃传》："乃引至萧墙间，见一姥垂白上偻，即娃母也。"又云："愿以残年，归养老姥。"即姥为母的语例。《字宝》以"音母"为"姥"注音，表明姥已非母，而且字组首字为"老"，姥只能解释为老妇女，是将它作为口语新词采入的。案：注"音母"，《切韵》收在上声厚韵，作"莫厚反"。与"姥"音"莫补反"，相差很大。黄粹伯《〈一切经音义〉反切考》考得《切韵》尤韵字读轻唇者，《韵英》多转于虞，其读重唇者多转于模。"与以厚韵的"母"作姥韵的"姥"字的直音，正相合。白居易《琵琶行》以妇、污、度、故、去押韵，其中"妇"字，《切韵》属有韵，作"房久反"，也相合。又：此条据 S.619 卷增补。

腐烂：方武反。

腐、烂、腐烂，义同。《玉篇·肉部》云："腐：扶甫切。《说文》曰：'烂也。'"《礼记·月令》："温风始至，蟋蟀居壁，鹰乃学习，腐草为萤。"《荀子·劝学》："肉腐出虫，鱼枯生蠹；怠慢忘身，灾祸乃作。"《公羊传·僖公十九年》云："其自亡奈何，鱼烂而亡也。"《敦煌变文集·太子成道经》云："忽见一人卧于荒郊，膖胀烂坏，四畔有人，高声哭叫。"诸例的字义皆同。希麟《续一切经音义》

卷四："腐烂：上房武反，《切韵》：'败也。'字书：'臭也。'《考声》：
'朽也。'下郎干反。《切韵》：'火熟也。'从火阑声。"按《说文·
火部》云："爛：火熟也。"段玉裁注："《方言》：'自河以北赵魏之
间火熟曰烂。'熟者食饪也。饪者大熟也。熟则火候到矣。引申
之凡淹久不坚者，皆曰烂。"解释了烂字此一意义的来由。案：此
条据 S.619 卷增补。

伞盖：散。

　　伞是繖的俗字，义与盖同。"散"是注音。慧琳音义卷十一
作"繖盖"，云："上桑懒反。《玉篇》云：繖即盖也。《通俗文》曰：
以帛避雨曰繖……经中或作伞，俗字也。下冈爱反。盖亦伞也。
案繖盖者一物也。"《原本玉篇残卷·糸部》云："繖：思瞷反。《东
观汉记》：'时大雨，上骑，持繖盖从百余骑。'野王案：繖即盖也。"
又玄应音义卷二十二："伞屐：又作繖，同。先岸反。谓张帛为
盖，行路以自覆者也。"伞盖是同义并列的双音词，变文多用之。
如《敦煌变文集·太子成道经》云："神头上伞盖左转一匝。"又
《维摩诘经讲经文》云："当日遥闻法义开，一时总到庵园会。诸
天人众莫知涯，各向空中持伞盖。"

去声字

人調諛：七焰反，下料。

　　諂諛，阿谀奉承。《原本玉篇残卷·言部》云："諂：丑冉反。
《周易》：'君子上交不諂，下交不嬻。'野王案：《说文》：'諂：谀
也。'《公羊传》曰：'諂乎隐公。'何休曰：'諂犹佞也。'"又言部
曰："谄：《说文》或諂字。"《敦煌变文集·维摩诘经讲经文》云：

"如何净心？不嫉、不姤、不诣、不诳。"諑字不见于《玉篇》、《切韵》诸书，《集韵》有之，云："諑：諑讑，巧言。"见萧韵。巧言，诣媚之言。諲、諑二字义亦相近。此条以諲字列在去声字部，而以平声字諑并列明义，《字宝》读去声。案：諲字，《玉篇》、《切韵》所注反切都属浊音上声，与"七焰反"为清音去声不同。浊上读同去声是中古音向近古音演变的趋势之一。

刃蒯钝：枯怪反。

蒯钝即快钝，属"大小"、"长短"、"快慢"一类的反义合成词。以"刃"为首字，说明连接的"蒯钝"属于它的范畴。钝是迟钝，为人熟知。则"蒯"必是借用。蒋礼鸿《中国俗文字学研究导言》说到"三尺青蛇，斩新铸就锋刃蒯。……再有一个蒯字，根据《掇琐》所载《字宝碎金》有'刃蒯钝'一条，注道'苦怪反'。'蒯钝'就是'快钝'，就是利钝的意思。斩新铸就锋刃蒯就是'锋刃快'。钝，不利也。古书常见'刀钝'。《晋书·王育传》：'有执刀叱王允曰：'小县令敢轻辱吾君，汝谓吾刀钝耶？'"（案：所说《字宝碎金》应作《字宝》，又"苦怪反"原卷作"枯怪反"，苦、枯二字，声纽相同。）然而，唐诗文多用"快"字，杜甫《题王宰画》诗云："焉得并州快剪刀，剪取吴淞半江水。"《说文·水部》云："快：喜也。"段玉裁注："引申之义为疾速。"蒯是草，《古汉语大词典》收"蒯缑"，云："用草绳缠剑柄"，即"言其剑无物可装，但以蒯绳缠之"的意思。蒯钝的蒯无本字，而蒯绳为日常用品，人所熟知，字所以被借，这可能就是原因。

俵散：悲庙反，又攡。

俵是派给；散是分发，二字义近。合成俵散，也是分发的意思。《玉篇·人部》云："俵：波庙切，俵散也。"P.3864《书仪》云：

"俵钱去处:中兴门、明福门、章善门、银台门、兴善门,计分四贯文;客省门、通天门、阁门、光政门,计分二贯;九人将军计分六贯七佰文;密院门八人计分一贯八佰文。"宋·苏轼《奏浙西灾伤第一状》曰:"巡门俵米,拦街散粥,终不能救。"俵米与散粥分用。而《五代会要》则有俵与俵散并用。卷二十六"盐"云:"(周广顺)三年十二月敕:诸州府并县城内,其居人尽税盐,今后不俵,其盐钱亦不征纳。今后每年六、二月内一度俵散。"《康熙字典·手部》:"捹:《集韵》彼庙切。《正韵》悲庙切。并与俵同。分与也,俵散也。"案:注"摅"是借字。《集韵·小韵》音"被表切",是浊音,与所注反切有清浊的不同。又 P. 2058 此起至"卖不售",漏抄七十六条,其中"俵散"至"吮哂"的七条补抄在入声字部之后。

驴骏膝:力禁反。

《玉篇·马部》云:"骏:力亘切。骏騡,马病也,马伤谷也。"《广韵·嶭韵》云:"騡:行欲倒也。"驴骏膝则是驴病膝欲倒的意思。恰与下一条"马跙蹄"相似。案:反切作"力禁反",《切韵》属沁韵,其鼻音韵尾与"力亘切"有差异。

马跙蹄:侧虑反。

《玉篇·足部》云:"跙:才与切,行不进也。"《集韵·御韵》新增一义,云:"跙:行不进也。一曰马蹄痛病。或作踱、阻。"而《唐韵》正作阻,其御韵云:"阻:马阻蹄。"与《字宝》所载相同。白居易《初出蓝田路作》诗云:"人烦马蹄阻,劳苦已如此。"又《和三月三十日四十韵》云:"坐并船脚敲,行多马蹄阻。"宋·王禹偁《硖石县旅舍》诗云:"处险人垂瘿,登山马跙蹄。"是唐宋诗文中常见的词语。

物跂坐：音弃。

《玉篇·足部》云："跂：蹰豉切。有跂踵国，其人行，脚跟不着地。"《南史·王敬则传》云："敬则横刀跂坐。"《资治通鉴·齐明帝·永泰六年》亦载此语，胡三省注曰："跂坐，垂足而坐，跟不及地。"描写王敬则当时接见人，一副傲慢的坐姿。

疮胵肿：希近反。

《玉篇·肉部》云："胵：香靳切。肿起也。"字又作瘩。同书疒部云："瘩：向蕲切。创肉反肿起也。亦作胵。"解说更为明白。因胵亦是肿，创肉反出即是肿。故《说文·肉部》云："胵：创肉反出也。"段玉裁注："今《洗冤录》所谓皮肉卷凸也。"

妒妎：丁故反，下亥。

妎也是妒。《切韵·泰韵》云："妎：妒。"《左传·襄公二十一年》载："叔向之母妒叔虎之母美而不使。"又《亢仓子·歧道》云："今无道不义者赦之，而有道行义者被妎而不赏。"后来妒妎已是合成词。《后汉书·伏皇后纪》："阴怀妒害，苞藏祸心。"唐时则有徐夤作《邑宰相访翼日有寄》诗云："残阳妒害催归客，薄酒甘尝罚主人。"俗书作"妬害"。《敦煌变文集·维摩诘经讲经文》云："只是心田兴妬害。"早在《颜氏家训·书证篇》就已经指出"作妒字，误而为妬"的俗字。至唐依然大行其道。案：《字宝》P.3906、S.6204 二卷注文径作"妬害"二字，像是直音，实为"注引假借"。妎与害则是音同义近。又：注"下亥"之"亥"为浊上字，用以注去声字"妎"，有可能是浊上变去的现象。

口吮哂：息愿反。

吮，嗍也，含吸也。《玉篇·口部》云："歓也。《史记》曰：'卒有疾疴者,起为吮之。'"哂与上声字部"哂咍"的哂有所不同。
《玉篇·水部》有瀺字,云:"息面、须芮二切。饮也,歃也,又吮
也。"义与此"哂"同,音与"息愿反"同。哂当系俗用字。《集韵》
作"潸",云:"饮也,一曰吮也",音"须绢切"。而《说文》作瀺,水
部云:"饮歃也。从水篹声。一曰吮也。"段玉裁注:"各本篹作
潸,解作算声。今按《玉篇》、《广韵》皆作瀺,知古《说文》如此作,
《集韵》、《类篇》始误从俗本《说文》耳。"俗字多出,势之必然。

低圮:音备。

圮,《玉篇》同巇,户部云:"巇:普昧切。崩声。又皮鄙切。
毁也。或作圮。"《切韵》则云:"圮:岸毁。亦作巇。"《孙子·九
变》曰:"圮地无舍。"曹操注:"水毁曰圮。"可见圮之义为毁、为坍
塌。《宋史·钱惟演传附钱暄》有云:"台(州)城恶地下,秋潦暴
集,辄圮溺,人多即山而居。"地下,地势低洼也。地低又塌,是谓
低圮。案:注"音备",《切韵》属去声至韵,而圮,《玉篇》作"皮鄙
切"、《切韵》作"平秘反",二音相同,皆属上声旨韵。又是浊上字
读同去声的现象。

人尵尯:音队,碎。

慧琳音义卷四十二有"痿瘁",释云:"上于归反,下情醉反。
郑注《礼记》云:'痿瘁,病也。'《仓颉篇》云:'不能行也。'《说
文》:'痿,痹也。'二字并从疒,委、卒皆声也。亦作殘悴。"今本
《说文》有"痿"无"瘁"。疒部云:"痿:痹也。"段玉裁注作"儒佳
切"并引如淳曰:"病两足不能相过曰痿。"又引张揖:"痿不能
行。"然而痿瘁二字与尵尯相似而不相同。而《玉篇》、《切韵》有
"尵尯"而无"尵尯",一释"病痱",一释"苦热",其注音却相同:
"乌溃反"、"他溃反"。也是相似而不相同的。录以备考。

诖误：卦，悟。

诖亦误，诖误也是误。《原本玉篇残卷·言部》云："诖：公卖反。《说文》：'诖，误也。'野王按：《汉书》：'政为文所诖误者'，是也。"诖误即是误导的意思。《汉书·文帝纪》云："济北王背德反上，诖误吏民，为大逆。"颜师古注："诖亦误也。"唐高祖李渊《平窦建德大赦诏》曰："可赦山东诸州旧为建德诖误者。"又白居易《秦中吟十首·青冢》云："丹青一诖误，白黑相纷纠。"

肥肬臐：丁暗反，呼绀反。

肬，《玉篇》云："他感切。《说文》曰：'肉汁滓也。'"即多汁的肉酱。字书不见臐字，甚至《汉语大字典》亦未有收录。故存疑。然而，此语组以"肥"作首字，后二字必与肥相关。《集韵·勘韵》有"痻顠"一语，释为"痴貌"，音"丁绀切"和"呼滥切"。最与注"丁暗反、呼绀反"相近。本书收与肥相关的词语不少，如平声字中的"肥膭体"、"肥尯尳"、入声字中的"肥槓頓"诸条。大都表述肥体的状态，肥体不能灵活，"痴貌"或可聊备一说。

飣餖：丁定反，豆。

堆聚蔬果于食盘。《玉篇·食部》云："飣：丁定切。贮食。餖：徒候切。飣餖。"是双声谜语。慧琳音义认为字应作飣餤，而餖是俗字。其卷七十六云："飣餤：上丁定反。顾野王曰：'飣谓置肴馔于盘楬之中也。'《考声》：'施食于器也。'下音豆。《考声》：'亦食于器也。'并从食，经从豆作餖，俗字也。"《龙龛手镜》犹作餤，见食部。然而俗字之流行，势不可挡。韩愈《南山诗》云："或如临食案，肴核纷飣餖。"又《喜侯喜至赠张籍张彻》诗云："呼奴具盘餐，飣餖鱼菜赡。"

觜啗噪：知孝反、素告反。

觜，《切韵》作觜，纸韵云："即委反。鸟喙。或作咮。俗作觜。"《玉篇·口部》云：啗，"众口貌"；噪"呼噪"。《说文》云："喿：群鸟鸣也。"段玉裁注："俗作噪。"二字都是群呼杂叫的意思。唐·喻凫《龙翔寺居喜胡权见访因宿》诗云："雀啗北冈晓，僧开西阁寒。"又如王维《酬诸公见过》诗云："雀噪荒村，鸡鸣空馆。"二字合为一词，还是群呼杂叫的意思。《前汉书评话·中》云："路逢一老鸦，于梁王头上啗噪。"案：不仅觜、噪二俗字可以作为口语的见证，而且，啗音"知孝反"来对应韵书的入声读音，更是口语的明证。啗，《广韵》音"竹角切"，在入声觉韵，与《玉篇》音"陟握切"相同。这是入声消变的趋势。至《集韵》去声效韵始载"陟教切"，与此同音。然而，年代已经由唐入宋了。

緝缀：则暗反。

緝同缀，都是缝缀的意思。《集韵》作篸，勘韵云："篸：作绀切。缀也。或作籫、揎。"《广韵》亦作篸，云："以针篸物。"《玉篇》云：篸为"针篸"，也是用针缀物的意思。《广雅·释器》云："箴谓之篸。"王念孙疏证云："《说文》：'鐕：可以缀着物者。'《众经音义》卷十四引《通俗文》云：'缀衣曰籫。'《太平御览》引《韵集》云：'鐕，缀衣细竹也。'鐕、籫并与篸同。案：篸者，连缀之名。《士丧礼》云：'篸裳于衣。'郑注云：'篸，连也。'故篸篾之篸，与篸笄之篸异物而同名。"緝字从糸晉声而不从竹，可能受缀字从糸的影响，是民间俗字。

觜啗啄：知减反。

啗啄已见平声字部，此疑因并列的"觜啗噪"而及。啗、啄同义,都是鸟啄食的动作。唅当是俗字,诸字书皆作鸽。《玉篇·鸟部》云:"鸽:知咸、口咸二切。鸟啄食。"《切韵·咸韵》云:"鸽:鸟啄物。又苦咸反","竹咸反"。都用啄字来解释。然而,也都只读平声,此读去声,未知所据。或口语如此,或误"咸"为"减"所致,皆缺凭据。案:唅字,《说文·口部》云:"食也。从口臽声。"段玉裁注:"徒滥反。"与"知减反"音近,并且字义相同。俗即以唅为鸽,《字宝》取字或与此相关。又同为俗字书,S.6204《俗务要名林》又写作"喊啅",其杂畜部云:"鸟食物也。上都咸反,下都角反。"二字都是借用。

錯钉:则暗反,丁定反。

錯亦钉,《玉篇·金部》云:"无盖钉。"《切韵》说同。《说文·金部》则云:"可以缀着物者也。"段玉裁注:"《丧大记》:'君里棺用朱绿,用杂金錯;大夫里棺用玄绿,用牛骨錯。'注:'錯所以琢着里。'"段注音"则参切"、《玉篇》音"子南切"、《切韵》音"作含反",都读平声,与此作去声读不同。案:此与前"繕缀"为傍通,而是动词,錯则是名词,读音自然有所不同。按"钉"字读去声是动词,读平声则是名词,此"錯"当是动词。

人魖魖:音貌,色貌反。

字书未见魖字。魖字,《玉篇·鬼部》不载。《广韵》释作"山魖,出汀州。独足鬼",读平声,见宵韵。魖魖二字,不识其义。按其首字为"人",其义当不越"人"的范围。《字宝》此后尚收有"人胆臊:音冒燥"。而 P.3906 诸卷的卷尾所附《赞〈碎金〉》诗云:"满卷玲珑实碎金,展开无不称人心。晓眉歌得白居易,醮觎卢郎更敢寻。"其中醮觎与魖魖很是相似。诗意:《字宝》满篇收载常用难字,令人兴奋不已,白居易眉开眼笑,使想找他麻烦的卢郎很烦闷。字书无"肶"，亦无"蹵"。"膘"意为"腥膘"。"䠄"是脚跛，当与此语不相干。但是，换一个角度看，魑魑、肶膘、蹵䠄，字音有明显的共同点：二字叠韵、韵部相同，声纽相近。可以理解是同一个谜语。使人想起蒋礼鸿《敦煌变文字义通释》关于"冒憯"的考释。其云："就是'氊氉'，烦闷的意思。降魔变文：'是日六师渐冒憯，忿恨罔知无□控。虽然打强且祇敌，终竟悬知自倾倒。'案：《国史补》卷下叙进士科举条云：'不捷而醉饱，谓之打氊氉。'《康熙字典》说：'谓拂其烦闷也。'……也可以证明'憯'应读采早切，而实在就是'憘'字。'冒憯'、'氊氉'都是叠韵的联绵字，意义存在于声音。"可见冒憯即是肶膘、即是魑魑、即是蹵䠄。敦煌本《王梵志诗·吾富有钱时》中，又见"貌哨"，云："邂逅暂时贫，看吾即貌哨。"于此词，曾有过讨论，以音求之，其实，也是冒憯的又一体。

婆媻：音叛。

字书俱作"媔婆"，当从。《玉篇·女部》云："婆：薄汗切。媔婆，无宜适也。媔：他旦切。媔婆。"《集韵》作"无仪适貌"。《通雅·礼仪》："仪适，仪注也……仪注，趋行拱揖之容也……仪适者，窦融先遣从事问会见仪适，谓仪注适合也。"如此说来，媔婆则可理解为仪容不恰当。

蹭蹬：七邓反，下邓。

叠韵谜语，行步失据的意思。《玉篇·足部》云："蹭：七亘切。蹭蹬"，"蹬：徒亘切。蹭蹬"。《切韵》同。慧琳音义卷九十五："蹭蹬"引《考声》云："行步失所也。"韩愈《南山》诗云："攀缘脱手足，蹭蹬抵积甃。"甃，井壁。S.5588《求因果》诗八首之一："莫似从前蹭蹬行，有眼恰如盲。"皆其例。

人腻脟：女话反。

　　脟亦腻，肌肤肥白光滑貌。《玉篇·肉部》云："脟：女下切，腻也。"《说文·肉部》云："腻：上肥也。"段玉裁注："谓在上者。《释器》曰：'冰脂也。'郭云：'《庄子》：肌肤若冰雪。冰雪，脂膏也。'按此所谓上肥也。冰、凝，古今字。《毛诗》：'肤如凝脂'同也。《楚辞》：'靡颜腻理。'腻，滑也。"此条以腻释脟，构成以人字为首、以同义二字并列的模式。《类篇·肉部》："脟……又敞尔切，肉物肥美也。又女下切，腻也。"又：脟字读音很有特点，《切韵》作"女下反"，属假摄祃韵，而注"女话反"属蟹摄夬韵。王力《汉语诗律学》说及："佳字与麻韵通押，唐人即有之。例如杜甫《喜晴》、刘禹锡《蕲州李郎中赴任》。"邵荣芬《敦煌俗文学中别字异文和唐五代西北方音》亦有"佳、麻合并在唐代是很普遍的现象"的说法。《字宝》此音正相合。

咀嚼：七序反，疾药反。

　　双声谜语，细细龂嚼的意思。《玉篇·口部》云："咀：才与切。《上林赋》云：'咀嚼菱藕。'"又："嚼：疾略切。噬嚼也。"《敦煌变文集·降魔变文》云："水牛见之，亡魂跪地。师子乃先慑其项骨，后拗脊跟，未容咀嚼，形骸粉碎。"又《维摩诘经讲经文》云："恣意咀嚼，欣心吞䮩。"䮩同噉、同啖。此条有一个特殊的注音，即"七序反"。案：咀，《切韵》音"慈吕反"，《玉篇》音"才与切"，都读上声浊音，与"七序切"读去声清音不同。浊上字读同去声清音是中古音向现代音发展的趋势之一。

皮鞍：音县，带也。

　　束紧马身的皮带。《玉篇》字作鞙，云："呼见切。鞙在背。

鞿：同上。"见革部。《切韵》在去声霰韵，云："呼见反。在背曰鞙。"鞿是马缰绳，鞙则是马缰绳在背者。《说文·革部》作鞙，段玉裁注："谓着于马两亦之革也。""亦"同"腋"，意为束于马两腋的皮带。慧琳音义卷五十五又作鞿，云："带鞿：又作鞙，同。火见反。着腋者也。《释名》云：'鞙，横经其腹下也。'《仓颉篇解诂》：'鞿，马腹带也。'"三说实同，鞙是鞿之误书。又 P. 2717 卷此起六条是皮鞙、觊觎、自矜衒、人渝滥、又眩曜、贸鬻。S. 619 卷存其上排三条，依次作：皮鞙、自矜衒、又眩曜。符合书序所称"傍通列之"，故从。而 P. 3906、S. 6204 两卷作：自矜衒、皮鞙、觊觎、人渝滥、又眩曜、贸鬻。不合序例，故不取。

觊觎：音既、逾。

  企求、冀望的意思。《玉篇·见部》云："觊：羁致切。见也，觊觎也。'""觎：庚俱切。欲也。"《切韵》则释为"希望"，见去声至韵。语见《左传·桓公二年》，云："是以民服事其上，而下无觊觎。"杜预注："下不冀望上位。"唐玄宗《削李林甫秩诏》云："筹谋不轨，觊觎非望。"或体甚多。据方以智《通雅》云："窥窬，一作阚觎、阚觎，转为觊觎、企喻。《晋陶侃传》：'潜有窥窬之心。'《后汉·乐恢传》注：'干人主之阚觎。'《河间孝王传》：'阚觎神器。'《魏志·齐王芳纪》：'费祎阴图阚阚。'《晋书·段灼传》：'奸雄之所阚阚。'《左传》：'下无觊觎'，音计俞。古规有几音，故转为去。或曰：《乐府》有《企喻歌》，谓相觊觎欢好也。姑存。"见卷七《释诂》。《字宝》则载觊觎。

自矜衒：音县，夸也。

  《玉篇·矛部》云：矜，"自贤也"。《切韵·霰韵》云："衒：自媒。亦作衒。行且卖也。"《说文》作衒，行部云："行且卖也。从行言。衒，或从玄。"段玉裁注："后郑云：'谓使人行卖恶物于市，巧餝之，令欺诳买者。'"因知"行且卖"是本义，"自媒"是引申义。《字宝》用"衒"是异体。唐·柳宗元《梓人传》云："不衒能，不矜名"，可见二字同义。注"夸也"，夸者，夸耀也。前加"自"字，则是自我吹嘘。《旧唐书·河间王孝恭传》云："素矜衒，事多专决。"《旧唐书·文苑传·李邕》云："邕于汴州谒见，累献辞赋，甚称上旨。由是颇自矜衒，自云当居相位。"慧琳音义卷十五"这起"注云："徒自矜衒博识多闻，讵误后学。"

人渝滥：音俞，勒暗反，不清净之貌。

不清净即是不合格的意思。《切韵·虞韵》云："渝：变。"《说文》云："渝：变污也。"段玉裁注："许谓瀞而变污。"瀞是净的古字。滥为泛滥，越规越纪、无法无天。渝滥已经是合成词，故注文作整体解释。《旧唐书·睿宗纪》云："先是中宗时官爵渝滥，因依妃主墨敕而授官者，谓之斜封，至是并令罢免。"唐玄宗《括检僧尼诏》云："僧尼数多，逾滥不少，先经磨勘。欲令真伪区分。"凭己意写作逾滥。又《赐瓜州刺史墨离军使张守珪沙州刺史贾思顺书》云："其立功人叙录具状奏闻，必要据实，勿使逾滥。"故《龙龛手镜·手部》释"滥"为"滥失猥杂也"。

又眩曜：音县，下鹞。

眩曜，迷惑、惑乱。《玉篇·目部》云："眩：胡遍、胡蠲二切。目无常主。《书》云：'药弗瞑眩。'"曜，《玉篇》作曜，日部云："照也。"俗书连类而及，致误从目。眩曜是双音词，《楚辞·离骚》云："世幽昧以眩曜兮，孰云察余之善恶。"王逸注："眩曜，惑乱貌。"唐玄宗《示节俭敕》云："岂徒夸诩时代，眩曜耳目而已。"此"眩"与"自矜衒"之"衒"，同音而不同义，故又出一条。玄应音义卷二十五云："骱衔：古文眩、衔二形，同。"《字宝》认为是不可以的。

贸鬻：音冒，育。

贸亦鬻，今谓之贸易。《玉篇·贝部》云："贸：亡候切。市卖。"《诗·卫风·氓》云："氓之蚩蚩，抱布贸丝。"是也。鬻在鬲部，"鬻：羊朱切。鬻，卖也。"《汉书·王褒传》云："百里自鬻，甯子饭牛，离此患也。"二字皆古已用之，古书所习见。以收集口语俗字为己任的《字宝》何以出此？原因在于"贸"字读音变了，据《玉篇》是"亡候切"，而注"音冒"是"亡到切"，相差甚远。有知其音不知其字、见其字而误读其音的可能。鬻字并列，则用以明"贸"字之义。又鬻读阴声，育读入声，用以注音，则是阴、入相混。这是一条反映语音演变的口语资料。

鸟窠藂：厕音。

藂即窠。《玉篇》未见。《切韵》在遇韵，作蔌，云："蒻注反。鸟窠。"《广韵》作蔌，亦云："鸟窠。"《集韵》作藂，云："鸟窠也。或省。"蔌字从取声，藂字从木取声，是后起字，是俗书。唐·段成式《酉阳杂俎·肉攫部》云："鹰巢一名蔌。"又：此注音也很特殊。按《切韵》正文"藂"在遇韵，注音"厕"在志韵，相差很大。有可能是西北方音。

不愤惋：忿，腕。

愤惋，怨恨、震恐的意思，是非常激愤的情绪。《玉篇·心部》云："愤：敷粉切。懑也。"即怒火填膺的意思。又"惋：乌惯切。惊叹也。"合成双音词，古书常见。《后汉书·袁绍传》云："海内伤心，志士愤惋。"《吴越春秋·勾践入臣外传》云："去我国兮心摇,情愤惋兮谁识。"唐五代政局动荡,战乱不止,《旧唐书》中每见此语。如《张濬传》云:"陛下动为贼臣掣肘,臣所以誓死愤惋,为陛下除其僭偪。"《崔胤传》云:"今中外大臣,自废立已来,无不含怒。至于军旅,亦怀愤惋。"云云。

鬼祟:息季反。

祟,鬼物为害。《玉篇·示部》云:"祟:思遂切。神祸也。"神、鬼相通。《切韵》释为"祸"。王筠《说文句读》云:"谓鬼神作灾祸也。"《庄子·大道》云:"一心定而王天下,其鬼不祟,其魂不疲。"宋·黄庭坚《次韵文潜》云:"年来鬼祟覆三豪,词林根柢颇摇荡。"

插擩:之甲反,而喻反。

插,《玉篇》云:"刺入也",见手部。擩,亦是插。《广韵·遇韵》云:"擩:擩莝,手进物也。"莝,原意为锉草,刀刺入,也是插。《集韵》直释作:"擩:手进物也。"然而,《玉篇·手部》云:"擩:而专、而谁、而主三切。《说文》云:'染也。'"按《说文》有"挼"而无"擩"。其手部云:"挼:染也。从手耎声。"段玉裁注:"各本篆作擩……而不知《说文》古本之有'挼'无'擩'也。"故《玉篇》误也。

物精粹:息季反。

精,精华;粹,纯一,二字义近。《玉篇·米部》云:"精:子盈切。《说文》曰:'择也。'"按《说文·米部》云:"精:择米也。"段玉裁注:"择米谓簸择之米也……简米曰精,简即柬,俗作拣者,是也。引申为凡冣好之称。"又禾部云:"粺:粺米也。"段玉裁注:"粺,择也。择米曰粺米,汉人语如此。"粹亦精。《玉篇·米部》云:"粹:先类切。精也。"《说文·米部》云:"不杂也。"段玉裁注:

"按粹本是精米之称，引申为凡纯美之称。"精粹为物之最者，故首字为"物"。《汉书·刑法志》云："夫人肖天地之貌，怀五常之性，聪明精粹，有生之最灵者也。"

人䐿腰：孤磑反。

䐿即䐿腰，指腰扭伤。《玉篇·肉部》云："䐿：公对切。腰痛也。"《切韵·队韵》未载。《广韵》云："䐿：腰忽痛也。"《集韵》云："䐿要者，忽转动而踠。"说之最详。句中"要"即"腰"字，"踠"意为扭曲。隋·巢元方《巢氏病源》云："卒然伤腰致痛谓䐿腰。"

不尴尬：音缄，介。

尴尬，叠韵谜语。《玉篇·尢部·尴》释云："尴尬，行不正也。"说本《说文》，段玉裁注："今苏州俗语谓事乖剌者曰尴尬。"他所说俗语已成现代通语。王仁煦《刊谬补缺切韵·咸韵》所云："尴尬，中间者，非好非恶。"说亦类似。语词首冠以"不"字，可以证明这是贬义词。明·焦竑《俗书刊误·俗用杂字》云："不恰好曰尴尬"，又云："今反云不尴尬，误"，出现对不尴尬的另一种解析，对此条亦有启发。

斗杚刉子：孤会反。

斗杚就是杚子，《说文·木部》云："杚：平也。"是动词。字又作槩，段玉裁注："槩与杚同，古字通。"而槩是器名。《说文·木部》云："槩：所以杚斗斛也。"段玉裁注："槩，平斗斛者。槩，本器名，用之平斗斛，亦曰槩。"则是槩兼具名词与动词，它是古时以斗斛量谷物时用来刮平表面的动作和工具。字又作概，《礼记·月令》有"正权概"之说，郑玄注："概，平斗斛者。"《韩非子·外储说左下·说一》："孔子曰：'槩者，平量者也。'"斗槩已是后起的名词,不具有动词性。时移世易,"刟子"则是唐时口语或俗名。刟是动词,意为磨刀使利。"子"字在唐时已是名词后缀,动词"刟"加名词后缀"子"就形成名词"刟子"。《字宝·序》称口语俗字,"字多僻远。口则言之,皆不之识。至于士大夫转学之客,贪记书传典籍之言,详心岂暇繁杂之字!每欲自书,或被人问,皆称不识有"。读古书者知"斗斞"而不识"刟子",说口语者说"刟子"而不懂"斗斞",这就是作者所不平的语言现状。《说文·刀部》云:"刟:划伤也。从刀乞声。一曰断也。又读若殲。一曰刀不利,于瓦石上刟之。"可见刟本无斞义,因磨刀使利之义与斞平之动作相似而用之。故段玉裁注:"(刟)与斞、扢、刏音义略同,今音当古爱切。"

物泥浼:乌遇反。

以"泥"释"浼",此"泥"是污染、沾污的意思。《切韵·个韵》云:"浼:乌卧反。泥着物。"《玉篇·水部》未收。《龙龛手镜·水部》作:"浼:乌卧反。泥着物。"沿习《切韵》。白居易《约心》诗云:"黑鬓丝雪侵,青袍尘土浼。"故《广韵》又有"亦作污"之说,见个韵。《说文·水部》云:"污:薉也……一曰涂也。"段玉裁注:"与杇义略同。木部曰:'杇,所以涂也。'"物泥浼,被物所污染,此"物"泛指,可以是"尘土",或其他。又:"乌遇反"与"乌卧反"同声不同韵。

物窖窨:音教,荫。

二者都是藏物地库之称。《玉篇·穴部》云:"窖:古孝切。地藏也。"又云:"窨:一鸩切。《说文》:'地室也。'"《汉书·苏武传》云:"乃幽武置大窖中,绝不饮食。"唐颜师古注:"旧米粟之窖而空者也。"今亦称地窖。P.2578《开蒙要训》就有"库藏居贮,窖

窖圖仓"的文字。亦用作动词。《史记·货殖列传》云："秦之败
也,豪杰皆争取金玉,而任氏独窖仓粟。"《集解》引徐广曰："窖音
校,穿地以藏也。"窖字亦同。段玉裁于《说文》"窨"字注曰："今
俗语以酒水等埋藏地下曰窨。读阴去声。"宋·张邦基《墨庄漫
录》二："令众香蒸过,入磁器,有油者,地窨窨一月。"

倨傲：音锯,鍬。

　　倨亦傲。《说文·人部》云："傲：倨也。"段玉裁注："此当与
下'倨,不逊也'连属。"言下之意,这两个字同义,应该连接解释,
而不该中间插进一些其他字的解释。因为同义,所以二字早已连
用。《庄子·渔父》云："夫子犹有倨傲之意。"P. 2054《十二时·
日出卯》云："慈悲喜舍离悭贪,忍辱柔和除倨傲。"故《切韵》径直
以"倨傲"释"倨",其御韵云："倨：倨傲。"可以说,倨、傲、倨傲,其
义一也。又注"音锯",《切韵》属上声语韵"其吕反",而倨属去声
御韵"居御反"。以浊上字注去声字音,是浊上字读同去声的
现象。

麦蟉蚛：呼交反,下注。

　　蟉,《玉篇·虫部》云："力幽、直纠二切。蚴蟉。"《切韵》更有
三音：力攸反、渠纠反、居纠反,释义与《玉篇》同。与首字"麦"不
相涉,义未详。蚛字未见于《切韵》,而《广韵》有之,音"之戍切",
释云："蚛虫",见遇韵。唐·刘恂《岭表录异》有"云南中柑子树
无蚁者,实多蚛"的记载。宋·陶穀《清异录·治玉巢》又云："士
人素有蚛牙,一日复作,左腮掀肿。"(此"掀"当即前文"疮腂肿"
之"腂"。)则麦蚛是麦受虫害之义。推测此"蟉"字当与"蚛"义
相类。其音"呼交反"则与《玉篇》、《切韵》所载"蟉"字不协。按
音"呼交反"者,《切韵·肴韵》另有薂字,是"禾伤肥"的意思。用

肥过度也是农作物的一害,因疑此字从虫从翏,是"蝥"的俗字。

潥渧:音隶、帝。

潥,《玉篇》作潷,同,见水部。云:"力涕切。滴也。"《切韵》未载。《唐韵》有之,霁韵云:"潷:《埤苍》曰:'渧,潷,漉也。'渧音帝。"潷、渧都是水滴而下的意思,渧也就是滴。《说文·水部》云:"滴:水注也。从水商声。"段玉裁注:"《埤苍》有渧字,读去声,即滴字也。"玄应音义卷六:"一渧:按此犹滴字,音丁历反……渧音丁计反。渧,水下也。"玄应看来,二字义同,而音有古今之异。潷同沥。清·胡文英《吴下方言考》卷八:"渧:音蒂。《埤苍》:'渧,潷漉也。'案:渧,水已竭而尚余滴沥也。吴谚谓余沥为'渧'。"《玉篇·水部》云:"潷:力的切。漉也。滴潷,水下。沥:同上。"《集韵》作渧潷,云:"注也。一曰漉也",见霁韵。此处渧潷或滴沥已是双音词。

日晒曝:所介反。

以曝明晒字之义,冠以日字,表示二者皆是置物于阳光之下使它干燥的行动。晒,本方言字。扬雄《方言》卷七有云:"晒,暴也。暴五谷之类,秦晋之间谓之晒。"曝是暴的俗字。《颜氏家训·书证篇》云:"后人专辄加傍日耳,言日中时,必须暴晒,不尔者,失其时也。"可见此俗字已经出现于唐以前,后来也采入字书。晒,也就是暴。《玉篇·日部》云:"晒:暴干物也。"又云:"暴:步卜切。晒也。"二字可以互训,而且连用成词。前所引《家训》"必须暴晒"即其一例。同书《风操篇》也有"屋漏沾湿,出曝晒之"的语句。唐·元稹《村花晚》诗有句:"田翁蚕老迷臭香,晒暴敼敼熏衣裳。"晒暴,恰与此语组相合。也说明此一双音词的组合形式尚未完全统一。

俺覆：一剑反。

俺，义同覆，覆盖的意思。《玉篇·人部》云："俺：于剑切。"《说文·人部》云："俺：大也。从人奄声。"段玉裁注："与奄义略同。奄，大有余也。其音当亦同。"奄在《说文·大部》，云："覆也。大有余也。"段玉裁注："《释言》曰：'荒，奄也'，'弇，同也'，'弇，盖也'。古奄、弇同用，覆、盖同义。"《旧唐书·李义府传》云："帝颇知其罪失，从容诫义府云：'闻卿儿子、女婿皆不谨慎，多作罪过，我亦为卿掩覆，未即公言，卿可诫勖，勿令如此。'"此"掩覆"义为掩盖，虽然掩与俺、奄，字形有小异，但是，字音相同，而且掩有覆义，则字义也相通。《文选·潘岳〈怀旧赋〉》注引《埤苍》曰："掩，覆也。"为此双音词的形成提供语证。

相诳諕：呼架反。

诳，欺骗。《原本玉篇残卷·言部》："诳：俱放反。《国语》：'天又诳也。'贾逵曰：'诳犹或也。'《左氏传》：'是我诳吾兄。'杜预曰：'诳，欺。'"諕，《玉篇·言部》作諕，云："火讶切。諕也。諕：同上。"字又作㤅。《龙龛手镜·心部》云："㤅：呼嫁反。諕也。与諕同。"后来写作嚇，简化则为吓字。诳、諕同义，唐时已有诳諕一语。P. 2054《十二时·昼属人》云："不是虚言相诳諕。"《广韵·祃韵》径以"诳諕"释諕，云："諕：诳諕。"《敦煌变文字义通释》有"诳赫　诳諕"一条，解释为"诳骗"。首字"相"表示施事与受事两方之间的关系，这是《字宝》语词组合的条例之一，能帮助理解词义。

哈笑：苦卖反。

哈，本义为咽喉，假借为"快"。《说文·口部》云："哈：咽也。

从口会声。或读若快。"《诗·小雅·斯干》:"哙哙其正"。郑玄笺:"哙哙犹快快也。"《淮南子·精神训》:"当此之时,哙然而卧,则亲戚兄弟欢然而喜。夫修夜之宁,非直一哙之乐也。"集证:"哙与快同音相通。"玄应音义卷七十六"哙閧"注引《仓颉篇》'此亦快字'。"快,快意、快心之谓,故与"喜"、"乐",字义相通,亦与"笑"相通。大体说来,快是心情,笑则表现于外形。

物璺罅:音问、呼架反。

璺亦罅,器物的裂缝。《玉篇·玉部》云:"璺:亡奋切。《方言》:'器破而未离谓之璺。'《广雅》:'裂也。'"同书缶部又云:"罅,呼嫁切。裂也。"是知璺、罅同为裂的名称。二字合用,义与单字同。《周礼·春官·太卜》云:"掌三兆之法,一曰玉兆,二曰瓦兆,三曰原兆。"郑玄注:"其象似玉、瓦、原之璺罅,是用名之。"就是说它们的裂纹像玉、像瓦石、像原田龟裂。案:底本脱"呼架反"三字,余本或同,或脱抄此条。按书例,其右有"相诓諆:呼架反"条,其左有"笑唰唰:呼架反"条,这三条当是典型的傍通组合。故补"呼架反"三字。

物港洞:乎贡反。

港洞,连通的意思,叠韵诶语。《文选·马融〈长笛赋〉》云:"港洞坑谷。"李善注:"港洞,相通也……港,胡贡切。"同书枚乘《七发》作"虹洞",云:"虹洞兮苍天,极虑兮崖涘。"李善注:"虹洞,相连貌也……虹,胡洞切。"又有作"鸿絧"的,同书扬子云《羽猎赋》云:"徽车轻武,鸿絧緁猎。"李善注:"鸿絧,相连貌也……鸿,胡弄切;絧,徒弄切。"使用频率不低,只是各凭己意以音取字,前一字才有所不同。《字宝》以收编当时口语俗字为己任,载有"港洞",可见在那时也是颇受人注意的。但是,此"港"字不见于《说文》，《切韵》亦未见所载。《玉篇·水部》则有"港，古项切。水派也"一说，而无此"港"字的音义。《广韵·宋韵》始收"港洞"，释为"开通"，音"胡贡切"。《集韵·宋韵》则释作"水貌"，义亦相近。又收"虹綱"，云："相连也。"又载："鸿，鸿綱，深远。一曰相连次貌。"此鸿綱即是鸿洞，綱字误。案：S.619 卷作"呼贡反"则是清音，与"胡贡反"作浊音不同。是当时口语已经读清音，浊声母已经消变，还是仅仅 S.619 卷读清音？有待求证。

笑嗃嗃：呼架反。

嗃，大笑，象声词，在动词后作重言后缀。《玉篇·口部》云："嗃：火下切。笑也。"《切韵·马韵》云："嗃：许下反。大笑声。"即今之笑哈哈、笑呵呵一类，象声字大抵因人体会而微有差异。《广雅·释训》载有："唏唏、欨欨、嗃嗃、呵呵、訵訵、哑哑，笑也。"王念孙疏证："卷一云：唏、嗃，笑也。重言之则曰唏唏、嗃嗃、欨欨、呵呵，犹嗃嗃也。方俗语有轻重耳。"《切韵·哿韵》云："欨：呼我反。大笑。或作嗃。"可为一证。《敦煌变文集·李陵变文》："单于见管敢投来，大噗呵呵。"则用呵字。

人髁膝：丘类反。

髁，亦膝。《玉篇·骨部》云："膝胫间骨。"字组以膝明髁，二字连用，当是统称。清·许莲《洗冤录详议》附《详骨》引《揣骨新编》云："膝盖曰髁。"《切韵》释作"膝加地"，见至韵。是名词作动词用所产生的词义变化，可为髁、膝同义之证。

佝从：羊俊反。

佝亦从。《广韵·稕韵》作"狥"，云："巡师宣令。又从也。"《说文》作"徇"，释为："从也。或作狥。""巡师宣令"是施事者，

"从"则是受事者。使从和顺从,都是"从"。《左传·文公十一年》有云:"国人弗徇。"杜预注:"徇,顺也。"《类篇》以徇、侚为异体字,云:"使也。一曰遍示。或作侚、徇。"案:"羊俊反"属喻纽。而《广韵》诸书作"辞顺切",属邪纽。

物趆趚:下赞。

　　趚亦趆。《广雅·释训》云:"趆趆、倢倢、蹢蹢,走也。"王念孙疏证:"《玉篇》:'迚,散也。'王延寿《王孙赋》云:'或蹢跌以跳迚。'趆与迚同,重言之,则曰趆趆。"《玉篇·走部》云:"趚:藏但、子旦二切。散走也。"《广雅·释言》云:"趚、猧、虘也。"王念孙疏证:"惊散之貌也。"宋·洪迈《容斋四笔》卷十六:"志在于掠而不在于杀,则震以金鼓而挺其一隅,纵之逸,谓之趆。"趆,意为四散逃跑。因而有"迚散"之语。《南唐近事》云:"(敬洙)掷砚石阶之上,铿然毁裂,群竖迚散,无敢观者。"迚散也就是趚。趚的字音与迚散义相连。《说文·水部》有"潎",云:"污洒也。一曰水中人也。"段玉裁注:"中读去声。此与上文无二义而别之者,此兼指不污者言也。上但云洒,则不中人。"又云:"谓用污水挥洒也。玄应曰:'江南言潎,子旦反。山东言湔,子见反。《史记·廉蔺传》作溅。杨泉《物理论》作暵。皆音子旦反。"字组首字用物,则不限于水。

人皰鼻:白效反。

　　皰鼻,俗称酒糟鼻子。《玉篇·面部》云:"皰:蒲皃切。面疮也。"字又作𬉼,见皮部;又作𩖣,见鼻部;又作疱,见广部。各凭己意造形声。它是一种常见病。此前平声字部有"面皵风"条,二者同病异名。南朝宋·刘义庆《幽明录》云:"夜梦一人,面皵皰,甚多须。"已是二字连用合表一义。

人齆：瓮音。

齆，鼻塞病。《玉篇·鼻部》云："齆：乌贡切。鼻病。"《切韵·送韵》云："齆：齆鼻。乌贡反。"《广韵》作"齆"，同。明·焦竑《俗书刊误·俗用杂字》云："鼻塞曰齆，音瓮。"南朝宋·刘义庆《幽明录》载："剪鸲鹆舌，教令学语，遂善能效人语笑声。司空大会吏佐，令悉效四座语，无不绝似。有一佐齆鼻，语，难学，学之未似。因内头瓮中以效焉，遂不异也。"

马走趤：尺焰反，又垂韂。

马走为趤，语组自释。马走是马急驰。《玉篇·足部》作"躇"，云："昌占切。马急行。"《切韵》未载。《唐韵》则引《音谱》云："马急行"，所释与《玉篇》同。《字宝》以为既为"马走"则字当从走，可能是俗字。清·胡文英《吴下方言考》卷九有"騬：音涎去声。高诱《战国策》：'使齐犬马騬而不言。'案：騬，急于行也。今无锡谓急行曰'騬'。"可备一说。注所说"垂韂"，是马的配件。《广韵》作"韂"，是"鞍小障泥"，见艳韵。则是"注引假借"。

人眼眄：鱼绢反。

遮蔽着看。《玉篇·目部》："眄：去倪、胡圭二切。《说文》：'蔽人视也。一曰直视也。'"《切韵》则以"苦稽反"音释为"直视"；以"户圭反"音释为"眄然能视"。按《说文·目部》云："眄：蔽人视也。从目开声。读若携手。一曰直视也。"段玉裁于"蔽人视也"后作注，引（徐）错曰："映人而视也。"映，隐蔽。然而，音与注"鱼绢反"不合，录以备考。

火炧：音谢。

火炧即炧，灯烛灰。《玉篇·火部》释"炧"为"烛熭"。熭，同烬。P. 2609《俗务要名林·火部》云："炧：火炧。"双名可能是口语。李白《清平乐·禁闱秋夜》诗有句云："玉帐鸳鸯喷兰麝，时落银灯香炧。"唐·元稹《通州丁溪馆夜别李景信》诗云："离床别脸睡还开，灯炧暗飘珠簌簌。"案：《切韵》炧属上声马韵，音"徐雅反"；谢属去声祃韵，音"似夜反"。此注音是浊上字读同去声的例子。

亚勵：力外反，欲侧。

欲侧，倾而未倒也。《字宝》注文很少有释义，可能因为字既难写又难认，仅以亚字并列明义还不够之故。其实亚、勵、亚勵，皆有此义。先说亚有低俯、下垂的意思。张相《诗词曲语词汇释》卷五云："亚犹低也，俯也。"杜甫《上巳日徐司录林园宴集》诗云："鬓毛垂领白，花蕊亚枝红。"宋·欧阳修《蝶恋花》词云："叶重如将青玉亚，花轻疑是红绡挂。"《敦煌变文集·庐山远公话》云："敢（感）得大石摇动，百草亚身。"皆其例。然而，《玉篇·亚部》载："亚：于讶切。次也，就也，配也。"《切韵·祃韵》云："亚：乌讶反。次也。"皆未有此义。《字宝》此载与变文用语相合，当是新义。较之20世纪张相所释，唐宋元明清，早了五个朝代。敦煌遗书的价值，由此可见一斑。次说勵本义是推下。《说文·力部》云："勵，推也。"段玉裁注："勵者，以物磊磊自高推下也。古用兵下礌石。《李陵传》作垒石。《晁错传》具蔺石。如淳注曰：'城上雷石。'《周礼》注亦作雷。《唐书·李光弼传》'擂石车'，又作擂。其实用勵为正字也。""推也"可证"勵者物磊磊自高推下也"就是"欲侧"的趋势。《集韵·队韵》有"倈"字，云："偃也"，音与"勵"同。《玉篇·人部》"倈"作倈，"偃"作亚，云："倈：

力对切。亚也。"可证勋与俹同义，勋与亚亦同义。最后说亚、勋连用也是"欲侧"。音转则有"𨵶砢"，《广韵》云："𨵶：𨵶砢，欲倾貌。乌可切"，又"来可切"。又有"橺㭨"，云："橺：橺㭨。树斜"，俱见上声可韵。"𨵶砢"一语已见于汉文。《说文·门部》云："𨵶：门倾也。"段玉裁注："此与上𨵶篆各字各义。或合为一，非也。《上林赋》说大木之状'阬衡𨵶砢'。《索隐》引郭璞云：'阬衡𨵶砢者，揭蘖倾敧貌也。'按此𨵶字当作𨵶。与谽呀豁𨵶义不同。𨵶砢读恶可、来可二反。《玉篇》引《赋》正作𨵶。"《龙龛手镜·门部》云："𨵶：或作。𨵶：今。"《玉篇》云："乌可反。偢也。门倾也。"章太炎《新方言·附岭外三州语》："三州谓屋倾曰𨵶墙、𨵶屋。"是古语犹存。

卖不售:受。

　　售是卖出、买去的意思。《玉篇·口部》云："售：视佑切。《诗》云：'贾用不售'，卖物不售也。"《切韵·宥韵》释为"卖去"，义同。慧琳音义卷四："不售：时咒反。《考声》：'卖物了售'……顾野王云：'卖物得售。'人买持去曰售。"唐诗文更有嫁不售之说，如杜甫《负薪行》诗云"更遭丧乱嫁不售"；李商隐《无题四首之四》诗云"东家老女嫁不售"。都是嫁而不成的意思。案：注音"受"是浊上字，用来注浊去字"售"，是浊上并入去声的音变，为中古音演进的现象。S.5731《时要字样》是当时敦煌民间的字样书，字序编排依照通行韵书。它把韵书中旧、舅、臼、受等浊上字一律并入去声宥韵字中。正与《字宝》相合，当是口语如此。

欧吣:七朕反。

　　呕吐曰吣，吣亦欧。《玉篇·口部》云："七浸切。犬吐。"《切韵》音义同。P.2609《俗务要名林·杂畜部》作㕣，同。云："犬吐食也。"字组前不加犬字,呥字当非特指。清·蒲松龄《日用俗字·饮食章》有云:"吐酒犹如猫狗呥,好土空把壅坑填。"以狗呥比喻吐酒,范围就扩大了。《北京话语词》云:"原义指猫、狗等呕吐。用以指人胡言乱语、胡说八道。"《字宝》此载虽未至"胡言乱语"之义,但也不会局限在"犬吐"。

诟骂:呼勾反。

诟亦骂。《玉篇·言部》云:"骂也。"《左传·哀公八年》云:"曹人诟之。不行。"杜预注:"诟,詈骂也",也就是责骂。《魏书·高遵传》云:"逼民家求丝缣,不满意,则诟骂不去。"《切韵》字作"詢",云:"詢,骂詢。"骂詢也就是诟骂。后来多用诟骂。《旧唐书·裴谞传》云:"又尝疏贼短长以闻,事泄,(史)思明大怒诟骂,仅而免死。"

劲挺:苦定反、丁定反。

劲,强劲;挺,挺立,都有刚强耸立的含义。《玉篇·力部》云:"劲:吉圣切。强也。"而手部云:"挺:达鼎切。《说文》:'拔也。'"白居易《栽杉》诗云:"劲叶森利剑,孤茎挺端标。才高四五尺,势若干青霄。"劲、挺二字可谓义似。又《有木诗八首》之六云:"有木名水柽,远望青童童。根株非劲挺,柯叶多蒙茏。"此是二字连用成词。《全唐文·薄芬〈直如朱丝绳赋〉》云:"物有正而可尚者,其绳则直,如砥之平,如竿之植,不舒卷以随用,终劲挺而立极。"唐·寒山《诗三百三首·男儿大丈夫》云:"劲挺铁石心,直取菩提路。"《切韵》劲挺作俓侹,见径韵。案:注"丁定反"疑误。《切韵》作"他定反",是。

旧黗黗：睹钝反。

黗黗，物旧之色。《玉篇·黑部》云："黗：他孙切。黄浊色。"《切韵》则收在上声混韵，云："黗：黑状。"黗黗是用重言做后缀，来表示首字"旧"的形态。案：注"睹钝反"，于《切韵》应属去声恩韵，而黗收在上声，《玉篇》的"他孙切"又读作平声，三者声调有别。不仅如此，声纽也有所不同：黗字，《玉篇》、《切韵》都读透纽，而"睹钝反"读端纽。

心惛恻：呼困反。

惛，《玉篇·心部》云："惛：呼昆切。乱也，痴也。"读平声。《广韵》有去声读，恩韵云："惛：迷忘。呼闷切。"此条以恻释惛之义，有所不同。按《玉篇》云："恻：楚力切。悲也，痛也。"痛是伤痛的意思。

物抐土：音钝。

抐，按没。《玉篇·手部》云："抐：乃兀切。搵抐也。"《切韵》云："抐：搵抐，按没。"见恩韵，音"奴困反"。在入声没韵，又云："抐，内物水中。"内物水中与将物纳于土中，一样都是"按没"。《广雅·释训四》云："抐、搵、搙，擩也。"清王念孙疏证："《广韵》云：'搵：按物水中也。'《说文》：'搵：没也。'《广韵》音乌困、乌没二切。今俗语谓内物水中为搵，正与乌没之音相合。《说文》：'頪：内头水中也。'音乌没切。义与搵同。"案：注作"音钝"当与《切韵》"奴困反"相近。

厏厊：乍、迓。

《玉篇》字作"厏厊"，云："屋也"，"庑也，舍也"。非此"厏厊"。厏厊，意为不相合，是叠韵谜语。《广韵》作"齇齖"，云：

"齹：齹齴，不相得也"，音"锄驾切"、"吾驾切"，见去声祃韵。即是《说文》所载之"齰齖"，其齿部云："齰：齰齖，齿不相值也。"段玉裁注："盖由齰之字变为齟，齖之字变为齴，音以齰齴并入麻韵。"齿不相值是本义，也用来指所有不相值之事。明·杨循吉《都下将归述怀》诗云："况今一病已到骨，兼与世事多斥厊。"《敦煌变文集·燕子赋》有"今欲据法科绳，实亦不敢咋呀"的话，咋呀就是言论不相值。《集韵·马韵》所收"訐訝"，即此"咋呀"，其云："訐，訐訝，言戾。"戾，乖戾，也是不相值。案：《广韵》视"斥厊"为上声字，而注"乍迓"为去声字。此以去声字注上声字音，并将其归在去声字部。说明其上声混同去声。其后另收字组齟齖，表明斥厊已自成一枝。

物韽藏：直陷反。

韽，衰微、隐没。《玉篇·音部》解释为："声小不成也。"《切韵》则云："下入声"，声音下降乃至消失。《周礼·春官·典同》云："达声赢，微声韽。"郑玄注："'韽'读为'飞钳涅闇'之闇，韽，声小不成也。"贾公彦疏云："'韽读为飞钳涅闇之闇'者，谓《鬼谷子》有飞钳、摩揣之篇，皆言从横辩说之术。飞钳者，言察是非语飞而钳持之；揣摩者，云揣人主之情而摩近之。云'韽声小不成也'者。飞钳涅闇使之不语，此锺声韽亦是声小不成也。"是则韽有藏义，故韽藏并立，以易识的"藏"明难认的"韽"。明·刘基《大热遣怀》诗云："树木首咸俯，鸟兽声尽韽。"是其例。案：注"直陷反"，与《切韵》"于陷反"不同，疑直字误。

楦聱紧：侯角反。

此条有疑问，因为它收在去声字部，却无去声的注音，而词语中又有去声字"楦"。就此可以认为漏注"楦"字的音，也有可能是漏抄所致。如果把"侯角反"这个入声反切看做清音化了，却缺少实证。楦是鞋子的模型，古时日常用具。《玉篇·木部》字作楥，以楦为俗字。云："楥：吁万切。履法也。楦：同上。俗。"《切韵》则解说为"鞋楥"。《广雅·释诂一》云："楥，略，法也。"王念孙疏证："楥者，《说文》：'楥：履法也。'《玉篇》'吁万切'。今人削木置履中，以为模范，谓之楥头，是也。"清·朱骏声《说文通训定声·乾部》有更详细说明："楥：字亦作楦。苏俗谓之楦头。削木如履，置履中，使履如式，平直不皱。"这也可以看成对"鞚紧"的说明。《玉篇·革部》云："鞚：呼角切。急束也。"

笪侍：七夜反。

笪，斜足而立。《切韵》释作"斜逆"。《集韵》云："斜足立。"慧琳音义卷四十二有"左笪"，引《埤苍》云："笪，逆插枪也。"进而解释："按此即结立印，屈右膝而身临右膝上，邪展左脚，项头向左，曲身而立也。"是佛教仪式之一。P.3920《金刚顶经一切如来真实摄大乘现证大教王经深妙秘密金刚界大三昧耶修习瑜伽仪》有"右足笪左直"之说。侍为陪侍。《论语·先进》："闵子侍侧，訚訚如也。"邢昺疏："卑在尊侧曰侍。"笪侍则是侍者恭敬之状。

赚贩：直陷反。

赚是赚钱。《切韵·陷韵》云："赚：亻陷反。重卖。"重卖就是高价卖出。明·焦竑《俗书刊误·俗用杂字》云："贱买贵卖曰赚。"《龙龛手镜》以赚为俗字，其正字作"賺"，唯声旁不同。《俗书刊误·俗用杂字》又云："移己所有以益人曰贩。一作赔。"贩字诸写卷作"殴"，疑俗书致误。

手斝物：居援反。

斝是用以舀液体注入另一容器的工具，也指称这一动作。故《玉篇·手部》云："抒也，量也。"《切韵》则解释为"斝物"。《说文·斗部》云："斝：抒扁也。"段玉裁注："扁，各本作满，误。玄应作扁为是。依许义当作扁，谓抒而扁之有所注也。元和汪元亮曰：'今卖酒家汲酒于瓮中之器，名曰酒端，倾入于漏笕，而注于酒瓶。'是其物也。"

跦蹭蹬：下邓。

此条有疑。"蹭蹬"已见前。疑蹭字是衍文，"下邓"是"蹬"字的注音。字组应作跦蹬，而"跦"字应该有注音。《玉篇·足部》云："跦：鲁登切。蹷也。"蹷，失足也。《广韵·嶝韵》云："跦：跦蹬，行貌。鲁邓切。"唐·张敬忠《戏咏王主敬》诗云："有意嫌兵部，专心望考功。谁知脚跦蹬，却落省墙东。"乃失足或踏空之意，义与蹭蹬相似。慧琳音义卷九十五解释"蹭蹬"时，曾引《考声》云："行步失所也。"行步失所，诚如唐·韩愈在《南山》诗中描写的样子："攀缘脱手足，蹭蹬抵积甃。"由此推测，此条语词当作"跦蹬"，蹭字是衍文，因二语相类而及。并且，跦字失音注。至于这个音注是反切还是直音，不得而知，未敢妄补。

饭馏馓：音溜，壮。

馏馓，是做饭的两个过程或状况。《说文·食部》云："馏：饭气流也。"段玉裁注："谓气液盛流也。据孙、郭《尔雅》注及《诗释文》所引字书，似一蒸为馈，再蒸为馏。"《世说新语·夙惠》云："（陈）太丘问：'炊何不馏？'"是其例。馓字，《切韵》作泩，漾韵云："泩，泩米。"《集韵》云："实米于甑也。"《说文·瓦部·甑》段玉裁注："按甑所以炊烝米为饭者，其底七穿，故必以箅蔽甑底，而加米于上，而饎之，而馏之。"此二字是日常用字，缺文化者不会写，有文化者不顾及，所以民间字书多载录。不止《字宝》一家，如 S. 617《俗务要名林》，其饮食部即载着："泄：泄米也。馏：馏饭也"。

龃龉：助，御。

　　龃龉，原意为上下齿不相合。《广韵·语韵》云："龉：龃龉，不相当。或作鉏铻。《说文》曰：'龉：齿不相值也'。"当是谚语，也可以泛指一切不相值的状况。清·胡文英《吴下方言考》卷三作"鉏铻"，云："鉏铻：音疽吾。宋玉《九辩》：'圜凿而方枘兮，吾固知其鉏铻而难入。'案：鉏铻，不合也。吴中谓彼此语言意见不合曰'鉏铻'。"此亦一例。案：龃龉二字，《切韵》皆属上声，而助御二字皆属去声，表示这两个上声字已读作去声。

马蕡草：音限。

　　蕡即马蕡草，是铡碎的饲马草料。《玉篇·艹部》云："蕡：下闲切。坚也。莝余草茎也。"莝，剉的俗字。《说文·艹部》云："莝：斩刍。"段玉裁注："莝之者，以莝饲马也。"慧琳音义卷六十："剉草：上麁卧反。顾野王云：剉犹斫也。剉碓剉草令细，餧饭牛马也。"唐·元稹《漫酬贾沔州》诗云："岂欲皂枥中，争食麨与蕡。"案：注音字"限"，《切韵》在上声产韵，并且是浊声母，而蕡字属去声裥韵，又是一例以浊上字注去声字的音。

垛叠：丁卧反。

　　垛亦叠，堆积的意思。《玉篇·田部》云："叠：徒协切。重也，累也。"《切韵·哿韵》云："垛：土聚。"字从土，正合土聚的意思。玄应音义垛字作𨸒，阝即阜。卷十七："𨸒谷：徒果反。《字林》：'𨸒：小堆也。'吴人谓积土为𨸒，今取其义。"积土为𨸒就是叠，取其义而有“垛谷”之说。此字用作名词，则为“土聚”，即土堆；用作动词，就是叠。也有不知此字而借用他字的。如《敦煌变文集·无常经讲经文》云：“直堕黄金北斗齐，心中也是无厌足。”挆字，《切韵》解释为“称量”，据此应当认为借用。其字作从手朵声，也可以说民间俗字。挆与叠连用则有可能是合成词。《旧五代史·晋书·王建立传》云：“故当时人目之为‘王垛叠’，言杀其人而积其尸也。”宋·洪迈《夷坚支甲》云：“严(安)垛叠桌凳数层。”皆其例。案：垛字，《切韵》读浊上声，此以清去声的反切注音，并且将被注字归入去声字中，这正是中古音浊上归去的演变之一。

打浑人：五困反。

打诨人者，打诨之人也。浑，《玉篇·言部》作诨，云：“诨：五困切。弄言。”即言语逗趣。故明·焦竑《俗书刊误·俗用杂字》有云：“言相戏谑曰诨。”打浑，是一种语言艺术。《梦粱录》卷五：“副净色发乔，副末色打诨。”宋·朱翌《猗觉寮杂记下》云：“优伶打顐，亦起于唐。”顐是同音借字。今言“插科打诨”，犹存古意。打浑人就是表演这门语言艺术的演员。也有单称浑的。宋·陈师道《后山谈丛》卷四：“既而坐事贬官湖外，过黄而见苏，寒温外，问有新浑否？”

涺入水：乌陷反。

涺，入水也。此《字宝》字组自释之例。《切韵·陷韵》云：“涺：没水。”《广韵》作“水没”。义同。涺，即今淹字。《篇海类编·地理类·水部》云：“涺：与淹同，没也。”而《玉篇》另有解说，其水部云：“涺：胡感切，涺泥也”，读音也不同。此是古义，源自《说文》。其水部云：“涺：泥水涺涺也。”《切韵》载在上声感韵，云："洺:水和泥"，也就是烂泥水。故作为"淹"的古字，"洺"当是彼时的俗字、新字。由此看来，《集韵·陷韵》云："洺:洺洺，水淖。一曰没也。"这是不妥当的。此字读上声为泥水，读去声是淹，不能混为一谈。

头赤顡顡：五困反，托头程僧政。

头赤顡顡，就是头光秃秃。赤，光也，全无的意思。顡则是秃，顡顡是重言后缀。《玉篇·页部》云："顡:五困切。秃也。"是其证。《切韵》音义同。这是用来讲佛教徒的。故注有"托头程僧政"之说。托头即是秃头，而僧政为管理僧人的僧官，程是姓。其实只不过举一例，和尚而已。案:此条与"打诨人"条构成音傍通。

鹤浰色：力见反。

此条费解。色表示是一种颜色，鹤是羽毛亮白的鸟，与色字组合，当是与亮白相关的颜色。浰字见《玉篇·水部》，云："力见切。清浰，疾貌。"《切韵》则释为："水疾貌。"水流而疾，表现为亮白，因此推测鹤飞空中，显示一条亮白色带，此即鹤浰色。有一旁证。《敦煌变文集·百鸟名》就有一种鸟，因为白，被称为"白练带"的，其云："白练带，色如银。"又:清·胡文英《吴下方言考》卷九："练练:杜诗:'练练峰上雪。'案:练练，白光貌。吴谚于物之白者皆曰'白练练'。"练与浰同音，用作比喻手法亦相类。也可参证。

食余饡：贼岸反。

食指食物，余饡指以肉羹浇饭。《玉篇·食部》云："饡:子旦切。《说文》:'以羹浇饭也。'"《切韵》云："饡，羹和饭也。"音义皆同。宋·陆游《川食》诗云："未论索饼与馔饭,最爱红糟并焦粥。"未得语例。

齿齼:使音。

《切韵·语韵》云:"齼:伤醋。"齿因醋从而酸的意思。宋·曾几《茶山集》六《曾宏甫分饷洞庭柑》诗云:"莫向君家樊素口,瓠犀微齼远山颦。"《玉篇》正作齼,齿部云:"齼:初举切。齿伤醋也。齼,同上。"其说源自《说文》,齿部云:"齿伤酢也。从齿所声。读若楚。"推测齼为古字,齼是后起字,可能由"读若楚"而来。因此,《切韵》同在语韵又有"齼:齿齼"之说。二字所指实际是同一个词,仅字音微有不同而已。齼字,《切韵》"疏举反",属审纽;齼字,《切韵》"初举反",属穿纽,发音部位相同而发音方法不同。《字宝》取"齼"而注"音使","使"也属审纽,可能是参照《切韵》的。案:此字《切韵》属上声,《玉篇》同。而此作去声,并且"音使"属《切韵·志韵》,呈现出止、遇二摄字有同音的状况。敦煌变文诗韵止、遇二摄字通押是常见的,它不仅仅有助于考究唐五代西北方音,也能助证中古音向近古音的演进。

车墊𧱡:希连反,之逸反。

墊𧱡,即轩轾。车前高后低为轩,前低后高为轾。《玉篇·车部》云:"𧱡:竹利切。前顿曰𧱡,后顿曰轩。轾:同上。"《切韵》所载略同。《淮南子·人间训》云:"居知所为,行知所之,事知所秉,动知所由,谓之道。道者置之前而不𧱡,错之后而不轩。"即用其义。本条有三点不可忽视:一:语组首字是车,说明后二字实指车的高低,而不是引申义。二:注"之逸反"属《切韵》入声,而用来注去声字的音,可以证明入声的消失。三:注中的"墊"字,据我查阅,《切韵》、《玉篇》、玄应音义、慧琳音义诸字书,皆无所获。

偶而在敦煌遗书宙 16《金光明经》第三的注音有"显,呼鏖反"一条,声、韵俱合,唯调不同。

人愚戇:知项反。

戇亦愚。《玉篇·心部》云:"戇:陟降切。愚戇。"以愚戇解释戇。又云:"愚:鱼俱切。戇也。"以戇解释愚。足见单字或愚或戇与二字合用的愚戇,词义相同。《说文·心部》云:"戇:愚也。"段玉裁注即有"与上篆(指愚字)互训"之说。此处是单释戇还是为双音词中的戇字注音尚未可知,然而,二字合用,次序可以互倒则每见于诗文。《管子·水地》云:"故其民愚戇而好贞,轻疾而易死。"《墨子·非儒下》云:"其亲死,列尸勿欲,登堂窥井,挑鼠穴,探涤器,而求其人矣。以为实在,则戇愚甚矣。"白居易《长庆二年七月自中书舍人出守杭州路次蓝溪作》诗云:"伏阁三上章,戇愚不称旨。"皆是其例。案:知项反是上声反切,其下字"项"属浊声母上声调,用来注去声字音,又是浊上字读同去声的字例。

年周晬:则外反。

年周曰晬,是字组自释的又一例。年周即是一周年,特指婴儿周岁。《玉篇·日部》:"晬:子对切。周年也。"韩愈《中大夫陕府左司马李公墓志铭》云:"岌为蜀州晋原尉,生公,未晬以卒。"是其例。而《集韵·队韵》云:"晬,祖对切。子生一岁也。"则是特指。白居易《金銮子晬日》诗云:"行年欲四十,有女曰金銮。生来始周岁,学坐未能言。"晬日,周岁之日。古人很重视晬日。明·陈士元《俚言解》有"晬日"一条,云:"生子周岁谓之晬日,又谓之试周。《颜氏家训》:'江南风俗,儿子一期,为制新衣,盥浴装饰,男则用弓矢纸笔,女则用刀尺针线,并饮食之物及珍宝玩器,置之儿前,观其发意所取,以验贪廉愚智,名为晬日。会亲戚聚观,致燕享焉。'宋曹彬试周,左手提干戈,右手取俎豆及印,余无所取。"述之甚详。

水奅潦:貌。

水奅,潦也。《玉篇·大部》云:"奅:大也。"《切韵·效韵》云:"奅:起酿。"二义相通。《说文·大部》云:"奅:大也。"段玉裁注:"此谓虚张之大。《广韵》曰:'起酿。'"水奅言水涨如起酿般的快速,正是水潦之状。

鼻齆齈:乎贡反,怒贡反。

齆齈是一种鼻病,鼻管受阻,因而不辨香臭、发音不清。《玉篇·鼻部》云:"齆:乌贡切。鼻病也","齈:奴东切。鼻齈也"。《切韵》读齈为去声,与《字宝》同。其送韵云:"齈:奴冻反。多涕。鼻中病。"《玉篇》的"东"可能是"冻"字之误。"齆齈"二字拟声,也有单用"齈"字的。如元·佚名《气英布》第三折:"怎么只将两只臭脚去薰他,他是个齈鼻子,一些香臭也不懂的。"而P.3609和P.2508二卷误抄为"鼻䚗䚧",虽然形似音近,词义却不相同。观字组首字"鼻",就表明所写的是鼻病,而不是别的。

石琯瑒:公困反、直硬反。

琯、瑒都是磨亮金玉的加工方法。石指玉璞。《切韵·恩韵》云:"琯:出光",音"古钝反"。《集韵》解释更明白,云:"治金玉使莹曰琯。"瑒见《切韵·敬韵》,字作"锃",云:"宅鞕反,磨锃。"鞕同硬。《广韵》则云:"磨锃出剑光。或作碠。除更切。"此二字记载了当时敦煌一带金玉加工在民间盛行。《玉篇·玉部》云:"琯:古满切。舜以天德嗣尧。西王母献其白琯。"此白琯是白玉笛，与"治金玉使莹"之"琯"音义俱不合。然而白玉笛成为珍贵礼品，想必经过"使莹"，如果这样，这项手艺也是历年久远了。又云："瑒，雉杏切。珪尺二寸，有瓒，以祀宗庙。"也与本条所记不合。可以说这是《字宝》采自《切韵》而非《玉篇》。

人紧趬：去要反。

人紧则趬。《玉篇·走部》释云："起也，高也。《说文》行轻貌。一曰趬，举足也。"《切韵·笑韵》亦云："轻貌。"按《说文·走部》云："趬：行轻貌。"段玉裁注："今俗语轻趬当用此字。"《篇海类编·人事类·走部》："趬：轻貌。疾走轻捷也。"《后汉书·马融传》："或轻趫趬悍"，是其例。趬是行步轻捷的意思。人紧则表示身躯结实健壮，若能如此，则行步轻捷了。案："去要反"原作"吉要反"。而《切韵》作"丘召反"，《玉篇》作"丘照切"，俱读溪纽，吉、去二字形似，故视为形近致误而校正。

缰鞚：畺，控。

两件驾马的装备，缰是缰绳，鞚是马勒。当是当时民间日用要字，亦见于 P. 2578《开蒙要训》。《玉篇·革部》云："韁：居羊切。马缧。亦作缰"，"鞚：苦送切。马勒也"。《切韵》解释为"马络"，同。唐·徐坚《初学记》卷二十二《武部·辔》云："韁，疆也，系之使不得出疆限……鞚也，控制之义。《通俗文》：'所以制马曰鞚。'"杜甫《壮游》诗云："射飞曾纵鞚。"白居易《闲出觅春戏赠诸郎官》诗云："放鞚体安骑稳马。"

趒蓦：音祟，麦。

趒，今作跳，超越的意思。蓦义同跳。辽·希麟《续一切经音义》卷七："趒蓦：上他吊反。《切韵》：'趒：越也。'《说文》：'从

辵兆声。'经文从足作跳,或作趒,皆俗字。下莫伯反。《声类》:
'逾也。'"解说得很清楚,跳是当时俗字。蓦字见《敦煌变文集·
孔子项讬相问书》,彼云:"夫子乘马入山去,登山蓦领(岭)甚分
方。"蓦岭就是越岭,分方就是纷忙。又《燕子赋》云:"人急烧香,
狗急蓦墙。"狗急蓦墙,今言狗急跳墙,是为蓦与跳同义之证。
《玉篇·走部》云:"越:他吊、徒聊二切。雀行也。"与《说文》同。
《切韵》云:"趒:越也",字形相同而用了新解。《字宝》与《切韵》
同。它何以没有采用俗字"跳"? 这是出于主张从传统字书中选
字。其序称:"余今讨穷《字统》,援引众书:《翰苑》、《玉篇》、数
家《切韵》,纂成较量,辑成一卷。"案:注"麦",《切韵》属入声麦
韵,而被注字"蓦"属陌韵。二韵相邻,《广韵》已经定为同用,已
越出《切韵》的框架。此二字读成同音更早于《广韵》的突破。
《敦煌变文集·伍子胥变文》云:"谓言夫婿麦门",麦门就是登
门,这里的麦是蓦的同音字。可看成是当时口语音的记录。

騔马:片。

騔也就是騗马,即上马。《玉篇·马部》作騗,云:"匹扇切。
上马。"《切韵》作騔,云:"跃上马",音义相同。《东京梦华录》卷
七具体描述为:"或以身下马,以手攀鞍而复上,谓之騔马。"唐·
张鷟《朝野佥载》卷四:"长弓度短箭,蜀马临阶騔。"P. 2568《南阳
张延绶别传》云:"临阵摌甲,騔马挥枪,独出人表。"明·焦竑《俗
书刊误·俗用杂字》云:"跨马曰騗,借作诓骗"。

水瀺灂:士陷反、士学反。

瀺灂,微细的水声,是拟声的双声谜语。《玉篇·水部》云:
"瀺:仕减切。瀺灂,水声。灂:仕角切。瀺灂。"《说文·水部》
云:"灂:水之小声也。"段玉裁注"古书瀺灂连文……双声字。

《高唐赋》：'巨石溺溺之瀺灂。'注引《埤苍》：'瀺灂，水流声貌。'《上林赋》：'瀺灂霣队。'司马贞引《说文》：'水之小声也。'李善引《字林》：'瀺灂，小水声也。'"说之甚详。日本遍照金刚《文镜秘府论·地卷·九意》云："滂沱入海，瀺灂归江"，恰以大小水声作对比。

酒沃酹：音屋、力外反。

沃酹也就是酹，是以酒洒地表示祭奠或立誓的意思。《玉篇·水部》云："沃：于酷切。溉灌也。"《说文》本作"浂"，云："溉灌也。"段玉裁注："自上浇下曰沃。"《左传·僖公二十二年》："秦伯纳女五人，怀嬴与焉。奉匜沃盥。既而挥之。"唐·孔颖达疏："沃谓浇水也。"此处首字用"酒"，则是浇酒。浇酒的行为是有其特定目的的，这种行为就是"酹"。《玉篇·酉部》云："酹：……以酒祭地也。"《切韵·泰韵》云："酹：郎外反。酒沃地。"《汉书·外戚传·孝元王昭仪》云："为人有材略，善事人，下至宫人左右，饮酒酹地，皆祝延之。"亦言沃酹。《三国志·魏志·文帝纪》云："乃宫殿之内，户牖之间，无不沃酹。"案：《切韵》沃字属沃韵，屋字属屋韵，二韵虽然相邻，却不相通。《广韵》于入声韵目注曰：屋第一独用，沃第二烛同用。此注音也越出《切韵》的框架。

人趴䟫：蒲下反、口下反。

趴䟫，匍匐爬行，是叠韵诨语。《玉篇·足部》云："趴：蒲瓦切。趴䟫，不肯前。"唐·李建勋《送八分书与友人继以诗》云："趴䟫为诗趴䟫书，不封将去寄仙都。仙翁拍手应相笑，得似秦朝次仲无？"用来谦称自己的书法和诗句。清·胡文英《吴下方言考》卷四："趴䟫：音巴茄。唐李建勋诗：'趴䟫为文趴䟫书。'案：趴䟫，手足僵拳也。吴中詈手足僵拳曰'趴䟫里'。"又云："爬沙：韩昌黎诗：'爬沙脚手钝。'案：爬，虫地行也；沙，语助辞。爬沙，行地甚迟也。今吴谚于伏行之物辄目之曰'爬沙'。"

躁性：竈。

急脾气。《玉篇·辵部》字作趡，云："子到切。疾也。"其说源自《说文》。《说文·辵部》云："趡：疾也。"段玉裁注："按今字作躁。"《论语·季氏》云："言未及而言谓之躁。"韩愈《答吕医山人书》云："听仆之所为，少安无躁。"《字宝》之"躁"远早于段氏所说的"今字"。

物醮贵：即要反，改醮。

醮，饮酒尽，相当于今言干杯。物醮为贵，是饮酒以尽为贵，犹今言干杯。《汉书·游侠传·郭解》载："解姊子负解之势，与人饮，使之醮，非其任，强灌之。"《文选·张平子〈西京赋〉》云："既醮鸣锺。"李善注引《说文》："醮：饮酒尽。"《玉篇》祖述《说文》，亦云："饮酒尽。"杨树达《积微居小学述林》卷五："醮从爵为饮酒尽，即今之干杯矣。"注中"改醮"二字，当是"注引假借"。"改醮"即是改嫁。《晋书·孝友传·李密》云："父早亡，母何氏改醮。"是其例。《五经文字·酉部》云："醮醮：二同。子妙反。上饮酒尽。下冠娶礼醮。今经典通用之。"《荀子·礼论》云："利爵之醮也。"唐杨倞注："醮，尽也。谓祭祀毕告利成，利成之时，其爵不卒，奠于筵前也。"足见《五经文字》所言不虚。又《广雅·释诂一》云："醮……尽也。"王念孙疏证："今江淮间谓人财尽曰醮，亦其义也。《周南·卷耳》正义引《五经异义》云：'《韩诗》说一升曰爵，爵，尽也，足也。'《白虎通义》云：'爵者，尽也，各量其职尽其才也。'爵与醮，亦声近义同。"醮，不仅指酒尽，也可以指财尽、才尽。物醮贵，则是物尽用为贵。

水濛洗：所患反，又渲。

濛亦洗。《玉篇》、《切韵》未载。《玉篇·马部》另有“驀”字，云：“所患切。洗马也。”则专指洗马，故字从马潸声。其实就是洗马。《集韵·谏韵》即云：“潸：洗马。”《说文》：“潸，饮歃也”，这是假借。添加从马是后起新字。词义从洗马扩大为洗，明·张自烈《字汇·水部》云：“驀：所患切。音涮。洗物也。”按《广韵·谏韵》云：“涮：涮，洗也。”驀、涮二字同音同义，今涮行而驀废。水濛洗之濛，则是唐时俗字俗语，原早于《字汇》所载。案：濛字未见于《玉篇》、《切韵》诸正统字书，其字从水篡声，与驀同韵而不同声。P. 2717 卷作“瀳”，声同而韵近，又是一个不见于正统字书的民间俗字。其实形声字与它的形旁大都义相关而已。由此辨认注“又渲”，《广韵·线韵》云：“渲：小水。息绢切。”则是同音假借。

睡寱语：音艺。

寱即寱语，今称说梦话。《玉篇·㝱部》云：“寱：牛世切。瞑言也。”语本《说文》，彼云：“寱：瞑言也。”段玉裁注：“瞑，目翕也。瞑言者，寐中有言也。”故《切韵》虽字作寱而解释为“睡语”，如出一辙。唐·元结《寱论》云：“素有寱病，寐中寱言，非所知也。”《五灯会元·龙华慧居禅师》云：“古德尚云：犹如梦事寱语一般。”《太平广记》卷一百七十五“刘神童”：“灯前犹恶卧，寱语诵书声。”

人慥暴：七到反，又懆。

慥，《切韵》云：“言行急”，见去声号韵。故慥亦是暴，慥暴，犹如今言暴躁。《敦煌变文集·降魔变文》作操暴，云：“又更化出毒龙身，口吐烟云怀操暴。”《敦煌变文字义通释》解释为“暴躁:嗔怒"。而《史记·项羽本纪》则有"躁暴",云:"人言楚人沐猴而冠耳"。司马贞索隐云:"言猕猴不任久着冠带,以喻楚人性躁暴。"意为烦躁,与"慅暴"最相近。其实慅暴、躁暴、操暴是同一个词。

譀譀:呼陷反,呼介反。

譀譀,怒骂,是双声谜语。《玉篇·言部》云:"譀:火界切。譀譀,净骂怒貌。"慧琳音义卷七十六:"譀譀:呀监反。亦作喊。下呀介反。或作喊。大呼大怒也。"S. 610《杂集时要用字壹仟叁伯言》中就收有譀譀,可见当时常用。

人趚头:土孝反。

《玉篇·走部》云:"趚:丑孝切。行貌。"《切韵》略同。趚头之义未详。《字宝》抄卷卷末之《赞〈碎金〉诗》已有"猧头譀趚人难识"的说法。案:趚音"土孝反",与跳字同音,因疑趚头即掉头,常言所谓"掉头不顾",即其例。陆游《送王季嘉赴湖南漕司主管官》诗有"王子掉头去,长沙万里余"的描写。存以备考。

人脒臊:音冒,燥。

脒燥,音义与前"人魋魋"相同,详该条。

眅眼:音卖。

眅,眯目远望,眅眼意同,此为用口语释义例。《玉篇·目部》云:"眅:亡拜、亡拨二切。目冥远视。"此音同前切。《切韵》亦云:"莫拜反。眅目,久视。"二书皆源自《说文》,目部云:"眅:目冥远视。"段玉裁注:"冥当作瞑,目虽合而能远视也。"眅,一曰眅眼。唐·张祜《赠淮南将》诗云："年少好风情，垂鞭卖眼行。带金狮子小，裘锦麒麟狞。"此"卖眼"即是"眄眼"，正合《字宝》所载。

睥睨：疋契反，五计反。

睥睨，斜视，不正眼看。《玉篇·目部》云："睥：普计切。左睥右睨。""睨：鱼记切。《说文》云：'衺视。'"《淮南子·修务训》云："今夫毛嫱、西施，天下之美人，若使之衔腐鼠，蒙猯皮，衣豹裘，带死蛇，则布衣韦带之人，遇者莫不左右睥睨而掩鼻。"

顶颡：音信。

颡，在人体的头顶，是诸穴的总会，故也称顶门。《玉篇·页部》云："息进切。顶门也。"字本作囟，是象形字，《说文·囟部》云："囟：头会脑盖也。"颡，则是后起形声字。明·陶宗仪《辍耕录》云："恐顶颡有钉，涂其迹耳。"明·焦竑《俗书刊误·俗用杂字》云："顶门曰颡音信一作囟。"

入声字

毛毼毱：音答，跶。

毼毱，毛羽蓬松貌，故语词的首字为"毛"。韩愈《赠进士李守微》诗云："鸟曳鹤毛干毼毱，杖携筇节庹槎牙。""毛干毼毱"就是毛干燥而蓬松，也就是"毛毼毱"。诗中与之对文是"庹槎牙"，其义形容筇杖苍劲多结节。按《玉篇》、《切韵》有"毼"而无"毱"，且以毼是毼毲之毼，故毼毱为同音假借。《广韵·合韵》有"毱"字，云："毱：毲毱，眼睫长。""毲，毲毱，目睫长。"音"都合切"、

"苏合切",是叠韵谜语。毛长与蓬松有共通之处。又有"痦疲",云:"痦:肥痦疲",形容肥腴的状态,有丰满的意思。所以,髭毯、毡毯、痦毯,应是同一谜语的不同形态,由于语境不同而词义发生差异。

人脉脐:音麦,析。

脉是血脉,脐在人腹正中处,俗称肚脐,二者为人体的器官和部位。脉字,《玉篇》作脈,为异体字。案:"音麦"之麦,在《切韵》是韵目字兼小韵字,用小韵字注音,在《字宝》注音中是常见的。而以析音脐,颇有讲究。按《切韵》脐字在平声齐韵从纽,"徂嵇反";析字在入声锡韵心纽,"先击反"。二者声有清浊之分,韵有阴入之别。

人伷傻:丁挟反,下燮。

二字皆未为《玉篇》、《切韵》收载。但是见于《集韵·帖韵》,云:"伷:伷傻,轻佻貌",音"的协切"、"悉协切"。轻佻是轻率不慎重的意思,是叠韵谜语,词义与首字"人"相合,当可取。字又有"恓愫",亦载于《集韵》,释为"志轻貌"。二者不但同义,并且同音。字形的从人从心之别,本来就可以相通。

硉兀:力骨反,五骨反。

形容高耸的样子,是叠韵谜语。《玉篇》字作"硉砺",见石部,释为"危石",音"郎兀切"、"五忽切"。《切韵》作"硉屼",见没韵。兀,或从石,或从山,其义一也。《文选·郭璞〈江赋〉》云:"巨石硉砺以前却。"苏辙《三游洞》诗云:"苍崖硉兀起成柱。"唐·陆龟蒙《奉和袭美古杉三十韵》云:"锸天形硉兀,当殿势敧危",则比喻古杉的高耸。韩愈《雪后寄崔二十六丞公》诗云:"几欲犯严出荐口,气象硉兀未可攀",则用来形容气势。

人瞷旳:上镢,下酌。

瞷旳即瞷灼。《玉篇·目部》云:"瞷:许缚切。大视。"《切韵》同。《文选·左太冲〈魏都赋〉》云:"先生之言未卒,吴、蜀二客瞷然相顾。"李善注引刘逵曰:"瞷,惧也。"瞷然相顾者,瞪大眼睛相看,是一副惊讶的神态。旳字,字书所无,当是失载的民间俗字。形近音同的有旳字。《说文·日部》云:"明也",与"灼"同音,也与此注音字"酌"同音。因此推测旳、旳二字于形、于音、于义都会有相似甚至相同之处。P. 3468《驱傩二首》之二:"市郭儿之鬼,瞷瞷灼灼;工匠之鬼,敲敲琢琢。"瞷瞷灼灼是说眼大且闪光,也就是瞷旳,是瞷旳的重言形式。单言则为瞷。

扒撷:上抹,下截。

扒,分裂;撷,断开,都有断的含义。扒,《玉篇·手部》云:"擘也。"《广雅·释言》亦曰:"扒,擘也。"王念孙疏证:"擘,分也。扒之言别也。捌与扒同。《说文》:'八:别也。'义亦相近也。"段玉裁于《说文·手部·擘》注云:"擘豚谓手裂豚肉也……今俗语谓裂之曰擘开。"撷字《玉篇》无释义。《切韵》释为"断",为截的异体。《说文·戈部》云:"截:断也。"案:注音"上抹"属明纽,而扒字,《玉篇》音"兵列切",《切韵》亦作"兵列反",皆属帮纽。

宽皴皱:腊,答。

宽,意为松宽、松弛。皮肤松弛就叫皱,《玉篇·皮部》云:"皴:力盍切。皴皱,皮瘦宽貌。"《敦煌变文集·太子成道经一卷》有云:"见一老人,发白面皱,形容憔憔。"校记:憔憔,"丙、戊、庚卷作'燋頜'。"面皱,即是面皮皴皱。清·胡文英《吴下方言考》卷十一:"皴皱:音腊答。《玉篇》:'皴皱,宽皮貌。'案:皴皱,老人皮宽貌。吴中形老人皮皱曰'皮宽皴皱'。"引申为不整洁之称。清·钱大昕《恒言录·叠字韵》云:"吴人以尘垢不净为皴皱。"字或作邋遢。宋·释适之《金壶字考》云:"邋遢,不整貌。"《俗语考源》引《敬止录》云:"俗谓不洁曰邋遢。"《缀白裘·烂柯山·痴梦》:"只是我形齷齪,身邋遢,衣衫蓝缕把人吓杀。"可以推断这是叠韵谜语,从皮之字表示表皮松弛;从辵之字表示行步松垮,《字汇·辵部》:"邋:邋遢,行歪貌。"明·屠龙《昙花记·从师学道》云:"我两人邋遢云游,止求衣食,岂能度人。"由此引申则为身容不整。

㴜㴔:斛,速。

雨水声,是象声词。《玉篇·水部》云:"㴔:先笃切。雨声。"而无㴜字。《切韵》与《玉篇》相同。检《广韵·屋韵》则有縠字,云:"水声",音与斛同。字又作瀔,见《集韵·屋韵》。三字只是声旁不同。

幞头䘼:音辄。

幞头是唐时用来包头发的头巾。《广韵·烛韵》云:"幞:帊也。又幞头,周武帝所制。裁幅巾,出四角以幞头,乃名焉。亦曰头巾。"唐·封演《闻见记·巾幞》云:"近古用幅巾,周武帝裁出脚向后幞发,故俗谓之幞头。至尊、皇太子诸王及仗内供奉以罗为之。其脚稍长。士庶多以縰缦而脚稍短。"其脚有短有长成为分别等级的标志。䘼,《广韵》作帾,叶韵云:"帾,《说文》曰:'衣领耑也。'"帾、䘼是异体字,幞头的"出脚"也是"耑",耑就是端。

口呷歉：户甲、尺悦二反。

呷是吸，歉是饮，二字连用就是吸或饮。《玉篇·口部》云："呷：呼甲切。《说文》云：'吸呷也。'"白居易《马坠强出赠同座》诗云："坐依桃叶妓，行呷地黄杯。"此"呷"，义同饮。歉，亦饮。《说文·饮部》云："歉：饮也。"《楚辞·渔父》云："众人皆醉，何不餔其糟而歉其醨。"宋·朱熹注："歉，饮也。"《说文·欠部》云："欻：歉也。"段玉裁注："欻与吸意相近。"《洛阳伽蓝记》云："呷歉鲟羹，嗳唰蟹黄。"《切韵·狎韵》以"歉呷"释"呷'，皆可以解释为吸。

手捏㧙：奴结反，女角反。

首字为"手"，"捏㧙"应是表示手的动作，意为抓按、揪。《玉篇·手部》云："捏：乃结切。捻也。"捏、捻，一声之转。《切韵·屑韵》云："捏，手捏捺。"捺字，《玉篇》作搩，同，也是一声之转。其手部云："搩：乃曷切。搦也。"而搦则是"持也"。都是紧紧抓住的意思。搦音"女卓切"，与㧙也是一声之转。《玉篇》云："㧙：女角切。搵也。"《龙龛手镜·手部》则释搵为："以手捺物之貌。"可见捏、㧙、捺、搦四字音近义通。

物堨实：直叶反，又賠切。

堨实，表示"物"的状态，义为坚实、干结、燥结。《类篇·土部》云："堨：敕立切。《说文》：'下入也。'又直立切。《博雅》：'益也。'一曰累土。又直涉切，又直业切。田实也。贾思勰曰：'秋田堨实。'"堨实也就是田实，堨亦实也，田实就是田地干结。语见贾思勰《齐民要术·耕田》："春既多风，若不寻劳，地必虚燥。秋田堨实，湿劳令地硬。"劳，把土地耙平。"直涉切"与"直叶反"同音。案：此条唯 P. 2717 如此，其余 P. 3906、P. 2508、

S.6204皆分作二条："物塌实：直叶反"，与"又腤切，直叶反"，又将后者置于"物皴皮：丑悦反"条之后。《说文·肉部》云："腤：豕肉酱也。从肉否声。"段玉裁注："薄口切。"而与此注反切迥异，此反切与塌字同。《切韵·叶韵》云："膝：直辄反。细切肉。二。塌，下入。又直立反。"因而推断腤字是膝字的形近而误，膝切的意思是细切。《礼记·少仪》云："聂而切之为脍。"郑玄注："聂之言膝也。"聂切也就是膝切，膝、膵是异体字。形腤而音塌的这个字，可以看作膵的假借字。据书例"注引假借"，从 P.2717 卷。腤字存而不改，疑膵俗书如此。

物皴皮：丑悦反。

皴皮就是表皮剥落的意思。《玉篇·皮部》云："皴：他活切。皮剥也。"《切韵·薛韵》云："皴：丑劣反。皮破。"破是剥落的意思。胡朴安《中国文字学史》云："按皴为脱之变。《说文》：'脱：消肉臞也。'脱本'肉脱'之'脱'。引申去筋与骨亦曰'脱'……又引申去皮亦曰'脱'。《列子·天瑞》：'其状若脱。'释文：'谓剥皮也。'因剥皮之训，遂从皮而作皴矣。《广韵》：'皴皮破也。'《集韵》：'皴：皮坏也。'都是《玉篇》'皴：皮剥也'之义。"

马跑躅：音包，下竹。

此讲马的动作，跑、躅即是其二。《玉篇·足部》云："跑：蒲笃切。蹴也。又蒲包切。"蹴是踩踏的意思，此为用足扒土，踏地不前。杜光庭《录异记》卷二："所乘之马跑地不进。"今杭州西湖有虎跑泉，皆其例。躅，《玉篇》作躅，释云："躅：驰录切。蹢躅也。躅：同上。"躅与躅同。蹢躅即踯躅，见《说文·足部·蹢》段玉裁注。《玉篇》亦于蹢字注云："蹢：丈只切。蹢躅，行不进。"

《西京杂记》卷四："滕公驾至东都门，马鸣蹋不肯前，以足跑地久之。"跑，扒地；蹋，踏地，都是不肯前的动作。又注"下竹"，P. 2717 卷作"下知主反"四字，已经不是入声。可能口语如此。但是此条凭蹋字列在入声字部的，所以不取。

人犴狢：音岸、谷。

　　《玉篇·豸部》云："豻：五旦、五谏二切。胡狗。亦作犴。"又犬部云："狢：古卜、余玉二切。兽名。"《切韵·屋韵》："狢，兽，如赤豹。五尾。又余烛反。"字义与首字"人"不协。犴字别有一义是牢狱。《荀子·宥坐》云："狱犴不治。"杨倞注："犴亦狱也。"亦作岸狱。《诗·小雅·小宛》云："宜岸宜狱。"陆德明释文："《韩诗》作犴，音同。云：乡亭之系曰犴，朝廷曰狱。"狱、狢、谷（注音字）三字同音。推测犴狢之狢假借为狱，故能解释为牢狱，引申则为讼狱。《汉书·刑法志》："原狱刑所以蕃若此者……狱犴不平之所致也。"狱犴也就是犴狱。

鞭挥捽：所麦反。

　　捽亦挥。此条 P. 3906、S. 6204、P. 2058 三卷俱作"捽鞭"二字，相较不如"鞭挥捽"更切合书例。首字为鞭，表示其后二字都是它的动态。而挥字则以同义来解释"捽"。其字俗书，今则为"摔"，同"甩"。

腌肉：一劫反，又湿浥。

　　腌，用盐浸肉的加工法。腌肉是动宾结构还是名词，尚不得而知。《玉篇·肉部》云："腌：于瞻、于劫二切。渍肉。"渍也就是浸，于劫切则与一劫反同音。浥字属于"注引假借"，然而，词义亦有相通。《玉篇·水部》云："浥：于立切。湿润也。"王维《渭城曲》云：“渭城朝雨浥轻尘，客舍青青柳色新。”是其证。案：注“又湿浥”之下，P. 2717 有“一劫反”三字，而 P. 3906、P. 2058、S. 6204 三卷有“䓓邑”二字。一劫反是浥字的注音，它既然是假借，而本字腌已经注有“一劫反”的音，则成多余。疑为独出成条之后之误加。“䓓邑”也是独出成条之后之误加，而且，《广韵·业韵》以腌为小韵字，其下收同音字：䓓、浥等，何必叠床架屋。

驴趩趚：笛，歧。

驴奔跳。《玉篇·走部》云：“趩：厅历切。跳踊也。”《切韵·锡韵》云：“趩：跳貌”，“他历反”。音义皆同。《诗·召南·草虫》云：“喓喓草虫，趯趯阜螽。”毛传：“趯趯，跃也。”唐·元稹《酬独孤二十六送归通州》诗云：“二十走猎骑，三十游海门。憎兔跳趯趯，恶鹏黑翻翻。”趚则是鹿奔走。《玉篇》云：“趚：渠之切。趚趚，鹿走也。”鹿走就是鹿奔。《说文·走部》云：“趚：缘大木也。一曰行貌。”段玉裁注：“此别一义。《小雅》：‘鹿斯之奔，维足伎伎。’《玉篇》作趚趚。”此条冠以驴字，则不论趩、趚都是驴的奔走。案：注“笛”，《切韵》作“徒历反”，是浊音；而趩字，《切韵》和《玉篇》皆作清音，浊音字与清音字同读，是值得注意的。

沸濈濈：七合反。

濈濈是水沸声，也就是“沸”。《玉篇·水部》云：“濈：七合切。沸貌。”《切韵》未载。《集韵》收在盍韵，云：“濈：沸貌”，“七盍切”。合、盍二韵相邻，《广韵》已有同用之例，因此可以说二书所释，音义俱同。其实，濈濈，既状形，亦象声。此二字也可以看做沸的重言后缀，强调沸的情状。

干曀曀:音泣。

曀曀亦是干。《玉篇·日部》云："曀:丘立切。欲干也。"《切韵·缉韵》云："曀:欲燥"，"去急反"。《广雅·释诂二》云："曀……曝也。"王念孙疏证："曀者，《玉篇》:'曀:丘立切。欲干也。'众经音义卷二十二引《通俗文》云:'欲燥曰曀。'《王风·中谷有蓷篇》云:'中谷有蓷，暵其干矣'。'中谷有蓷，暵其脩矣'。'中谷有蓷，暵其湿矣。'传云:'脩且干也。雉遇水则湿。'笺云:'雉之伤于水，始则湿，中而脩，久而干。'案:湿当读为曀，曀亦且干也。曀与湿声近故通。暵其干矣，暵其脩矣，暵其湿矣，三章同义。草干谓之脩，亦谓之湿，犹肉干谓之脩，亦谓之曀。"其源有自。然而，此二字亦可看作干字的重言后缀，强调干的情状。

物蹙拶:即六反,子葛反。

蹙拶二字亦见载另一俗字书 P. 2609《俗务要名林》中，其手部云："蹙拶:上子六反，下妇末反。"无释义，其"妇"当是"姊"的形讹。蹙拶，逼胁也。《玉篇·手部》云："蹙:子陆切。《诗》曰:'政事愈蹙。'蹙，促也。"又云："拶:子葛切。逼拶也。"《切韵·屋韵》云："蹙:子六反。迫也"；末韵云："拶:逼"，"姊末反"。而二书音义全同。宋·杨万里《明发西馆晨炊蔼冈》诗云："人家争住水东西，不是临溪即背溪。拶得一家无去处，跨溪结屋更清奇。"拶得就是逼得。唐·陆龟蒙《奉酬袭美〈吴中苦雨〉》诗云："又疑伍胥涛，蛟蜃相拶蹙。"拶、蹙连用，即是逼胁。

干皵皵:口角反。

干即皵皵。《玉篇·皮部》云："皵:苦角切。皵皵，皮干貌。"又云："皵:乎角切。皵皵，皮干貌。"皵皵，叠韵，当是谜语，一字则为皵。《切韵·觉韵》云："皵皵"，"苦角反"。说与《玉篇》同。此字组可看作重言后缀。清·胡文英《吴下方言考》卷十一:"确确:音確。戴叔伦《屯田词》:'麦苗渐长天苦晴,土干确确锄不得。'案:确确,干僵声也。吴中凡物之干而坚者皆曰'干确确'。"确确亦皵皵,比皭皭更干。

弃擸撨:罨,趿。

弃是废弃,擸撨是废弃之物,今言垃圾。擸本作搕,S. 2071笺注本《切韵·盍韵》犹云:"搕:搕撨,和杂。"和杂,浑杂也。《五灯会元·英州大容谭禅师》云:"大海不容尘,小溪多搕撨。"《山宗杲禅师》云:"天何高,地何阔,休向粪扫堆上更添搕撨。"《广韵·合韵》:"搕撨,粪也。"粪者,粪扫堆之物。误擸为攊则俗讹已久。《广雅·释诂二》云:"抓,撅,擸,搐,摘,搔也。"王念孙疏证:"案:擸、攊二字音义各别。擸音公八、口八二反,刮也。字从手葛声。攊音腊,又音猎,《说文》:'理持也。从手巤声。'诸书中攊字或作擸者,皆俗书之误。犹伏腊之腊,俗作臘也。《广雅》擸训为搔,当读公八、口八二反。曹宪读与攊同,失之。《集韵》、《类篇》攊、擸二字并音腊,即踵曹宪之误。考《玉篇》、《广韵》攊字俱无腊音,今据以辨正。"搕撨,擸撨,攊撨三者,义同音近形似,当是谝语的异体。擸音罨,搕"乌合切",皆同音,见《广韵·合韵》。擸又可以是攊字的俗写,如臘是攊之俗、蠟是蜡之俗,见《广韵·盍韵》,声纽读来扭。从而出现两种形式:搕撨(俗写擸撨)和攊撨(俗写擸撨)。今《字宝》用"擸撨"字形而注音"罨趿",集二者于一身。乃是谝语可以有多种形态:字形、字音可以微殊的表现。大致说来,《广韵》及《广韵》以前多用"搕撨",其后则用"攊撨"。后有简写作"垃圾"。顾禄《清嘉录·十一月·干净冬至攊撨年》:"俗以冬至前后逢雨雪,主年夜晴;若冬至晴,则主年夜雨雪,道涂泥泞。谚云:'干净冬至攊撨年。'按《广韵》:'腊撨,和搅也。'"省笔作"拉扱"，用畚箕敛取秽杂的东西。也指秽杂之物。
秽杂物多尘土，故亦从"土"作"垃圾"。此外，补充一点，"拉扱"
未知所出。《广雅·释诂二》云："扱，插也。"王念孙疏证："插，扱
古通用。"与"撤撮"之"撮"，音义俱别。宋·吴自牧《梦粱录·河
舟》云："更有载垃圾粪土之船，成群搬运而去。"只作"垃圾"。
《字宝》收载"揭撮"，说明此语唐代口语已经流行。前加"弃"字，
表明是名词。又撮字注音读"跋"，《广韵·合韵》跋字"苏合切"。
撤撮叠韵诳语，当以音明义。圾疑为跋的俗写，又因从土及声。
读成今言的垃圾。

声撲撲：百角反。

撲撲，象声，模拟击中物的声音。故前加"声"字，表明：撲撲，
声也。《玉篇·手部》云："撲：蒲角切。击也。又，匹角切。"《切
韵·觉韵》云："撲：声"，"匹角反"。《广韵》作："撲：击声。"大体
相似。《文选·张平子〈西京赋〉》云："流镝揭撲。"薛综注："揭
撲，中声也。"中声，击中之声。案："百角切"属帮纽，"蒲角切"属
并纽，"匹角反"属滂纽，象声者音似，大同而小异。

手揩擦：七葛反。

揩擦意为摩拭，是"手"的动作。《玉篇·手部》云："揩：可皆
切。摩拭也。"又云："擦：千计切。挑取也。"擦，《切韵》作擦，其
末韵云："七葛反。足动草声。"解释象声词而非动词。其实，既
与"揩"并立，当是动词。清·翟灏《通俗编·杂字》有云："按：擦
训为摩，始见《集韵》。其从察者，始见《篇海》。俱非古字也。"然
而，擦用为摩，已见于唐诗文。唐·顾况《杜秀才画立走水牛歌》
就有"江村小儿好诤骋，脚踏牛头上牛领，浅草平田擦过时，大虫
着钝几落井"的说法。清·胡文英《吴下方言考》卷十一："擦：顾

况《杜秀才画立走水牛歌》：'浅草平田撺过时，大虫着钝几落井。'案：撺，揩撺也。忽然而过也。吴中谓揩曰'撺'。"案：此所引顾况诗的"撺"字原作"撺"。敦煌本白行简《天地阴阳交欢大乐赋》云："上下揩撺。"《龙龛手镜·手部》云："撺：苍葛反。足动草声。亦揩撺也。"则揩撺已是同义并立的合成词，并且也证明撺是唐时的流行体。

风飑飑：于聿反。

飑就是大风。《玉篇·风部》云："飑：于笔切。大风也。"《切韵·质韵》云："飑：于笔反。风。"慧琳音义卷九十九："飑：云密反。《说文》：'大风貌也。'"（案：段注《说文》作"大风也"，无貌字。）字从风日声。宋·欧阳修《班班林间鸠寄内》诗云："山川瘴雾深，江海波涛飑。"案："于聿反"，《切韵》属质韵，与《玉篇》"于笔切"、慧琳"云密反"同音；而《广韵》以"于聿反"属术韵，以"于笔切"、"云密反"属质韵，《字宝》此注正是《切韵》质、术二韵未分之证。

抛物㨃人：音侧。

㨃，打也。《玉篇·手部》云："㨃：阻邑切。打也。"《切韵·职韵》云："㨃：打"，其反切残损。《广韵》作"阻力切"，与"侧"同音。《敦煌变文集·张淮深变文》描述战争，说到"骨挝㨃，宝剑挥，俘诸生口，匹骑无遗。"行用于民间文学之中。又：清·胡文英《吴下方言考》卷十一："㨃：音贼。《广韵》：'㨃：打也。'案：㨃，拳击首也。吴中曰'㨃栗暴'。"

动扤扤：五骨反。

扤扤，动摇或摇动，是"动"的一种。《玉篇·手部》云："扤：

虞厥、午骨二切。《诗》曰：'天之扤我。'扤，动也。"《切韵·没韵》云："扤：动摇"，"五忽反"。五忽反、午骨切、五骨反，三者同音。《周礼·考工记·轮人》云："幅广而凿浅，则是以大扤，虽有良工，莫之能固。"郑玄注："扤，摇动貌。"《文选·马融〈长笛赋〉》云："摇演其山，动扤其根者，岁五六而至焉。"

手掉揾：音銚，下虚聿反。

掉，摆动，摇摆。《玉篇·手部》云："掉：徒吊切，摇也。"《切韵·啸韵》云："掉：振掉"，"徒吊反"。俱与"音銚"同音。振掉亦是摇。《汉书·蒯通传》云："且郦生一士，伏轼掉三寸舌，下齐七十余城。"唐·颜师古注："掉，摇也。"揾字，《玉篇》《切韵》皆训"掘"，与掉字义不协。《广韵·没韵》同音有扣字，从手曰声，训"牵物转动"。《集韵》训"牵动"。为扣字新义。《玉篇·手部》云："扣：亦揾字。"因而推测"掉揾"即"掉扣"。

人脚瘃：音竹。

瘃，今言冻疮。《玉篇·疒部》云："瘃：陟玉切。手足寒疮也。"《汉书·赵充国传》云："将军士寒，手足皲瘃。"唐·颜师古注引文颖曰："瘃，寒创也。"创即疮。唐·皮日休《吴中苦雨因书一百韵寄鲁望》云："吟诗口吻喎，把笔指节瘃。"案：《切韵》竹字属屋韵，而瘃字作"陟玉反"属烛韵。二韵不相通，至《广韵》仍不相通。《字宝》用以注音确是口语特色。

人嚬呶：音频、即六反。

嚬呶，忧愁不乐的神态。《玉篇》作顰蹙，频部云："顰：毗宾切。顰蹙，忧愁不乐之状也。"《切韵·真韵》则云："顰：蹙眉。"屋韵又云："呶：叹。"分别解释。慧琳音义卷一字作"嚬呶"，释云：

138

"上毗寅反,下酒育反。《文字集略》云:'𪒠者,蹙眉也。'顾野王曰:'𪒠者,忧愁思虑不乐之貌也。'……《说文》:'涉水则𪒠𪒠。'古文作𪓐,亦作𪓊,今从省略。下𪒠字或作𪓊,亦同。"汉·王充《论衡·自然篇》云:"薄酒酸苦,宾主𪒠𪓊。"是其例。

人浛漻:敕立反,下涩。

浛漻,叠韵诔语,水沸呈现微转细涌的状态。《玉篇·水部》作"浛溧",云:"溧:七立、子入二切。浛溧,水转貌。""浛:丑入切。《上林赋》云:'浛溧鼎沸',鼎沸谓水微转细涌也。"说本《说文》,水部作浛湒,云:"浛:浛湒,灡也。"段玉裁注:"《上林赋》'潏潏淈淈,浛溧鼎沸。'索隐引《周成难字》曰:'浛溧,水沸之貌也。'溧与湒同。湒又训雨下,故不类,厕于此。灡、沸,古今字。鼎沸者,言水之流如釁鼎沸也。"漻,《说文·水部》云:"不滑也。"疑"涩"之省。《广韵·缉韵》:"涩:《说文》曰:'不滑也。'澀:上同。"创以俗字注正字之例。案:浛漻本是拟声之词,而溧、湒同音,与漻同韵,声纽部位也相同。所以浛漻、浛溧和浛湒,是一个词。又字组前冠"人"字,则是用来表述人声的。

揎捋:音宣,勒末反。

揎,卷起或捋起袖子;捋,用手把物顺势脱出。二字义似。《玉篇·手部》云:"揎:息全切。捋也。"《切韵·仙韵》云:"揎:手发衣。或作撋。"《颜氏家训·书证篇》有云:"《礼·王制》云:'赢股肱。'郑注云:'撋衣出其臂胫,今书皆作擐甲之擐。'国子博士萧该云:'擐当作撋,音宣。'"二字见用于敦煌民间文学作品,《敦煌变文集·庐山远公话》云:"宣(揎)其左膊,果然腕有肉环。"又《燕子赋》云:"捋出脊背,拔却左腿。"

白醭出：莫卜反。

　　白醭是白色的霉菌，出是长出。《玉篇·酉部》云："醭：匹卜切，醋生白。"《切韵·屋韵》云："醭：白醭。"慧琳音义卷六十："白醭：普卜反。《考声》云：'物醋其上生白毛谓之白醭。'"白居易《卧病来早晚》诗云："酒瓮全生醭，歌筵半委尘。"唐·皮日休《吴中苦雨》诗云："着处纻衣裂，戴次纱帽醭。"敦煌本《王梵志诗·夫妇相对坐》云："镜里尘满中，剪刀衣生醭。"皆其例。案："莫卜反"疑是"普卜反"之误。《切韵》作"普卜反"，慧琳音义亦作"普卜反"，甚至《玉篇》作"匹卜切"，皆其证。

人尵尵：音莫，丑角反。

　　《玉篇》、《切韵》、《龙龛手镜》只有"尵"字。《玉篇·允部》云："尵：丑孝切。塞也。或作踔。"《切韵·觉韵》云："踔：跛。亦作尵"，"敕角反"。二书同义而不同音。《龙龛手镜·允部》云："踔：丑教、敕角二反。跛也。"P. 3906《字宝》卷尾的《赞碎金》诗云："满卷玲珑实碎金，展开无不称人心。晓眉歌得白居易，尵尵卢郎更敢寻。"意思是有了《字宝》这本书，白居易就不必担心口语俗字，从而使卢郎为无法挑刺而烦躁。《字宝》去声字收有"人脙臊"和"人魋魋"二条，说的是同一个词。尵尵、脙臊、魋魋，三者语音相近，字形或从允，《说文》："允：跛也。曲胫人也。"或从鬼，或从肉，都与人的形态相关，体现一种焦虑、烦躁的心态。敦煌本白行简《天地阴阳交欢大乐赋》云："精神则瞢瞪而尵尵。"是其例。常用而未有定字，是当时的状态。

花穙穙：莫卜反。

　　穙，繁盛、茂密。花穙穙，是花繁盛灿烂的样子。穙穙就是繁盛灿烂的样子。《玉篇·草部》未载。《切韵·屋韵》作穙，云：

"草生概","普木反"。概,茂密的意思。诗文往往以音借字。白居易《山石榴寄元九》诗云:"杜鹃啼时花扑扑",借用"扑"字;唐·杜牧《郡斋独酌》诗云:"后岭翠扑扑,前溪碧泱泱。"《敦煌变文集·下女夫词》则借"璞"字为文。云:"璞璞一颈花,蒙蒙两鬟渣(遮)。"璞璞一颈花也就是一颈花璞璞。有时也单用。如唐·许裳《洞庭湖》诗所云:"青草浪高三月渡,绿杨花朴一溪烟。"字又作"朴"。

肥䫸頯:末,曷。

䫸頯,肥健貌,叠韵谑语。《切韵·末韵》云:"䫸:䫸頯,健","莫割反";"頯:䫸頯","许葛反"。末、曷都是小韵字,将它看做采自韵书,当是可信的。《切韵·微韵》又释"肥"为"丰肌"。正与释"䫸頯"为"健"相合。唐人尚肥,欣赏肥壮的体态。《切韵·黠韵》有"傄偠",云:"健貌",音"莫八反"、"呼八反"。它与"䫸頯"是同一个词。敦煌本《王梵志诗·道人头兀雷》云:"独养肥没忽",没忽也是这个词。

汗霢霂:陌、木。

霢霂,原意是小雨。《诗·小雅·信南山》云:"上天同云,雨雪雰雰。益之以霢霂,既优既渥。"毛传:"小雨曰霢霂。"《玉篇·雨部·霢》亦云:"小雨曰霢霂。"首字用"汗",则是用来比喻汗出如雨的情形。玄应音义卷二十二:"霢霂:音脉木。《尔雅》:'小雨谓之霢霂。'今流汗似之也。"白居易《香山寺石楼潭夜浴》诗云:"褰裳汗霢霂。"《敦煌变文集·降魔变文》则借用同音字"陌目"二字,云:"忽闻说佛之名,体上汗流陌目。"

人刐笧：知角反、知讫反。甴甲：同上。

刐笧，触忤的意思，双声谜语。《玉篇》未载。《切韵·洽韵》云："刐：竹洽反"，无训释。《唐韵》则云："刐：刺着，札帛，竹洽反。"二书俱无"笧"字。《广韵·洽韵》云："偛：偛㑲，忽触人也"，"竹洽切"；又质韵云："㑲：偛㑲，爱触忤人也"，"陟栗切"。忽触人即爱触忤人，触忤同触迕，就是冒犯的意思。《集韵·质韵》云："㑲：偛㑲，牴牾也。一曰不循理也。"牴同抵，牴牾意为冲撞。与触迕相通。刐笧，双声；偛㑲也是双声，而且二者声纽相同，应是同一谜语。字又有作"笧窒"者。P. 3155《杂抄》云："世上略有十种刐窒之事：见人着新衣，强问他色目是一；见他鞍乘好，强逐解来骑，是二；见人书籍，擅把披辱（寻），是三；见他弓失（矢），擅拈张挽，是四；见他所作，强道是非，是五；见人书蹤，强生弹剥，是六；见他斗打，出热助拳，是七；见他争论，傍说道理，是八；卖买之处，假会郿谈，是九；不执一文，强酬物价，是十。已上十事，并须削除。"可见是一个很流行的语词。P. 2721《杂抄》则误书"笧窒"为"刐窒"。当正。案："甴甲同上"四字仅见于 P. 2717 卷，甴甲二字当是刐笧的俗书，而《字宝》注文无"同上"之说，故不取。今见《字宝》的敦煌抄卷共五件，可分两类：P. 2717 和 S. 619 为一类；P. 3906、P. 2508 和 S. 6204 为一类。前者因 S. 619 后半残缺，无可佐证。后者俱无此四字。录以备考。

煮煠：士甲反。

煮是放在水里烧熟，煠是放在沸水里使熟。《玉篇·火部》云："煠：弋涉切，又丑涉切。爁也。"爁同瀹。《玉篇·水部》云："瀹：弋灼、余召二切。煮也，内菜汤中而出也。"《切韵·洽韵》云："煠：汤煠。又与涉反。"汤中即沸水中。《说文·水部》云："瀹：渍也。"段玉裁注："今人曰煠，助甲切。古人曰瀹。"助甲切与注"士甲反"同音。敦煌本 P. 2609《俗务要名林·饮食部》亦云："煠：汤中煠肉。士甲反。"正是当时常用语，亦见于诗文。唐·皮日休《吴中苦雨》诗云："或蒸一升麻，或煠两把菊。用以阅幽奇，岂能资口腹。"

手搤握：厄。

搤亦握，紧抓或掐的意思，此以握释搤。《玉篇·手部》云"搤：于责切。握也。"又云："握：于角切。搤持也。"《切韵·麦韵》云："搤：持。亦作扼。""厄"是小韵字。《战国策·魏策一》云："是故天下之游士，莫不日夜搤腕瞋目切齿，以言从之便，以悦人主。"搤腕，紧掐手腕表示激昂，古文常见之词，却不作握腕，大抵习惯如此，因而《字宝》载此。

心憋起：必列反。

憋起，急剧暴发。憋亦起，起，暴起。《玉篇·心部》云："憋：裨列、匹列二切。急性也。"《切韵·薛韵》亦训"急性"，又训"怒"。《广雅·释诂三》云："憋，恶也。"王念孙疏证："憋者，《方言》：'憋，恶也。'郭璞注云：'憋怤，急性也。'《列子·力命篇》云：'喔咿憋憋。'《后汉书·董卓传》：'敝肠狗态。'李贤注云：'言心肠敝恶也。'《续汉书》敝作憋。汉司隶校尉杨孟文《石门颂》：'恶虫弊狩。'弊狩与憋兽同。《释名》云：'鷩雉，山雉也。鷩，憋也，性急憋不可生服，必自杀也。'潘岳《射雉赋》云：'山鷩悍害。'《南山经》：'基山有鸟焉，其状如鸡而三首六目六足三翼，其名曰䳋鵂。'郭璞注云：'䳋鵂，急性。'《广韵》：'䳋，鵂䳋也。'鵂䳋亦鸟之恶者。是凡言憋者，皆恶之义也。"

忸怩:恧,尼。

羞惭,双声连语。《玉篇·心部》云:"忸:女六切。忸怩。"又云:"怩:女饥切。惭。"玄应音义卷五:"忸怩:又作𢛴,同。女竹反。下如胝反。《通俗文》:'惭耻谓之忸怩。'"《敦煌变文集·降魔变文》云:"须达忸怩反侧,非分仿偟。"同谷子《五子之歌之五》云:"仇雠万姓遂无依,颜厚何曾解忸怩。五子既歌邦已失,一场前事悔难追。"案:注"恧"是异体字而用作注音字。

水潗潗:即入反。

潗潗,泉水冒出的状态,象声词。《切韵·缉韵》云:"潗:泉出","姊入反"。《集韵》则云:"水潗也。"水潗即是水涌出。而《玉篇·水部》云:"潗:七立、子入二切。湁潗,水转貌。"是另一词。

手捩物:怜羯反。

捩,折也。《玉篇·手部》云:"捩:力计、力结二切。拗捩也。"《广韵·霁韵》云:"捩:拗捩。出《玉篇》","练结切"。慧琳音义卷九十四:"拗捩:上乌绞反,下怜涅反。按拗捩,今以手摧折物者也。"《晋书·安平献王孚传附司马威》云:"阿皮捩吾指,夺吾玺绶,不可不杀。"案:注"怜羯反",《切韵》属月韵;力结切、练结切、怜涅反同音,属屑韵。二韵不相通,此注是当时口语音。

脚跛蹩:怜羯反,必列反。

跛,跛脚。《玉篇》、《切韵》未载跛字。《集韵·霁韵》云:"跛:跛足","郎计切"。《五灯会元·临济宗》云:"跛脚法师说得行不得。"蹩,《玉篇》作蹩,足部云:"蹩:蒲结切。蹩躃,旋行貌。一曰跛也。"音转则为躄。《史记·平原君列传》云:"民家有躄者,槃散行汲。"司马贞索隐云:"躄音壁。散,先寒反,亦作跚,同音。"槃散即蹒跚。张守节正义云:"躄,跛也。"《广韵·昔韵》云:"躄:跛躄。《说文》作𨇅,人不能行也。"

口嚊㗱:音博,接。

嚊㗱即咀嚼,是口腔的动作。《玉篇·口部》云:"嚊:补洛切。㗱貌。""㗱:子立切。嚊也。""嚊,才笑切。嚼也。"三个字都是嚼的意思。《切韵·铎韵》云:"嚊,嚊㗱,㗱貌。"二字连用也是嚼的意思,是象声词。慧琳音义卷五十六:"嚊㗱:又作𪒓,同。补各反。下子立反。《说文》:'嚊㗱,嚼声貌也。'"(今本段注《说文》作"嚊,㗱貌","㗱,嚊也",与《玉篇》同。)俗文学有作"博唛"、"博接"的。《敦煌变文集·韩擒虎话本》云:"我把(把)些子士兵,似一斤之肉,入在虎龂(牙),不蝼咬嚼,嚊唛之间,并乃倾尽。"又胡适旧藏《降魔变文》云:"从空直下,若天上之流星,遥见毒龙,数回嚊接,虽然不饱我一顿,且得噎饥。"皆音近而义通。

儿头氉氉:音木。

氉氉,好貌。《玉篇·毛部》云:"氉:亡角、莫卜二切。思貌。一曰毛湿也。"《切韵》于此二义之外,又于觉韵云:"氉:好","莫角反"。则成三义。案:《方言》卷十三有云:"纯、氉,好也。"郭璞注:"氉氉,小好貌也。"今取此义作解释。唐·皮日休《吴中苦雨》诗云:"太阴霍然收,天地一澄肃。燔炙既芬芳,威仪乃氉氉。"是其例。

攫搦:乌麦反,女革反。

攫亦搦,捉取。《玉篇·手部》云:"攫:黄路切。擘攫也。一曰布攫也。又乙获切。"说本《说文》,其手部云:"攫:擘攫也。一曰布攫也。一曰握也。"段玉裁注："握者，搤持也。《西京赋》：'攫猲狙。'薛云：'攫谓握取之也。'"《切韵·陌韵》亦云："攫：一虢反。手取也。"《南史·文学传·卞彬》有云："故苇席蓬缨之间，蚤虱猥流，淫痒渭濩，无时恕肉，探揣攫撮，日不替手。"是其例。攫搦、攫撮音义皆近。搦见《玉篇·手部》，云："女卓、女革二切。正也。持也。"《切韵·陌韵》云："搦：尼白反。捉搦。"唐·郑棨《开天传信记》："猫儿不识主，傍家搦老鼠。"唐·姚合《杏溪十首·石濑》诗云："清风波亦无，历历鱼可搦。"此搦，今言拿。《说文·手部》有"挐"，云："牵引也。"明《正字通·手部》则云："挐：拘捕罪人曰挐，俗作拿。"《水浒全传》第二十三回："原来那大虫拿人，只是一扑，一掀，一剪。"捉搦，相当今言捉拿。

眒米：扶八反。

眒同䊯，义是春，即用杵于臼中捣去谷物的皮壳。《玉篇·臼部》云："䊯：孚秒切。春也。"《切韵·月韵》亦云："䊯：春米"，"房越反"。《广雅·释诂四》云："䊯，春也。"王念孙疏证："众经音义卷十五、十八引《埤苍》、《韵集》，并云：'䊯：赐米也。'又引《风俗通》云：'捣细曰䊶。'又云：'今中国言䊯，江南言赐。䊶与䊯同。'"此用为名词，为精米之称。唐·陆龟蒙《奉酬袭美先辈〈吴中苦雨一百韵〉》云："饥鸟廛窥临，泥僮苦春䊯。"春、䊯同义。又"䊯米"亦精米。玄应音义卷十八："粘哉：宜作昨、䊲二形，同。子各反。《说文》：粝米一斛春九斗曰䊲。《三苍注》云：䊲，精米也。今江南谓眒米为䊲。音赖。"案：眒字三音：《切韵》作"房月反"属月韵；注"扶八反"属黠韵；《玉篇》作"孚秒切"属废韵，而且，声纽也有清浊的不同。

手授掐：即悦反、口甲反。

授、掐，都是摘的意思。《广韵·麦韵》云："摘：手取也。"《玉篇·手部》云："掐：口洽切。掐，抓也，爪按曰掐。"《颜氏家训·风操篇》云："居家惟以掐摘供厨。"掐、摘连用，字义相似。《玉篇·手部》云："授：子结切。断绝也。"字组首字为"手"，则"授"也是手"断绝"的意思。《广韵》同音有劋字，云："断物也"，"子悦切"，见屑韵。当是同一字。《龙龛手镜·手部》又有摵字，云："子雪反。手摵断也"，也是异体字。三者成同义词。惟"掐"指明用指甲断绝，更为具体细腻。而"授"字的收载，证实彼时口语正在使用，是应该能写能认的。

物黝色：於列反。

黝，颜色衰败的意思。《切韵·月韵》云："黝：色坏"，"于歇反"。《广雅·释器》云："黝，黝……黑也。"王念孙疏证："《广韵》：黝，又音谒。色坏也。义亦与黝同。徐锴《系传》云：'黝，谓物经潦暑而变斑色也。'"晋·周处《风土记》云："夏至之雨，名为黄梅雨，沾衣服，皆败黝。"唐·杜牧《残春独来南亭因寄张祜》诗云："一岭桃花红锦黝，半溪山水碧罗新。"《农政全书·种植》云："（红花）五月种晚花，七月中摘，深色鲜明，耐久不黝，胜春种者。"案：《切韵》"于列反"属薛韵，而"于歇反"属月韵。此二韵字音相通，已非《切韵》框架，当是唐代口语。

汗潎泧：音末，豁。

潎泧，《原本玉篇残卷·水部》云："潎：莫列反。《说文》：'泧潎，拭灭也。'《埤苍》为撆字，在手部。""泧，桑结反。《说文》：'泧潎也。'《字书》或为挩字，在手部"，是叠韵谜语，拭灭的意思。挩，《集韵·薛韵》云："挩：撽挩，拭灭也。"《说文·水部》云："潎：

潎泧,饰灭貌。"段玉裁注:"饰,各本作拭……饰、拭,古今字……拭灭者,拂拭灭去其痕也。潎泧,今京师人语如此,音如麻沙。《释名》曰:'摩娑犹末杀也,手上下之言也。'巾部幭字下曰:'读如末杀之杀。'末杀,《字林》作抹摋,即潎泧也,字异而同音义。"此义与"汗"字合,有汗流遍体之意,但泧音"桑结反"与此音"豁"不同。《集韵·屑韵》云:"潎:涂饰也。一曰潎泧,水貌","水貌"之义不见于《说文》,当是后起,却与"汗"相联系。《集韵·末韵》又云:"泧:《说文》:泧也。一曰泧泧,流也",联系更顺,所谓汗水淋漓。且字音与"豁"相同。因此,汗潎泧即是汗多的意思,当取水貌与前"汗霹霖"相似。

碜砾:力末反。

毛糙、粗杂的意思。《玉篇·石部》云:"碜:初甚切。食有沙。"食指食物。《切韵·寝韵》亦云:"碜:食有沙。"《类篇·石部》则云:"碜:楚锦反。物杂沙也"。三书相似,但是,俱无"砾"字。考辽·希麟《续一切经音义》卷三有云:"碜砾:上楚锦反。又作𡐔。《说文》:上石砂碜也。(案:上当作土。)经文作磣,(案:当作𡐔。)非也。下郎遏反。上言碜,下刺,作糕。《切韵》云:'粗也,米之脱粟者也。'作此刺字,僻也,戾也,非碜糕义。"案:上声字中已收:"物碜砾:士锦反,下刺",与此相同。然彼前有物字,比较具体,而此无。其次彼以上声字为着力点,此以入声字为着力点。是其区别。但是作为同一个词是可以合并为一的。此一事实说明作者编辑尚欠严密,后来的传抄者也未修正,只是后人不能苛求古人。

人探赜:士革反。

意为人们探究幽深玄妙的原理。《玉篇·臣部》云:"赜:仕革切。《易》曰:'圣人有以见天下之赜。'赜者,谓幽深难见也。"《易·系辞》云:"探赜索隐,钩深致远,以定天下之吉凶。"唐·孔颖达疏:"探谓窥探求取,赜谓幽深难见。"探、赜本是两个词,随着《易》的传播,凝结成一个词,意为探讨。唐·李世民《大唐三藏圣教序》云:"探赜沙门,精穷奥业",是其例。探赜与精穷对文,词义相似。P.3776《小类书·丈夫立身部》则云:"探赜:探讨。"P.3907《籝金残卷》有"言谈者莫究其题,探赜者罕穷其目"之语。

辛䴤:力末反。

䴤同辣,辛亦辣,辛辣也是辣,是一种姜、蒜和辣椒等带刺激性的味道。《玉篇·辛部》云:"䴤:力达切。辛䴤也。"又云:"辛:思人切。䴤也。"S.617《俗务要名林·饮食部》云:"辛:音新。辣:辛也。郎割反。"《切韵·末韵》云:"䴤:䴤蒿",有误。S.2011笺注本《切韵》作"䴤:辛,莿蒿",是。唐·段成式《酉阳杂俎·广动植之三·木篇》云:"胡椒出摩伽佗国,呼为昧履支……形似汉椒,至辛辣,六月采。"辛辣亦是辣。

人瞌睡:音榼。

瞌是欲睡,瞌睡也是欲睡。此为口语认字法,说了就能认,认了就会写。《玉篇·目部》云:"瞌:苦洽切。眼瞌。"眼瞌就是欲睡的状态。《集韵·盍韵》云:"瞌:欲睡貌",榼是小韵字,又是当时日常用具名。《敦煌变文集·伍子胥变文》有云:"其鱼人乃取得美酒一榼,鱼肉五斤,薄饼十番,饭携一罐,行至船所。"更便于认读。白居易《自望秦赴五松驿马上偶睡睡觉成吟》诗云:"体倦目已昏,瞌然遂成睡。"瞌然即今言打瞌,欲睡而未入睡。变文中常见"瞌睡"一语。《敦煌变文集·太子成道经变文》有云:"被神人以手指却一匝,宫人例总瞌(瞌)睡。"又《八相变》亦云:"我交一瞌睡神下界,令百人尽皆昏沉。"欲睡与入睡已很难区分。

麄粝:力末反。

麄粝是不精米。《玉篇·米部》云:"粝:力末切。麤粝也。"麤即麄。《玉篇·麤部》云:"麤:七胡切。不精也……或作麄。"《说文·米部》云:"粗:疏也。"段玉裁注:"《大雅》:'彼疏斯粺。'笺云:'疏,麤也,谓粝米也。'麤即粗,正与许书相互印证。疏者,通也,引申之犹大也。故粗米曰疏,粝米与粺米较,则粺为粗,稷与稻粱较,则稷为粗。"其后泛指粗菜淡饭。唐·白行简《李娃传》云:"今夕之费,愿以贫窭之家,随其粗粝以进之。"这里所说当然是谦词。

巧剔:苦八反。

巧剔,谓刻画精妙。《玉篇·剔部》云:"剔:口八切。巧剔也。"则巧剔是一个词。《切韵·末韵》又云:"剔:极巧","苦八反"。则剔,巧同义。《说文·剔部》云:"剔:巧剔也。"段玉裁注:"巧剔,盖汉人语。"则是汉以后已难见用例,不过,"盖"是大概,推测的意思,话没有说绝。朱育仁《部首笺正》云:"巧剔,古语谓刻画之工也。"所说的古语大概就是段氏说的"汉人语",今《字宝》视为口语词采入,则是唐时犹存之证。又一种敦煌俗字书S.617《俗务要名林》在《女工部》载有"巧剔:上苦卯反,下黄□",其中黄字是苦字之误,其下为残缺。可以助证《字宝》所载是当时口语流行的熟语。

蜂蜇人:知列反。

蜂蜇人,即蜂叮刺人,也是以口语认读的方法。《玉篇·虫

部》云："蜇：陟列切。虫螫。又作蛆。"蜇、螫、蛆三字是同一词的
方音字。玄应音义卷二十二："蛆螫：知列反。下舒亦反。关西
行此音。又呼各反，山东行此音，蛆，东西通语也。"《玉篇·虫
部》云："螫：式亦切。虫行毒。"蜂蜇人是各地皆常见的现象，由
于语言交流的频繁，方音字融入了通语。晋·张华《博物志》卷
九："蝮蛇秋月行毒，无所蜇螫，啮草木以泄其气，草木皆死。"亦
是蜇、螫并用，其来久矣。

猰头：尺若反。

　　《玉篇·犬部》云："猰：式略切。惊也。猰猰，犬不附人而惊
貌。"语本《说文》，彼云："猰：犬猰猰不附人也。从犬舄声。南楚
谓相惊曰猰，读若愬。"猰头之义未详。P. 3906 卷尾附的《赞〈碎
金〉》诗已作"猰头讟趉人难识"之叹。案：猰同狘。《集韵·药
韵》云："狘：宋良犬名。或作猰。"猰头或即是犬头之别名。

又蜂螫：识。

　　详前文"蜂蜇人"条。

走趌趌：音结。

　　趌，《玉篇·走部》云："公节切。走意。"《切韵·屑韵》则云：
"走貌"，"古屑反"。音义俱同。趌为重言，作"走"的后缀。
P. 2717 卷注于"音结"下有"能行貌"三字训释。

皮皴皱：七合反。

　　皴皱，表述皮的形态。《玉篇·皮部》云："皴：七旬切。皵
也。"《切韵·真韵》云："皴：细皮起。"字书无皱字，今《汉语大字
典》亦未收。《切韵·昔韵》训"皵"为"皮细起貌"，义与皴同。

《玉篇·皮部》训皶为"皴皶",不仅是皴、皶同义之证,也是"皴皶"声转即是"皴鞁"之证。按皴皶是双声,皴鞁也是双声,《切韵》皶音"七迹反",与"七合反"是一声之转。唐·李咸用《览友生古风》诗云:"皴皶老松根,晃朗骊龙窟。"宋·邹浩《四柏赋》亦有"皮皴皶以龙惊"之句。皮皴皶即是皮皴鞁。推想鞁是俗字,古诗文多用皴皶。

潵洒:音节。

潵也是洒,洒水的意思。《玉篇·水部》注:"子昔、子结、子末三切。水出也。"《切韵·屑韵》云:"山洒。"《唐韵》与《广韵》"山"作"小"。《龙龛手镜·水部》字又作"水"。案:山、小、水三字形近易混,作"水"是。《说文》有"洒",有"灑",而无"潵"。水部云:"洒:涤也……古文以为洒扫字。"又云:"灑:汛也。"段玉裁注:"凡扫者先灑,《弟子职》云:'实水于盘,攘臂袂及肘,堂上则播灑,室中握手'是也。引申为凡散之称。"《字宝》以"潵"和"灑"的并列组合,通过"灑"解释了"潵"。

食餮饱:必列反。

餮字未见于字书。从它与"饱"字并列,前有"食"字,当是与"饱"字义相似的。

爩烙:于聿反、下洛。

爩是借字。《玉篇·火部》云:"于勿切。烟出也。"《切韵·物韵》释作"烟气"。字义相同。借用则为"熨",《集韵·迄韵》云:"熨爩:持火展缯也,一曰火斗。或从郁。"火斗又名烙铁。清·顾张思《土风录》卷五载有"烙铁",释云:"熨衣器有柄者曰烙铁。"熨、烙都是用热铁展平衣物之事。唐·王建《宫词》之三十六:"每夜停灯熨御衣,银薰笼底火霏霏。"说的就是古代宫女连夜作业的辛劳。熨本作尉。《说文·火部》云:"尉:从上按下也。从尼,又持火。所以申缯也。"段玉裁注引《通俗文》曰:"火斗曰尉。"是以动作取名。

人齘齿:戛。

齘即齘齿,意为上下齿相切摩。《说文·齿部》云:"齘:齿相切也。"段玉裁注:"谓上下齿紧相摩切也。相切则有声,故《三仓》云:'齘,鸣齿也。'函人为甲,衣之欲其无齘也。大郑云:'齘谓如齿齘,不齘则随人身便利。'"意为所造的衣甲不会自身摩擦有声的话,就能切合人身的活动了。"齿齘"与"齘齿"义同。《金匮要略·痉湿暍》云:"痉为病,胸满口噤,卧不着席,脚挛急,必齘齿。"则是指一种病症了。

奯眼:豁。

奯亦奯眼,意为睁大眼睛。《切韵·末韵》云:"奯:大开目",音"呼括反","豁"是小韵字。又:豁,豁开,字义亦相通。《玉篇·大部》云:"奯:许活切。空也,大目也。"北周·卫元嵩《元包经·丰》云:"昇之翰,睛之奯。"宋·罗泌《路史后纪·太昊》云:"伏戏氏……龙身牛首,渠肩达腋,山准日角,奯目珠衡。"案:P.2717卷正文作"奯眼明"三字,注作"户末反"三字。奯眼而明,是字组自释之例。"户末反"属匣纽,是浊音,而"豁"属晓纽,是清音,二者微有不同。录以备考。

剆揩:丁彫反、乌末反。

剆、揩、剆揩,都是挖取的意思。剆,字书未见。《玉篇·手部》作搯,释云:"搯:他劳切。搯揩也。"《切韵·豪韵》亦云:"搯:

揥揥"，音"吐高反"。二书音义相同。字从扌或从刂，殊途同归。剞当是俗字，虽未见于字书，然而，《敦煌变文集·张义潮变文》却有用剞字的，写道："铦锷剞劂坠贼头。"铦锷，锋利的刀刃；剞、劂，是割或削的意思。其"校记"云："'剞劂'下原卷有'七彫反'三字，是给'剞'字注的音。"其实七字是土字的误写。至于揥字，《说文·手部》云："揥，揥揥也。"段玉裁注："今人剔字当作此。"他的话是剔为今字，揥为古字。唐时已有"剔挑"一语，即"揥揥"之倒。《敦煌歌辞总编》卷六《十二时·日映未》云："设深机，窥小利，恨不剔挑人脑髓。"据慧琳音义卷七十一云："揥心：他劳反。《说文》：'揥，揥也。'揥，一活反。中国言揥，江南言挑，音土彫反。"

语讦谳：居列反，鱼列反。

讦，揭发。《玉篇·言部》云："讦：居谒切。攻人之阴私也。"《切韵》音义同。《广韵》进而解释为"讦：面斥人以言"，加进当面的意思。最有名的用例见《论语》。其《阳货篇》云："恶讦以为直者。"何晏集解云："讦，谓攻发人之阴私。"谳，《玉篇·言部》云："鱼烈、牛箭二切。狱也。《说文》作灟，议罪也。"段玉裁注："故其字从水献。其议如水之平而献于上也……盖本下献上之词，又转为上平下之词矣。"所以谳是评议审判定案的意思。《汉书·景帝纪》云："诸狱疑，若虽文致于法而于人心不厌者，辄谳之。"颜师古注："谳，平议也。"

物斡豁：乌末反，户末反。

斡，《玉篇·斗部》云："乌活切。转也。"《切韵》音义同，见末韵。唐·颜师古《匡谬正俗》卷七："斡筅：斡，蠡柄也。义亦训转。《声类》及《字林》并音管。贾谊《鹏鸟赋》云：'斡流而迁。'

张华《励志诗》云：'大仪斡运'，皆转也。《楚辞》云'筦维焉系，天极焉加？'此亦义与斡同，字则为筦。故知斡、筦二音不殊。而近代流俗辄改为捾，捾音乌活反，实为腐陋。《字宝》字作"斡"而音"乌末反"，正是是颜氏所斥之"流俗"。按《说文·手部》云："斡：蠡柄也。从斗倝声。"段玉裁注："按其字倝声，则颜说是也。然俗音转为乌括切，又作捾，作斞，亦与六书音义无甚害也。"随着历史的发展，俗终于取得同正平等的地位。音既已转，义亦引申。唐·贯休《酷吏词》云："如何如何？掠脂斡肉。"此"斡"就是"捾"，义为"刉"。斡与豁并列，则又有引申。《玉篇·谷部》云："豁：呼活切。通谷也，空也，大度量也。"《古今韵会举要·曷韵》云："豁：疏通也。"晋·郭璞《江赋》："城之以盘岩，豁之以洞壑。"《敦煌变文集·维摩诘经讲经文》："善豁三乘理，能开六度关。"《字宝》以"刉捾"与"物斡豁"并列，表示音相通而义有别。

人嚏咄：丁列反，卢聿反。

嚏咄，呵叱也，叠韵谉语。《玉篇·口部》云："嚏：知栗切。《博雅》云：'嚏，咄。'""咄：丁骨切。叱也。"《切韵·屑韵》云："嚏：嚏咄"，音"丁结反"；又没韵云："咄：当没反。呵。"《广雅·释言》云："嚏，咄也。"王念孙疏证："嚏之言叱也，《广韵》：'嚏咄，叱呵也。'《燕策》：'呴藉叱咄。'"呴藉，吴师道《战国策补校注》："当是跔藉，见《韩策》。释为跳跃，此谓跳跃踏藉也。"叱咄：怒斥，呼喝。案：注"卢聿反"的反切上字误。咄字，《玉篇》、《切韵》皆读端组，但不知本作何字，姑存备考。

言嚆礜：侯角反，下剥。

嚆礜，高声喊冤。是叠韵谉语，字形不一：或作礜，呼礜，呼服，呼炰，咃嚗等。《原本玉篇残卷·言部》云："礜：蒲卓反。《说文》：'大呼也，自冤也。'野王案：《汉书》：'郭舍人不胜痛呼詈'是也。"今本《说文·言部》云："詈：大嚊自冤也。"段玉裁注："《东方朔传》：'舍人不胜痛呼詈。'邓展曰：'詈音瓜㼉之㼉。'按自冤者，自称己冤枉也。田蚡疾，一身尽痛，若有击者，嚊服谢罪。晋灼曰：'服音㼉。关西俗谓得杖呼及小儿啼呼为呼㼉。'然则詈亦作服、作㼉也。《朔传》呼字亦音髇。《蚡传》嚊字亦火交反，皆与下一字叠韵。《广韵》：'嗃詈，大呼也'，是也。"所说甚详。《切韵·觉韵》云："詈：嗃詈"，音"蒲卓反"；又肴韵云："嗃：嗃詈，恚"，音"许交反"，并与段注合，且《切韵》犹早于《广韵》所载。《玉篇》则有"吒嘖"，口部云："吒：火角切。吒嘖，恚呼貌"；又云："嘖：必角切。"约言之：一字为詈，属唇音，二字者前字属喉音，后字属唇音，其核心词素是"詈"。《敦煌变文集·孟姜女变文》云："既云骸骨筑城中，妾亦更知何所道。姜女自雹哭黄（皇）天，只为贤夫亡太早。"《敦煌变文字义通释》释云："雹，就是'攃'、'扑'，同音假借，投掷的意思。"所释未妥。"自雹"的"雹"当是"詈"字的假借，自雹即是自己高喊冤枉。《字宝》所载可与变文用语相印证者，这是一例。

僰面：仆。

僰是匐的假借字，伏地的意思。《玉篇·人部》云："僰：平勒切。屏之远方曰僰。僰之言逼也。"又勹部云："匐：步北切。伏也。"二字音同义通。P. 2717 卷正文作"𧾷地"二字，𧾷字乃是"僰面"二字的合文，正文实为三字：僰面地。面地是用来解释僰字的。此亦是僰、匐同义之证。《敦煌变文集·伍子胥变文》云："乃至吴王殿所，匐面在地，哽噎声嘶，良久而起。"又《唐太宗入冥记》云："时呼万岁，匐面在地，专候进旨。"又《庐山远公话》："于是相公闻语，举身自扑，匐面在地，更不再起。"用例甚多。

人落筈:音托。

落筈,叠韵诨语,表示人的处境和状态,是贫困不得志,故首字用"人"。字亦作落拓、落魄、落薄等形。白居易《效陶潜体》诗之十四:"问君何落拓? 云仆生草莱。地寒命且薄,徒抱王佐才。"《史记·郦生列传》云:"好读书,家贫落魄,无以为衣食业。"集解引应劭曰:"落魄,志行衰恶之貌也。"又引晋灼曰:"落薄,落托,义同也。"明·方以智《通雅·释诂·诨语》有云:"落魄,一作落泊、洛度、落度、乐托、拓落、托落。"案:注"音托",《切韵·铎韵》云:"筈:竹笋皮","他各反",托是小韵字。为《字宝》与《切韵》的渊源提供了参考。

齐蠢蠢:所六反。

齐蠢蠢,是以齐为主题的形容高而齐整的词语。《玉篇·乚部》云:"蠢:初六切。齐也。"《文选·鲍照〈芜城赋〉》云:"崒若断岸,蠢似长云。"李善注:"蠢,齐平也。"崒,高危貌。唐·舒元兴《唐鄂州永兴县重岩寺碑铭》云:"释宫斯闿,上蠢星斗。"蠢蠢,是重言后缀。案:注"所六反",《切韵》属审纽,而屋韵作"初六反"属穿纽。

口嗫嚅:而叶反,下儒。

嗫嚅即窃窃私语,双声诨语。《玉篇·口部》云:"嗫:之涉切。口无节。亦私骂。又而涉切。嗫嚅,多言也"。又云:"嚅:汝俱切。《埤苍》云:'嗫嚅,多言也'。"汉·东方朔《七谏·怨世》云:"改前圣之法度兮,善嗫嚅而妄作。"王逸注:"嗫嚅,小语谋私也。"《敦煌变文集·燕子赋》云:"更被唇口嗫嚅。"正是唐代用例。

匀珬珬：侧六反。

匀珬珬是以匀为主题的形容非常匀称的词语。《玉篇·玉部》云："珬：初六切。等也，齐也。"《广雅·释诂》云："珬、洒，齐也。"王念孙疏证："珬，初六、初角二反。《玉篇》：'珬：等也，齐也。'《汉书·申屠嘉传》：'醌醌廉谨。'颜师古注云：'醌醌，持整之貌。'《后汉书·中山简王传》：'官骑百人称娖前行。'李贤注云：'称娖犹谓齐整也。'义并与珬同。今俗语犹谓整齐为整珬，声如捉。"匀珬珬之珬珬，与齐蠢蠢之蠢蠢，音义相似。然而，齐表示齐平，匀则表示均匀，有所区别。王仁昫《刊谬补缺切韵·屋韵》云："珬：初六反，齐。""蠢：直貌。"蠢说直而齐，珬说分布匀称。杜甫《丽人行》云："态浓意远淑且真，肌理细腻骨肉匀。"匀谓均匀、匀称。

人类臭：音列，挈。

人类臭，是为人心胸狭窄多疑的意思，叠韵谑语。《玉篇·矢部》云："类：力结切。类臭也"；"臭：公节切。《说文》曰：'头倾也'。"《切韵·屑韵》云："类：练结反。"又云："臭：类臭，多节目貌"，音"苦结反"，挈音同。首字为"人"，则"类臭"当是说人的状态。明·陈士元《俚语解》卷一云："类臭，读如列挈，言人胸次不坦夷，逞独见以忤人也。类一作臭，又作臭、臭。《汉书》：'臭而无志节。'"《西湖游览志》卷二十五所载略同，唯作"杭人言"。清·胡文英《吴下方言考》卷十二："臭，音极。《广韵》：'类，臭，多节目也。'案：类臭，理不顺也；多节目，谓木理不顺也。吴中凡人物之不顺理者皆曰'类臭'。"所说与《字宝》吻合。

高嵃嵲：丁列反，五结反。

嵃嵲，高貌，是叠韵诨语。《说文》未载此二字。《原本玉篇残卷·山部》有之，云："嵃：徒结反。《字指》：'嵃嵲，小如不安也。'野王案：《西京赋》：'直嵃嵲以高居'，是也。嵲，牛结反。《字指》：'嵃嵲也。'"然而，《切韵·屑韵》则云："嵃：嵃嵲，高貌"，音"徒结反"；"嵲：嵃嵲"，音"五结反"。音同而义别。自此以后，凡《集韵》、《类篇》诸书皆释作高貌。就顾氏所引，亦与其释不同。按《文选·张平子〈西京赋〉》云："托乔基于山岗，直嵃霓以高居。"句意也是高的意思。嵃霓即嵃嵲，此是诨语的不同形态。直嵃霓与高嵃嵲，何其相似。故薛综注亦云："嵃霓，高貌也。"唐诗文亦用作高的意思。杜甫《自京赴奉先县咏怀五百字》有句云："凌晨过骊山，御榻在嵃嵲。"

小瞚眣：一决反，下血。

瞚眣，目光邪恶，叠韵诨语。《玉篇·目部》云："瞚：丁结切。瞚眣，恶貌。眣：火决切。瞚眣。"《切韵·屑韵》云："瞚：瞚眣"，音"丁结反"。"眣：瞚眣，恶视"，音"呼决反"。血是小韵字。二书音义全同。宋·吴处厚《青箱杂记》四："人之心相，外见于目……盱睢瞚眣者，恶性人也。"盱睢，张目仰视。《集韵·屑韵》云："眣：瞚眣，视恶貌。"案：注"一决反"的上字"一"误，据字书当作"丁"字。

泼水：音拨，又沛。

泼，以水散地，也不限于地。泼水口语，字义明晰。慧琳音义卷三十七："潑之：潘末反。《考声》云：'以水散地也。'《韵诠》从发从水作泼。《集训》云：'弃水也。'经作沛，亦通。"潑同泼。《集韵·末韵》云："泼潑：弃水也。或省。"《龙龛手镜·水部》云：

"潑：普活反。水潑。沛：古文。"P. 2054《十二时·食时辰》云：
"热油烧（浇），沸汤泼。"《敦煌变文集·伍子胥变文》云："摩灭
楚军，状□热汤拨雪。"皆其例。尤其"拨雪"与注"音拨"相合。
《广韵·末韵》潑、撥同音，是其证。

穿扣：音鹘，穿穴也。

扣，亦穿、掘的意思。注"穿穴也"所释甚明。《玉篇·手部》
云："扣：亦搰字，穿也。"又云："搰：胡没切。掘也。"《切韵·没
韵》云："扣：穿"，鹘是小韵字。《广雅·释诂三》云："搰、扣，穿
也。"王念孙疏证："扣者，《说文》：'搰：掘也。'《吴语》云：'狐埋
之而狐搰之。'《刘子·说符篇》云：'扣其谷而得其鈇。'扣与搰
同。"案：P. 3906，S. 6204 二卷无"穿穴也"三字，据 P. 2717 卷补。

手擒拉：之叶反，下腊。

擒字误。《玉篇·手部》云："拉：力答切。折也。《左氏传》
曰：'拉公干而杀之。'擒：同上。"《广韵·合韵》云："拉：折也，败
也，摧也。卢合切。摺：同上。擒：亦同。"擒乃是"拉"的异体字，
不能列在正文。此乃"摺"字之误。《玉篇·手部》又云："摺：力
合、之涉二切。败也，折也。""之涉切"与注"之叶切"同音，"败
也，折也"与"拉"字同义。摺与拉同义并列，正合《字宝》字组的
结构。后周·庾信《哀江南赋》云："硎阱摺拉，鹰鹯批攒。"摺拉，
毁折也；批攒，搏击也。

爩作：侯郭反。

爩字，《玉篇·火部》未收。《切韵·铎韵》云："爩：热爩"，
"胡郭反"。《龙龛手镜·火部》则云："胡郭反。热也。"未见
用例。

殟殜：一颎反，下怗。

殟殜，不重的病。《玉篇·歹部》云："殟：於劫切。殟殜，病。殗：同上。"《方言》卷二："殗殜，微也。宋卫之间曰殗，自关而西秦晋之间凡病而不甚曰殗殜。"郭璞注："病半卧半起也。"唐·陆龟蒙《幽居赋》云："时牵殗殜，自把渠疏。"清·胡文英《吴下方言考》卷十二释"殗殜"为"微病不能振之状"，并云："今谚谓病而不能大动者曰'殗殜'。"清·袁枚《祭妹文》云："后虽小差，犹尚殗殜。"据《方言》，此语本出于西北地区，后融入通语。《字宝》用"殟"而不用"殗"，究其原因，书序自称："余今讨穷《字统》，援引众书：《翰苑》、《玉篇》、数家《切韵》。纂成较量，辑成一卷。"所举《字统》、《翰苑》已佚，今存之《大广益会玉篇》和王仁昫《刊谬补缺切韵》皆以"殟"为正字，殗为异体。

眨眼：之甲反。

《说文·目部》无眨字。《玉篇·目部》云："眨：仄洽切。目动也。"《切韵·洽韵》云："眨：阻洽反。目动。"二书音义相同。玄应音义卷十一"常眨"条释云："庄狭反。目数开闭也。"唐·卢仝《月蚀》诗云："虚眨鬼眼明突窅。"突窅，孔穴貌。宋·张耒《寄杨应之》诗云："眨眼小儿夸谨厚。"眨与眨眼是一样的。

鞍毯毲：音越、诺。

义未详。既以鞍为首字，则后二字必与鞍相关。《说文·糸部》有绒字，云："采彰也。一曰车马裙。"段玉裁注："彰者，彣彰也。为五采彣彰可以缘饰之物也。"又云："一曰谓一名也。裙，各本作饰，今正。师古《汉书注》曰：'偏诸若今之织成，以为要襻及标领者也。古谓之车马裙，其上为乘车及骑从之象。'《急就篇注》曰：'緉，织采为之，一名车马饰。即今之织成也。'"字的从毛从糸，往往相通；而编织用材，亦可以是毛是丝。然而未见氀字，谨录以备考。

屆塞：之甲反。

屆，木楔，上尖下粗的竹木片，用以固定。《切韵・洽韵》云："屆：薄楔。"音"阻洽反"。《说文・木部》字作櫼，云："櫼：楔也。"段玉裁注："玄应书曰：'《说文》櫼，子林切。今江南言櫼，中国言屆，楔通语也。楔，侧洽切。'按子林切盖本《说文音隐》。今江浙语正作知林切，不作子林切。木工于凿枘相入处有不固，则斫木札楔入固之，谓之櫼。"屆塞并列是以"塞"作解释，隙缝中塞入加固之物谓之屆。

马行騳：楚甲反。

马奔行为騳。《玉篇・马部》云："騳：士洽切。騳騳，骤也。"《切韵・洽韵》亦云："騳：马骤"，音"士洽反"。未见用例。

插塞：之甲反。

插亦塞，二字并列义同。《玉篇・手部》云："插：初洽切。刺入也。"插塞与屆塞并列傍通，前者是动词，后者则是名词，是二字的差异所在。王仁昫《刊谬补缺切韵・洽韵》云："插：楚洽反。刺通。"而"屆：薄楔"，音"阻洽反"。读音略有不同。

憧慑：之叶反。

慑亦憧，二字并列义同。《玉篇・心部》云："慑：章陟切。怯也，惧也。""憧：之羊切。憧惶也。"《广韵・阳韵》云："憧：惧也。"《礼记・乐记》云："刚气不怒，柔气不慑。"汉・郑玄注："慑，

犹恐惧也。"《后汉书·班固传》云："猨狖失木，豺狼慑窜。"皆
其例。

趜趗：音麹、缩。

趜趗，躯体不能伸展。《切韵·屋韵》云："趗：趜趗，体不伸。
趜字，渠竹反"，音"所六反。"唐·玄应音义卷十三："鞠颏：渠六
反。按鞠谓聚敛也。字宜作趜，《通俗文》：'体不申谓之趜。'"趜
趗是叠韵诨语，音转义通则为"局促"、"局趣"。《史记·魏其武
安后列传》云："今日廷论，局趣效辕下驹"；为踚躅，《史记·淮阴
后列传》云："骐骥之踚躅，不如驽马之安步"；为踚蹐，《后汉书·
秦彭传》云："每于农月，亲度顷亩，分别肥墝，差为三品，各立文
簿，藏之乡县。于是奸吏踚蹐，无所容诈。"《玉篇·走部》云：
"趜：九六切。穷困也。"乃是"体不伸"义之引申。而释"趗：所留
切。欲跳貌"，则与"趜趗"义不相涉。《说文·走部》有趜而无
趗，云："趜：穷也。"段玉裁注："《广韵》曰：'趜：困人也'。"可证
"体不申"为其本义，而"穷"乃是引申义。《字宝》口语用字犹存
古义，此为一例。

语詟：之叶反。

詟、语詟，都是滔滔疾言的意思。《玉篇·言部》云："詟：章
叶切。言不止也。"《切韵·叶韵》云："詟：之涉反。多言。"二书
音义相同。朱骏声《说文通训定声》云："詟假借为誻。"《玉篇·
言部》："誻：徒答切。疾言也。"《切韵》所释同。疾言谓急言不
止。《说文·言部》云："誻：疾言也。"段玉裁注："《吴都赋》：'涩
誻溁漻，交贸相竞。'注引《仓颉篇》：'誻，言不止也。'"涩誻，言语
不止貌；溁漻，众相交错貌。

门㭼：皮碧反。

㭼，斗拱之一，又名㭼栌。《玉篇·木部》云："㭼：补各、弼戟二切。㭼栌，枅也。"说本《说文》，其木部云："㭼，㭼栌，柱上枅也。"又云："枅，屋㭼栌也。"二者实是一物，即柱上的方形横木之称名。故慧琳音义"栌㭼"条，释云："《说文》栌㭼，柱上枅也，《三苍》云柱上方木也。山东、江南皆曰枅。"宋·李诚《营造法式·大木作制度一·栱》云："栱，其名有六：一曰关，二曰楘，三曰㭼，四曰曲枅，五曰栾，六曰栱。"皆是立柱与横梁之间弓形的承重构件。今名斗拱。此云门㭼，则是门柱上的构件。

蹴踏：七育反。

蹴亦踏，蹴踏也就是践踏。《玉篇·足部》云："蹙：七六、子六二切。蹴踏也。蹴：同上。"《孟子·告子上》云："蹴尔而与之，乞人不屑也。"汉赵岐注："蹴，踏也，以足践踏与之。"唐·玄应音义卷八："蹴踏：千六反，下徒盍反。以足逆蹋之曰蹴。蹋，践也。"蹋、踏同。《敦煌变文集·庐山远公话》讲经云："若是吾（忤）逆之子，如何分免（娩），在其阿孃腹内，令母不安，蹴踏阿孃，无时暂歇。"同书《降魔变文》亦见用例，云："象乃徐徐动步，直入池中，蹴踏东西，回旋南北，已（以）鼻吸水，水便干枯。"

儿嘬口：恻末反。

嘬为大口吞食。《玉篇·口部》云："嘬：楚夬切。《礼记》曰：'无嘬炙。'嘬谓一举尽脔。"按今本《礼记·曲礼上》作："毋嘬炙。"汉·郑玄注："为其贪食甚也。嘬谓一举尽脔。"唐·孔颖达疏曰："并食之曰嘬，是贪食也。"众字书皆用此说。然而，"楚夬切"既与"恻末反"音不同，且非入声，按书例不能列在入声字中，当有新义。有说嘬口是小孩生气或吮吸时用力的动作。《汉语大字典·口部》释云:"吮吸。如小儿嗍奶",音"zuo"。可视为本义之引申。

飞趨起:居列反。

趨起,暴起;疾起。《玉篇·走部》云:"趨:起遏切。趑趨也。""趑:起逸切。趑趨,怒走。"《敦煌变文字义通释》释"弓硬力强箭又褐"之"褐":"本字应为'趨'。《庄子·逍遥游》云:"我决起而飞。"陆德明音义引李颐云:"疾貌。""决起而飞"与"飞趨起"类似。

人矻矻碌碌:上窟,下禄。

矻矻、碌碌都是辛劳的状态,都是借字。《玉篇·石部》云:"硈:口黠切。坚也。矻:同上。"又云:"碌,力木切。碌磟,多沙石。"《切韵·没韵》云:"矻:用力","苦骨反","窟"是小韵字。《汉书·王褒传》云:"故工人之用钝器也,劳筋苦骨,终日矻矻。"唐·颜师古注引应劭曰:"矻矻,劳极貌。"白居易《代书诗一百韵寄微之》云:"攻文朝矻矻,讲学夜孜孜。"明·方以智《通雅·释诂·重言》有云:"矻矻、仡仡,犹掆掆也,与汲汲、劫劫通转。"唐·王建《行见月》诗云:"箧中有帛仓有粟,岂向天涯走碌碌。"唐·牟融《游报本寺》诗云:"自笑微躯长碌碌,几时来此学无还。"

殗烂:于劫反。

殗,半卧半起之病。扬雄《方言》卷三:"殗,微也。宋卫之间曰殗,自关而西、秦晋之间凡病而不甚者曰殗殜。"郭璞注:"病半卧半起也。""殗殜"前文已作"殢殜"采入。此与烂字并列见义,当有所不同。前"上声字"中有"腐烂"一条,烂是朽、败的意思。

哕逆气：于废反。

逆气曰哕，此字组自释之例。《玉篇·口部》云："哕：火外切。鸟鸣也。又于月切。逆气也。"后者正与此同。《切韵·月韵》亦云："哕：乙劣反。气逆。"《说文·口部》云："哕：气牾也。"段玉裁注："牾，逆也。《通俗文》曰：'气逆曰哕。'《内则》曰：'不敢哕噫。'《灵枢经》说六府气，胃为气逆哕。"其实，它只是象声字。《正字通·口部》云："又方书有物无声曰吐，有声无物曰哕，有物有声曰呕。"故《灵枢经·胀论》云："脾胀者善哕。"

轻蔑：米列反。

蔑，轻视、轻侮的意思。《玉篇·苜部》云："蔑：莫结反。劳目无睛。"《切韵·屑韵》云："蔑：莫结反。懱：轻懱。"蔑，则是借字。《文选·沈约〈奏弹王源〉》有云："蔑祖辱亲，于事为甚。"李善注："《说文》：'懱：轻易也。'蔑与懱，古字同。"据《切韵》所载，则"轻蔑"已成双音词。

喘喋喋：一颊反。

喘，喘气；喋喋，则是喘气声，象声词。《玉篇·口部》云："喋：丈甲切。鸭唼食。又徒叶切。便语。"《切韵·帖韵》云："喋：便语"，音"徒协反"。音义皆不合。案：喋字，字书无"一颊反"之音，《广韵·叶韵》枼字音"与涉切"，与此相近。喋字从口枼声注音作"一颊反"，殆口语俗字。

雨霎霎：所甲反。

霎霎，雨声，是象声词，也用作名词，指"雨"。《玉篇·雨部》云："霎：子洽、所洽二切。霅霎"；"霅，丑涉切。霅霎，小雨"。

《切韵·叶韵》则云:"霎:小雨","所洽反"。唐·皮日休《添鱼具诗·背篷》云:"侬家背篷样,似个大龟甲。雨中蹋踖时,一向听霎霎。"又《太湖诗·其四·雨中游包山精舍》诗云:"霎霎林上雨,隐隐湖中电。"唐·韩偓《夏夜》诗云:"猛风飘电黑云生,霎霎高林簇雨声。"

军纛:音毒。

军纛是古时军中的大旗。《玉篇·系部》云:"纛:徒到切。羽葆幢也。"唐·许浑《中秋夕寄大梁刘尚书》诗云:"柳营出号风生纛,莲幕题诗月上楼。"《敦煌变文集·伍子胥变文》云:"遂即兴兵百万,緸毒(旗纛)敌(蔽)日。"又《宋史·岳飞传》云:"(岳)飞独引所部鏖战,夺其纛而舞。"按《玉篇》纛字读阴声,而《字宝》以入声字注音,并列入入声字组。敦煌变文亦以入声字作注。

论敦煌本《字宝》

　　《字宝》是一本很有价值的唐代民间字书。早佚无闻,《旧唐书·经籍志》与《新唐书·艺文志》都不曾著录。20世纪初,敦煌遗书发现于千里戈壁,二三十年代,中华学者远涉重洋,将被劫遗书抄回刊布。《字宝》终于重为人知,列为敦煌文献之珍品。1924年冬出版的《沙州文录补遗》收有它的 S.6204 卷残序录文。1925年问世的《敦煌掇琐》则有 P.2717 卷的完整录文。1955年印行的《瀛涯敦煌韵辑》又有 P.2717 卷另一完整录文,此录文又见于1990年版《瀛涯敦煌韵书卷子考释》。1988年编印的论文集《敦煌语言文学研究》,其中《敦煌唐本字书叙录》一文录有 P.2058 卷序文。足见学者关注之殷,用力之勤。由于迄今为止已刊布的录文中,只有 P.2717 的录文是完整的,S.6204 与 P.2058 二卷都止录了序文。因而,六十多年来,P.2717 卷录文几乎成为《字宝》的唯一文本,为学界研读和引用,以至连抄录者误拟的书名"字宝碎金"也沿用不疑。这不符合敦煌文献的实际情况。按:今查敦煌写卷《字宝》有五种,即:S.619、S.6204、P.2058、P.2717 和 P.3906。不但可以填补 P.2717 卷之残脱,而且还能证明它不是原本。其中 S.6204、P.3906 二卷的词条比 P.2717 卷多五分之一。当务之急是弄清《字宝》的本来面貌,依据上述五种写卷,搜集有关材料,我做了一番返本还源的整理工作,得到以下几个方面的认识。

一、书名是《字宝》或《碎金》，不是《字宝碎金》

《字宝碎金》之名自《敦煌掇琐》首拟以来，广泛沿用至今。影响极大的《敦煌遗书总目索引》尚且依用不疑，国外更是如此。非正名不可，事实是：

1. 所有写卷都不见《字宝碎金》之名。其中二卷书题犹存：S.619卷作"白家碎金一卷"（《总目索引》误"白"成"百"）；P.2058卷首行题"大唐进士白居易千金字图"，次行题"郑氏字宝"，小注云："千金亦曰碎金"，可为书名是《字宝》或《碎金》之明证。

2. S.619、S.6204、P.3906三卷均有《赞〈碎金〉》诗。诗云："墨宝三千三百余"、"满卷玲珑实碎金"、"要来一字一碎金"。可以助证书名之为《字宝》或《碎金》。

3.《字宝碎金》之拟名缺乏根据。《掇琐》所录之P.2717卷，首残无书题。其拟名当是依据残序之言。序有两处述及书名：一云："号曰字宝，有若碎金"；一云："谓之碎金。"原其旨意，以比喻取名。"字宝"与"碎金"含义相同，才有"号曰字宝"、"谓之碎金"之说。却不见"字宝碎金"之名。

4.《沙州文录补遗》称S.6204卷残序为《字宝序》是正确的，可惜影响不广。《敦煌唐本字书叙录》以P.2058卷为根据，将有关写卷一概名为《字宝》，更是对"字宝碎金"拟名的有力纠正。还可补充的是又名《碎金》。P.2058卷先题《碎金》，次行题《字宝》，就是很好的例证。

总之，书名是《字宝》或《碎金》，《字宝碎金》之名应当订正。

二、今存诸卷述评

今存写卷计五种：S. 619、S. 6204、P. 2058、P. 2717 和 P. 3906。《总目索引》还著有"S. 6189 字宝碎金"一种，不是《字宝》写卷，下详。五种写卷情状如下：

P. 2717 卷。乌丝栏，卷首残，序存后三分之一。词语按平上去入四声编次，分为四部分。每部分列上下二排，书写整齐，诸卷中书法最佳。"平声字"起"肥臕体"，至"又劕"止，共 83 条；"上声字"起"物牁"，至"伞盖"止，共 101 条；"去声字"起"人谰獠"，至"睥睨"止，共 63 条；"入声字"起"毛毹毯"，至"雨霎霎"止，共 105 条。四声字总计 352 条，并有注音，极少释义。注音兼用反切和直音。写卷有误字、漏字，尤其是脱漏不少词语。

S. 619 卷。先是《赞〈碎金〉》诗 4 首，次为谷校书诗等八行杂写，而后是书题"白家碎金一卷"。词条无"平声字"、"上声字"等标目，连书不断。每声字似先抄 P. 2717 卷本之上排，再接抄其下排，二卷比观，可以见《字宝》书写款式的原貌。首起"肥臕体"，至"蜻蜓"为平声字，共 99 条；下接"物牁喉咙"，至"腐烂"为上声字，共 109 条；下接"人谰獠"至"打诨人"而残，当是去声字，存 28 条。三声总计 236 条。并有注音，极少释义。注有"同上"字样，非《字宝》书例。字与词条都有脱漏和增加的情况。"人姦谰"下注"乖讹"二字，尤为明显。按 P. 2717 卷注作"音乖"，P. 2508、P. 3906 和 S. 6204 三卷注作一"乖"字。"讹"当是 S. 619 卷新增的批语，所以，又增"奸宄"一条，注云"上同"。

P. 3906。无书题，序全。标目字"平声"和"上声字"各占一行，而"去声字"和"入声字"插在词条之间。"平声"起"肥臕体"至"又劕"，共 104 条，分上中下三排，次序同 P. 2717 卷。"上声字"起"物餉塞"至"伞盖",共 106 条,其第九行起改为上下四排。"去声字"起"人谰谬"至"顶颟",共 105 条,作上下四排。"入声字"起"毛毡毯"至"面酢皱",共 106 条,亦作上下四排。四声总计 421 条。诸卷中,词条最多,四声字词条数最为均匀,最近"墨宝三千三百余"之数目。并有注音,极少释义。卷尾有《赞〈碎金〉》诗 4 首,诗后题记作"天福柒年壬寅岁肆月贰拾日使 院学郎郑惠卿书"。当是公元 942 年抄。注有"同上"字样,卷多误字,词条有误增。如末条"面酢皱",无注,非入声字却归在入声字类。

S. 6204 卷。卷首残,序存后 13 行,其第一行存"问皆"二字。标目字独占一行。"平声"起"肥膹体"至"又剒"止,共 103 条,作上下二排,下同。"上声字"起"物体餉塞"至"伞盖"止,共 103 条。"去声字"起"人谰谬"至"顶颟"止,共 104 条。"入声字"起"毛毡毯"至"面酢皱"止,共 107 条。四声总计 417 条。卷尾有《赞〈碎金〉》诗 4 首,诗后题记作"壬申年正月十一日僧智贞记"。当是公元 912 年所抄。情状极像 P. 3906 卷,甚至一些讹误也相同。

P. 2058 卷。首行是书题,作"大唐进士白居易千金字图 次郑氏字图"。次行作"郑氏字宝"和六小字注"千金亦曰碎金"。第三行起是完整的序文,行间偶有改正字。标目字不独占一行,与词条连书不断。"平声"起"肥膹体"至"又剒"止,共 106 条;"上声字"起"物餉塞"至"伞盖"止,共 103 条;"去声字"起"人谰谬"至"顶颟"止,共 31 条;"入声字"起"毛毡毯"至"齐矗矗"止,共 77 条,后接去声词语 7 条。四声总计 324 条。并有音注,极少释义。优点是有书题和完整序文。然而,词条脱漏甚多,且注有"同前"字样,与 P. 3906、S. 6204 二卷相类,均非《字宝》书例。此外,还有合二条成一条、注文小字误成正文大字等现象。

综勘五卷,所得启示如下:

1. 五卷异同明显,足见皆非原本。续举数例,如第一条词语,五卷均误。

应作:肥臕体_{笔苗反又傩}。

P. 2717 卷:肥腜体_{笔苗反肥虔反又□}。

S. 619 卷:肥腜体_{笔苗反肥虔反又傀}。

P. 3906 卷:肥腜体_{笔苗反又傀}。

S. 6204 卷:肥腜体_{笔苗反又傀}。

P. 2058 卷:肥腜体_{笔苗反又傀}。

按:"臕"亦"肥",《广韵·宵韵》:"臕,脂臕肥貌。"此唐人习语,白居易《寄小尹》诗作"肥瓠躯","谁谓具圣体,不如肥瓠躯"。作"腜",讹。因误为"腜",故又增出"肥虔反"之衍文。"傀"是"傩"之误,傩,臕同音,假借为用。

又"缳马_{音兖}"条。

P. 2717、P. 3906、S. 6204、P. 2058 四卷误"缳"为"缭",至不可释。按《玉篇·京部》:"缳,以畏绳系牛马放之",可据正。S. 619 卷注作"吉远反",注音又误。

2. 依凭众卷,整理排比,存真去讹,能得出接近原著的词条、字数以及行款的文本。P. 2058、S. 619 二卷存书题。P. 2058、P. 3906二卷存全序。P. 2717、S. 6204 二卷存原著的排列。P. 3906、S. 6204 二卷存接近原书的词条和字数。

3. 以往录文于刊布《字宝》,功不可设。经与缩微胶卷对校,发现仍有一定数量的失误。今天研究和引用,这两方面,都要注意。

4.《总目索引》云:"S. 6189 字宝碎金"、"说明:只存不明、不禁等五辞"。为证其不是《字宝》,抄录如下:

又直志反或也非用误用发_{上蒲别反}不禁_{音□}力不加也

巩同行江反又苦含徒古二反非也栟触上宅庚反窓牖音西泄洩□同私

词语均不见于《字宝》诸卷，"非用、误"、"非也"等语亦不是《字宝》书例。其实，仅以词条四声错杂，就能否定其为《字宝》抄卷。

三、成书年代探究

《字宝》成书，史无明文，诸写卷又不载写作年月，今据有限资料，作一探究。

1.《字宝·序》云："余今讨穷《字统》，援引众书，《翰苑》、《玉篇》、数家《切韵》，纂成较量，辑成一卷。"提到四种书中，以《翰苑》最晚。《新唐书·艺文志》有"张楚金《翰苑》七卷"。但是，不见于《旧唐书·经籍志》，而张楚金，又史无传文。《新唐书》将书列在"温庭筠《学海》"之后与"皮氏（日休）《鹿门家钞》"之前，据此推测，其人其书约出现在公元9世纪中叶。

2.《字宝》以四声为序，与唐代字样书有关，从一定意义上说，《字宝》是口语词字样书。唐大历十一年（776），张参撰《五经文字》，云："近代字样，多依四声。"按：最早字样为颜师古之《颜氏字样》，本无条贯。继起为郎知年《正名要录》（S.388卷），未有改善。至颜元孙《干禄字书》，始见"以平上去入四声为次"之说。并称"遂参校是非，较量同异……勒成一卷"，与《字宝》"纂成较量，辑成一卷"，十分类似。据此可推断为唐代中晚期之作。

3.《字宝》倡导语言文字必须大众化。宣称："今天下士庶同流，庸贤杂处，语论相接，十之七八，声皆已协俗"，"余思济众为大，罔以饰洁为美"。终于编成这本"协俗"、"济众"的俗字书。唐初不会出现如此进步的语言学观点，著名学者颜师古作《匡谬正俗》，便是证明。《干禄字书》才"具言俗通正三体"，时已8世纪初。其俗通二体字往往亦见于《字宝》。王仁昫对《切韵》刊谬补缺,旨在"济俗救凡",书成于公元 706 年。于是韵书开始大量收录俗字,但是,位居附庸,不是正统。到《字宝》以口语为重,还得有一段发展过程。所以,从学术思想看,亦宜在 9 世纪中叶。

4. P. 2058 卷书题有"大唐进士白居易"七字,《赞〈碎金〉》诗,有题"白侍郎"作。按:今白集无此诗,真伪不能遽定。但是,白居易名声远播,托名也有可能。无论托名与否,其诗之作都应在白居易任侍郎以后。白居易贞元十六年(800)进士,太和二年(828)任刑部侍郎。故将写《赞〈碎金〉》诗的时间定为 9 世纪中叶以后。

5. 所收语词,多见于白居易诗。如:

相偯倚_{乌皆反}又挨。

《岁除对酒》诗云:"醉依_{乌皆反}香枕卧。慵傍暖炉眠。""依"即"偯",今通用"挨"。挨,《广韵·皆韵》"击也",无依靠义。故白居易借字用之,自注音以正其读。

马跙蹄_阻。

《朱藤谣》:"登高山兮车倒轮摧,渡水号马跙蹄开。"又作"马蹄跙",《和三月三十日四十韵》:"行多马蹄跙。"

年周晬_{则外反}。

《金銮子晬日》诗:"行年欲四十。有女曰金銮。生来始周岁。学坐未能言。"

综上推论,《字宝》成书当在公元 9 世纪中叶以后。P. 3906 卷抄于公元 942 年,S. 6204 卷抄于公元 912 年(皆据题记)。余三卷 S. 619、P. 2058、P. 2717,缺乏佐证,未能确定。

四、《字宝》书例

书例对于引用《字宝》和恢复《字宝》原貌都是不可缺少的。今据序文和书的实际情况,归纳如下:

1. 收语词例,序言"凡人之运□动足,皆有名目,言常在口,字难得知。是以兆人之用,每妨下笔"、"辑成一卷。虽未尽天下之物名,亦粗济含毫之滞思"。420 余条,皆正统字书所不载之唐时口语。内有名词 64 条,动词 217 条,形容词 124 条,三类词总 405 条,全书"尽天下之物名"或曰"名目",都是实词。词条常以首字表明义类,如"人"为首字有 68 条,"手"有 20 条,"心"有 7 条,"面"、"身"、"眼"诸字有 119 条。

2. 收字例。《字宝》以收"不在经传史籍之内,闻于万人理论之言"为宗旨,取字都有凭据,序所谓"援引众书"、"纂成较量"是也。特点在于以音取字,即用规范字记录口语,是它取字的重要原则。用它自己的话说,是"取音之字,注引假借"。

3. 词条以四声为次。据注音字之声调编成平上去入四部分。如:"人胈臊音冒燥"归"去声字","人魊魖音麦角反丑角反"归"入声字"。词条注有二音以上,据第一音归,如"硗确苦交反口角反"归"平声字"。但是,一声调内,缺乏系统,既不像《干禄字书》之按韵部,也不似《五经文字》之分部首。

4. 傍通例。即一声调内、音义相通的词条编成一组,并列出现。序云"今分为四声,傍通列之如左",即是此意。(P. 2058 卷序文的标点录文此句作"今分为四声傍通,列之如左",不妥。)如:

鼓声鼟鼟徒红反

鼓声鼟鼟徒楞反

　　鼓 声 辥辥步蒙反

三条并列，义同音通，不是双声，便是叠韵。

　　觊觎音既逾

　　人渝滥音逾勒暗反

　　贸鬻音育

三条并列，全凭音通。觎、渝，并音逾。鬻音育，本入声字，今归在去声字，与前二条并列，意为傍通。育亦音逾，此口语入声消变之证。《字宝》所记颇为珍贵，但是，读其书非明其例不可。《掇琐》不明此例，任意改变排列，造成失误。傍通有音通、义通和音义并通三种，上二例一为音义并通，一为音通。

　　5. 又字例。"注引假借"，也可称之为借字例。即在注文之后出一"又"字，随之而来是借字或异体，它与注文前之正文能够比照见义，所以，具有释义功能。如："相俖乌皆反又挨"，"肥膭体笔苗反又㒰"为借字；"筋哈物音饥又剸"为异体。全书共 17 见。

　　6. 注音例。按字注音，主要用反切，也用直音。偶用"音"字开头。注有二音或更多，往往用"上"、"下"字，以表示此系上字音，彼为下字音。抄手不察，有的写卷常与又字例混淆。如 P.2717卷之"草鞥茇公罕反下钵"，其"下钵"二字是直音，应作小字入注文。"驴趔赵乃的反下歧"之"下歧"亦应作小字入注文。"扒撖莫八反下截"之"下"则是"又"字之误。此外，傍通例、又字例也有注音功能。

　　7. 释义例。《字宝》释义极少而简，总计不超过 10 条。其词义凭读音得知，口头俗语，听音便悉，难在不能认读。《字宝》多注音而不释义，正是口语词书的特色。但是，时有古今，语有转移，千余年后的今天，却成了疑难。这也是《字宝》写卷发现后迄今未见彻底整理和充分利用的主要因素之一。然而，细细分析，还是有一些规则可寻。

①首字明义类(也有尾字明义类的)。如:"心崎岖"之"心",表示此"崎岖"不指表示地貌的原义,而取比喻义。"肥尵尵"之"肥",表示此"尵尵"状肥,而不指病。与之并列之"肥臕体"构成傍通,可以助证取肥的意思。而"肥臕体"又正是尾字明义类的例字。《字宝》词条大都采取词组甚至句子的形式,首字明义颇见功效。

②同义词或同义词素并列见义(单字是词还是词素,因无用例,难以分清)。并列二者必有一个是常见的,因而对另一个有释义作用。如:"胭项音燕",通过"项"可以知"胭";"箹挎夹音饥又剿",通过"夹"可以知"挎"等。更有异名并列成条的一体,释义之效用更为显著。如"人拄杖拐子",慧琳《一切经音义》卷六十"拐行"、"乖买反,上声俗字也。即老人把头杖,名为拐子……一切字书并无此字"。变文用"拄杖"而不用"拐子",如《八相变》。又如"年周晬则外反",年周曰晬,王仁昫《刊谬补缺切韵·认韵》:"晬,子对反,周年也。""哕逆气于厥反",S. 2071笺注本《切韵·月韵》:"哕,逆气。乙劣反。""㘑面地莫北反",《庐山远公话》:"举身自扑匐面在地","匐"即"㘑"。

此外,又字例、傍通例也具释义功能。综合考察,《字宝》虽然少释义又无例句,仍能明了各词条的词义。但是,如能为之增注语例,并以《玉篇》《切韵》等被辑录的书加以疏证,当能彻底发掘它的内涵和充分发挥其为唐人自著的唐口语词书的作用。

但是,按上述书例观《字宝》诸卷,尚有出格之处。一曰应傍通而不并列。如"汗霢霖"、"汗濊泧"二条,属音义并通,却相隔14条之远,各处无可与之傍通之地。二曰又字例却分作二条。如"俵散悲庙反"、"又作攦悲庙反"二条并列出现,"人噐虚虚娇反"、"又哓嘘虚腰反"二条并列出现,甚者有"腌肉一劫反"、"又湿浥一劫反"二条并列出现，腌、浥同音，显系衍文，据又字例应合为一条，作"腌肉—劫反又浥"。三曰归部错乱。如"人㘅嗽即焰反即逾反"，二字皆去声，词条却归在平声；"人鼾睡音汗"，音去声，却归在上声。四曰重出。如去声字兼收"蹭蹬"和"陵蹭蹬"，上声收"物碎踈"条，入声又收"磢踈"。因知《字宝》不是完全成熟之作。"矿磺古猛反"，以异体字组成词条正文，止此一处，显属违例。而"人醨贵即要反改醮"之"改醮"二字存修改痕。

五、《字宝》的价值

仅以语言论。

1.提倡语言文字大众化。首先，作者认定唐代交际已是俗语天下。"今天下士庶同流，庸贤杂处，语论相接，十之七八，声皆以协俗。"在正统学者的论著中，很难看到这样文字。其次，作者认为不识俗字便是大错，把俗字提到正字一样的地位。"既俗字而不识，则言话之讹诐矣。"再次，作者认为俗字要规范。《字宝》用字取自正统字书："余今讨穷《字统》，援引众书，《翰苑》《玉篇》，数家《切韵》，纂成较量，辑成一卷。"尽量使俗字和字书协调，创造了依靠假借，从字书取字，使传统文字为口语服务的原则。

2.它是一部唐人自编的唐口语词典，是研读古文献，尤其是变文等通俗作品的工具，也是汉语词汇史，尤其是白话词语兴起的重要史料。如："貌哨"，《王梵志诗校释·吾富有钱时》："邂逅暂时贫，看吾即貌哨。"注："唐代口语，指脸色难看。"《敦煌文学作品选》经改为"貌诮"，注："诮，原作'哨'，当是'诮'之讹字。貌诮即'面嘲'。"二说皆有望文生义之嫌。此即《字宝》之"人魊魖音臾色臾反"，又作"魑魖"，《赞〈碎金〉》诗云"晓眉歌开白居易，飚咆卢郎敢宯人"，当是急躁烦恼之意，是叠韵联绵字。《唐语林·文学》有"氀毻"，曰："不捷而醉饱，谓之打氀毻。"不捷指落第，氀毻意为烦恼。变文作"冒慄"，见《降魔变文》："是日六师渐冒憯，忿恨罔知无□控。""憯"系"慄"之俗写。

3. 存唐口语方音，补传统音韵学所缺。《字宝》所据书中，《玉篇》今存残卷，有二千余音，近《切韵》；《切韵》今存敦煌写卷数种，而且还可参用《广韵》。《字宝》注音不同于诸书者，可视为当时口语。按声、调、韵分述如下：

端母与泥母相混。如："拈挦及兼反又战量"，《广韵·添韵》作"丁兼切"；"手垂𤟤乃我反"，S. 2071 笺注本《切韵·哿韵》作"丁可反"，"挦叠乃卧反"，《广韵·过韵》作"都果切"。

浊音清化，表现在注音中以韵书清、浊音字互注。如："趏集音鸠"，《广韵·尤韵》：趏，"巨鸠切"，浊音；鸠，"居求切"，清音；"口呷歠户甲反尺悦反"，S. 2071 笺注本《切韵·押韵》："呷，呼甲反"，清音，而"户甲反"为浊音。

浊上变去声。如："去声字"之"人愚戆知项反"条，反切下字是浊上字；"卖不售音受"条，"受"是浊上字，"火𤆍音谢"条，"𤆍"是浊上字；"人跁跒蒲下反口下反"条，跁，浊上字。

邻韵往往相通，显露并合之兆。《切韵》邻韵之字，《字宝》常互为注音。有支脂微齐四韵字相注者，如"筋搋夹音饥"，韵书搋属支韵，饥属脂韵；佳、皆二韵，灰、咍二韵相注者，如"朋侪音柴"；覃、谈二韵相注者，如"贪婪音兰"；屋、沃二韵相注者，如"潲涾斛速"、"酒沃酻音屋"等等。与《广韵》之"同用"以及并 206 韵为 106 韵是同一趋势。

西北方音之韵。如"齿龅齵龅下五交反"，《广韵·侯韵》齵"吾钩切"，而"五交反"属肴韵，与变文借"透"为"跳"相似。又如"齿齭音使"，《广韵·虞韵》齭"初举切"，《止韵》使"疎士切"，与变文用韵之遇摄与止摄相通现象如出一辙。

入声消失之朕兆。表现为入声与阴声互注。如："人獗头_{居靴反}"，"手㧒摩_{尺染反一赖反}"，都以阴声反切注入声字之音。"车䡾鞊_{希连反之逸反}"又以入声反切注阴声字之音。

唇音韵尾［－m］与［－n］、［－ŋ］钻相乱，意味此种韵尾趋于消失。三种韵尾字常互注，如"钻钉_{则暗反}"，"驴骏膝_{力禁反}"，钻是［－n］韵尾，骏是［－ŋ］韵尾，反切下字暗和禁都是［－m］韵尾。

从中古音发展到今音，大略说来是：浊音消失、浊上变去、［－m］韵尾消失、入派三声和韵部全面合并，几乎都能从《字宝》注音中看到端倪。

4. 保存了唐俗字，可补现存字书。如"人偓倚_{乌皆反又挨}"之偓；"人瞠眼"，P.2058卷作"人瞎眼"，《集韵》多收俗字，于此字备载五体：瞠、盯、愰、睙、睆，仍然不见"瞎"字。"水瀤洗"之"瀤"，即今之"涮"字，亦不见于诸字书。

5. 可借以校勘变文等文献。首先是校正误字。如：

《燕子赋》"把腰即㧎"。校记："丁卷'㧎'作'揖'……，作'揖'释为'搊'，作'搊'较佳。"《字宝》有"手㧎拽"条，"㧎"、"把"都是"扭"的俗写，应定为"扭"字。

《维摩诘经讲经文》："既有秀黄貌。"《字宝》有"草蔫萎"条，"秀黄"是"委黄"之误。"委"通"萎"。

《无常经讲经文》："有钱财，不布施，更拟贪监（婪）于自己。"《字宝》"贪婪_{音蓝}"，因"监"为"蓝"之误。

《太子成道经变文》："非外道不能出褕（谲）诈之言。"《字宝》"矫诈_{居天反}"，因知"褕"即是"矫"字。

其次是明借字。《孟姜女变文》："姜氏自㩴哭黄天，只恨丈夫亡太早。"《敦煌变文字义通释》释"㩴"为"撲"，写道："就是撲，同音假借，投掷的意思。"见了《字宝》，知此释未妥。其入声字收"言謞暴_{侯角反}"，謞暴，《汉书》作呼暍，《史记》作呼吸，其《魏其武安侯列传》云："其春，武安侯病，专呼吸谢罪。"三者一声之转。晋灼曰："服音煦。关西俗谓得杖呼及小儿啼呼为呼煦"，见《汉书·田蚡传》。它是谇语，义为大呼自冤，系关西俗言。单言曰暴，本作暍。王仁昫《刊谬补缺切韵·觉韵》："暴，謞暴"，"蒲角反"。"雹"是小韵字。《原本玉篇残卷·言部》："暍，蒲卓反。《说文》：大呼也，自冤也。野击案：《汉书》'韩舍人不胜痛呼暍'是也。"正与《孟姜女变文》所用相合，其作"雹"，借字也。

不仅于变文，并且于其他古籍也有类似价值。如《广韵校本·先韵》校"胭，胭项"为"胭，胭脂"。按《字宝》有"胭项音燕"，可证作"胭项"不误。变文《孔子项讬相问书》二见："鸿鹤能鸣者缘咽项长"、"暇蟆能鸣，岂缘咽项长"。咽项即胭项，已构成双音词。玄应《一切经音义》卷三十一："㒵胭：又作咽，同。一千反。胭，喉也。北人名颈为胭。"此双音词为同义合成，《广韵》此释具有以双音词释单字，采用口语释义的特色。又如：王仁昫《刊谬补缺切韵·歌韵》"趏，趏疾"，而《切韵》残卷作"趏，趏病"，未定孰是。《字宝》恰有"趏利音莎"一条，可证王仁昫是。疾、利同义，因形义皆近，误疾为病。又如《文选·司马相如〈上林赋〉》："颓杳眇而无见，仰攀橑而扪天。"李善注："橑音老。"师古《汉书》注："橑，椽也……仰攀其椽可以摸天也。"《初学记》卷二"虹蚬"条引此二句，"橑"作"擦"。《字宝》有"手揩擦_{七葛反}"，"擦"亦"揩"也。"擦"即"擦"，"攀"、"擦"连用，切合"扪天"之意，且与上句"杳眇"构成工对。

（原载《敦煌研究》1993 年第 2 期）

敦煌俗文学中所见的唐五代西北音韵类
（导言）

　　1899 年敦煌藏书的发现,轰动了学术界,其中也促发了唐五代西北方音研究的兴起。1923 年钢和泰(A. von Staël-Holstein)捷足先登,发表了《音译梵书和中国古音》,伯希和(P. Pelliot)、马伯乐(H. Maspéro)、羽田亨、财津桃溪等人接踵而来,趋之若鹜。国内以汪荣宝、罗常培等人最先奋起,特别是罗常培,他以宏大的气魄,在 1933 年完成了"集大成"的研究,所著《唐五代西北方音》"穷源竟委地利用这一批可靠的材料。把它所代表的方音系统给拟测出来"(《唐五代西北方音·自序》),受到了学术界的推崇和广泛引用。

　　然而,此书只就汉藏对音取材。即以汉藏对音而论,当时就失漏了二类十件(见该书重版的周达甫《附志》)。更值得注意的是没有涉及敦煌俗文学中用韵、通假等语音材料。虽然著者蓄意增补,但是,由于疾病作梗,终成遗愿。所谓"著者生前久欲增订再版,但因病未能着手"云云(1961 年版的《出版说明》)。

　　敦煌俗文学在音韵学上的重要价值,日益受到专家学者的重视,只是,至今还缺乏系统整理和分析。王力认为:唐代变文是"汉语史的极端宝贵的材料","《切韵》以后,虽然有了韵书,但是韵书由于拘守传统,并不像韵文(特别是俗文学)那样,正确地反映当代的韵母系统"①。《敦煌曲子词集》的编者王重民认为：曲子词"在我国古典文学作品方面和在汉语言方面，都有很高的价值"（《再版叙例》）。任二北在《敦煌曲校录》中往往具体指出西北方音的用韵和用字，在词学研究中别开生面。通过韵文用韵，研究当时的韵母系统，是我国音韵学的传统方法，《诗经》、《楚辞》用韵研究迄今是构拟上古音的基础，这已经是音韵学的共识。与《诗》、《骚》相比，敦煌文学因为"俗"，更接近当时的口语，它是研究古代口语和方音的极为珍贵的材料。如"打"字，宋欧阳修云："今世俗言语之讹而举世君子小人皆同其谬者，惟打字尔打丁雅反。其义本谓考击，故人相殴、以物相击皆谓之打，而工造金银器亦谓之打，可矣，盖有槌—作挝击之义也。至于造舟车者曰打船打车，网鱼曰打鱼，汲水曰打水，役夫饷饭曰打饭，兵士给衣粮曰打衣粮，从者执伞曰打伞，以糊粘纸曰打粘，以丈尺量地曰打量，举手试眼之昏明曰打试，至于名儒硕学，语皆如此，触事皆谓之打，而遍检字书，了无此字丁雅反者。其义主考击之打，自音谪疑当作滴耿。以字学言之，打字从手从丁，丁又击物之声，故音谪耿为是。不知因何转为丁雅也。"②查《广韵》、《集韵》以及诸唐抄本《切韵》和玄应《一切经音义》等，都没有"丁雅切"之音。这种新音读起于何时？变文提供了史证。《燕子赋》云："但雀儿只缘脑子避难，暂时留（连）燕舍。既见空闲，暂歇解卸。燕子到来，即欲向前词谢，不悉事由，望风恶骂。父子团头，牵及上下。忿不思难，即便相打……"③看韵读，明显是"丁雅切"之音。王力在《汉语史稿》中指出白居易《琵琶行》的"老大嫁作商人妇"的

---

① 见《汉语史稿》（修订本），上册，科学出版社 1957 年版，第 24、21 页。

② 《归田录》卷二，《四部丛刊》本，第 995 页下。

③ 《敦煌变文集），人民文学出版社 1957 年版，第 252 页。书中引用该书较多，后文凡引此书均只随文注出页码。

"妇"，与"住、部、妒、数、污、度、故、去"押韵，"特别值得注意的""依传统的诗韵来说，无论如何，'妇'字不应和'住、数'等字押韵，可见中唐'妇'字的读音已经接近现代的读音了"。① "打"字音义与"妇"字正同。它们证明唐时读音已同今音，从而使我们能够把现代汉语语音追溯到唐代，说明变文所用的口语的确与韵书不同。变文"妇"也多同此读，如《丑女缘起》："不要称怨道苦，早晚得这个新妇。虽则容貌不强，且是国王之女。"（793 页）

根据个人几年来的考察，敦煌文学的用韵、通假大都与《唐五代西北方音》的论述相合，二者可以互相印证，但是也有不少重大的差异。如《苏莫遮》词：

聪明儿。禀天性。莫把潘安。才貌相比并。弓马学来阵上骋。似虎入丘山。勇猛应难比。善能歌。打难令。正是聪明。处处皆通顺。久后策。应决定。马上盘枪。辅佐当今帝。（△表示韵字）②

《敦煌曲校录》认为《苏莫遮》的叶韵很特殊："依罗常培《唐五代西北方音》以'清'注'齐'例，'比'与'并'、'帝'与'定'均可互注。全词叶韵之中，既有两组韵字如此相叶，当与单组偶然者不同，故此词可以认为方音叶韵中最健全之例。"③《唐五代西北方音》的以"清"注"齐"例，说的是梗摄可并于齐摄，但是，词的上片尾韵"比"是止摄字，与以"清"注"齐"例不相干。它作为上片尾韵，倒是与下片尾韵"帝"，组成止齐通押。相似的通押还见于《谒金门》词：

---

① 王力：《汉语史稿》（修订本），上册，第 22 页。
② 本文引用的曲子词均据《敦煌曲子词集》。
③ 任二北：《敦煌曲校录》，上海文艺联合出版社 1955 年版，第 70 页。

仙境美。满洞桃花绿水。宝殿秦楼霞阁翠。缘殊常挂
体。闷即天官游戏。满酌琼浆任醉。谁美浮生荣与贵。临
回看即是。

全词八韵,"戏"属支韵,"美"、"翠"、"水"、"醉"属脂韵,"贵"属
微韵,"体"属齐韵(以平赅上、去,下同)。另一首《苏莫遮》词:

大圣堂。非凡地。左右盘龙唯有台相倚。岭岫嵯峨朝
雾起。花木芬芳。菩萨多灵异。面慈悲。心欢喜。西国神
僧远远来瞻礼。瑞彩时时岩下起。福祚当今。万古千秋岁。

"岁"属祭韵,其余韵字都属止摄。又如《王昭君变文》:

传闻(突厥)本同戚,每唤昭(君)作贵妃。

呼名更号烟脂氏,犹恐他嫌礼度微。

牙官少有三公子,首领多饶五品绯。

屯下既称张羶幕,临时必请定门旗。

捶钟击鼓千军嗷,叩角吹螺九姓围,

瀚海上由鸣夏夏,阴山的是振危危。

樽前校尉歌杨柳,坐上将军无乐辉(舞落晖)。

乍到未(娴)胡地法,初来且着汉家衣。

冬天野马从他瘦,夏月犎牛任意肥。

边云忽然闻此曲,令妾愁肠每意归。

蒲桃未必胜春酒,毡帐如何及彩帏。

莫怪适下频下泪,都为残云度岭西。①

---

① 加"( )"者,是《变文集》编者的旁注,为便于阅读,就拿来代抄本
中的俗字、别字。

十二韵字,妃、微、绯、围、危、晖、衣、肥、归、帏属微韵,旗属之韵,西属齐韵。这种语音关系还见于通假字。如《破魔变文》:"小娘子眉奇(齐)龙楼,身临帝阙。"(345 页)奇,支韵;齐,齐韵。《韩擒虎话本》:"卿二人且归私地(第)。"(199 页)地,至韵;第,齐韵。又"杨妃蒙问,系(喜)从天降"(197 页)。系,霁韵;喜,止韵。《茶酒论》:"仓颉致其文字。"(267 页)以脂韵字"致"代废韵字"制"。《庐山远公话》"即更心生肺忘"(183 页),"肺忘"代"非望"。肺,废韵;非,微韵。邵荣芬归纳为"止摄开口和齐摄开口不分",提出罗书应该"补充和修正"。① 据我所见,还不限于开口,像美、水、翠、醉、贵、岁、帏、肥、归、晖等字都是止摄合口字。显然,这是敦煌文学的特殊语音,在构拟唐五代西北方音时是应当加以考虑的。罗书没有从汉藏对音中发现这种材料,才作出那样的分类,这是材料不足造成的。

分析罗书从《开蒙要训》中找到的作为梗、齐合摄依据的十二对注音,可以看到一个共同点。这十二对注音是:

以庚注齐例:

髻	古诣切	霁见开四		敬	居庆切	映见开三
翳	於计切	霁影开四		映	於敬切	映影开三
鲵	五稽切	齐疑开四		迎	语京切	庚疑开三

以庚注祭例:

| 憩 | 去例切 | 祭溪开三 | | 庆 | 丘敬切 | 映溪开三 |

以清注齐例:

| 犁 | 郎奚切 | 齐来开四 | | 令 | 力政切 | 劲来开四 |

① 邵荣芬:《敦煌俗文学中的别字异文和唐五代西北方音》,《中国语文》1963 年第 3 期,第 193、216 页。

荠　精礼切　荠从开四　　精　子盈切　清精开四

青齐互注例：

提　杜奚切　齐定开四　　亭　特丁切　青定开四

嗁　他计切　霁透开四　　听　他定切　径透开四

梯　土鸡切　齐透开四　　听　他定切　径透开四

鼎　都挺切　迥端开四　　帝　都计切　霁端开四

以庚注脂例：

铋　频脂切　脂并开四　　兵　晡明切　庚帮开三

膍　部比切　至并开四　　病　皮命切　映并开三

脂韵属止摄，后二对注音罗书是略过了，所以准确说是十对。十对中庚摄字都属开三等或开四等，没有一、二等字和合口字。注音本开二等的注音是有的，如以生注笙，以生注甥，以争注筝等三例，都是庚韵字自注，说明梗摄还有一类不与齐摄相通的字存在。最显著的是变文用韵中梗摄字往往与阳、唐韵字通押。如《维摩诘讲经文》：

实希有，法中王，示迹权为妙吉祥，
　　　　　△
金紫曜明衣内宝，眉间时放白毫光，
　　　　　　　　　　　　　　△
花台瑞相时时现，莲座希奇别有名。
　　　　　　　　　　　　　　△
倾刻便过方丈室，争趋愿礼法中王。（644 页）
　　　　　　　　　　　　　△

"祥"属阳韵开口四等，"王"属阳韵合口三等，"光"属唐韵合口一等，而"名"属清韵开口三等。就是说梗摄开三等字可与宕摄通押。类似用韵还见于《大目乾连冥间救母变文》（743 页）、《下女夫词》（275 页）、《燕子赋》（263 页）等等，它们的韵字属阳韵开三等的四个，合三等二个，开四等一个；唐韵合一等一个，开一等一个；庚韵开二等一个，开三等一个，合三等一个；耕韵开二等一个；清韵开三等一个；青韵开四等二个；登韵开一等一个。唐初颜师古的《匡谬正俗》记录的当时的关内俗音，正与变文用韵相同："然则穰字亦当音而成反，今关内间里呼禾黍穰穰，音犹然。"（卷七）穰，阳韵开三等；成，清韵开三等。"俗呼姓杨者往往为盈音"（卷六）；"今俗呼上下之上，音盛"，"斯则上有市郢反音矣"（卷七）。总之，使人觉得有必要对梗摄鼻收声消失的说法重新讨论。细细看汉藏对音的材料，亦复如此。《千字文》中梗摄二十六例中[﹣ǹ]消失者二十，保存者六例，其中二等字，保存和消失相等。另外三种卷子，《大乘中宗见解》、《阿弥陀经》、《金刚经》则基本上保存。

对于这类现象，理论分析是：[﹣ǹ]"不是完全消失，至多不过变成鼻摩擦音[ř]罢了"，"从梗摄变入此摄的字也应该是带鼻摩擦音的[eř]，而不是纯粹口音[e]"。[1] [eř]处在[eǹ]与[e]之间，宽一点说，可混于[eǹ]，也可冒充[e]。因为鼻摩擦音[ř]"是一个很难辨认的声音，在没有受过审音训练的人听起来很容易捉摸不定，而且在他自己的语言里也没有相当的字母，所以听的'过'了一点儿就保存[﹣ǹ]，听的'不及'了一点就写作纯元音"。[2] [ř]比较准确地描写出唐代[﹣ǹ]的消变，也符合汉藏对音材料和俗文学语音。在拟测这种古方音时，"过"了一点，就同于《切韵》，显不出变化。"不及"又走得太远，不符合实际情况。比较准确的描写，应该是保留梗摄，但是说明韵尾已经消变为[ř]。

对照新的方言材料（见《甘肃方言概况》），兰州话的鼻收声除演变为鼻化韵外，剩下一个[﹣n]；敦煌话除演变为鼻化韵外，

---

① 罗常培：《唐五代西北方音》，科学出版社 1961 年版，第 45、100 页。

② 罗常培：《唐五代西北方音》，第 40 页。

剩下[－n]。以今溯古,说唐五代,[－ǹ]已经消失,阳声"梗"摄全归于阴声"齐"摄,连鼻化韵也不存在,恐不合历史发展。所以有人说:"由于当时条件的限制,罗常培用来探求语言发展规律的现代西北方言只利用高本汉在《中国音韵学研究》中的兰州、平凉(甘肃)、西安、三水(陕西)、文水、兴县(山西)的方音,而不是沙洲、敦煌的直接后代方言,而且有些地方还参证了关系不大的厦门话,材料上的这些局限不能不影响到某些研究的价值。"①

如果说罗书过分强调了[－ǹ]的消失,那么对现代兰州、敦煌方言已经消失的另一个鼻收声[－m̀]的演变却又忽视了,认为唐五代西北方音鼻收声的消失只限于[－ǹ]。然而,变文和曲子词却明明白白地显现出[－m̀]消变的痕迹。

通假字如:

> 以"谭"代"弹"。(《秋胡变文》157 页)
>
> 以"南"代"兰"。(《下女夫词》273 页)
>
> 以"饭"代"梵"。(《降魔变文》377 页)
>
> 以"谦"代"慝"。(《庐山远公话》187 页)
>
> 以"亲"代"侵"。(《妙法莲华经讲经文》495 页)
>
> 以"真"代"斟"。(《维摩诘经讲经文》519 页)
>
> 以"金"代"斤"。(《韩擒虎话本》138 页)

等等,[－m]与[－n]混而不分。

用韵如长篇故事诗《捉季布传文》,三百二十韵,一气呵成,用痕摄。但是,偏偏有一句"有何能德直千金",是侵韵字,由此推想,[－m]与[－n]混同,可能统一于[－n]。又如曲子词失调

---

① 《译音对勘和汉语的音韵研究》,《北京大学学报》1980 年第 3 期,第94 页。

名之八：

> 斜漂（影）朱帘立。情事共谁亲。分明面上指根（痕）
> 新。罗带同心谁绾。甚人踏缀裙。蝉批（鬓）因何乱。金钗
> 为甚分。红泣垂泪忆（忆）何君。分明殿前实说。莫沉吟。

[－m]非但混同于[－n]，也混同于[－ŋ]。如以"竟"代"禁"，
以"乘"代"朕"（《维摩诘经讲经文》628、630页），以"升"代"寻"
（《长兴四年中兴殿应圣节讲经文》424页）等。曲子词《凤归云》
之四：

> 儿家本是累代簪缨。父兄皆事（是）佐国良臣。幼年生
> 于闺阁。洞房深。训习礼仪足。三从四德。针指分明。
> 娉得良人为国远长征。争名定难。未有归程。徒劳公子
> 肝肠断。漫生心。妾身如松柏。守志强过曾文坚贞。

从而说明[－m]的独立性非常弱，或趋混于[－n]，或趋混于
[－ŋ]，则分别与今天的兰州话、敦煌话一脉相承。

这都是汉藏对音材料太少之故，不能说罗先生识力不到。罗
书于《开蒙要训》中发现二例注音：以"巨"注"屦"和以"薜"注
"栖"，曾敏锐地注意到它意味着入声韵尾的消变，是很值得注意
的。① 可是，数量太少，不但《开蒙要训》只这二例。连汉藏对音
也只有《金刚经》的"释 ç"，《大乘中宗见解》的"设 ma"，"亦 yǐ"
共三例。因此，话只能说到"露了消变的朕兆"停住。② 词学家在
探讨曲子词的词律时，也发现了入声消变的现象，他们叫做"四
声通叶"，认为《鱼歌子·洞房深》是词中四声通叶之始。夏承焘

---

① 罗常培：《唐五代西北方音》，第120页。
② 罗常培：《唐五代西北方音》，第122页。

《词韵约例》以此词为四声通叶之最早者："全首皆上去韵,只第三句'寞'字入声。唐校亦谓此字乃以入叶去上,犹之辛弃疾《贺新郎》以'绿'叶'雨',韩玉《贺新郎》以'曲'叶'女'。"①至于变文中阴声韵字同入声韵字通假:以"避"代"劈",以"愉"代"欲"(《李陵变文》),以"意"代"益"(《晏子赋》),以"气"代"泣"(《伍子胥变文》),以"暮"代"沐"(《张义潮变文》),以"赴"代"覆"(《叶净能诗》)等等,竟有三十例之多。入收声和鼻收声的演变是以《切韵》为代表的中古韵系演变到现代韵系的最具特色的部分。如果当时注意到这些材料,相信会得出更大胆的推断。

细细寻找,唐代学者给我们留下了入声演变的宝贵记录,他们斥之为俗音,那是不难理解的。

封演在自己的《闻见记》中写道:"《汉书·艺文志》:'蹴鞠二十五篇。'颜(按指颜师古)注云:'鞠以韦为之,实以物,蹴蹋为戏,蹴鞠陈力之事,故附于兵法。蹴音子六反,鞠音巨六反。'近俗声讹,谓鞠为球,字亦从而变焉,非古也。"玄应《一切经音义》,球"渠尤反"。中唐蔡孚写过《打球篇》诗:"臣谨案,打球者,往之蹴踘古戏也,黄帝所作兵势,以练武士,知有材也。窃美其事,谨奏《打球篇》一章,凡七言九韵。"

> 德阳宫北苑东头,云作高台月作楼。
>
> 金锤玉鎣千金地,宝仗雕文七宝球。
>
> 窦融一家三尚主,梁冀频封万户侯。
>
> 容色由来荷恩顾,意气平生事侠游。
>
> 共道用兵如断蔗,俱能走马入长楸。
>
> 红鬟锦鬃风骒骦,黄络青丝电紫骝。
>
> 奔星乱下花场里,初月飞来画杖头。

---

① 《敦煌曲校录》,第30页。

自有长鸣须决胜，能驰迅走满先筹。

薄暮汉宫愉乐罢，还归尧室晓垂旒。

九个韵字除球字外，都是尤韵字，与渠尤反一致，可见俗音已读阴声韵。球是据俗音新造的形声字。所以，敦煌俗文学作"球"就不奇怪了。而不作"鞠"，可以说是必然的事情，如《张义潮变文》作"球场"，《丈夫百岁篇》作"平明趁伴争球子"。

又如《董永变文》"阿耨池边澡浴来"（112 页）。白行简《三梦记》："且须膏沐澡渝。"①《广韵》浴，余蜀切，入声字，渝，阴声韵字。"澡浴"即"澡渝"，也是入声消变的一个例子。《康德武功志》："关西人读浴若于。"《李陵变文》"双泪交流若愉（欲）终"（96 页）等。可以证明"浴"、"渝"音同。

又如《汉书·隽不疑传》："每行县录囚徒还。"颜师古注："省录之，知其情状有冤滞与不也，今云虑囚，本录声之去者耳，音力具反，而近俗不晓其意，讹其文遂为思虑之虑，失其源矣。"白居易《即事书怀·因酬四韵》"晚衙君是虑囚时"，正作"虑囚"。据此，可以推论，彼时入声趋向于去声读。这些例子尽管零碎，但是著录人都是当代名诗人和名学者，俗音居然见于他们的著作中，可见这种语音现象是普遍流行的。只要我们深入发掘，定会找到新的材料。

总而言之，通过敦煌文学语音的研究，我们发觉罗书所收集的汉藏对音在某些方面是相当薄弱的。《开蒙要训》共有注音437 对，其中可作为音系描写的依据的"错综注音"为 242 对，这242 对中关于韵母的仅 100 对左右。而拟测的韵系达 23 摄之多，平均每摄只有 4 对左右注音。实际上分配不可能平均，于是出现了一对注音也没有的摄，如模摄、侯摄；只有一对的摄如歌摄、覃

---

① 汪辟疆：《唐人小说》，上海古籍出版社 1978 年版，第 100 页。

摄、侵摄、登摄、曷摄和迄摄；只有二对的摄如痕摄、屋摄、皆摄、江摄，总计 12 摄之多，占韵摄总数的一半。

罗书所用四种汉藏对音材料"一共有一千一百五十二个对音"①。但是，就韵部说"有幽、废、夬、臻、耕、栉、盍、洽、镈、迄十韵找不到例子"②。可以说，罗书所缺，正是敦煌文学所富。所缺十韵，除洽韵外，都找到例证。曲子词《鱼歌子》：

> 绣帘前。美人睡。厅前猧子频频吠。雅奴卜。玉郎至。扶不（下）骅骝沉醉。　　出屏帏。正云起。莺啼湿尽相思被。共别人。好说我不是。得莽辜天负地。

内中"吠"是废韵字，在词中与支、脂韵通押。废韵字少，是"险韵"。此词是难得的材料。刘盼遂认为"正云起"之"起"是"髻"之声误，孙贯文说："可以，正应作整。"髻是齐韵字，如果这样，这首词便成为齐、废、支、脂四韵通押。

本文把敦煌文学语音材料汇集成三个部分：变文假借字、变文用韵、曲子词韵。每项都包括材料和韵系分析，最后一部分是从古籍中找出来的唐五代西北方音有关史料。尽管大海捞针，费时费力，但是当时人记当时音，与敦煌文学之音，若合符节，真有拨沙见金之得，故附见之，供研究者查考。

---

① 罗常培：《唐五代西北方音》，第 69 页。
② 罗常培：《唐五代西北方音·自序》。

唐民间诗韵

——论变文诗韵

敦煌文书与音韵学关系十分密切，被誉为从传统音韵学过渡到现代音韵学"典范"的《唐五代西北方音》，就是取材于它的汉藏对音写卷写成的。这部著作第一次把唐五代西北方音给系统地拟测出来了，其对学术的贡献不限于音韵学，至少还为校读敦煌文书提供了工具。例如任二北先生考订曲子词时，就常常引用它。《敦煌曲校录》给《苏莫遮·聪明儿》作注时写道："依罗常培《唐五代西北方音》以'清'注'齐'例，'比'与'并'，'帝'与'定'，均可互注。全词叶韵之中，既有两组韵字如此相叶，当与单组偶然者不同。故此词可认为方音叶韵中最健全之例。"①它的用韵与《切韵》是这样的不同，不了解唐五代西北方音，的确是很难诵读的。其词如下：

> 聪明儿。禀天性。莫把潘安。才貌相比并。弓马学来阵上骋。似虎入丘山。勇猛应难比。　善能歇。打难令。正是聪明。处处皆通顺。久后策官应决定。马上盘枪。辅佐当今帝。②

事实启发了我们：变文、曲子词等俗文学既然保留着唐五代

---

① 任二北：《敦煌曲校录》，上海文艺联合出版社1955年版，第70页。
② 任二北：《敦煌曲校录》，第70页。

西北方音,那么,自然也可以把它看作研究这种方音的难得材料:王力先生说,变文"是汉语史的极端宝贵的材料","《切韵》以后,虽然有了韵书,但是韵书由于拘守传统,并不像韵文(特别是俗文学)那样正确地反映当代的韵母系统"。① 因此,像对待汉藏对音那样,把变文,至少是它的韵文,从音韵学角度,来一番系统的整理,就成为音韵学和敦煌文书校读中的新课题。本文就是做这项工作的一种尝试,着重探讨:

1. 变文韵文(包括唱词和有韵的散文)的韵类。

2. 这一韵系的方音特色。

这一韵系有四方面的意义。(1)提供一个与当时文坛通用的《切韵》体系又相同又相异的民间广泛流行的韵系,是音韵学史上所不曾著录的。(2)证实了从汉藏对音残卷中考释出来的唐五代西北方音,说明对音材料是可信的,变文等俗文学作品确实有方音。(3)为《唐五代西北方音》补阙。罗常培先生自己申明过,汉藏对音残卷"有幽、废、夬、臻、耕、栉、盍、洽、镨、迄十韵找不到例子"②,变文诗韵可以添补幽、臻、耕、栉四韵的例子,变文的同音通假可以添补迄、镨、盍三韵的例子,曲子词韵还可以添补废韵的例子。不但如此,变文还保存着关于入声消变和关于[－m]消变的材料,都是汉藏对音残卷少见或者所不见的。(4)为《唐五代西北方音》纠正失误,详见后。

一、变文用韵自有类、例

归纳韵类先要有正确的韵例,而正确的韵例只能从唱词中求

---

① 王力:《汉语史稿》(修订本),上册,第21、24页。

② 罗常培:《唐五代西北方音·自序》。

取，前提是韵读要正确。经过王重民、王庆菽、向达、周一良、启功和曾毅公六位先生精心校勘，并且收集最富的《敦煌变文集》，自然是最理想的底本，我将其中的韵文逐一分析之后，发觉韵律的基本格式是偶句韵，韵类"大抵变文用的西北方音，是不一定完全符合切韵系统的"①，突出表现有三：（1）韵脚异文，字异而韵同；（2）转韵的唱词以首句入韵为常；（3）不转韵的唱词严守本韵类。

1. 韵脚异文，字异而韵同

变文在民间流行，俗书别字不一而足，其中也包括韵脚异文，它具有独特的音韵学价值。韵脚异文与其他异文的区别，是必须同韵。换句话说，可以异形异义，但不能异韵。不同的作者尽可以按照自己的意图，在遣词造句中施展自己的技巧，造出色彩各异的文句来，但是末字为了押韵必须同韵。这特点恰恰可以用来考究韵例和韵类。试以《捉季布传文》为例。它有十个写本：伯3697、伯2747、伯2648、伯3386、伯3197、斯540、斯2056、斯5439、斯5441和斯1156，共有韵脚异文十四处。摘抄如下：

（1）"陛下登朝休寻捉，怕投戎狄樾（越）江津"（敦煌变文集》69页，本文所引变文均出此书，以下只标页码）。案：伯3197和斯5439两卷"樾（越）江津"作"扇边邻"，津、邻都是《广韵》真韵字。

（2）"朱解当时心大怪，愕然直得失精神"（63页）。案：伯3197和斯5439两卷"直得失精神"作"猜卜失声频"，神、频也是《广韵》真韵字。

（3）"二相宅门才上马，朱解亲来邀屈频"（66页）。案：伯3197和斯5439两卷"邀屈频"作"自邀陈"，陈、频也是《广韵》真

---

① 蒋礼鸿：《敦煌变文字义通释》，上海古籍出版社1981年版，第3页。

韵字。

（4）"题姓署名似凤舞，书年着月象焉存"（62 页）。案：伯 3197 和斯 5439 两卷"焉存"作"乌尊"，存、尊都是《广韵》魂韵字。

（5）"昨日两军排阵战，忽闻二将语纷纭"（53 页）。案：斯 2056 卷"纷纭"作"芬芸"，芸与纭都是《广韵》文韵字。

（6）"但言季布心顽硬，不惭圣德背皇恩"（68 页）。案：伯 3197 和斯 5439 两卷"背皇恩"作"语乾坤"，《广韵》恩属魂韵，坤属痕韵，二韵同用。

（7）"季布乃言：'今有计，弟但看仆出这身……'"（60 页）。案：伯 3197 和斯 5439 两卷"这身"作"沈轮"，《广韵》身属真韵，轮属谆韵，二韵同用。

（8）"致使发肤惜不得，羞看日月耻星辰"（60 页）。案：伯 3197 和斯 5439 两卷"星辰"作"乾坤"，《广韵》辰属真韵，坤属魂韵，二韵不同用。

（9）"本来事主专忠赤，变为不孝辱家门"（60 页）。案：伯 3197 和斯 5439 两卷"家门"作"尊亲"，《广韵》门属魂韵，亲属真韵，二韵不同用。

（10）"周氏马前来唱诺，一依前计具咨闻"（61 页）。案：伯 3197 和斯 5439 两卷"闻"作"陈"，《广韵》闻属魂韵，陈属真韵，二韵不同用。

（11）"不用惊狂心草草，大夫定意但安身"（64 页）。案：伯 3197 和斯 5439 两卷"定意但安身"作"定魄且安魂"，《广韵》身属真韵，魂属魂韵，二韵不同用。

（12）"结集狂兵侵汉土，边方未免动烟尘"（68 页）。案：伯 3197 和斯 5439 两卷"动烟尘"作"被侵吞"，《广韵》尘属真韵，吞属痕韵，二韵不同用。

（13）"侯瓔闻说如斯语,据君可以拨星辰"（68 页）。案:伯 3197 和斯 5439 两卷"星辰"作"皇恩",《广韵》辰属真韵,恩属痕韵,二韵不同用。

（14）"心粗买得愚庸使,看他意气胜将军"（63 页）。案:伯 3197 和斯 5439 两卷"将军"作"王孙",《广韵》军属文韵,孙属魂韵,二韵不同用。

这些押韵关系,有明显的不同类别,十四例可分为三组:前五例,中二例和后七例。前五例与《广韵》韵部相同,中二例与《广韵》同用之例相同,后七例与《广韵》不同。特别后七例需要说一说,如痕韵之恩,在例（6）中,异文是魂韵的坤,而在例（13）中,异文是真韵的辰,应当是方音和口语。还有两方面证明,一是变文的同音通假。

《妙法莲华经讲经文》"十斋长具昏（荤）辛"（509 页）。案:《广韵》:昏,魂韵;荤,文韵。

《舜子变文》"天下门（闻）此事"（134 页）。案:门,魂韵;闻,文韵,与上例同。

《韩擒虎话本》"阿耶来日朝近（觐）,必应遭他毒手"（197 页）。案:近,欣韵;觐,真韵。《广韵》以真、谆、臻、文、欣为序,又以文、欣为同用,欣、真二韵相距较远。

《父母恩重经讲经文》"无有礼义,不遵（尊）师长"（694 页）。案:二字形近,但在《广韵》遵属谆韵,尊属魂韵,读音有别。

如此等等,论音理,和韵脚异文完全一致,就是唱词押韵,也是一致的。

二是汉藏对音也把《广韵》的真、谆、臻、文、欣、魂、痕七韵合为一类。

粗看这一韵类和《广韵》痕摄相似,细看却有很大的区别。主要点是元韵的演进。《广韵》将元韵排在魂韵之前,并和魂、痕两韵同用。变文的元韵却是不同,它与先、仙韵接近,所以,在唱词的这个韵类里没有它的位置。由此使人想到近代的"真人辙",有助于证明现代汉语从唐代开始的论断。

即便和《广韵》同用之例相合的韵脚异文,也并非没有意义。在这里,我们是拿《广韵》作《切韵》看的。《切韵》在前,同用之例在后,若按同用,《切韵》韵部就可以归纳成一百零六部的平水韵。从而,把平水韵出现的年代大大提早,韵书本来就落在口语的后面。王力先生写过:"若说唐宋诗人用韵是依照平水韵的,虽然在历史上说不过去,而在韵部上却大致不差。"①文人创作尚且与韵书有距离,更何况是民间的口语作品呢!

从韵脚异文归纳出来的韵例和韵类,反过来又可用以校读变文。如《金刚般若波罗蜜经讲经文》的一段唱词:

> 不拣山河大地,不拣日月星辰;
> 不论三恶道中,不说十方世界。
> 将来打碎作成尘,我佛身似三千界。
> 烦恼由如世上尘,世界本因尘土造。
> 众生能变作佛身,世界上有尘埃。
> 众生身上有如来,佛与众生不塞离,
> 众生贪变②却轮回。(440 页)

《叙例》说"韵文分两层排列"(3 页),上段唱词虽然也分两层排列,但是,读起来总觉得非韵非散,似韵似散。如果按韵例,韵类重新编排,面貌就会顿时不同。

> 不拣山河大地,不拣日月星辰,

---

① 见《汉语诗律学》,上海教育出版社 1962 年版,第 41 页。
② 变字是恋的形近之误。

> 不论三恶道中，不说十方世界，
> 将来打碎作成尘。
> 我佛身似三千界，烦恼由如世上尘，
> 世界本因尘土造，众生能变作佛身。
> 世界上有尘埃，众生身上有如来；
> 佛与众生不塞离，众生贪恋却轮回。

始押真韵，然后转押灰、咍韵结尾，转韵句"世界上有尘埃"的末字是入韵的。从"我佛身似"句开始，七言八句基本上都构成对仗，也显露了出来。

又如《左街僧录大师压座文》，以其篇幅短小，全录于下：

> 敕天下三十州内，建造舍利塔，差天使僧人蔡同，取午时八承（永），一时起塔。节度刺史县令傅常，务检校正库钱物修造。

> 三界众生多爱痴，致令烦恼镇相随，
> 改头换面无休日，死去生来没了期。
> 饶俊①（纵）须遭更姓字，任奸终被变形仪，
> 直教心里分明著，合眼前程物（总）不知。
> 假饶不被改形仪，得个人身多少时，
> 十月处胎添相貌，三年乳铺（哺）作婴儿。
> 宁无命向臗风榭，也有恩从撮口离，
> 子细思量争不怕，才生便有死相随。
> 设使身成童子儿，年登七八岁，
> 髻鬟（双）垂父怜。漏（编）草竹为马，
> 母惜胭腮黛染眉。女郎使闻周氏教，

---

① 俊字不误，饶俊与任奸，对文见义，俊、奸俱是有能耐的意思。

　　　儿还教念百家诗。算应未及甘罗贵，
　　　早被无常暗里追,荓年弱冠又可(何)多,
　　　渐渐颜高即可知。(840—841 页)

整齐流畅的唱词,到"设使身成"句,必然乱了节拍,失了韵,走了
腔。其实它是误校造成的。到"黛染眉"句,不是五句,而是
四句:

　　　设使身成童子儿,年登七八髻鬟(双)垂,
　　　父怜漏(编)草竹为马,母惜胭腮黛染眉。①

这篇唱词本用偶句韵例,押的是支、脂、之三部通韵,当初如果注
意到这个规则,也许这种失误就不会发生。

　　2. 转韵的唱词以首句入韵为常

　　唱词转韵,首句不一定非入韵不可,但是,变文以入韵为常。
如《佛说阿弥陀经讲经文》有一段极有代表性的唱词,共四十句,
分为十节,每节都以"化生童子×××"开头,一节四句,押一个
韵类,第一、二、四句用韵,也就是转韵句必须用韵,很有规则。

　　　化生童子佛宫生,便得真珠网里行,
　　　耳边惟闻念三宝,时时更听树相撑。
　　　化生童子上金桥,五色云擎宝座摇,
　　　合掌惟称无量寿,八十一劫罪根消。
　　　化生童子佛金床,天雨天花动地香,
　　　更有诸方共献果,委花槌被鸟冲将。
　　　化生童子食天厨,百味馨香各自殊,
　　　无限天人持宝器,琉璃钵饭似真珠。

----

　　① 据徐震堮先生校,见《华东师范大学学报》1958 年第 1 期。

化生童子见飞仙，落花空中左右旋，
微妙歌音云外听，尽言极乐胜诸天。
化生童子问冬春①，自到西方见未分，
极乐国中无昼夜，花开花合辩（辨）朝昏。
化生童子道心强，衣裓盛花供十方，
怜（恰）到斋时还本国，听经念佛亦无防。
化生童子舞金田，鼓瑟箫韶半在天，
舍利鸟吟常乐韵，迦陵齐唱离攀缘。
化生童子本无情，尽向莲花朵里生，
七宝池中洗尘垢，自然清净是修行。
化生童子自相夸，为得如来许出家，
矩（短）发天然宜剃度，空披荷叶作袈裟。（485—486 页）

《伍子胥变文》共有十五段唱词，其中七段不换韵，余八段都
转韵，转韵唱词的转韵句一概入韵。如：

大江水兮淼无边，云与水兮相接连，
痛兮痛兮难可忍，苦兮苦兮冤复冤。
自古人情有离别，生死富贵总关天，
先生恨胥何勿事？遂向江中而覆船。
波浪舟兮浮没沉，唱冤枉兮痛切深，
一寸愁肠似刀割，途中不禁泪沾襟。
望吴邦兮不可到，思帝乡兮怀恨深，
倘值明主得迁达，旋展英雄一片心。（15 页）

有的则要作一点分析。如：

---

① "冬春"原作"春冬"，但是，为押韵而倒，是韵文常例，文人也用，如
韦应物《龟头山神女歌》"碧窗松月无冬春"。

"下官身是仵子胥,避楚逃逝入南吴,
虑恐平王相捕逐,为此星夜涉穷途。
蒙赐一餐堪充饱,未审将何得相报!
身轻体健目精明,即欲取别登长路。
仆是弃背帝乡宾,今被平王见寻讨,
恩泽不用语人知,幸愿娘子知怀抱。"
子胥语已向前行,女子号咷发声哭:
"旅客惶惶实可念,以死蔺蔺乃贪生,
食我一餐由未足,妇人不惬丈夫情。
君虽贵重相辞谢,儿意惭君亦不轻。"(6 页)

前四句押虞模韵,第五句起转押仄声韵,变文中豪韵唇音可以读
同模韵(上、去声也同),如《目连缘起》:"慈乌返报(哺)"(712
页),《破魔变文》:鼗鼙之云空里报"(348 页),校注:"乙卷'报'
作'布',同声通用。"(358 页)从"子胥语已向前行"起转押梗摄,
因此"女子号咷发声哭"应是"女子号咷发哭声"之误。

这条规则也可用于校读变文和归纳韵字的韵类。如《季布
诗咏》:

张良奉命入中宫,处分儿郎速暂听,
今夜拣人三五百,解踏楚歌总须呈。
张良说计甚希有,其夜围得楚家营,
恰至三更调练熟,四畔齐唱楚歌声。(844 页)

首句末字,校记说:"甲卷'宫'作'营'。"按首句入韵例,当作营为
宜。一者营与听、呈等字同韵类,宫字不同,二者汉王身居行阵,
细审文义,营字为宜。

转韵字的韵字可以做界标,确定其前后文词所用韵类的不
同,以此归纳"化生童子×××"那段唱词,大致可以得出七个

韵类：

韵类	唱词节数	韵字	《广韵》韵部
庚类	一、九	撑、生、行	庚韵
		情	清韵
宵类	二	桥、摇、消	宵韵
阳类	三、七	床、香、将、方、防、强	阳韵
虞类	四	厨、殊、珠	虞韵
先类	五、八	天、田	先韵
		仙、旋、缘	仙韵
麻类	十	夸、家、裟	麻韵
真类	六	春	谆韵
		分	文韵
		昏	魂韵

　　《秋吟一本》更为分明，它的"唱词"十六句一段，前八句六言，押仄声，后八句七言，押平声，第一句和第九句的上端分别冠以"吟"、"断"二字，如：

　　　　露冷新秋已度，□□□天将暮，
　　　　僧徒渴仰情(清)风，远陟尘衢之路。
　　　　□□石氏名家，德播田文贵户，
　　　　不因五利赏劳，□□□逢难遇。
　　　　将身何事立阶庭，幸遇秋吟五利时，
　　　　□□□留迎暑服，囊中顿乏御寒衣。
　　　　炎天逐乐攀(攀)金蛮(蛮)，□□追欢捧玉杯，
　　　　绰绽酒沾尘点染，愿开惠施赏迎提。(810—811 页)

　　如果我们记起本文开头引过以清注齐、比与并、帝与定押韵事，那么第九句的庭是韵字，便不足为怪了。新语音确实不少。

画阁香闺素质，花 嫩 琼 姿难匹①，

累生宿种因缘，盛果荣苹(华)此日。

□□□素馨香，龙钏凤钗夺日，

端严富贵娇奢，□□多般福利。(812—813 页)

按转韵前属同一韵类例，质、匹、日三入声字和去声利字同归一类。从而发生入声消变的问题，这点为《广韵》所不许，而与普通话相接近。曲子词有类似情形，如《鱼歌子·洞房深》：

洞房深。空悄悄。虚把身心生寂寞。待来时。须祈祷。休恋狂花年少。

淡匀妆。周旋妙。只有五陵正渺渺。胸上雪。从君咬。恐犯千金买笑。

任二北先生写道："夏承焘《词韵约例》以此词四声通叶最早者：'全首皆上去韵，只第三句寞字入声。'唐校亦谓此字乃以入叶上去，犹之辛弃疾《贺新郎》以'绿'叶'雨'，韩玉《贺新郎》以'曲'叶'女'。"②罗常培先生又从《开蒙要训》注音中，发现了以薛注栖和以巨注屐的两对很有特色的注音，推想到入收声"已然有了消失的朕兆"③等等都和《秋吟一本》的用韵相合。不仅说明这样归纳是可信的，而且还可以把"朕兆"说扩大。因为罗先生只见到两对注音，而变文用韵是相当普通了，甚至可以考虑入声的有无了。

---

① □中字，据同篇"□□□闺素质，花嫩琼姿，吹笙管以调清音"(812 页)校补。反之，亦可据它补此处的三个□。

② 任二北：《敦煌曲校录》，第 30 页。

③ 罗常培：《唐五代西北方音》，第 120 页。

3. 不转韵的唱词严守本韵类

最引人注目的首先是那些全篇不转韵的变文,它们篇幅长,韵字多,对韵字归类十分有利。可以想见,创作这类变文是很费心力的,像《捉季布传文》那样长达三百二十韵的唱词,没有丰富的语言技巧和苦心经营的精神是很难完成的。丰富的语言技巧当然要包含娴熟的音韵知识、技巧。从而,告诉人们:变文作者们遵守着一种共同的韵例和韵类系统。

这样的变文有四篇,《捉季布传文》把《广韵》的真、谆、臻,文、欣、魏、痕七韵通叶为一类。《董永变文》和《故圆鉴大师二十四孝押座文》将《广韵》阳、唐二韵通叶为一类。① 《左街僧录大师压座文》又把《广韵》的支、脂、之三韵通叶为一类。今以《捉季布传文》为例,略作分析,以说明之。

通篇用韵的字次为三百二十,其中:

真韵字二十六个	一百五十三次
谆韵字八个	二十四次
臻韵字二个	二次
文韵字十六个	七十次
欣韵字三个	七次
魂韵字九个	四十五次
痕韵字三个	十六次

就是不见元韵字。这些韵字是相互交叉地混押在一起的,如季布骂阵的那一段:

高声直噭呼:"刘季,公是徐州丰县人。(真韵)
母解缉麻居村墅,父能牧放住乡村。(魂韵)

---

① 《押座文》之首三韵与尾四韵押哈韵。

公曾泗水为亭长,久于阛阓受饥贫。(真韵)

因接秦家离乱后,自号为王假作真。(真韵)

鸦鸟如何披凤翼,鼋龟争敢挂龙鳞。(真韵)

百战百输天不佑,士率三分折二分。(文韵)

何不草绳而自缚,归降我王乞宽恩。(痕韵)

更若执迷夸斗敌,活捉生擒放没因。"(真韵)(52 页)

剩下三个韵字,需要说明。山、守二字关系到校勘,由字见于"不曾细问根由","根由"为了押韵,可临时颠倒为"由根","根"是痕韵字。此种手法,变文中常见。如"辛苦"与"苦辛"并见。

《汉将王陵变》:

呜呼苦哉将军母,受气之心如辛苦。(46 页)

《李陵变文》:

传闻汉将者家陈,惯在长城多苦辛。(87 页)

守字见于"兼拜齐州为太守",校记:"'太守'原作'太君',据丁、庚两卷改。"(84 页)作太守,则失韵。作太君,词义不切。按变文常呼太守为使君,见《下女夫词》的"使君今夜之门庭"句(276 页),故疑"太守"或"太君"均为"太守君"脱文。

"金"字反映用口语音,全句是"有何能德直千金"(61 页),文义明白,无需校勘。按《广韵》金属侵韵,收[－m],与本传文押真、谆、臻诸韵不叶。但是,变文的[－m]正趋消失,它的收[－m]字每每同收[－n]字或收[－ŋ]字通叶和假借。前者如《维摩诘经讲经文》:

知道庵园演正真,入王宫内化王孙。

如烟柳下排公子,似锦花前列彩嫔。

画舸信从流水去,白醪携得满杯斟。

维摩直到贪欢处,教化合交礼世尊。(553 页)

《广韵》斟,侵韵;嫔,真韵;孙和尊,魂韵。收[－n]字同收[－m]字通押不分。

后者如《妙法莲花经讲经文》:"师子口中亲(浸)淫说"(495 页),《广韵》亲,真韵,浸,侵韵;《维摩诘经讲经文》"真须处处行真(斟)酌"(519 页),都是假收[－n]字代收[－m]字的。

唐代胡曾《戏族语不正》诗一首,云:"呼十却为石,唤针将作真,忽然云雨至,总道是天因(阴)。"十、针、阴都是收唇,读为石、真、因则不收唇,用韵相似。

《切韵》代表着中古音,有一整套收唇音做韵尾的韵母,而今天的普通话则完全没有,其间演变轨迹究竟如何,由于史料缺乏(即以汉藏对音字卷为例,也只有[－ŋ]消变的音例,而不见[－m]消变的音例)一直没有明白。就此一端,也可以看出变文语音史料的宝贵来。

这类变文虽然只有四篇,未免美中不足,但是,仍有补救之法。在其他变文里,那些夹在散文里的唱词,往往也是不转韵的。如《李陵变文》的"李陵共单于斗战第三阵处若为陈说"以后的那段唱词(88 页),共二十二句,有十一个韵字,全属麻韵。有的甚至长达四十多韵,见《维摩诘经讲经文》,比通篇不转韵的《左街僧录大师压座文》还长,自然也可以算进来。这样做,不止数量大增,并且韵类也完备起来了。

二、变文诗韵二十一类

依照上面分析,今归纳韵字,从偶句取韵,以不换韵唱词做系连的基础,以转韵而转韵句入韵的唱词参校韵类的分合,得出变文诗韵二十一类①。为了对这个民间韵系有具体了解,也为了便于核实,特意把全部韵字(删除复重)按韵类抄出。各韵类都以《广韵》韵目之名为名,在同类的几个韵目中,取最前头的韵目名为之。

1. **东类**:包括《广韵》东、冬、钟三韵,《唐五代西北方音》也合此三韵为一部,但是又分小类,即所谓一等字与三等字"截然不混"。变文却通押无间。如《张淮深变文》:

> 尚书闻贼犯西桐,便点偏师过六龙。
> 总是敦煌豪侠士,□曾征战破羌戎。
> 霜刀用苦光威日,虎豹争奔煞气浓。
> 征鼙闹里纷纷击,戛戛声齐电不容。
> 恰到平明兵里合,始排精锐拒先冲。
> 弓开偃月双交羽,斧斫□□立透胸。
> 血染平原秋草上,满川流水变长红。
> 南风助我□威急,西海横尸几十重。
> 是日尚书心胆壮,天恩从□□□公。(126 页)

《广韵》龙、浓、容、冲、胸属钟韵;戎字属东韵三等;红、公二字属东韵一等,彼此通押不分。

《旧唐书·玄宗纪》记有当时长安俗音一则,可以互证。"上(案指玄宗)所居里名隆庆,时人语讹,以隆为龙。"作者意在借此说明玄宗早就有做皇帝的先兆。按《广韵》隆是东韵三等,龙属钟韵,二者谐者,正是当时口语,与变文同。

周祖谟先生在考证宋代汴洛音时谈到:"通摄东、冬、钟三

---

① 调查已经证明单句的韵字都已见于偶句韵字,况且单句是否入韵,偶然性很大,所以略去不计。

韵,《广韵》东独用,冬、钟同用,然唐代洛阳东、冬已读同一类,观李涪刊误深讥《切韵》分东冬为二韵之失可知。元稹《酬郑从事四年九月宴望海亭》(文集二十六)东、冬、钟三韵同用亦是一证。其入声亦然。"①变文更证明:读同一类,唐时非止洛阳一地。

韵字有:

公宫功弓空穷东痛通动同桐中忡忠终冢虫恖聪丛送崇风疯逢奉辇濛梦雄红聋笼珑咙戎融(以上东韵)冬农宗(冬韵)恭恐浓种钟松冲重纵趴从松舂锋峰用慵庸墉凶兇将龙容溶(钟韵)。

2. 真类:包括《广韵》真、谆、臻、文、欣、魂、痕七韵,元韵不在其内。最能体现本韵类组成的当推《捉季布传文》,说已见上。

韵字有:

津巾银嚚真嗔瞋珍振阵蓁陈晨辰身申神臣亲辛新薪讯信秦尘尽宾嫔滨频苹贫民印因绅引寅怜骖邻鳞人仁忍(真韵)钧均屯迍春唇顺纯旬巡匀论轮伦沦眴(谆韵)臻榛(臻韵)君军裙群郡循分芬纷刎坟问闻文云纭芸耘云运酝氲薰勋(文韵)斤勤近慇忻(欣韵)坤困颕顿尊罇寸忖存孙呦奔盆本闷门温婚昏惛魂浑论(魂韵)根吞痕恩恨(痕韵)。

3. 元类:包括《广韵》元、寒、桓、删、山、先、仙七韵。唐文人诗,元韵不与其他六韵相叶,他们守着《切韵》的规范(只有白居易写的通俗诗例外,但是,他的用元韵的诗作许多还是遵循《切韵》的)。变文毕竟接近口语,如《汉将王陵变》:

> 此是高皇八九年,自从每每事王前,
> 宝剑利拔长离鞘,雕弓每每换三弦。
> 陵语:"大夫今夜出,楚家军号总须翻,
> 选拣诸臣去不得,将军掼甲速攀鞍。"(36—37页)

---

① 见《问学集·宋代汴洛语音考》,中华书局1996年版,第624页。

《广韵》前、弦,先韵;翻,元韵;鞍,寒韵。

《下女夫词》有许多问答诗,短小精悍,四句两韵便是一首,最能反映元韵的新变化。如:

> 人须之(知)宗,水须之愿(知源)。
>
> 马上刺史,望在何川?(275页)

《广韵》愿或源,元韵;川,仙韵。

《维摩诘经讲经文》则有长的例子。如从"井神通众"句起,到"或擎琥珀盘"句止的一般,有四十五韵(534页),其中:

元韵字十字次。

寒韵字四字次。

桓韵字五字次。

删韵字三字次。

山韵字二字次。

先韵字六字次。

仙韵字七字次。

空围八个。

与此相应还有敦煌曲子词的类似用韵①和变文的同音通假。后者如《李陵变文》的以"元"代"缘"〔见"然当尽朕本情元(缘)"(91页),元,元韵合口三等,缘是仙韵合口三等〕;《韩擒虎话本》的以"缘"代"原"〔见"某缘(原)是五道将来(军)"(206页),原,元韵合口三等〕。据我调查,变文元韵字没有与真类字通假的,这不会是偶合。周祖谟先生说:"至于元韵,《切韵》本与魂、痕为一类,宋人诗中多读同先、仙,与魏晋以来音迥异,其转入先、仙,

---

① 详见《杭州大学学报》1981 年第 3 期《敦煌曲子词用韵考》。

当亦肇唐代。"①这一推断得变文而证实。

韵字有：

健劝愿源原言元沅翻蕃饭烦园垣冤猿（猨）怨远喧渲暄諠（元韵）奸忏看岸滩叹弹悍檀坛难餐残珊判安鞍捍寒汉兰拦烂阑乱（寒韵）官观冠贯灌管宽端短段断团钻窜酸笮畔绊拌槃盘伴般满漫谩换丸玩碗院欢（桓韵）关颜半攀慢环钚还患闲（删韵）间眼产山盏盼幻（山韵）涓见肩坚牵权砚颠天田电殿年溅浅千剪前边片眠烟咽贤弦玄绖显现县悬莲怜练（先韵）虔倦椽眷拳卷惓遣战邅缠专转展穿潹川禅蝉传禪扇船善旋煎迁潺贱钱傔仙（僊）选鲜羡宣全泉编变遍偏便辩免面绵棉延筵缘演圆援恋连软然（仙韵）

4. 阳类：包括《广韵》阳、唐、江三韵，《广韵》的江韵居上平第四，而阳、唐二韵却远在下平卷中，这是秦汉音的遗规。魏晋时期已经变化，到唐西北口语，三韵趋于一致，故归成一个韵类。如《李陵变文》：

> 单于既见李陵降，且责缘何入塞邦。
> "每每将兵来讨击，时时领众践沙场。
> 出队上（尚）由（犹）无万众，如何辄敢寡（突）边方，
> 比日上（尚）能称汉将，缘何今日自来降。
> 前头有将名苏武，早向胡庭自索强，
> 直为高心欺我国，长交北海枚（牧）伍（低—羝）羊，
> 卿今必若来净伏，勉强留卿镇虏强（疆），
> 已后不烦为汉将，当即封为右效王。"（92页）

内中邦、降是江韵字，其余韵字都属阳韵。不止变文，曲子词也有同样用法。如《凤归云·闺怨》：

---

① 见《问学集·宋代汴洛语音考》，第629页。

　　征夫数载。萍寄他邦。去便无消息。累换星霜。月下愁听钻杵拟塞雁行。孤眠鸾帐里。往（枉）劳魂梦。夜夜飞飏。想君薄行。更不思量。谁为传书与。表妾衷肠。倚牖无言垂血泪。暗祝三光。万般无那处。一炉香尽又更添香。①

　　其中，邦，江韵；霜、飏、量、肠、香，阳韵；行、光，唐韵。

　　唐人自己也曾记录过，只不过说是俗音，不能登大雅之堂的。如唐初名学者颜师古，在他的《匡谬正俗》中，就这样说过："或问曰吴楚之俗谓相对举物为刚，有旧语否？答曰：扛，举也，音江，字或作舡……彼俗音讹，故谓扛为刚耳！既不知其义，乃有造掆字者。"即是说那时吴楚地区读扛为刚，刚为唐韵字，也就这说江、唐二韵音同。这是不合《切韵》的，所以颜氏持批评态度。我们正不必以他的标准作为自己的观点，相反，根据这条记载，反倒为我们提供了二韵相混的证据。"掆"这个俗形声字的产生进而证明此种相混已是相当稳定。变文反映西北地区，从东南到西北，这种相混，地域很广阔，很难以方音排斥它。

　　"今人不识降之音洪，反读虹为居浪反矣。"（见颜氏《汉书》注）降、虹《广韵》同音，并属江韵。音洪属东韵，是古音，为颜氏所崇尚；居浪反归于唐韵，这里的关系就和扛为刚一样，但是地域变了。这条讲的是"今人"，今人者，唐初人也。不说明地域反倒说明流传之广，为人习知，已没有点出地域之必要了。

　　韵字有：

　　疆壃韁纲强狂仰汤曩囊张章障胀怅长彰丈仗杖场娘妆装庄掌偿畅昌唱尝常裳肠伤筋商尚上床将锵奖浆枪疮怆仓霜孀相想箱禳翔详象像匠墙祥央殃杨扬鸯养阳飏羊忘枉亡王香乡响蟓向

---

　　①　见《敦煌曲子词集》，第68页。

饷方妨芳访坊防房网望凉梁粮量粱亮浪良狼壤（阳韵）光刚广抗康当铛珰恍偶荡堂塘葬苍丧桑藏徨簧黄皇篁煌惶凰汪荒谎航行傍忙芒茫郎廊郎（唐韵）江瓨腔双降邦（江韵）。

5.庚类：包括《广韵》庚、耕、清、青、蒸、登六韵。《广韵》以庚、耕、清三韵同用，青独用，以蒸、登二韵同用。《唐五代西北方音》以庚、耕、清、青四韵为一类，并且与齐摄合并，表示它们的鼻收声［−ŋ］已然消失；而以蒸、登二韵自成一类。它们的鼻收声［−ŋ］依然存在。变文诗韵六韵通叶，同归一类。如《佛说阿弥陀经讲经文》：

> 三乘圣教实堪听，句句能教业障轻，
> 不但当来成佛果，必应累劫罪山崩。
> 朝朝只是忧家萦（业），何曾一日得闻经，
> 大众暂时合掌着，听法莘（齐）心能不能？（460 页）

《广韵》崩、能，登韵；却与清韵的轻字、青韵的经字押韵。同音通假则有以英（庚韵）代应（蒸韵），见《太子成道经变文》"英（应）信非邪，定生圣子"（322 页）。以兢（庚韵）代矜（蒸韵），见《父母恩重经讲经文》"伏请哀兢（矜）任苦辛"（673 页）等等。

这一韵类的组成很值得研究，主要是主要元音的状况和鼻收声［−ŋ］的存否。关于主要元音有以下几点：

（1）《唐五代西北方音》虽然将六韵的阳声分为二摄，但是，它们相应的入声又归成一摄，据此，六韵的主要元音应当是一致的，这是合为一部的重要条件之一。

（2）就阳声而言，把前四韵并入齐摄，可以商榷，试将《开蒙要训》的有关注音，所说梗齐二摄合并，其中梗摄字都是细音。今将《唐五代西北方音》所列十二对注音抄录如下：

以庚注齐例：

髻	古稽切	霁见开四	敬	居灰切	映见开三
翳	於计切	霁影开四	映	於敬切	映影开三
鲵	五稽切	齐疑开四	迎	语京切	庚疑开三

以庚注祭例：

憩	去例切	祭溪开三	庆	丘敬切	映溪开三

以清注齐例：

挲	郎奚切	齐来开四	令	力政切	劲来开四
齐	徂礼切	荠从开四	精	子盈切	清精开四

青齐互注例：

提	杜奚切	齐定开四	亭	特丁切	青定开四
啼	他计切	霁透开四	听	他定切	径透开四
梯	土鸡切	齐透开四	听	他定切	径透开四
鼎	都挺切	迥端开四	帝	都计切	霁端开四

以庚注脂例：

铋	频脂切	脂并开四	兵	晡明切	庚帮开三
胜	部比切	旨并开四	病	皮命切	映并开三(98 页)

但是，梗摄二等字却没有与齐摄互注的，它们都是本部自注，如以生注笙，以生注甥，以争注筝等等，可知二摄合并，根据尚不充分。

（3）变文诗韵齐、祭韵与支、脂、之、微诸韵合为一类，而庚、耕、清、青、蒸、登六韵自成一类，其相应的入声六韵通押不分。如《百鸟名》：

> 涛河鸟。脚趔趄，寻常傍水觅鱼吃，
>
> 野鸦遥见角鹢来，刺头水底觅不得。（852 页）

《广韵》趄，麦韵；吃，锡韵；得，德韵。由此看来，入声六韵与阳声六韵其主要元音都是一致的，音值当与齐摄相近，合组成一摄的一个重要条件已经具备。

关于鼻收声[－ŋ]的存否，又有下列几点事实。

（1）汉藏对音的梗摄的[－ŋ]的存否情况是：《千字文》共二十六例，其中消失者二十例，存留者六例。《大乘中宗见解》《阿弥陀经》和《金刚经》基本上保留，罗先生就此发论道："从[－ṅ]（案即[－ŋ]）收声的可有可无一点来推想，可见它并不是完全消失，至多不过变成鼻摩擦声[ŷ]罢了。"①再加上考虑到翻译的因素，那么"假如我们不拘牵藏文译音的表面，就是单以《千字文》所代表的方音而论，似乎也应该把这两摄分成[o]、[oŷ]；[e][eŷ]四摄才行呢。"②[－ŋ]既以[ŷ]形式存在，那么，梗摄就难以完全说成阴声。

（2）变文梗摄字母每每有同阳韵、唐韵字相叶，而阳、唐是阳声韵，至少是鼻化韵，与阴声不同。如《维摩诘经讲经文》：

> 实希有，法中王，示迹权为妙吉祥，
> 金紫耀明衣内宝，眉间时放白毫光。
> 花台瑞相时时现，莲座希奇别有名，
> 倾刻便过方丈室，争趋愿礼法中王。（644 页）

正是它们与阳、唐韵通押的韵文。

（3）古书有相应的记载，见《匡谬正俗》。

"……穰字亦音而成反，今关内间里呼禾黍穰穰，音犹然。""今俗呼上下之上，音盛。""俗呼姓杨者往往为盈音。"等等，也都证明俗音中，[－ŋ]未灭。

既然，梗摄的韵尾还以鼻摩擦音的形式存在着，那么就有了

---

① 《唐五代西北方音》，第 42 页。
② 《唐五代西北方音》，第 42 页。

区别齐摄的必要根据。当然我们也注意到文中有梗摄与阴声韵相通的字例,这是因为:①[$\hat{\gamma}$]"是这个很难辨认的音……听的'过'了一点儿就保存住 – n,听的'不及'了一点儿就写作纯元音。"①②相叶的不仅齐摄字,也包括止摄字。要归并也不能只归入齐韵。三、俗文学既以书面形式出现,必然受书面音的影响,具体说受《切韵》诸韵书的影响。石室秘籍不是有许多《切韵》的写本抄卷吗?凡此种种,都是本类独立的依据。

韵字有:

羹境擎惊京更竟镜庆卿坑竞硬迎撑生影永咏荣行兄横兵平明命猛病盲(庚韵)耕争(耕韵)轻倾旌征正整贞祯骋程呈成城诚声圣净者静精井请清情性萦婴营瀛盈逛娉名令领岭(清韵)经钉听挺庭停亭定佞宁青星醒形萤刑迥并瓶屏暝冥令灵零铃冷(青韵)矜凝称澄昇升承胜仍朌(蒸韵)肯灯等腾能憎层僧崩稜登(登韵)。

6. 侵类:相当《广韵》的侵韵,上文讨论过[– m]在唐五代西北地区开始消失的事,但是,变文不完全是口语,因此这一韵系还不能取消它。唐时以诗赋取士,韵书竟至成为幼童必读之物,因此,凡是经过识字人之手的作品,或多或少受到《切韵》的影响,是必然的。变文的侵韵字往往独押,自成一类,虽和已考见的口语有距离,但与受书面语影响的情况相符合。所以,在这一民间的韵系里,我们仍列出独立的侵类、覃类和相应的入声缉类、合类。

韵字有:
金襟擒禽今吟沉霃深针侵寻心淫饮音临林霖淋任。

---

① 《唐五代西北方音》,第40页。

7. 覃类：包括《广韵》谈、盐二韵，据汉藏对音还应包括覃、添、咸、衔、严、凡六韵，但是，这些韵的韵字不见于唱词的押韵处，故略去不述。

韵字有：

堪谈惭三（谈韵）纤潜帘（盐韵）。

8. 支类：包括《广韵》支、脂、之、微、齐、祭六韵，据曲子词还可归入废韵。如《秋吟一本》：

> □□因缘道理，深奉牟尼圣止（旨），
> 玉炉罢燕沉檀，□□□传妙义。
> 安禅动止锵锵，举醋（措）威仪溚（济）溚，
> □□□别莲宫，远诣花轩之地。（810 页）

又：

> 宿种因缘道理，□□□□播美，
> 绮罗香引轻盈，雾縠花红艳曳。
> □□鬓插难皆，龙钏金衔珠丽，
> 更能惠施迦提，□□□般福利。（811 页）

《广韵》义、丽，支韵；地、美、利、旨，脂韵；止，之韵；济，齐韵；曳，祭韵。上例虽短小而包括的韵目却比较全，其余不一一列数了。

《广韵》以支、脂、之三韵为同用，微韵独用，齐、祭二韵同用，分为三组。并且一、二组与三组之间插着鱼、虞、梗三韵，更显示它们之间的差别，不过，这乃是中古音，即所谓《切韵》音系，而近代的合口韵却统在一起了，变文无疑是"统在一起"的先声。可见《切韵》与唐代口语是有相当距离的。

再以同音通假为证。

《维摩诘经讲经文》"《资（智）论》云……"（522 页），此以脂

韵字代支韵字。

《舜子变》"步琴悉(席)上安智(置)"(129页),此以支韵字代之韵字。

《韩擒虎话本》"寄(既)入界守(首)"(199页),此以支韵字代微韵字。

《破魔变文》"小娘子眉奇(齐)龙楼"(345页),此以支韵字代齐韵字。

又"杨妃蒙问,系(喜)从天降"(197页),此以齐韵字代之韵字。也是彼此相通的。

韵字有:

嫛亏奇骑跪歧义蚁议宜危旎知枝智纸捣支是示氏池只谁睡垂棰匙觜翅雌差吹炊此刺斯随髓欹移易戏毁为伪迤迆彼披皮婢臂被靡弥罾丽累儿瑞(支韵)饥季已器弃愧地尼怩致指旨脂追捶锤至迟墀坠治稚帅师诗水醉颣悴翠次死尸衰惟位遗伊悲备批魅寐美媚眉鼻黎犁利泪类李二贰(脂韵)记纪起期旗箕其忌疑拟志止之置痴徵持耻齿值侍司使始试祀时市俟事寺仁士子字思丝史己辞似慈词异矣以喜意里裹而耳(之韵)贵归鬼机几气岂钣威衣依畏围希炜辉晖挥稀违讳帏飞绯非妃肥味未微尾(微韵)稽低弟提题谛涕底体梯泥湮妻牺西栖细齐济嘶奚慧米迷鼙礼(齐韵)偈跽跪滞世岁曳(祭韵)。

9. 鱼类:包括《广韵》鱼、虞、模三韵,《广韵》鱼韵独用,以虞、模二韵同用。变文三韵通押不分。如《庐山远公话》:

> 我等如飞鸟,和尚如大树,
>
> 大树今既移,遣众栖何处。
>
> 化身何所在,空留涅槃勾(句)。
>
> 愿乘智惠灯,莫忘迷去路。(173页)

《广韵》处,鱼韵;树、含,虞韵;路,模韵。《维摩诘经讲经文》有一偈语,是一首七律:

> 为重修禅向此居,我今时固下云衢,
> 钦依戒行如蟾净,忆想清高似岳孤。
> 入定不知功行久,坐禅未委法何如,
> 今将眷属来瞻礼,不审师兄万福无。(623页)

作者辨识字音细致入微,如首句"为重"之"重",重字有二音二义,此处依诗律用仄声,着重之意。又如第三句"功行"之"行",诗律也要求仄声。《广韵》"景迹,又事也","下更切",恰是诗中所用音、义。但是,如此有音韵修养的人物也以三韵通押为合律,足见口语势力之大。诗的五个韵字,按《广韵》居、如,鱼韵;衢、无,虞韵;孤,横韵。

韵字有:

居举据车去渠语女愚御鱼诸煮鼠楚处助筯绪署疏序所书预庶咀胥婿于余餘豫觑虚许嘘誉闾侣虑如絮(鱼韵)句驹聚趣趋具衢惧遇主住厨眯蛛诛珠殊注拄树输竖须取数喻隅谕于羽雨敷府赴辅抚舞夫扶无捕符务武鹉雾缕乳(虞韵)辜孤顾古故鼓固姑枯苦库吴悮误吾悟午五都睹土涂度渡途肚怒奴势祖狙怍素苏诉甦乎护呼虎户胡怙湖布补怖蒲哺铺浦普部步暮募慕路虏露卤(模韵)。

10. 佳类:包括《广韵》佳、皆、灰、咍、泰诸韵,《广韵》佳、皆二韵同用,灰、咍二韵同用,泰韵独用。变文则通押不分。如《太子成道经》:

> 夫人已解别阳台,此事如莲火里开。
> 晓镜罢看桃李面,钿云休插凤凰钗。
> 无明海水从资(兹)竭,烦恼藜林任意摧。

努力向鹫峰从圣道,新妇莫慵谇不搴却回来。(296 页)

《广韵》钗,皆韵;摧,灰韵,开、来,咍韵。又如《下女夫词》的《至堂基诗》:

瑠琉为四壁,磨玉作基阶。

何故相要勒?不是太山崖。(276 页)

《广韵》阶,皆韵;崖,灰韵。校记:"丙、丁、戊三卷'崖'作'崖'。"崖是佳韵字。当然这四韵也可以分成佳、皆和灰、咍二组,但是鉴于上面那样的用韵,作为一种民间唱词的韵系,我还是合成一类了。

韵字有:

解钗差瘥柴牌(佳韵)乖皆界偕街阶斋𮞉晒坏骸拜排(皆韵)塏魁对堆塠腿推退队颓内罪崔摧催嗺碎隈偎徊佪洄回灰嵬槐悔辈倍陪背配否媒楳梅昧(灰韵)改垓慨开咳皑碍能戴胎台苔代栽宰哉灾才财材𣛜在猜菜采彩裁赛颓爱埃咍哀孩海(咍韵)盖泰大奈滞霭会害外呗赖(泰韵)。

11. 萧类: 包括《广韵》萧、宵、肴、豪四韵,《广韵》萧、霄二韵同用,肴韵独用,豪韵独用。变文也是通用不分。如《丑女缘起》:

小娘子如今婷了,免得父娘烦恼,

推得精怪出门,任他到舍相抄(吵)。

王郎咨申大姊,万事今朝总了。

且须遣妻不出,恐怕朋友怪笑。

小娘子莫颠莫强,不要出头出恼(脑),

总王郎心里不嫌,前世业遇须要。(794 页)

《广韵》了,萧韵;笑、要,宵韵;抄(吵),肴韵;恼(脑),豪韵。

韵字有：

浇叫鸟调窕娆燋召要了料寮（萧韵）桥饶照招诏绍烧宵巢少俏悄消霄道小笑夭妖遥摇校飘妙（宵韵）教巧闹㧖炒抄吵孝爆饱卯貌乐（肴韵）高告考靠拷槁到倒捯捣刀讨道逃滔恼早造草噪藻嫂袄好号皓报抱暴毛劳老（豪韵）。

12. 歌类：包括《广韵》歌、戈二韵，这二韵，《广韵》同用，故不举例证。

韵字有：

歌轲峨娥饿多他陀驼跎何河罗㑩（歌韵）过迦我堕隋坐座挫锁贺火和窠波坡陂破颇婆磨摩么（戈韵）。

13. 麻类：相当于《广韵》的麻韵，有人认为唐五代西北方音里，歌、麻二类应合为一，但是，变文从分不从合。略说如下。

二类通押字只有他、华二字，绝大多数字不通押，只能作个别例外处理。① 有一个同音通假颇有说服力。《叶净能诗》"群臣共驾（贺）皇帝"（226页），但不能看做二类可合例。《伍子胥变文》有"三口便即停餐，媿贺（荷）女人，即欲进发。"（6页）贺代荷。而《韩擒虎话本》"今有随驾兵仕到来"（200页），校注：随驾兵士即"隋家兵士"。可见，驾是驾，贺是贺，不能作同音通假论。从押韵和通假看，麻韵和佳、皆韵关系密切，而歌类没有这种相近。

韵字有：

加家瓜夸驾枷跨价牙芽衙打遮车渣奢叉吒阇者瓜茶砂裟舍捨沙斜赊差嗟些邪谢写哑洒呀亚暇化野华下花鸦霞卸葩罢怕麻马。

---

① 如打字，《广韵》作德冷切，不作阴声，但是《燕子赋》却与下、亚等相押，读入麻韵，这是个别字的音变，不能作归并韵类的根据，情理正同。

14.尤类:包括《广韵》尤、侯、幽三韵,《广韵》三韵同用,一般文人之作也往往通叶不分,所以合成一类,无需多述。但是,汉藏对音缺幽韵字例,而变文韵字可以补足,倒是不能不提的。如《降魔变文》:

> 须达陈情而启奏:"臣仕玉阶年月久,
> 顷(倾)肝露胆每兢兢,不曾分寸行虚谬。
> 若将外道并如来,状似嘉禾而比莠。
> 佛身唐唐长丈六,外道还同萤火幼。
> 四大海水纳毛端,五色神光出其口。
> 梵释天王恒引前,八部龙神皆从后。
> 岂将一个汗虾蟆,敢当大圣骐麟斗。"(376 页)

其中缪、幼二字是幽韵。又如《维摩诘经讲经文》:

> 我时闻说没言雎,对彼天人懒出头,
> 演解脱言词远顺,说菩提理事玄幽。
> 维摩才辩谁人对,居士神通卒莫筹,
> 交我若过方丈去,思量往昔至今羞。(600 页)

《广韵》筹、羞,尤韵;头,侯韵;幽,幽韵。

韵字有:

旧韭求咎久牛州周週抽讐(雠)俦丑绌筹手首收受扭酒皱奏就愁秋羞修由诱祐莠右有友游尤忧攸朽休浮不否妇流留(尤韵)钩斗斟头侸投走瘦后喉母亩楼喽(侯韵)幼幽谬缪樛(幽韵)。

以下入声,并同阳声韵相应,事理显明,不再具说缘由。

15.屋类:包括《广韵》屋、沃、烛三韵。

韵字有:

哭谷秃独畜蓄速宿屋育福卜扑伏木禄肉(屋韵)毒(沃韵)曲狱触嘱赎烛足束粟欲鹄绿辱(烛韵)。

16. 质类：包括《广韵》质、术、栉、物、迄诸韵,和阳声韵相应,月韵也不在本类。

韵字有：

质失戌实室七疾悉一溢逸毕匹密日(质韵)述术出怵(术韵)栉唧(栉韵)屈佛郁弗(物韵)没骨(没韵)。

17. 月类：包括《广韵》月、曷、末、黠、鎋、屑、薛七韵。

韵字有：

阙月曰憩歇发(月韵)割达萨(曷韵)脱夺撮活末沫(末韵)察(黠韵)曷絜铁迭切节切咽穴血(屑韵)蘖掇折拙彻雪绝说别灭劣烈裂(薛韵)。

18. 药类：包括《广韵》药、铎、觉三韵,变文唱词凡觉韵字均与药、铎二韵相押,比阳声三韵,一致性更突出。

韵字有：

脚却斫著灼酌雀削约掠弱(药韵)阁愕萼腭恶鹤作错臛膊幕落乐(铎韵)觉唪剥(觉韵)。

19. 陌类：包括《广韵》陌、麦、昔、锡、职、德六韵。

韵字有：

格客额逆宅索吓赫百伯白柏(陌韵)楝掴趚翮(麦韵)赤夕碛跡(迹)积惜籍易益役臂(昔韵)吃击激的逷戚析历(锡韵)极殛棘侧敕色识食息忆亿翼逼(职韵)国剋德得则黑北墨力(德韵)。

20. 辑类：相当于《广韵》缉韵。

韵字有：

急及泣计执集湿拾挹立入。

21. 合类：包括《广韵》合、叶、业、洽、狎、盍、帖、乏八韵,但是,后面五韵不见于唱词的韵脚,故缺。

韵字有：

鸽匝(合韵)涉摄接叶(叶韵)劫业(业韵)。

上二十一类基于《切韵》,又大不同于《切韵》,大致是当时口语之音,洋溢着方言气息,但又很有书面语的痕迹,它就是一部唐五代民间韵书的面貌轮廓。

三、通押接近今音

通押,罗常培、周祖谟二先生曾称之为"合韵",情况很复杂。二先生在《汉魏晋南北朝韵部演变研究》中论述过:"不过古人押韵的情形很复杂,就现在的分部来说,不同部的字在一起押韵的例子还很多,这可能是由于作者的方音本为一部,所以在一起押韵,也可能是因为作者在押韵上很难做到不超出同一部的范围,随着文意,只要两部字音相近也就一起通押,推想这两种情况可能都有。但不论属于哪一种情况,凡在一起通押的声音必然相近,声音不相近的也绝不会在一起相押。这种异部通押的例子……统称为'合韵'。""……这种合韵的材料非常重要,有很多韵部读音的问题和方音的问题都可以从合韵材料中看出一些端倪来。"[①]从理论上,论述了通押及通押在音韵研究中的价值。

与它相比,变文的通押有三点不同:1. 前者用的是文人作品,变文却是民间文学,因此,接近口语,或者说就是口语。2. 前者时代是两汉,变文却在唐五代,接近今音。这里所指的今音主要是普通话语音。3. 前者研究当时的通语,变文应当着重研究唐五代西北方音。将这些因素综合起来,一言以蔽之,变文通押有着许多今音的"端倪"。特举其大端如下:

1. 东类与真类通押,真类与庚类通押。如《破魔变文》:

擎山撮海骋神通,方梁槫木遍虚空,

---

① 分别见《汉魏晋南北朝韵部演变研究》第45、66页。

> 拟害如来三界主,恰似落叶遇秋风。
>
> 魔王自为督元师,怕急潜身无处容,
>
> 遂向军前亲号令,火急抽兵却归宫。
>
> 不念自是邪神类,比并天中大世尊,
>
> 罗汉虽然是小圣,力敌天魔万万重。(349 页)

共七个韵字,除尊属真类外,其余通、空、风、客、宫、重六字均属东类。又如《维摩诘经讲经文》：

> 居士神通不可论,情声美誉满乾坤,
>
> 六根磨炼三祇劫,一语苞(包)藏万法通。
>
> 方丈室中身染疾,合教传语赐安存,
>
> 忽然被问无词对,却恐临时辱世尊。(605—606 页)

五个韵字中,除通属东类外,其余论、坤、存、尊均属真韵。饶有启发的是二例恰巧配对,而且都包含通和尊,从而把二类接近这种语音衬托得格外明白。

信手拈来的同音通假当是考见古口语音的好材料。《庐山远公话》说相公从福光寺听道安讲经归家,与妻子谈话。"相公曰：'夫人众(曾)读《法华经》已否?'夫人曰：'曾读《法华经》。'"(178 页)这里以众代曾是再明显不过的了,而众为东类字,曾是庚类字,东庚二类音近与东类接近真类相同。宋人刘攽记述过类似的唐音,并点明地域是关中。宋继唐后,时代不远,所记当是比较可信的。"周人语转,亦如关中以中为蒸,虫为尘。"[1]中而为蒸,是东类读如庚类的音例,虫为尘,是东类读如真类的音例。又说："向敏中镇长安,土人不敢卖蒸饼,恐触中字讳也。"[2]中而讳

---

① 见《中山诗话》。

② 见《中山诗话》。

蒸,音近之故,与"中为蒸,虫为尘"的语可以互证。"敏中镇长安"点出此语音的时间与地域,"土人"云云,更是流行的土俗语音无疑。现代方音调查证实:敦煌一带"虽然地域上属于河西地区,但是它的方言却很接近于陕西关中地区的方言",甚至甘肃全省也"属于北方话系统,和普遍话相去不远"①。

我们可以把中间的脉络描述出来。如果说唐五代的变文开了东类近庚类的端倪的话,那么,由宋及元,就有韵书为物证了。这个物证即是著名的《中原音韵》。它的东钟韵和庚青韵的唇音字是互收的。单是平声就有二十二个:

兄泓崩绷烹茶盲薨萌横嵘弘彭棚鹏永猛艋蜢孟咏莹迸。

到明代有一部袁鸣泰编的《广韵隽》,今存日本,乃是公元1620 年前之作。它"东、冬(东、冬、钟)韵通用,而且庚、耕、清韵的合口呼以及唇音字的一部分同东、钟韵合流"。到清代我们可以从名著《红楼梦》里看到这类押韵,其势力之大是不难想见的。如第五回的《聪明误》一曲:

> 机关算尽太聪明,反算了卿卿性命! 生前心已碎,死后性空灵。家富人宁,终有个,家亡人散各奔腾。枉费了,意悬悬半世心,好一似,荡悠悠三更梦。忽喇喇似大厦倾,昏惨惨似灯将尽。呀! 一场欢喜忽悲辛。叹人世,终难定。

如果要问这叫什么韵类? 那么可以说几乎就是明末清初开始出现,到今天还为不少人使用的十三辙的庚东辙。罗常培先生有一段话可以作为这一发展的小结,他说:"从《中原音韵》起,一部分庚青部的合口字已然互见于东钟韵,可见[－neug]和[－ong]两韵早就有混乱的趋势了,后来的韵书有的保存东钟一

①　见中国语学会《中国语学》第 229 期的《关于〈广韵隽〉》一文。

类的韵目,有的保存庚青一类的韵目,实际上没有什么差异。"①
现在可以稍加补充的是,此事非从《中原音韵》起,变文中就已经
表现出来了。时间至少提前几百年。

反过来再看变文,有些现象更明了了。如《韩擒虎变文》的
恐字:"时韩擒虎亦见箭不解,不恐拜舞,独立殿中。"(204 页)恐
的同音为肯,《广韵》恐,钟韵;肯,登韵,观文意,肯才妥帖。又如
《秋胡变文》"朕为元首,臣作股肛(肱)"(155 页),所以拿肛来
代,是误认肛从工读如东类之故,因此,得以代登韵字。

2. 鱼、虞二韵字往往与支类通押,如《龂龂书》:

> 隅中巳,专心发愤寻诗书,
>
> 每忆贤人羊角哀,求学山中并粮死。(860 页)

它是《十二时》诗的一节,由于首句入韵,所以有三个韵字:巳、
书、死,二个支类字夹一个鱼韵字。唱词用韵,若这等甚多,不列
举。总而言之,通押入支类的鱼、虞韵字有八个:虑渠书虞遇树婿
去;通押入鱼、虞二韵的支类字有一个。鱼类的模韵字不在这种
通押中,是很值得注意的。

鱼类包括三韵,鱼、虞二韵既与模韵有一致性,另一方面又与
支类关系密切,从而,使自己处在中间地位。换句话说鱼类有分
化的可能,变文诗韵证实了音韵学家的科学推测:"恐怕从五代
起,鱼、虞渐有混而不分的趋势了。在现代西北方音里,模韵已全
变[u],鱼虞两韵也已合而为[y]。"②在《切韵》一系的韵书里,这
个问题一向是掩盖着的,或者说《切韵》还没有独立的[y]韵。因
此,它的产生究竟始于何时,也一直没有弄清楚。王力先生在他

---

① 见《罗常培语言学论文选集》,商务印书馆 2004 年版,第 161 页。
② 《唐五代西北方音》,第 153 页。

的《汉语史稿》里提出了下限,这是迄今我所见的最明确的论断。"在什么时代模鱼虞分为[u]、[y]两音呢?我们认为这个音变最晚在十六世纪已经完成了。"①变文大部分成于九、十世纪,它同汉藏对音等史料一起证明了分化大约在那时就完成了。这在音韵史上不能不说是很有意义的事。至于始于何时,还有待进一步探求。

利用这个音理,读变文可以有好处。如《庐山远公话》:"三寸去断,即是来生"(180 页),去应是借代气字,下文"所欲皆从三寸气生"②是其证。但是,去何以代气,同音之理如何?原来就是鱼类支类音近。《广韵》去,虞韵字;气,细韵字。甚至文人作品也会有所启发。《旧五代史·唐书·王都传》:"同光三年,庄宗幸邺都,(王)都来朝觐,留宴旬日,锡赉巨万,迁太尉、侍中。时周玄豹见之曰:'形若鲤鱼,难免刀机。'"③周所云可能是一句用韵的俗谚。鱼,鱼韵;机,微韵。刀机原应是刀俎。王都声势煊赫,所谓圣眷正隆,周立豹借俗谚言之。可以看出他的不忿,还可以看出他的机智。

[i]、[y]通押是普通话的正宗,所以十三辙的一七辙至少还有活力,这是一,近代则有北京民歌,这是二。

> 有个大姐正十七,过了四年二十一,
> 寻个丈夫才十岁,她比丈夫大十一,
> 一天井台去打水,一头高来一头低,
> 不看公婆待我好,把你推到井里去。④

------

① 《汉语史稿》,第 170 页。
② 《汉语史稿》,第 180 页。
③ 《旧五代史·唐书·王都传》,第 732 页。
④ 《中国民歌资料》第一集,第 43 页。

往前则有《红楼梦》的《诗谜》，这是三。

> 溪壑分离，红尘游戏，真何趣？名利犹虚，后事总
难维。①

可见变文语音同这一脉是血肉相关的。

3. 尤类唇音与鱼类三韵通押，《韵英》所记为唐代秦音，即关中音，最可为证。但是书已佚而不存。现在只能从玄应《一切经音义》找到残存部分，恰好记载着尤韵唇音字的反切。

"覆载：上敷务反，见《韵英》，秦音也。诸字书为敷救反，关楚之音也。"

"堆阜……下扶久反，吴楚之音也。《韵英》，扶武反。"所以，黄淬伯先生总结为："《切韵》尤韵唇音字读轻唇者，《韵英》多转于虞，其读重唇者多转于模。"②就是唐代的关中音。

变文用韵亦如此，如《丑女缘起》：

> 女缘前生貌不敫（敷），每看恰似兽头牟，
> 天然既没红桃色，遮莫七宝叫身铺。
> 夫主诳来身已倒，宫人侍婢一时扶，
> 多少内人噴（喷）水救，须臾得活却醒苏。（793 页）

牟是尤类字，与鱼类的敷、铺、扶、苏通押。校记又说："此句（泉按：指'每看恰似曾头牟'）乙卷作'每看如似兽形躯'。"（804 页）躯是虞韵字，它与牟为韵脚异文。方音特色很强。

> 不要称怨道苦，早晚得这个新妇，
> 虽则容貌不强，且是国王之女。

① 《红楼梦》第五十回，人民文学出版社 1973 年版。
② 黄淬伯：《慧琳一切经音义反切考》卷四，国立中央研究院历史语言研究所专刊之六，1931 年，第 105 页。

> 向今正直年少,又索得当朝公主。
>
> 鬼神大晒偻偊,不敢猥门傍户。(793—794 页)

要而言之,尤类字通押入鱼类韵者竟有十字:母妇牟富茂负覆缶久否,数目之多,可见二类关系之密切。

同音通假也很明显,如《叶净能诗》:

> 净能引皇帝直至娑罗树边看树,皇帝见其树,高下莫恻(测)其涯,枝条直赴三千大千世界。(225 页)

又如《李陵变文》:

> 负特黄(皇)天孤傅(负)士。(90 页)

《韩擒虎话本》以府代否:

> 或遇五道大神,但某清假三日,得之已府(否)?(206 页)

不但变文、关中之音如此,而且广大北方地区都如此。王力先生分析白居易《琵琶行》用韵,以之为住、部、妒、数、污、度、故、妇、去押韵为例,发论道:"特别值得注意的是'妇'字,依传统的诗韵来说,无论如何'妇'字不应和'住、数'等字押韵,可见中唐'妇'字的读音已经接近现代的读音了。"[①]我统计了一下,白居易诗共有五个尤、侯韵的唇音字都"值得特别注意的",它们是:妇、母、亩、覆、茂,从而又接触到今音的来源。

唐代并不是所有地区都这样读,上文所引的《韵英》,便记明吴楚音不同。

4.鼻收声发生显著的变化,变化含义有:

(1)唇鼻收声[－m]趋于消失,已见上述,不赘。

(2)韵腹相同而鼻收声不同的韵可以通押。

---

① 《汉语史稿》,第 21 页。

（3）阳声韵与阴声韵通押，与支类通叶最多，可以认为在高元音之后，鼻收声最易失去，如《维摩诘经讲经文》：

> 知道庵园演正真，入王官内化王孙。
> 如烟柳下排公子，似锦花前烈（列）彩嫔，
> 画舸信从流水去，白醪携得满杯斟。
> 维摩直到贪欢处，教化合交礼世尊。（553 页）

这是［－m］混押于［－n］的例。如《妙法莲花经讲经文》：

> 净土高飞未尽程，凡夫颠到（倒）忘（妄）心生，
> 既无少善资身业，合眼三涂路上儿（行）。
> 须觉悟，早修行，浮世终归不久停，
> 煞鬼岂曾饶富贵，无常未肯怕公卿。
> 直须认取浮生理，不要贪阘（嗔）没底沉，
> 来世示君何处好，西方净土证无生。（503—504 页）

这是［－m］混押于［－ŋ］的例子。还有［－n］与［ŋ］混押的，如上文引到的真类与庚类通押。这是《唐五代西北方音》所不曾论及的，但是，今兰州方言鼻收声只有［n］，敦煌方言鼻收声只有［－ŋ］。因此这种通押就不能不引起我们的注意。如《欢喜国王缘》：

> 死苦为计遍此身，便于山里礼名僧，
> 初占（瞻）月面精神爽，后得谈经去夜昏。
> 欲识心珠先发愿，要穷佛法传香灯，
> 但于言下知归处，誓学年尼六度门。（776 页）

昏、门，真类；僧、灯，庚类。同篇：

> 忽地夫人气色昏，泪流如线莫能胜，

定知玉貌终皈七①,争忍夫人化作尘。
这度清鸾才失伴,后回花小(雀)为谁春,
国王见此心惊怪,嫔彩皆言悟一人。(772—773页)

胜,庚类;昏、尘、春、人,真类。同音通假也如此。如《韩擒虎话本》以身代胜(197页),以璘代陵(199页),以影代隐(206页)。《破魔变文》以邻代陵(351页),《妙法莲华经讲经文》以申代生(512页),《孝子传》以闻代明(901页),《汉将王陵变》以声代身(43页)等等,数量真不少。

至于同阴声韵通押,其例更多。如《丑女缘起》:

只首思量也大奇,朕今王种岂如斯,
丑陋世间人总有,未见今朝恶相仪。
肾崇踻蹜如龟鳖,浑身又似野猪皮,
饶你丹青心里巧,彩色千般画不成。
兽头浑是可憎儿,国内计应无比并,
若论此女形貌相,长大将身娉阿谁。(788—789页)

为省篇幅,不列举,总计变文中阴阳通押二十例,其中与支类通押有十三例。同音通假如《庐山远公话》以筋代鸡(179页),《叶净能诗》以定代第(218页),《汉将王陵变》以纪代经(44页),《维摩诘经讲经文》以济代紧(615页),等等。其鼻收声(不论[n]与[ŋ])很可能演变为罗常培先生所拟测的[ɣ̂]。今兰州话和敦煌话都有相当多的鼻化韵,可为佐证。上面谈到收[-n]和收[-ŋ]韵通押,也可能都转为鼻化韵,尾音为[ɣ̂]。

① “七”疑为“土”字。

5. 入收声弱化，入声韵趋于阴声韵，其表现有二。不同入收声的韵通押，说明各种入收声在弱化；入声韵和阴声韵通押。

不同入收声韵类的通押，如《维摩诘经讲经文》：

> 寻常举动见闻深，凡所施为功行密，
> 是故经中广赞扬，万般一切由心识。
> 信心最上说功能，七圣财中为第一。
> 休白头头作妄缘，真须处处行真（斟）酌。（519 页）
> ……

这段唱词押二十九个入声韵字，其中属质类七个：失、屈、密、一、逸、出、质；陌类的有十个：识、逆、力、历、尺、溺、撼、觅、益、擗；药类一个：酌。以上是收［-t］和收［-g］的通押。不仅通押，并且通假，如《维摩诘经讲经文》"万千经典息（悉）通达"（525 页）的以息代悉等，这一通押的实质是其中某个收声变同另一个呢？还是一个收声变得可有可无呢？还是二个收声一齐弱化呢？不能肯定。

但是，阴入通押和通假的例子道出了底蕴：入收声弱化了，或者说消失了，所以能与阴声韵音近。看看《下女夫词》的以意代一（276 页），《晏子赋》以意代益，《庐山远公话》的以及代既（170 页），是不难意会的。想当年，罗常培先生发现两对阴声韵字和入声韵相注的音例，不禁称为入声韵消失的"朕兆"，希望学界重视。而今，变文中阴声韵代入声韵例至少有二十多个，以入声韵代阴声韵例至少也有二十多个。数量之大，使我们可以更大胆地判断。这里有一个很好的例子。《捉季布传文》"试交骑马捻毬仗"（63 页）。毬，《一切经音义》音"巨六反"，又"今俗呼音求者"①。古作鞠，却是入声，而变文一律用毬。《封氏闻见记》：

----

① 《慧琳音义》卷二十六，第 3 页；卷六十二，第 15 页。

"《汉书·艺文志》：'蹴鞠二十五篇。'颜注云：'鞠以韦为之，实以物，蹴蹋为戏。蹴鞠，陈力之事，故附于兵法，蹴音子六反，鞠音巨六反。'近俗声讹，谓鞠为球，字亦从而变焉，非古也。"唐代诗人蔡孚写了《打球篇》的长诗，自序"打球者，往之蹴蹴古戏也"①。变文用毬字，正说明口语中以阴声韵读为正音。

6. 阳类细音与庚类细音通押。如《维摩诘经讲经文》以争、坑、忘、崩、光通叶（741 页），《下女夫词》又以庭与光通押（275 页），《燕子赋》以听、声、庭、名、当、尝、乡、坊、平、常、生、净通押（263 页），这些字在《广韵》中分布的情况如下：

阳韵开口三等有：娘、坊、乡、尝。

阳韵开口四等有：祥。

阳韵合口三等有：王、忘。

唐韵合口一等有：光。

唐韵开口一等有：当。

庚韵开口二等有：坑。

庚韵开口三等有：生。

庚韵合口三等有：平。

耕韵开口二等有：争。

清韵开口三等有：名、声。

青韵开口四等有：庭、听。

登韵开口一等有：崩。

绝大部分是三、四等字。唐初颜师古写道："俗呼姓杨者为盈音。"②杨，阳韵开三等，盈，清韵开四等。"今俗呼上下之上，音

---

① 见《全唐诗》卷七十五，第 3 册，第 817 页。

② 见《匡谬正俗》卷六，商务印书馆《万有文库》本。这里几条引文均出此书。

盛。"又"斯则上有市郢反音矣"。上，阳韵开三等；郢，清韵开四等；盛，清韵开三等；三等四等相混。

"穰字亦当音而成反，今关内闾里呼禾黍穰穰音犹然。"内中"关内闾里"说出这种语音的地域，今者，唐初也。

上六条，五条几乎与今音全合，只有剩下的第六条，看来是西北方音唐五代时所特有。就此说明，当时西北方音与今音关系甚密；西北方音在当时也是北方话的分支。

四、三种比较

据上所述，这一民间诗韵有二十一类和六种通押两大部分，但是，韵系只是一个。我们如果把它们合成一表，从探究语音史看，必将很有意义。因此，就把它作为小结。

庚类　　（还包括东类，部分侵类）

阳类

真类　　（还包括侵类）

元类　　（还包括覃类）

支类　　（还包括缉类、质类、陌类的一部分、鱼类的一部分）

鱼类　　（还包括屋类、尤类的唇音字）

佳类

萧类　　（还包括药类）

歌类

麻类　　（还包括合类）

尤类　　（还包括属类）

共十一类。这当然是一个轮廓型的描绘，但足以看出发展大势。它的详情已如上述，不再重复。

第一种比较是与今敦煌方言的对照。据兰州大学中文系方言调查组的调查,"敦煌方言有三十二个韵母……前后鼻音不分,都并入后鼻音……[o]韵并入[a]韵"。今据主要元音相同或相近归类,再与变文诗韵对比:

今敦煌话韵母	变文诗韵
[ʅ][ɿ][i][ʯ]	支类
[u][y]	鱼类
[ɛ][uɜ]	佳类
[ti][uei]	支类、佳类
[ɔ][iɔ]	萧类
[ou][iou]	尤类
[æ̃][iæ̃][uæ̃][yæ̃]	庚类
[ɔ̃][iɔ̃][uɔ̃]	阳类
[ə][iə][uɔ̃][yə]	歌类
[a][ia][ua]	麻类

这一比较说明:1.变文诗韵与今敦煌音惊人相似,从而,为变文诗韵提供了语言基础,它是或者几乎是往昔的活语言。尽管今天方音从时间上说,是远了一些。2.梗、齐二摄不合并是有根据的,因为今敦煌音明显的鼻化韵。歌、麻之分也添了新根据。

第二种比较是与《广韵》即《切韵》。上文的叙述,可以说,处处都在进行,因此,也不再细说。重要的有几点。

1.《广韵》的一整套闭口韵(唇音九韵)消失了或者几乎消失了。

2.《广韵》的一整套入声韵消失了或者几乎消失了。

3.《广韵》韵目已经大幅度合并了。

当然还有别的,但是,这三点是中古韵与今音最不相同的地方,变文可以说是这种不同的起点和过渡桥梁,特别是过渡桥梁。

第三种比较是与汉藏对音,汉藏对音的韵类如下:

a 摄(《广韵》歌、戈、麻、佳四韵)

o 摄(《广韵》模、阳、唐三韵)

e 摄(《广韵》庚、耕、清、齐四韵)

i 摄(《广韵》脂、之、支、微、鱼五韵)

u 摄(《广韵》虞、鱼、模、尤、侯五韵)

ai 摄(《广韵》咍、灰、泰三韵)

ei 摄(《广韵》皆、佳、齐、祭四韵)

au 摄(《广韵》豪、肴、宵、侯四韵)

eu 摄(《广韵》侯、尤、豪、肴、萧、宵六韵)

im 摄(《广韵》侵韵)

in 摄(《广韵》真、谆、臻、文、欣、魂、痕七韵)

an 摄(《广韵》寒、桓、删、山、先、仙、元七韵)

am 摄(《广韵》覃、谈、盐、添、衔、咸、严、凡八韵)

aŋ 摄(《广韵》江、唐、阳三韵)

oŋ 摄(《广韵》东、冬、唐、阳四韵)

ab 摄(《广韵》合、狎、乏、叶、帖五韵)

ib 摄(《广韵》缉韵)

iɤ 摄(《广韵》质、术、没、物四韵)

ar 摄(《广韵》月、曷、末、黠、鎋、薛六韵)

ag 摄(《广韵》铎、药、觉三韵)

tg 摄(《广韵》陌、麦、昔、锡、德、职六韵)

共二十一摄。首先,二者是相互为证,相得益彰的,别看有二十一摄与十一类之差,变文诗韵也是二十一类,二者相比,大致不差。如元韵的变化,江韵与阳、唐二韵并合,侵韵与缉韵的保留独立,等等。其主要不同是[-m]的消失,[-ŋ]分化为[ɤ̂]和保存二途,入收声的消失,歌麻分立等,是变文可以补充汉藏对音的,这些大都是新鲜的口语,而汉藏对音出于文士之手,必受韵书影响,比较起来接近书面音一些。而民间文学正是口语用武之地,我们这里所论的唐民间诗韵,正是民间文学贡献给音韵学的一份极为宝贵的礼物。

敦煌曲子词用韵考

敦煌曲子词是唐代民间文学珍品,它的发现,填补了文学史上关于唐宋词起源的空缺。它那纯朴自然的语言,保存着古代西北口语,词学家们常常提及的"方音",就是这种口语的突出表现。如任二北先生就认为《苏莫遮》是"方音叶韵中最健全之例"。其词其论,抄录如下:

> 聪明儿。禀天性。莫把潘安才貌相比并。弓马学来阵上骋。似虎入丘山。勇猛应难比。　　善能歌。打难令。正是聪明。处处皆通闲。久后策官应决定。马上盘枪□佐当今帝。①

"依罗常培《唐五代西北方音》以'清'注'齐'例,'比'与'并''帝'与'定',均可互注。全词叶韵之中,既有两组韵字如此相叶,当与单组偶然者不同,故此词可认为方音叶韵中最健全之例,不可多得。"②

但是,方音的研究还可以深入,即以此词而论,《广韵》:比,止韵;帝,齐韵;并、定,径韵。虽合乎罗书(指罗常培先生的《唐五代西北方音》)并合之例,但又有超出,这是因为:一、罗书专研究汉、藏对音和《开蒙要训》注音,不涉及当时民间文学作品如曲

---

①　《敦煌曲子词集》,第 47 页。以下引用该书只在引文后标出页码。

②　任二北:《敦煌曲校录》,第 70 页。下简称《校录》。

子词、变文等的用韵。二、其所据《开蒙要训》十二例注音,属庚、清、青三韵的十二字都是开口三、四等,即带"i"介音的字。梗摄还有一、二等字,却没有找到它们与齐、祭韵互注的例,甚至也没有找到它们与三、四等互注的例,可以说,这种合并,梗摄似乎限在三、四等字。但是,曲子词不仅出现二、三、四等通叶,如《浪淘沙》以平、行、行、迎、行为韵(31 页),而且还有梗摄与止摄通叶的,如《菩萨蛮》以成、亭、瓶、垂叶韵(25 页)。三、从罗书的补充说明也得到证实。"不过从'梗摄'变入此摄的字也应该是带鼻摩擦音的[eɣ̃],而不是纯粹口音[e]。"(100 页)"这里把它们并成一摄只是拿藏音的表面写法作标准罢了。"(97 页)就是说与实际发音有距离。

梗、齐、止三摄混通,曲子词中是常见的。如《谒金门》,《校录》把"得谒金门朝帝庭"的庭,校改为"陛",说:"'陛'原作'庭',失韵,可能亦为方音关系。"(61 页)但是,看字形《敦煌曲子词集》"庭"作"羑"。注:"甲卷如此作,不识何字。乙卷作庭。"(48 页)庭,羑形近,而"陛"字甚远。看词义:"帝庭"与"帝陛"义近,曲子词中与它相类的有"龙廷",见《菩萨蛮》(26 页);"边庭",见《荣怨春》(61 页);变文有"门庭",见《下女夫词》。相比起来,"帝庭"更切合民间文学词语通俗的风格。看字音:既认为"方音关系",就不能说"失韵",也不必改字。即使校改为"陛",字属齐韵去声,与其余七个韵字属止摄平声,脂、之、微三韵不叶:非只韵摄不同,并且声调各别。又如《生查子》的"郁郁赴云霞,且拥高峰顶",《校录》以为"失韵"、改"顶"为"际"。(49 页)其实,"顶"与起、地、意叶韵,正是曲子词用韵的特点,不能说"失韵"。"高峰顶"的说法唐代习见,仅以白居易《登商山最高顶》一诗为例:"高高此山顶,四望唯烟云。"其诗题和诗都能说明:"高峰顶"指高峰头,与高峰义别,不能用"际"代替。

又《西江月》：

> 女伴同寻烟水。今宵江月分明。舵头无力一船横。波面微风暗起。　拨棹乘船无定止。渔歌处处闻声。连天红浪浸秋星。误入蓼花丛里。

词律此调二韵，上下片的首尾四句为一韵，中间四句又一韵。此词的水、起、止、里，罗书归止摄；明、横、声、星，罗书入齐摄。对此，可以有三种解释：一、用罗书例。能合词律，只是与曲子词齐、止、梗三摄往往混叶有点扞格。二、依曲子词混叶例，分平仄二韵，也能合词律。三、梗摄与齐、止二摄既可通叶，又能分立，因为鼻收声未尽失。何者为好，值得研究。《校录》还说："拨棹乘船无定止"，"'止'原作'正'，失韵"。(41 页)如果说形近，颇合情理，这在《旧唐书》《北史》《全唐诗》中是常见的。然而，斥为"失韵"，就使人想到《苏莫遮》的比、并叶韵，同一音例，似不宜作两样看待。

所有这些，都说明曲子词用韵需要作为专题，加以系统、全面地考察。但是，谈到词韵，就会想起《词林正韵》，这本书没有包括曲子词这样重要的作品，而且它那不分地域，不辨时代的笼统做法，从音韵学看，也有很大的缺点。曲子词时、地集中，口语性强，非但《词林正韵》不适用，就连当时的韵书也限制不了。下举一例，夏承焘先生说：《鱼歌子》"为四声通叶之最早者"（《词林略例》）。"四声通叶"换成音韵学的说法是：入收声消失。因此，通叶的四声，实是三声。我们知道，入声的有无，是古代汉语同现代汉语的重大差别之一。罗常培先生当年从《开蒙要训》注音中发现了一个音例，曾非常兴奋地写道："入声收声也露了消变的朕兆了。"[1]又道："这一个特殊例子是很值得

---

[1]　罗常培：《唐五代西北方音》，第 122 页。

我们注意的。"①这种特殊例子,曲子词中不少,而变文用韵和通假字中则更多。

本文采用王重民先生的《敦煌曲子词集》,它校勘严谨,意在存真,资料丰富。序称"凡伯希和劫走者十七卷,斯坦因劫走者十一卷,上虞罗氏藏三卷,日人藏影片一卷,都三十有二卷,共录曲子词二百十三首(内十二首残),以相校补,除复重五十一首,定著为一百六十二首(内七首残)"。我又剔除文人署名的五首,计得一百五十七首(内七首残),除去残缺和复重的韵字,总得韵字五百五十六个。虽然数量较少,系连有困难,但是,借助词律,即词律叶韵字同归一类的办法(曲子词律见附录一),系连而得十八类,分述如下。

一、通　类

《广韵》东独用,冬、钟同用(下所用《广韵》韵目字,无特殊说明,并以平声赅上、去声之目),曲子词通叶不分。得廿三字:东十六,钟七,冬无字。罗书东摄也包括这三韵,但是内分二小类:东一等和冬互注,东三等和钟互注,彼此"截然不混"。(114页)曲子词不分二类,如失调名之十(65页)红、晓、空属东一等,风、中、穷属东三等;《菩萨蛮》(27页)以东一等之同与钟韵之峰叶韵等等。(详见附录三《曲子词韵读表》)唐代著名的民间文学作品变文的唱词用韵正与曲子词同,如《降魔变文》以空、中、同、恭、从、龙、春叶韵②,东一等与东三等相叶;《张淮深变文》以聪、容、墉、重、忠叶韵(124页),东一等、东三等、钟韵混叶。同音通

---

① 罗常培:《唐五代西北方音》,第120页。
② 《敦煌变文集》,第389页。

假,下笔信手写来,是考见口语的很有价值的资料。也是二类通用。如《张淮深变文》:"到后金銮朝奏日,冲融敷对为周旋。"(125页)注:向达先生云"冲融即从容"(128页)。冲,东一等;从,钟韵。《叶净能诗》"尊师匆(从)安(容)升天"(216页),匆,东一等。甚至唐代西北籍诗人如华原的令狐楚,姑藏的李益等人也是这样。令狐楚的《赠毛仙翁》诗,以童茸功同叶韵;李益的《溪中月下寄杨子尉封亮》诗,以惊风同空逢穷功丛叶韵等等。一般地说,文人用韵较严,他们的通叶,更可证明民间作品三韵相通的可信,它是《中原音韵》的"东钟"韵的先声。

二、止　类

《广韵》支、脂、之同用,微独用,齐、祭同用,废独用,曲子词此七韵通叶。得九十二字:支十五,脂廿一,之十七,微十五,齐十五,祭一,废一,别类混叶者七。罗书以支、脂、之、微归止摄,以齐、祭属齐摄,白居易诗以齐、祭叶蟹摄,相比起来曲子词更接近现代汉语。如,《谒金门》八韵:支二、脂四、微一、齐一(48页);《苏莫遮》六韵:脂四、之一、祭一(90页);《鱼歌子》废、支、脂三韵通叶:睡、吹、至、醉、起、被、是、地(55页)。废韵字少,用作韵字更不多见。周祖谟先生说:"北宋除支、脂、之、微通用外,齐韵平上去三声及去声之祭亦均与以上四韵合用不分。"[1]变文同,如《王昭君变文》以妃、微、绯、旗、围、危、辉、衣、肥、归、帏、西叶韵(100页),计微韵字十,之韵字一,齐韵字一;《秋吟一本》以美、曳、丽、利叶韵(811页),曳为祭韵字。据《敦煌俗文学中的别字异文和唐五代西北方音》一文统计,同音代替字有"支、齐代用

---

[1]　《问学集·宋代汴洛语音考》,第611页。

例"，"脂、齐代用例"，"止、齐代用例"。① 作者认为由于罗书"没有止摄各韵和齐韵混淆的例子"，因此可以"重订"止摄的音值。

唐代文献也有类似的记载：张参《五经文字》："犁，洛西反，《论语》或借为犁牛，力之反"，即齐韵字可借读之韵。颜师古《匡谬正俗》："虵，《字林》弋豉反"，"俗音讹舛，故转为曳，亦犹轻易之易，鄙俗或为曳"。同样的话也见于他的《汉书·武帝纪》注。真、祭相混，是唐代俗音，这和曲子词用韵是一致的。

入声锡韵之"的"与本类通叶，见《拜新月》，它以知、的、衣，伊叶韵(81 页)；职韵之"得"与本类通叶，见《定风波》，它以迟、微、得叶韵(51 页)，都表明入收声在消变。《浣溪纱》的"百鸟相依投林宿"，《校录》云"'相依'原作'相忆'"(43 页)亦是其例。这些情况同罗先生发现的以"巨"注"展"的入声消失一例，完全一致。因为他认为"巨""应读为'ki'"(120 页)，是归入止摄的。这也能助证齐、止之通。

鱼韵之"婿"与本类通叶，见《倾杯乐》(78 页)。这首词的其余韵字是：迤、戏属支韵，比、媚、眉脂韵，子、里属之韵，髻属齐韵。罗书将鱼韵与支、脂、之、微四韵的开口合为止摄，认为这是西北方音的重要特征。曲子词用韵类似，并且齐韵也可通叶。

三、虞　类

《广韵》鱼独用，虞、模同用，曲子词通叶不分。得三十九字：鱼十四，虞十，模十一，别类混叶者四。如《鱼歌子》以愦、路、雨、步、女、与、醋、负叶韵(82 页)，其中愦、路、步、醋属模韵，雨属虞

---

① 《敦煌俗文学中的别字异文和唐五代西北方音》，《中国语文》1963
年第 3 期。

韵,女、与属鱼韵,负是尤韵字。变文如《丑女缘起》以女、主、户为韵(794 页),《父母恩重经讲经文》以女、护、谕、取为韵(688页),也是通叶不分的。"然自唐代,洛阳音三韵即用不分,如元结《游潓泉示泉上学者》以拘、舒、除、隅、蔬、居、殊、符为韵,是其例也。宋代汴洛之间鱼、虞、模合为一类与唐代相同。"①可见,三韵通叶,地区不限于西北,作者不限于民间。

罗书构拟止摄音值为[i],虞摄为[u],模摄为[o]。三韵既然通叶,这拟值就可商榷。婿,今兰州音读[y]韵,据此,鱼韵宜读[y],[y]通[i],通[u],都比较容易。罗先生自己也补充说:"恐怕从五代起鱼、虞渐有混而不分的趋势了,在现代西北方音里,模韵已全变[u],鱼、虞两韵也已合为[y]。"②现代汉语的独立[y]韵从何而来,曲子词提供了溯源的材料。

别类混叶四字都是尤韵字:"由"见于《剑器词》(90 页),《校录》改作"来";"牖"见于《竹枝子》(72 页),《校录》改作"户",暂不论。剩下二个:负和浮,分别见于《鱼歌子》(82 页)和《菩萨蛮》(25 页),都是唇音字。尤韵唇音读同虞摄是西北方音的规则,黄淬伯先生说:"切韵尤韵唇音字读轻唇者,韵英多转于虞,其读重唇者多转于模。"③例如:

> 覆载,上敷务反,见韵英,秦音也。诸字书为敷救反,吴楚之音也。
>
> 堆阜……下扶久反,吴楚之音也。韵英,扶武反。

曲子词中如《望江南》:"为奴吹散月边云,照见负心人。"《校录》:"原卷'负心'作'附心'"(59 页);《苏莫遮》"上东台,过北斗,望

---

① 周祖谟:《问学集·宋代汴洛语音考》,第 615 页。
② 罗常培:《唐五代西北方音》,第 153 页。
③ 黄淬伯:《慧琳一切经音义反切考》卷四,第 105 页。

见浮桑海畔龙神斗",王重民先生校"浮"为"扶";《内家娇》"轻轻浮粉,深深长画眉绿",王校"浮"为"傅"等等,都是校勘符合这一规则的好例,都是方言假借字。

这规则也不限于西北,白居易诗有五个尤侯韵的唇音字通叶鱼、虞、模三韵的:妇、母、亩、覆、茂,分别见于《琵琶行》(《白居易集》243 页,下同)、《念金銮子》(191 页)、《夏旱》(22 页)、《薛中丞》(22 页)和《有木诗》(48 页)。

四、蟹 类

《广韵》佳、皆同用,灰、咍同用,泰独用,曲子词五韵通用,得二十一字:佳二、灰九、咍八、泰二。如《鱼歌子》以开、台、堆、钗叶韵(23 页),《苏莫遮》以会、海、退、在、佩、内、载、外叶韵(47 页)。

"佳字与麻韵通押,唐人即有之。例如杜甫《喜晴》,刘禹锡《送蕲州李郎中赴任》,但除佳字外,佳韵其他的字未见有与麻韵通押者。"[①]可是,这种通押,曲子词中不止佳字。如涯,见《临江仙》(39 页)和《望江南》(44 页);罢,见《菩萨蛮》(28 页)。变文更多,如《父母恩重经讲经文》以怕、洒、罢、差为韵(679 页);《燕子赋》以钗与沙、遮、麻相叶(252 页)。《敦煌俗文学中的别字异文和唐五代西北方音》例举五对佳、麻代用例,说"这种现象和《千字文》、《大乘中宗见解》的对音相合。佳、麻合并在唐代是很普遍的现象"[②]。涯字押麻韵,也见于李白诗,如《千里思》,陆龟蒙诗,如《白鸥》。他二人的籍贯,西北东

---

① 王力:《汉语诗律学》,第 67 页。
② 《中国语文》1963 年第 3 期。

南，"天各一方"。但是，诗韵通叶，如此一致，说明了这一语音现象的稳定性和广泛性。白居易诗叶麻韵者：佳字一见，涯字六见，娃字五见，罢字二见，画字一见，还有夬韵的话字一见，凡六字十六见。都说明，这种通叶是唐代语音的新发展。

五、痕　类

《广韵》真、谆、臻同用，文、欣同用，元、魂、痕同用，曲子词除元韵外，通叶不分。得二十八字：真十三，谆二，文六，魂六，痕一，别类混叶者七。如《杨柳枝》以春、频、新、人、存、人、陈叶韵（58页），《破阵子》以云、新、人、神、恩、春叶韵（73页）等等。词的体裁短小，一调每每只几个韵字，如此广泛通叶，没有深厚的语言基础，恐怕难以办到。

别类混叶七字中，梗类四字，侵类一字，显出鼻收声趋向混同。如《破阵子》以唇、频、呈叶韵（74页），《柳青娘》以裙、唇、鹭叶韵（70页），失调名之八以分、君、吟叶韵（64页），《凤归云》以缨、臣、深、明、征、程、心、贞叶韵（70页）。值得注意的是它们都是三、四等字。

六、寒　类

《广韵》寒、桓同用，删、山同用，先、仙同用，曲子词上六韵与元韵通叶不分。得八十四字：元八，寒九，桓十一，删七，山五，先十八，仙二十四，别类混叶者二。如《天仙子》以半、乱、扇、漫、片、面、眼、散、限、万叶韵（70页），《苏莫遮》以远、半、烂、玩、泮、颤、愿、现叶韵（92页），都是多达五、六韵通叶的好例。

元韵的加入是本类最突出之处。《广韵》元、魂、痕同用例，唐代文人大都恪守不渝。唐初如魏徵,其《述怀》诗以轩、存、门、藩、原、猿、魂、恩、言、论叶韵。后来如李益,其《轻薄篇》以鞯、翻、原、园、尊、门、昏、言、恩叶韵。唐末如韩偓,其《春尽》诗,以痕、村、魂、园为韵。想来这种风气与当时以诗赋取士,《切韵》升为官韵的社会政治有关。白居易诗却又不同。他元韵二叶:既与魂、痕同用,如《养拙》以猿、辕、园、喧、言、源与门、尊、根叶韵;又与先、仙通叶,如《犬鸢》以言与前、鸢、眠、天、牵、然、篇叶韵。相应的月韵字全归曷摄。白诗之能雅俗共赏,可能这也是原因之一。变文元韵全归寒类,如《丑女缘起》以见、愿、善、短为韵(792页),《大目乾连冥间救母变文》以愿、满为韵(741页)。周祖谟先生说:“至于元韵,《切韵》本与魂、痕为一类,宋人诗中多读同先、仙,与魏晋以来之读音迥异。其转入先、仙,当亦肇于唐代。”[1]这一推测因曲子词用韵得到证实。

七、豪 类

《广韵》萧、宵同用,肴独用,豪独用,曲子词通叶不分,得三十三字:萧五,宵十,肴三,豪十三,别类混叶者二。如《望远行》之朝,妖、鹏、霄、刀、遥,朝叶韵。(52页)

别类混叶有“寞”字,《广韵》属铎韵,见于被称为四声通叶的《鱼歌子》(82页)。变文也有类似例子,《燕子赋》“不巢于翠暮(幕)”(249页),《破魔变文》的“摸摸(漠漠)昏迷”(344页),《频婆娑罗王后宫彩女功德意供养塔生天因缘变》的“摸摸(漠漠)昏迷”(764页),《张义潮变文》附录二的“暮(沐)恩传命玉皆(阶)前”(118页)等,它们可能是声旁类推,但是,入声竟然可以

---

① 周祖谟:《问学集·宋代汴洛语音考》,第629页。

类推为阴声,仍然表明入收声正在消失。

另一个混叶字"取",见于《斗百草》(86 页)。此种混叶,变文更多。如《伍子胥变文》以吴、途、报、路、讨、抱叶韵(6 页)。《目连缘起》:"慈乌返报(哺)"(712 页)的以"报"通"哺",《破魔变文》"嗳嬳之云空里报"(348 页),注:乙卷"报"作"布"(358页)。则是"报"又通"布"。所以说,校读变文应当注意这种语音关系,有一个关于《茶酒论》的例子。"茶吃只是胃(按,即腰字)疼,多吃令人患肚,一日打却十杯,肠胀又同衙鼓,若也服之三年,养虾蟆得水病报。"(268 页)校记:"乙卷报下有苦字。启谓:'报为鼓字形讹,苦字鼓字音误。'当是也。"(271 页)徐震堮先生认为实际上是"臌"字,他说"启校谓报为鼓字形讹,是也。同'臌'。"①形讹之说,显然出于认为"报"不能与"鼓"、"肚"叶韵的误解,如果它们可以叶韵,即虞类和豪类可以通叶,那么,改字就没有必要了。这是因为:(一)"报"叶模韵,于变文,于曲子词,都不是孤例,见上。今兰州话犹读"堡"为 pu。(二)"报"有报应、报答之义,与全文意合。《敦煌变文字义通释》:"意思是说养虾蟆必得肿病之报……《变文集》校记说'报'是'鼓'字形讹,恐不确。"②"肠胀又同衙鼓",已经描写出臌胀之状,也以鼓为比喻的,只隔一句,似不必重复。所以,我认为"乙卷报下有苦字"云云,意思是变文作为俗讲的脚本,在此加旁注提示特殊读音的。

《斗百草》词比较难读,有人说:"此套辞虽简,而不可通处特多,王集已参两卷所见,犹扞格如此,若无新资料参考,殆难有进。"(185 页)但是,语音规则可以提供一些帮助。这套辞共

---

① 《敦煌变文集校记补正》,《华东师范大学学报》1958 年第 1 期。
② 蒋礼鸿:《敦煌变文字义通释》,上海古籍出版社第 3 版,第 35 页。

四首：

第一：

> 建士祈长生。花林摘浮郎。有情离合花。无风独摇草。喜去喜去觅草。色数莫令少。

第二：

> 佳丽重明臣。争花竞斗新。不怕西山白。惟须东海平。喜去喜去，觉走斗花先。

第三：

> 望春希长乐。南楼对北华。但看结李草。何时怜颉花。喜去喜去。斗罢且归家。

第四：

> 庭前一株花。芬芳独自好。欲摘问傍人。两两相捻取。喜去喜去觅草。灼灼其花报。（86 页）

可以说其韵律是偶句叶韵。因为第三首偶句叶麻韵，是很明白的。据虞、豪二类通叶，第四首也可定为偶句叶韵。第一首的"郎"不叶韵，但是，宋人魏庆之说："河中桑落坊，有井。每至桑落时，取其寒暄得所，以井水酿酒，甚佳，故号桑落酒。旧京人呼为桑郎，盖语讹耳。庾信诗云：'蒲城桑落酒，灞岸菊花秋。'白居易诗云：'桑落气熏珠翠暖，柘枝声引笙弦高。'"（《诗人玉屑》）"落"语讹成"郎"，说明入收声和鼻收声都在弱化，同趋向阴声，所以，可以与草、少叶韵。乙卷作"朗"（86 页），读上声，比"郎"更切合叶仄韵的要求。但是，作"郎"有谐音双关之妙趣。余下第二首，偶句末字为：新、平、先。梗类、痕类、侵类的鼻收声接近混同，新与平应可相叶。"先"，西北方音可能读同止摄平声,如《浣溪沙》"喜睹华筵戏大贤"(34 页),注:乙卷"戏"作"喜"(34 页),校勘家改作"献"是很有道理的。《妙法莲华经讲经文》"同宝积之所陈,似纯陁之所戏(献)"(505 页),同出一辙。又如《频婆娑罗王后宫彩女功德意供养塔生天因缘变》"更期老年腰背曲,驱驱犹自为妻儿"(764 页),注:第二写本及丙卷"期"并作"见"(770 页),简言之,三字都可能读似止摄,因此,也是偶句韵。

八、歌类 九、麻类

《广韵》歌、戈同用,麻独用,曲子词歌、戈一类,得二十一字:歌十一,戈六,别类混叶者四;麻自成一类,得十六字,内别类混叶者二字。

《定风波》以功、加、他叶韵(50 页),《临江仙》以涯、差、霞叶韵(39 页),《望江南》以瑕、遮、涯叶韵(44 页),又一首以涯、过、和叶韵(42 页),二类原是不必分的。但是,(一)两类通叶仅上述四例,变文更少,比重太小。(二)《一切经音义》:"按茄,说文加、歌二音"(卷十四,"结缕"条,680 页)。加,《广韵》麻韵开口三等,声母属居类,歌,不带 i,加字出入二类,是声母演变的反映。麻三等无见类,歌无居纽,不可作为并韵的依据。涯字同,《广韵》作"五佳切",在佳韵。西北方音疑母趋于消失,于是读同麻韵三等。歌无三等,麻三等无疑纽,也未作并韵的依据。(三)歌、麻之分,发生在唐代之前。王力先生说南北朝诗人用韵分三期,"第一期,歌、戈、麻混用,但到第二期,麻韵即已独立"[1]。所以从历史发展看,也以分开为宜。

---

① 王力:《南北朝诗人用韵考》。

至于佳韵等蟹类的部分字与麻韵通叶,已见上。

十、宕 类

《广韵》阳、唐同用,江独用,相距甚远,曲子词三韵通叶不分,得四十七字:江一,阳三十六,唐八,别类混叶者二。如《凤归云》以邦、霜、行、飐、量、肠、光、香叶韵。[①] 变文唱词也同,如《燕子赋》以墙、腔叶韵[②],《李陵变文》以邦、场、方、降、强、羊、王叶韵[③]等。这是唐代口语。高本汉说:"Maspéro(中译马伯乐)已经把这江韵在唐代变迁的历史讲得很明白了。"[④]所说的"变迁",即江韵从与东、冬、钟韵通用变为与阳、唐韵合用。

顾炎武以为江韵叶通摄是唐朝律令(见《唐韵正》)。但是,仔细分析他所举的唐人诗文,如张说的《玄宗纪泰山铭》、《奉和圣制过晋阳宫诗》,白居易的讽喻诗《贺雨》和《凶宅》等等,不是上给皇帝,便是碑铭一类,都属于庄重文体,应当说这样叶韵是唐代文场流行的一种风格。虽合乎"本朝律令",但不是口语。通俗诗人白居易却是另一番景象,他的诗:江韵与通摄合用,觉韵与宕摄入声合用。用江韵只一"邦"字,又只用于二首讽喻诗,入声见于"率然成章"的感伤诗《叹老》,当然,后者接近口语。但是,当时学者每每把它斥责为俗音,如颜师古,他曾说:"或问曰吴楚之俗谓相对举物为刚,有否旧语? 答曰:扛,举也。音江,字或作舡。""彼俗音讹,故谓扛为刚耳。既不知其义,乃有造掆字者。"[⑤]

---

① 《敦煌曲子词集》,第 68 页。

② 《敦煌变文集》,第 252 页。

③ 《敦煌变文集》,第 92 页。

④ 高本汉:《中国音韵学研究》,第 478 页。

⑤ 颜师古:《匡谬正俗》,第 69 页。

这些批评恰恰证实江韵通阳、唐二韵在唐代是存在的。所以唐代音韵学者王仁昫敢于将切韵"刊谬补阙"，将阳、唐二韵提前，与江韵连为一体，他还将佳韵拉向后，处于歌、麻二韵之间。凡此等等，都可以说是反映了唐音的实际。

十一、梗　类

《广韵》庚、耕、清同用，青独用，蒸、登同用，曲子词此六韵通叶不分，得六十字：庚十五，耕四，清十七，青十一，蒸二，登三，别类混叶者八。如《望江南》以声、城、名、龄、荣、旌叶韵（43 页），失调名之二以庭、征、声、更、听、鸣、庭、命、生叶韵（61 页）等等。

别类混叶者内有止摄三字：《菩萨蛮》的成、亭、瓶、垂叶韵（25 页），《苏莫遮》的性、并、骋、比、令、闲、定、帝叶韵（47 页）。梗类方面都是三四等字，与罗书所分析的《开蒙要训》注音相同。

但是，曲子词中梗类二等字未见与止摄通叶，它们或是本类相叶，如《婆罗门》以生、轰、筝、听叶韵（53 页），《茶怨春》以零、清、征、枪、青、庭、平、形叶韵（64 页）。在变文中则与阳、唐韵字叶韵，如《大目乾连冥间救母变文》以争、坑、忘、崩、娘、光为韵（741 页）；与阳、唐韵字通假，如《破魔变文》"家依长子、国仗忠臣"（370 页），注：丙卷"长子"作"净子"（391 页），《太子成道经》"忽见一人，忙忙急走"（291 页），注："忙"原作"盲"，据乙卷改（308 页）。《佛说观弥勒菩萨上生兜率天经讲经文》"持锵（枪）罗刹瘦筋吒"（650 页）等。可见梗与齐主要元音不尽相同，其鼻收声也没有完全消失。所以，自成一类。

别类混叶者还有五个阳声字：闲（见《苏莫遮》47 页）、人（见《南歌子》57 页）、臣、深、心（见《凤归云》70 页）。痕类有类似现象,侵类字少,未见混叶字。罗书有独立的痕摄和侵摄。可见它们的鼻收声没有消失,或者没有完全消失。它们可以混叶,当能旁证梗类的鼻收声也未全失。今天兰州方言,许多梗类字不读阴声而读鼻化韵,推测唐代,鼻收声似比今天更重。

鼻收声的有无,是梗摄是否归齐摄的关键之一。其实,罗书也不认为已经完全消失,他比较了伯希和的"完全消失"、高本汉的"元音鼻化"、马伯乐的"变为鼻摩擦音"之后,说:"照我看,[-ṅ]收声不像会完全消失。"①又说:"不过从[-ṅ]收声的可有可无一点来推想,可见它并不是完全消失,至多不过变成鼻摩擦音[ɣ̃]罢了。"②并且声明:这样归并"不是纯粹口音","只是拿藏音的表面写法作标准罢了"。③ 所以,我认为曲子词用韵与罗先生的理论,实质上还是一致的。

叶蒸、登韵的词只有一首《南歌子》(57 页)。但是,有两个证据,促使我将二韵并入梗类。一、《南歌子》词混叶进痕类的"人"字,这一情况与梗类同。二、相应入声互叶,如《菩萨蛮》以载、黑为韵(28 页),《谒金门》以客、积、璧、识、食、滴、力、额叶韵(48 页)等。证明了它们主要元音相同或相近,而二者的鼻收声又是本来相同的。所以,合并是顺理成章的事。在变文中,这种合并更加显著,如《佛说阿弥陀经讲经文》以轻、崩、经、能叶韵(460 页),《伍子胥变文》以境、登为韵。同音代替如《父母恩重经讲经文》"伏请哀兢(矜)任苦辛"(673 页),《太子成道变文》"英(应)信非邪,定生圣子"(322 页)。

---

① 罗常培:《唐五代西北方音》,第 39 页。
② 罗常培:《唐五代西北方音》,第 42 页。
③ 罗常培:《唐五代西北方音》,第 100、97 页。

十二、尤 类

《广韵》尤、侯、幽同用，曲子词同。得二十三字：尤十三、侯十、幽无字。韵字中不见唇音字，可以助证唇音字读同虞类。不见虞类字，也说明二韵类的音确实不同。当然，韵字的有无，不能视为决定韵类的分合的唯一根据，但是，毕竟是重要的根据。

十三、侵 类

《广韵》侵独用，曲子词同，凡七字，无别类混叶字。但是，在痕类、梗类里都看到本类字。如失调名之八以亲、新、裙、分、君、吟叶韵（64 页），《凤归云》于梗类韵中夹进了深、心二字（70 页）。同样情况也见于变文，如《妙法莲华经讲经文》以卿、沉、生、憎、能叶韵（503—504 页），《维摩诘经讲经文》以孙、嫔、斟、尊叶韵（553 页）等即是。《捉季布传文》是一韵到底的长篇叙事诗。在痕类韵里却混用一个"金"字（61 页），足见并非偶然。《开蒙要训》则有以敬注禁一例，罗常培先生认为"[– m]收声无疑已然露了消变的痕迹了"，"不可忽略"。但是，他又感叹"例子太少"。[①] 如果把以上各种材料综合一起，数量也就可观了。说到收唇音，还有著名的胡曾《戏妻族语不正》诗，它说明唐代收唇音的消失尚不止西北地区。

今兰州方言只有[– n]收声和鼻化韵。古代三种鼻收声的对应情况大体如下：[– n]或保存，或转为鼻化韵，或消失；[– ṅ]或转为鼻化韵，或转为[n]，或消失；[– m]或转为鼻化韵，或转

---

① 罗常培：《唐五代西北方音》，第 110 页。

为[n]，或消失。现代汉语有[n]、[ɲ]而无[m]收声，鼻收声的古今演变是一个值得深入研究的课题。

入声五类：十四屋类，十五迄类，十六曷类，十七铎类，十八陌类，与阳声的韵类相应，故从略。此外，（一）相近入声混叶，不同入收声趋乎混同，如《定风波》以出、溺叶韵（52 页）。（二）阴入可叶，意味着入收声的消失，例见上。下面再举一个字：《抛毬乐》的"毬"，古作"鞠"，入声。这个"古"，是唐人说的。《封氏闻见记》："《汉书·艺文志》：'蹴鞠二十五篇。'颜注云：'鞠以韦为之，实以物，蹴蹋为戏，蹴鞠陈力之事，故附于兵法。蹴音子六反，鞠音巨六反。'近俗声讹，谓鞠为球，字亦从而变焉，非古也。"唐代诗人蔡孚写过一首《打球篇》，自序"打球者，往之蹴鞠也"。可以证明《张淮深变文》"罗列球场"（123 页），《捉季布传文》"试交骑马捻球仗"（63 页）就是蹴鞠之戏。变文和曲子词都作球而不作鞠，音转入阴声。《广韵》：球，巨鸠反。《一切经音义》：球，渠尤反。《打球篇》球、楼、侯、游、筹叶韵，都读为阴声。作球而不作鞠，用封演的话说是俗音俗字，曲子词中入声消失的痕迹是很明显的。如此之类，不一一列举了。

上曲子词韵十八类，推测还应有缉类、覃类和合类，因无字，故未立。与《切韵》比，除元、齐、江三韵在韵序上有大跳动外，基本上只是对《切韵》韵目大幅度合并，说明它是共同语的一个分支。

但是，它有自己不可忽视的特点，由于唐代音的研究没有充分展开，这些特点更显得重要。所以简述如下：

1. 齐、祭、废三韵属止类。

2. 元韵不同《广韵》与魂、痕韵同用之例，而归入寒类。

3. 佳韵与麻韵通叶。

4. 蒸、登二韵可归属梗类。

5. 鼻收声［－m］，趋向消失。

6. 入收声趋向消失。

中古音是怎样发展为现代音的呢？于此，不难找到它们的轨迹。

附录一：敦煌曲子词词律

敦煌曲子词词律未有专论，今就其本身求之：方法是据王、任诸书的句读，查出每句末字所属韵目，加以同调类比，参照《词律》而成。（内十三调，《校录》有具体论述，照引不误），计四十六调。

1. 鱼美人，双叠：七、五、七、七三。（点开处为韵句，下同）《词律》字、句相同，唯首二句仄韵、后三句换平韵，与曲子词全用平韵、第四句不入韵小别。

2. 菩萨蛮，上片七、七、五、五，后二句换韵；下片五、五、五、五，用韵相同。《词律》同，作双调，四十四字。

3. 西江月，双叠：六、六、七、六。中间两句换韵。《词律》字、句均同，唯首句不入韵。第四句换仄韵，与下片一、四相叶。四首曲子词首句并入韵，存异。本调二韵：二片之首尾句一韵，中间四句又一韵。

4. 浪淘沙，上片七、七、七三，第三句不入韵；下片七七、七三，稍别。《词律》有单调一体：七、七、七七，无大异。《校录》归入浣溪沙。

5. 浣溪沙，见上，《校录》分析是正确的，可从。

6. 献忠心，《校录》"此调五首，讹别太多，难于句读。前三首前后片皆叶平韵，较后二首及五代调少一韵"。上片六四、七、四四、三三三，下片四四、四三、四四、四三三。《词律》双调，有六十四字与六十九字二体，用韵上同，字、句微殊。

7.山花子仅一首,双叠:七、七、七三。《词律》失载。有人认为:应是独体,《花间集》和凝二词,南唐李璟词等四首,可定山花子为摊破浣溪沙,甚是。曲子词之浪淘沙,即浣溪沙,与此极似。《词律》载摊破浣溪沙,为双调,四十八字,上片七、七、七三,下片七、七、七三。特本首第五句入韵,然孤例难作定式。

8.临江仙,《词律》双叠,六十二字,七、七、七、五五,曲子词二首除上片首句叶韵外,无别。

9.酒泉子,《词律》双调,四十九字,上片四七七、五,下片七七、七五,曲子词全首四韵,二句一换。

10.望江南,《词律》双叠,五十四字:三五、七七、五,单调二十七字,曲子词单双二体均同。

11.感皇恩,上片七、七、七、三五,下片五、五三、七、三五,四首一致。《词律》不同,作上片七、五三、七、三六;下片五、五三、七、三三、不取。

12.苏莫遮,基本上双叠,三三、四五、七、四五,《词律》同。第一首上片分六句作五字。

13.谒金门,逐句韵,上片三、六、七、五,下片七、六、七、五。(一首下片第二句作四字)《词律》三、七、七、五,六、六、七、五,字数小异。

14.生查子,五言八句,逢双叶韵,双叠调,《词律》同。

15.定风波,上片七、七、七、二、七,第三四句换仄韵、余平韵;下片六七、七、三、七。第二、五句叶上片平韵,三四句多换仄韵,五首中末首少有出入。

16.望远行,《词律》双调:上片七言四句,每句韵;下片三三、七、七、七。曲子词同。

17.婆罗门,单调,五、五、七、七、五、五。第四句也可不韵。

18.长相思,与《词律》不合,《校录》"均应分片",上片五、五、五五，下片七、六、六五。

19. 鱼歌子，《词律》有单、双调，曲子调二首，都是双叠。三三、七、三三、六。

20. 鹊踏枝，双调，《词律》同。上片七言四句、第三句不入韵；下片仅第二、三句，字数略异。

21. 送征衣，《词律》失载。《校录》"此调似应双叠，而前后片次句及末句均不尽相同，前片末句可能衬一字，后片次句讹别难订、句法如前片之作上一下四"（页76），上片七五、七、五六；下片七、五、七、五、五。

22. 别仙子，《词律》失载。上片四三三、三三三、三三、五四四，下片大致相同，近乎双叠。

23. 南歌子，双叠，五五、七、六五。《词律》有双调五十二字二体、大同小异。

24. 杨柳枝，上片七、四、七、五；下片唯首句不入韵、余同。《词律》同。二书并不分片、似不可从。

25. 捣练子，《五集》双调二首，《校录》作单调四首，基调都是：三三、七、七七。《词律》单调一体，与此相同。双调体的用韵、句数不异，而字数特少。《校录》"原列作双叠二首、而前后片叶韵皆不同，兹分为单片四首"（页83）。今从。

26. 赞普子，上片五言四句，逢双叶韵，下片第二句作七字、余同。

27. 荣怨春，《校录》"即献忠心"（页84），今从。

28. 凤归云，《校录》"此二首句法悉同，乃此调之第一体，前后片各四四、五四、七四、五四四，共九句，四平韵，四十一字，全首八十二字"，"下二首之句数、韵数，悉与此同，每片起法亦同。惟中幅二韵之四句有异、全首七十八字，乃此调之第二体"（页4）。

29. 天仙子，七、七、七三、三、七。《校录》"此调之辞，各本皆作双叠、实宜作二首"(页 10)。今从。

30.竹枝子,《校录》"调为双叠,六十四字,前后片各七、五、六、七、七,共五句,二仄韵、三平韵"(页 12)。

31.洞仙歌,与《词律》大异。上片四、四、七、六四、七四、四(一首作四、四、七、四四、四六、四);下片六、四四七、七七。

32.破阵子,《校录》"此调四首,皆应分片","前片次句五字,后片次句六字,不成双叠体"(页 15)。《词律》双叠调,六十二字,作六六、七七、五。与此相近。

33.柳青娘,《校录》"此调两片,六十二字。前片七、七、七三、七,共五句,四平韵,后片较少一韵"。(页 19)

34.倾杯乐,《校录》"此调二首,惟后片结二句彼此不同,其余大体一致,前片五韵:仄平仄仄仄,后片四仄韵"(页 20)。《词律》大别。

35.内家娇,《校录》"以此调二首之四片互校,并参考宋柳永词,应定为前片四四六、四四六、四四四、七六,共十一句,四平韵;后片四七、四七四、四四四、七六,共九句,四平韵"(页 23)。

36.拜新月,《校录》"此调二首、一平一仄、彼此句法亦有显异之处。平韵者前片八句、四韵,后片九句、四韵,仄韵者前后各八句、四韵"。

37.抛毬乐,《校录》"此调单片,向无异说","调乃长短句、第五句本为五字,其作七字者,乃衬二字"(页 27)。《词律》单调者四十字,七七、七七、五七,相同。

38.喜秋天,《校录》"此词单片,五五、七五,共四句,二仄韵,首句无韵,各本皆作双叠二首、实乃四首"(页 30)。

39.泛龙州,七言八句,逢双叶韵。末六字,乙卷无,有人认为是调名及注,误入正文,有理,今从。

40.郑郎子,三三、五三、七七。逢双叶韵。

41. 水调词，《校录》"此调应作七言四句"（页 85），逢双叶韵。

42. 斗百草，《校录》"此套辞虽简，而不可通处特多，五集已参两卷所见，犹扞格如此，若无新资料参考，殆难有进"（页 185）。《词律》大异。根据唐五代西北方音，四首用韵甚整齐，逢双叶韵，作五五、五五、六五。

43. 乐世词，《校录》"此调应作七言四句"（页 86），三句不入韵。

44. 阿曹婆，单调，七、三、七三、七七、七三。

45. 何满子，《词律》六言六句，逢双押韵。此处六言四句，一、三、四句叶韵。

46. 剑器词，五言八句，逢双押韵。

失调名十二首（内残六省），《校录》定其八、九、十、十一、十二首为南歌子，今从。其余据《王集》句读取韵，残缺难读者不取。文字校勘和辨识，尽量尊重原卷。

附录二：敦煌曲子词韵字表

字角之"°"，表声调，不标为平声，在左上为上声，右上为去声，入声已另立韵类。

一、通 类

东韵：同蓬翁通红空梦°洞°弄°，宫终风中眈穷凤°

钟韵：峰重逢胸松纵容

二、止　类

支韵：枝池仪知戏°°是离厄°被°倚迤翅°，睡°跪°垂

脂韵：弃°°起墀夷°比°旨地°迟至°伊，泪°悴°°水醉°葵°美翠°媚°眉°坠°位°

之韵：°理°里诗°喜意°°仕棋欺厘似°°子思°士°耳时期异°

微韵：微飞衣归依扉围辉气°贵°稀帏希菲卉

齐韵：计°鸡蹄济°迷凄西帝°°体恓泥妻低髻°闺

祭韵：岁°

废韵：吷°

混押：雾、行顶清、婿、的得

三、虞　类

鱼韵：°语°女据°书如去°处°许°余疏初鱼舒与

虞韵：°雨°舞住°虞°主驱愚珠虚°僻

模韵：°苦路°枯°部吐°浦虏°午误°步°醋°

混押：°负浮由牖

四、蟹　类

佳韵：钗罢

灰韵：堆回对°碎°退°佩°内°杯摧

咍韵：开台财°海在°载°咍来

泰韵：会°外°

五、痕　类

真韵:嗔真津银人身频新陈神亲尘因

谆韵:春唇

文韵:云分君勋氛裙

魂韵:存门坤浑闻尊

痕韵:恩

混押:莺平呈庭、关先、吟

六、寒　类

元韵:言愿°蕃旛喧万°苑°远

寒韵:烂°竿滩寒鞍难安散°丹

桓韵:伴°断°銮乱°窜°宽半°漫°鸾玩°泮°

删韵:颜攀班弯环还宦

山韵:间闲山眼°°限

先韵:现°贤天年边见°前田悬眠燕片°颠弦诙烟怜千

仙韵:鞭面°船偏连旋铤璿川鲜篇箭°战°缘然穿扇°眷°便蝉翩鹒全颤°

混押:令°辔°

七、豪　类

萧韵:叫°彫°篆鹏袅

宵韵:宵轺妖谣°少笑°°悄妙°°渺霄

肴韵:巢貌°咬

豪韵：°早高刀°好道°°恼°祷°草报°豪毛到°操

混押：取、寰、河

八、歌 类

歌韵：河多歌罗何娥傻娑迤他跎

戈韵：过°°波窠和磨破

混押：涯加、功康

九、麻 类

麻韵：花家°下洒沙斜差霞瑕遮车牙退华°也谢°架°

混押：涯罢

十、宕 类

江韵：邦

阳韵：香妆长芳°梁肠将°王°常裳强章枪床凉装轺霜娘粮房
商飏量阳伤°上亮°°往访°浪°妆觞樑狂

唐韵：黄光郎凰行荡惶当

混押：胸、婆

十一、梗 类

庚韵：明横平行迫荣生更鸣命°°境镜°咏°°影枪

耕韵：轰°筝争莺

清韵：成庭名清声城旌性°°骋令°情征缨程负净请

青韵:亭瓶萤星龄°并定°听°零青形

蒸韵:凭应

登韵:僧灯曾

混押:垂比帝、闲臣人、心深

十二、尤 类

尤韵:愁休舟秋州忧流畴游裘丘°有救°

侯韵:头楼投侯°斗闉°°薮°吼°走°口

十三、侵 类

侵韵:心今沈禽深淋吟

十四、屋 类

屋韵:熟竹

烛韵:绿束触促足玉曲

混押:土

十五、迄 类

术韵:术出

物韵:物

混押:溺

十六、曷　类

月韵:发阙歇月
曷韵:萨
屑韵:节血铁结噎
薛韵:别雪说悦燕灭彻

十七、铎　类

药韵:弱略
铎韵:薄落

十八、陌　类

陌韵:客戟额
麦韵:隔
昔韵:积
锡韵:壁滴寂觅
职韵:力息识侧食忆
德韵:北国黑得

附录三：曲子词韵读表

一、通　类

蜂同_菩11 上、27 页（调名取首字，"11"是此调第几首，"上"、"下"代表上片或下片，下同），宫终_菩13 上、28 页，蓬翁、风中_浪1、33 页，宫重_酒1 上、40 页，逢通胸重、松纵容重_{失名}1、61 页，红风昽、空中穷_{失名}10、65 页，梦风通洞弄_天2 上、71 页。

二、止　类

微枝飞衣_鱼下、23 页，衣归、泪悴_菩4、24 页，理水_菩10 上、26 页，弃计_菩11 上、27 页，睡醉归□_菩13、28 页，依池、归微_菩14、27 页，鸡蹄、水泪_菩15、18 页，水起（止）里_西1、29 页，济起、里□_西2、29 页，迷磎□清、西□□_西4、32 页，葵池微、诗扉_浪8、35 页，围仪墀、辉夷知_望2、41 页，气里水起、旨喜□里_谒1、48 页，美水翠体、戏醉贵是_谒3、48 页，起地、顶意生₂、49 页，起仕_定1 下、50 页，微依离、微恓_定3、51 页，迟微得_定4 上、51 页，西稀棋、泥厄归_长1、53 页，西知欺、西垂归_长2、54 页，西厘离、西知归_长3、54 页，睡吠至醉、起被是地_{鱼歌}1、55 页，喜里里_鹊1 下、55 页，妻归衣、行雾归抪₁、59 页，辉帏夷倚被泥、理意_{似洞}1、72 页，希低菲、□□知渔₁、75 页，迤比媚眉子、髻戏里婿_倾2、78 页，归迷□闺、知的衣伊_拜1、81 页，理、泪□_竹1、71 页，士水卉翅、坠耳跪位_拜2、80 页，翠睡_菩1 下、83 页，思时水_上、85 页，期□知时□_{阿曹}3、88 页，地起异、喜起岁_苏90 页。

三、虞 类

雨语、女舞菩 1、23 页，苦路菩 5 下、25 页，浮枯菩 6 上、25 页，苦路菩 8 上、26 页，部吐菩 9 下、26 页，部风菩 10 下、26 页，住主菩 12 上、27 页，吐哺、房午西 3、30 页，语据语鹊 1 上、55 页，书虞驱愚、珠虚虚如凤 2、69 页，去主语雨处天 2 下、71 页，牖女、语许竹 2、72 页，余疏书、初鱼舒破 3、74 页，悮路雨步、女与醋负鱼歌 1、82 页，儛由剑 3、90 页。

四、蟹 类

开台堆钗鱼上、23 页，财开菩 15 下、28 页，对外会、碎退□山 38 页，会海退在、佩内载外苏 2、47 页，来开哈杯回来阿曹 1、87 页，来开摧来剑 3、90 页。

五、痕 类

恩嗔存、春真西 3、32 页，云津银、分人浪 2、33 页，恩门君、坤君浪 5、34 页，关浑闻、勋氛君望 1、41 页，银云人望单片、44 页，门身□门尊婆 1、52 页，春频新人存人陈怅 58 页，勋分神失名 5、62 页，亲新裙、分君吟失名 8、64 页，人新裙、分君人失名 9、64 页，云新人、神恩春破 1、73 页，人津尘、唇频呈破 2、74 页，人春新因内 2 上、79 页，裙唇莺、门魂人柳青 2、76 页，新平先斗 2、86 页。

六、寒 类

断伴菩 4 上、24 页，鞭言菩 5 下、25 页，愿烂、现面菩 6、25 页，蕃颜菩 8

下、26 页，间闲、銮□菩12、27 页，船竿滩、贤天浪3、33 页，贤年船、年言浪4、34 页，乱窜酒1下、40 页，寒綮宽边、旛鞍酒2、40 页，偏攀间望5下、44 页，山连班前、颜旋年天感2、45 页，年传田边、贤颜山天感3、46 页，铤□连璿、川鲜篇山感4、46 页，见箭战面生1、49 页，弯环边悬婆3、53 页，缘年眠、然边缘送56 页，边天偏失名6、63 页，□安边、眠喧前失名11、65 页，半乱扇漫片、面眼散限万天1、70 页，年前天、班言颠竹1、71 页，边弦、眼还天破4、75 页，年苑弯面见言诶，燕春宦便倾1、77 页，蝉前丹烟、难会篇颜内1、78 页，山攀水下、85 页，鹬边眠乐87 页，翩鞭怜何3、89 页，千天年何4、89 页，全千眠前穿剑2、90 页，远半烂玩，泮颤愿现苏3、92 页。

七、豪 类

早叫菩5上、25 页，彫巢高，箓宵浪6、34 页，朝妖鹏霄，刀霄谣朝望远、52 页，少好笑悄，道貌早恼鱼歌2、52 页，悄寞祷少鱼、82 页，好取报斗4、86 页，高豪毛何1、88 页，道少草到，裒好河操苏2、92 页。

八、歌 类

河过菩8下、26 页，波河窠，过多浪9、36 页，多多磨何，多娥磨□临2、39 页，波多河，涯过和望3、42 页，磨多过望5上、44 页，何㑖磨，康波定1、50 页，功加他歌波定2、50 页，娥波罗娑，过迤多磨凤3、69 页，罗多他磨抛1、81 页，过破喜1上、83 页，何他跢□□阿曹2、88 页。

九、麻 类

花家菩3下、24 页，下洒菩13上、28 页，罢架菩14上、28 页，沙斜花家涯差霞临1、39 页，瑕□遮涯望、单片2、44 页，谢也定之上、51 页，车牙沙霞家失名3、62 页，斜家遐花抛2、82 页，华花家斗2、86 页。

十、宕 类

香黄　光妆菩1、23 页，香长菩3上、24 页，芳郎菩2上、24 页，梁肠菩5上、25 页，将仰菩9上、26 页，常王菩11下、27 页，裳凰菩、缺上、29 页，章枪章、行王浪1、31 页，床凉常、装霜浪7、35 页，将芳洒1下、40 页，钺光、王枪酒3、40 页，娘行粮、房娘婆捣2、59 页，装裳商光失名4、62 页，邦霜行飏、量肠光香风1、68 页，娘光香、郎郎肠竹2、72 页，阳光伤荡亮人、往访浪洞2、73 页，妆芳觞、梁狂渔2、76 页，芳胸惶郎、裳娘柳青1、76 页，强王阳当郎剑1、89 页。

十一、梗 类

成亭、瓶垂菩7、25 页，萤成菩8上、26 页，庭名菩9上、26 页，星争、清明菩10、26 页，平行行、迎行浪2、31 页，明横、声星西1、29 页，声城名、龄荣旌望4、43 页，性并骋比、令闲定帝苏1、47 页，生□轰筝听婆2、53 页，凭憎应、灯人曾南歌57 页，零情征枪、青庭平形秦64 页，庭征声更听、鸣庭命生失名2、61 页，荣莺声情失名7、63 页，缨臣深明、征程心贞凤4、70 页，境影镜咏、定净请听苏4、93 页。

十二、尤 类

头愁菩2下、24 页，休头菩6下、25 页，舟楼、秋愁西2、29 页，州忧楼投、流侯秋畴感1、45 页，州头游楼秋婆4、53 页，头裘、丘楼赞60 页，州楼流游泛84 页，斗闺薮有、吼走口救苏1、91 页。

十三、侵　类

心今菩4下、24页，沈禽、深心西3、30页，沈淋定5上、52页，深心吟何2、89页。

十四、屋　类

绿束菩2上、24页，熟竹菩3上、24页，触促、足土喜2、83页，玉足曲郑84页。

十五、迄　类

物术　出溺定5下、52页。

十六、曷　类

节发菩7下、25页，阙□菩14下、28页，血歇酒2下、40页，铁月定1上、50页，别结定5上、52页，月阙雪结　别噎说节别57页，别月悦燕　结彻灭萨苏5、94页。

十七、铎　类

薄落菩2下、24页，弱略定2上、50页。

十八、陌　类

力息菩3下、24 页，客隔菩7上、26 页，识隔菩8下、26 页，侧客菩11下、27 页，北国菩12下、27 页，戟黑菩15上、28 页，客积壁识　食滴力额谒2、48 页，识得定4下、51 页，寂隔息忆、滴觅力鹊2、56 页。

变文假借字谱

一、敦煌变文是我国古代民间文学的瑰宝,它的重大价值不仅反映在文学上,就是在语言学上,也被认为是蕴藏着丰富资料的宝库。它的语言新鲜、活泼而又通俗,显然是当时的民间口语。在传世的文籍里,像它这样集中地保留着一个时期的口语的情况还不多见。只不过这种口语的真实面貌被盖上一层轻纱,限于抄手的文化水平,他们在记录时,往往利用同音关系写了许多俗字,也有人称之为别字。这种同音关系在当时是显而易见的,而在千余年后的今天,语音有了很大变化,就很难识认了。加上汉字是表意文字,更增加产生望文生训的可能。但是,事情的另一面是,假如我们能够正确认识这批同音俗字,那么对于研究那时的词语和语音来说,无疑是一份十分可贵的资料。我不揣浅陋,发愿将几十年来的成果加以搜集,就别字一项,汇成一编。以为变文从时间、地域来说比较集中(约公元 7 世纪到 11 世纪,大多在敦煌一带)、文体比较一致,所以,定名为"变文假借字谱"。目的是为这方面的研究者整理出一份比较完整的有系统资料。

二、"谱"的用处主要有二个:一是有助于扫除文字障碍,把已经认出的假借字一一列出,使用者可以查看。二是探求语音。由于假借字为数众多,经过分析,可以得出一个语音系统来,从时代和地域看,它应属于唐五代西北口语的语音。我们都知道,早在 20 世纪 30 年代,罗常培先生利用敦煌石室的汉藏对音拟测出唐五代西北方音音系,写成《唐五代西北方音》。可惜的是他没有利用变文,现在,我把考得的变文假借字的韵部系统同它相比较,结果是二者异常吻合,同时,还有一些重要的补充和修正。

三、变文假借字韵分为二十一类,每类以《广韵》韵目标名,今分述如下:

1.东类,包括《广韵》东、冬、钟三韵,东一等和三等互通。如:

《韩》(变文篇名只写首字,均出《敦煌变文集》,以下只标页码):"年年送供(贡),累岁称臣。"(204页)

供,钟韵三等,贡,东韵一等。

《庐》:"树木蘩林,拥(蓊)郁花开。"(169页)

拥,钟三等;蓊,东一等。

《王》:"奉(凤)管长休息,龙城永绝闻。"(103页)

奉,钟三等;凤,东三等。

《丑》:"密计相宜。要看宫(公)主。"(795页)

宫,东三等;公,东一等。

2.真类,包括《广韵》真、臻、谆、文、欣、魂、痕七韵,元韵不与。如:

《韩》:"阿耶来日朝近(觐),必应遭他毒手。"(197页)

近,欣开三等;觐,真开四等。

《舜》:"天下门(闻)此事。"(134页)

门,魂合一等;问,文合三等。

《妙》:"十斋长具断昏(荤)辛。"(509页)

昏,魂合一等;荤,文合三等。

《父》："无有礼义，不遵（尊）师长。"（694 页）

遵，谆合四等；尊，魂合一等。

3. 元类，包括《广韵》元、寒、桓、删、山、先、仙等七韵。元韵离开《广韵》"元魂痕"的次序，转入本类，这是个特点。如：

《李》："然当尽联本情元（缘）。"（91 页）

元，元合三等；缘，仙合三等。

《韩》："某缘（原）是五道将来（军）。"（206 页）

原，元合三等。

《秋》："学问晚（完）了，辞先生出山。"（155 页）

晚，元合三等；完，桓合一等。

《捉》："遣捉艰凶搜逆臣。"（54 页）

又：

"望捉奸凶贵子孙。"（58 页）

艰，山开二等；奸，寒开一等。

《董》："惊（擎）身却入残（贱）人行。"（110 页）

残，寒开一等；贱，仙开四等。

《庐》："远公忽望高原，乃唤（援）此上。"（193 页）

唤，桓合一等；援，仙合三等。

《舜》："老母便与衣裳，串（穿）着身上。"（133 页）

串，删合二等；穿，仙合三等。

4. 阳类,包括《广韵》阳、唐二韵。

《祗》:"须达怆(仓)至,莫知所由。"(406 页)

怆,阳开二等;仓,唐开三等。

《伍》:"二梦见城头郁郁枪枪(苍苍)。"(26 页)

枪,阳开四等;苍,唐开一等。

没有发现江与阳、唐二韵通假的字例,但是,相应的入声有通假字例,并且变文诗韵和曲子词韵都是三韵通押的。

5. 庚类,包括《广韵》庚、耕、清、青、蒸、登六韵,如:

《太》:"英(应)信非邪,定生圣子。"(322 页)

英,庚开三等;应,蒸开三等。

《父》:"伏请哀兢(矜)任苦辛。"(673 页)

兢,庚开三等;矜,蒸开三等。

《大》:"目莲(连)乞得耕(粳)良(粱)饭。"(741 页)

耕,耕开二等;粳,庚开二等。

《祗》:"到天祠边,其名(明)即没,方至半夜。"(406 页)

名,清开四等;明,庚合三等。

《孔》:"行至荆山之下。"(231 页)校记:甲卷"荆"作"经"。

荆,庚开三等;经,清开四等。

《庐》:"重政(证)十地之果。"(178 页)

政,清开三等;证,蒸开三等。

6. 侵类,相当《广韵》侵韵。如:

《秋》:"消息不通,阴(音)信隔绝。"(157 页)

《丑》:"心知是朕亲生女。"(790 页)校注:乙、丁两卷"心"作"深"。(803 页)

7. 覃类,包括《广韵》覃、谈、盐、添、咸、衔、严、凡八韵,如:

《燕》:"理屈岂敢(敢)言。"(264 页)

感,覃一等;敢,谈一等。

《捉》:"须史敢得动精神。"(55 页)校注:己卷"敢"作"咸",辛卷作"憨"。

冯(冯沅君)云:"疑敢为感之误。"(74 页)

感,覃一等;敢,谈一等;咸,咸二等;憨,谈一等。

《无》:"更拟贪监(婪)于自己。"(659 页)

监,衔二等;婪,谈一等。

8. 支类,包括《广韵》支、脂、之、微、齐、祭、废七韵。

《破》:"小娘子眉奇(齐)龙楼,身临帝阙。"(345 页)

奇,支开三等;齐,齐开四等。

《韩》:"卿二人且归私地(第)。"(199 页)

地,脂开四等,第,齐开四等。

《韩》:"杨妃蒙问,系(喜)从天降。"(197 页)

系,齐开四等;喜,之开三等。

《茶》:"仓颉致其文字。"(267 页)此以"致"代"制"。

致,脂开三等;制,废开三等。

《垆》："即更心生肺忘。"（183 页）以"肺忘"代"非望"。

肺，废合三等；非，微合三等。

9. 鱼类，包括《广韵》鱼、虞、模三韵，如：

《叶》："及都（诸）州郡。"（224 页）

都，模一等；诸，鱼三等。

《金》："令教觉语（悟）志心求。"（436 页）

语，鱼三等；悟，模一等。

《广韵》鱼独用，虞、模同用。而假借字所显现出来的是：鱼虞通假、虞模通假常见，而鱼模相通却很少见。从而说明，口语中，[y]、[u]开始分化了。罗书说："鱼韵在《阿弥陀经》、《金刚经》里[i]多于[u]；在《千字文》里[i]、[u]不相上下，在《大乘中宗见解》里却[u]多于[i]；由这两音的消长上看，恐怕从五代起鱼、虞渐有混而不分的趋势了。在现代西北方音里，模韵已全变[u]，鱼虞两韵也已合而为[y]。""至于藏音中译注鱼虞的[u]，由现代西北方音逆溯起来那无疑是来替代[y]音的。"①既然趋于[y]、[u]，因此，韵文中三韵混押不分。如，《鱼歌子》：

　　　　睹颜多。思梦悮。花枝一见恨无门路。心哽噎。泪如雨。见便不能移步。　　　五陵儿。恋娇态女。莫阻来情从过与。畅平生。两风醋。若得丘山不负。

因为鱼、虞是[y]，所以这二韵字往往与支类相通，但是，鉴于时代，以及唐宋韵文用韵，还是合为一类为宜。

_____

① 《唐五代西北方音》，第 154 页。

10. 佳类，包括《广韵》佳、皆、灰、咍、泰五韵，如：

《大》："定是相逢后迥难。"（722 页）校注：乙卷"迥"作
"会"。（749 页）

迥，灰合一等；会，泰合一等。

《韩》："五道将军闻语，□（味）得甲（泱）贝（背）汗流。"
（206 页）

贝，泰开一等；背，灰合一等。

佳皆通假，灰咍与泰通假，似乎分成二类，二类之合是参照了
韵文的。如《鱼美人》：

东风吹绽海棠开。香榭满楼台。香和红艳一堆堆。又
被美人和枝折。坠金钗。

11. 萧类，包括《广韵》萧、宵、肴、豪四韵，如：

《韩》："见一黄蛇，皎（绞）妾床脚。"（138 页）

皎，萧四等；绞，肴二等。

12. 歌类，包括《广韵》歌、戈二韵。

13. 麻类，相当《广韵》麻韵。

上二类只见到二个交错例，都是假象。一个是《燕》"拔拳即
差（搓）"（249 页），已经说明"差"谐"扠"，是同韵通假。另一个
是《叶》的"群臣共驾（贺）皇帝"（226 页），则可能是形误所致。
从别的假借字可以看到二类之分。如《伍》："三口便即停餐，媿
贺（荷）女人，即欲进发。"（6 页）《韩》："今有随驾兵仕到来"
（200 页）。校注："随驾兵仕"即"隋家兵士"。下"随驾兵事"同。
"荷"、"驾"不同音是明白的。

14. 尤类,包括《广韵》尤、侯、幽三韵,如:

《祇》:"适来明是何妖魅之所幼(诱)患(惑)。"(406 页)

幼,幽四等;诱,尤四等。

《舜》:"夫人唤言苦瘦(瞀叟)。"(129 页)

瘦,尤二等;叟,侯一等。

15. 屋类,包括《广韵》屋、沃、烛三韵,与阳声韵相应:也不分二小类。如:

《王》:"莫遭项羽独(毒)手?"(39 页)

独,屋一等;毒,沃一等。

《维》:"长行捞摝之心。"(538 页)以摝代碌。

摝,屋一等;碌,烛三等。

《八》:"推筑(催促)再三,方始回答。"(335 页)

筑,屋三等;促,烛四等。

16. 质类,包括:《广韵》质、栉、术、物、没、迄六韵,如:

《庐》:"其疏抄去水上一丈已来,纥(屹)然而住。"(171 页)

纥,没合一等;屹,迄开三等。

17. 月类,包括《广韵》月、镕、黠、屑、薛、末、曷七韵。如:

《不》:"心中大越(悦)。"(819 页)

越,月合三等多;悦,薛合四等。

《维》:"察(刹)那恐怕呈(程)途远,倾克(顷刻)由(犹)疑赴会迟。"(532 页)

察,黠开二等;刹,镕开二等。

18. 药类，包括《广韵》觉、药、铎三韵。如：

《伍》："即捉剑斩昭王，作其百段。"（21 页）

"作"代"斫"。作，铎开一等；斫，药开三等。

19. 陌类，包括《广韵》陌、麦、昔、锡、职、德六韵，如：

《李》："须运不策（策—测）之谋。"（91 页）

策，麦开二等；测，职开二等。

《目》："须臾直（掷）钵便腾空。"（704 页）

直，职开三等；掷，昔开四等。

20. 缉类，相当《广韵》的缉韵，例略。

21. 合类，包括《广韵》合、盍、叶、帖、狎、洽、业、乏八韵，如：

《王》："告报诸蕃，非时出腊（猎）。"（100 页）

腊，盍一等；猎，帖四等。

《韩》："□（吓）得甲（浃）贝（背）汗流。"（206 页）

甲，狎二等；浃，帖四等。

《王》："吓协（胁）陵母言云：'肯修书诏儿已不？'"（42 页）

协，帖四等；胁，业三等，

从已经得到的入声例看来，都与阳声韵类相合。

这二十一韵类与汉藏对音是很接近的。

汉藏对音韵唐五代西北方音韵类　　　　变文假借字韵类

（以《广韵》韵部标目）

1. 歌、戈、麻、佳	1. 歌、戈
2. 江、阳、唐	2. 麻、佳
3. 庚、耕、清、齐	3. 阳、唐、江
4. 蒸、登	4. 庚、耕、清、青、蒸、登
5. 支、脂、之、微、鱼	5. 支、脂、之、微、齐、祭、废
6. 虞、鱼、模、尤、侯	6. 鱼、虞、模、尤、侯
7. 咍、灰、泰	7. 佳、皆、灰、咍、泰
8. 皆、佳、齐、祭	8. 豪、肴、宵、萧
9. 豪、肴、宵、侯	9. 尤、侯、幽
10. 侯、尤、豪、萧、宵	10. 侵
11. 侵	11. 覃、谈、盐、添、衔、咸、严、凡
12. 覃、谈、盐、添、衔、咸、严、凡	12. 真、谆、臻、文、欣、魂、痕
13. 真、谆、臻、文、欣、魂、痕	13. 寒、桓、删、山、先、仙、元
14. 寒、桓、删、山、先、仙、元	14. 东、冬、钟
15. 模、阳、唐	15. 缉
16. 东、冬、唐、阳	16. 合、狎、乏、叶、帖、业、盍
17. 缉	17. 质、术、没、物、迄、栉
18. 合、狎、乏、叶、帖	18. 铎、药、觉
19. 质、没、术、物	19. 月、曷、末、黠、镥、薛、屑
20. 月、曷、末、黠、镥、薛	20. 陌、麦、昔、锡、德、职
21. 铎、药、觉	21. 屋、沃、烛
22. 陌、麦、昔、锡、德、职	

23. 屋、沃、烛（罗书限于材料，故《广韵》一些韵目未能列入）

还有更值得注意的现象，可以说是与现代音相似的因素：

一、钟韵字代登韵字，说明东类可能读近庚类，开了《中原音韵》的东钟韵字和庚青韵字互见，近代"十三辙"合并为一辙——庚东辙的先声。

《庐》："相公日：'夫人众（曾）读《法华经》已否？'"（178 页）

众，东三等；曾，登开一等。

《秋》："朕为元首，臣作股肛（肱）。"（155 页）

肛，江韵字，此据声旁误推，读同"工"，东一等；肱，登合一等。

《韩》："时韩衾虎亦见箭不解，不恐拜舞，独立殿前。"（204 页）

此以"恐"代"肯"。恐，钟三等；肯，登开一等。

《中山诗话》："周人语转，亦如关中以中为蒸，虫为尘"，"向敏中镇长安，土人不敢卖蒸饼，恐触中字讳也。"

中、东三等；蒸，蒸开三等；虫，东三等，尘，真开四等。证明到宋代，西北地区读东类如庚类的语音不仅存在（如中为蒸），而且发展到连真韵也混同了（如虫为尘），要即[－ŋ]接近于[－n]。这种接近，到十三辙便成了庚东辙和人辰辙的通押。敏中，宋初人，"长安土人"，讳"中"及"蒸"，和上述变文的通假可以互证。到宋末元初，出了《中原音韵》，这是近古北方音的韵书。它的东钟韵收有庚青韵字 24 个：兄、泓、崩、缯、烹、荣、盲、薨、瞢、萌、横、嵘、弘、彭、棚、鹏、永、猛、艋、蝱、孟、咏、莹、迸。它的庚青韵收有东钟韵字 19 个：崩、缯、兄、泓、烹、棚、盲、薨、萌、横、嵘、弘、荣、蝱、艋、永、咏、莹、迸。其中十九个字是二部兼收的，可以说在唇音和喉音，二部几乎熔合了。明代从民间戏曲发展起来的"十三辙"，则以庚东辙之名,完全并合了。罗常培说:"从《中原音韵》起,一部分庚青部的合口字已然互见于东钟韵,可见[－ueng]和[－ong]两韵早就有混乱的趋势了,后来的韵书有的保存东钟一类的韵目,有的保存庚青一类的韵目,实际上并没有什么差异。只是表现这两韵的不分罢了。"①上面我们看到了从唐五代西北方言到近代北方话的发展。现代方言调查也证明:"本省方言属于北方官话系统,和普通话相去不远。"②又说敦煌一带"虽然地域上属于河西地区,但是它的方言却很接近于陕西关中地区的方言。这很可能和汉唐开发西北时,本地作为交通孔道和边陲重镇的历史背景有关"③。

2.真、庚二类往往通押,有七例。

以"身"(真开三等)代"胜"(蒸开三等)。(《韩》197 页)

以"隣"(真开三等)代"陵"(蒸开三等)。(《破》351 页)

以"璘"(真开三等)代"陵"(蒸开三等)。(《韩》199 页)

以"申"(真开三等)代"生"(庚开三等)。(《妙》512 页)

以"闻"(文合三等)代"明"(庚合三等)。(《孝》901 页)

以"声"(清开三等)代"身"(真开三等)。(《王》43 页)

以"影"(庚开三等)代"隐"(欣开三等)。(《韩》206 页)

它们几乎都是开口三等字,由此可以说,二摄的开口三等几乎是相同的。从这二摄的开三、四等字又与齐韵、之韵、微韵通假。看来,它们的主要元音是[i]或[e],真庚二摄的鼻音韵尾可能变为鼻摩擦音[r̃]或者统一于[－n]。

刘攽说宋时关中读虫为"尘",这就是东韵音与真韵音相混

---

① 罗常培:《罗常培语言学论文选集》,第 162 页。

② 《甘肃方言概况》,第 4 页。

③ 《甘肃方言概况》,第 6 页。

的例子。《中原音韵》既然认为东钟与庚青二部有一部分字可以互见，那么同庚类通假的真类，自然可以同东韵相通。所以，十三辙允许庚东辙和人辰辙通押。变文存着为这种通押的溯源材料。顺沿而下，近代以北方话为基础的文学巨著《红楼梦》也有类似的用韵。如第五回的《聪明误》：

> 机关算尽太聪明，反算了卿卿性命！生前心已碎，死后性空灵。家富人宁，终有个，家亡人散各奔腾。枉费了意悬悬半世心，好一似，荡悠悠三更梦。忽喇喇似大厦倾，昏惨惨似灯将尽。呀！一场欢喜忽悲辛。叹人世，终难定！

明、命属庚韵，定、灵属青韵，腾属蒸韵，梦属东韵，尽属真韵。

3. 不同鼻音韵尾的阳声韵往往通假，说明鼻收声在变化。共得［-ŋ］与［-n］相混八例，［-n］与［-m］相混十例，阳声韵与阴声韵通假十三例。［-n］与［-ŋ］相混，除上述的真、庚二类通假的七例外，还有一例：

> 《秋》："朕闻有天有地，方怱（万物）生焉。"（157页）

方、阳开三等；万，元三等。

　　［-n］与［-m］相混十例如下：

> 《妙》："师子口中亲（浸）淫说"（495页）。

亲，真开四等；浸，侵三等。

> 《王》："怜至三更，大命方尽。"（103页）

怜，俗字，从心令声，宜与璘、隣同读，真开三等；临，侵三等。

> 《韩》："赐金千斤，封邑万户。"（138页）校注："斤"原作"金"，据甲本改。

金，侵三等；斤，欣三等。

　　《下》:"日为西至,更蘭至此。"(273 页)校注:甲卷"蘭"
作"南",依乙卷。

蘭,寒开一等;南,覃一等。

　　《秋》:"歌潭(弹)美女。"(156 页)

潭,谈一等;弹,寒开一等。

　　《庐》:"岂缘一鼠之谦(慂),劳发千均(钧)之弩。"
(187 页)

谦,添开四等;慂,仙开三等。

　　《八》:"纔(残)云被狂风吹散去。"(825 页)

才,盐三等;残,寒开一等。

　　《故》:"我佛肩舁净梵王。"(835 页)。校注:甲、乙两卷
"梵"并作"饭"。

梵,凡三等;饭,元合三等。

　　《降》:"长在净梵(饭)王宫。"(377 页)

上九例,闭口韵分二组,侵韵与真类相通,有三对;其他八韵与元
类相通,有六对。证明收[-m]与[-n]的阳声韵都分为两大
类,彼此的主要元音相似或相同,韵尾往往相混。

　　阳声韵与阴声韵通假例如下:

　　《目》:"何期今日受新(斯)殃。"(705 页)

新,真开四等;斯,支开四等。

　　《庐》:"筋(鸡)皮鹤发。"(179 页)

筋,欣开三等;鸡,齐开四等。

《叶》："为定三夫人，非敢专擅。"(218 页)

定，青开四等；第，齐开四等。

《韩》："夜常孤栖。"(137 页)校注：丁卷孤栖作孤星。
又："夜长栖栖。"(137 页)校注：丁卷栖栖作星星。

栖，齐开四等；星，青开四等。

《晏》："三寸车辖制车轮。"(244 页)校注：原作制，据乙丙两卷改。甲卷作政。

政，清开三筹；制，齐开三等。

《捉》："闲来每共论今古。"(63 页)校注：丁、庚两卷此句作"闲时每唤论稽古"。

今，侵三等；稽，齐开四等。

《无》："少年休更驶（骋）娄罗。"(658 页)

驶，支开三等；骋，清开四等。

《王》："不纪（经）旬日，便到楚家界首。"(44 页)

纪，之开三等；经，青开三等。

《伍》："一笙毫毛，拟拒炉炭。"(3 页)以拟代宁。

拟，之开三等；宁，青开四等。

《茶》："酒食向人，终无恶意，有酒有令，人（仁）义礼智。"(267 页)校注：甲卷令作礼。

礼，齐开四等；令，清开四等。

《大》："当时群鹿止吟林。"(716 页)校注：乙卷止作正。

止，之开三等；正，清开四等。

《维》:"仏法中,最济要,万善皆由心变造。"(615页)以
济代紧。

济,齐开四等;紧,真开四等。

《捉》:"侯婴既说无季布。"(66页)以既代见。(见上)

既,微开三等;见,先开四等。

《大》:"登时证得阿难(罗)汉。"(716页)

难,寒开一等;罗,歌开一等。

《伍》:"途步而前。"(16页)校注:"丁卷作逢,应读庞,
逢步是俗语。"据之则以逢代迈。

逢,江二等;迈,夬合二等。

《韩》:"陈王裁(纔)问。"(200页)

裁,咍开二等;纔,盐三等。

上十六例很有规则,真类、侵类和庚类开三四等都与支类通
假,鼻音韵尾起了很大变化。看来消失最快是[-m]。我们不多
举例,只提出变文用"争"代替"怎么",这一个以[-ŋ]代[-m]
的普遍现象就好了。今兰州、敦煌方言中,古代三种鼻收声已消
变为[ĩ]、[-n]或[-ŋ],更证明罗书的[-ŋ]变为[ĩ]的拟测。
所以,二十一类的庚类,应是鼻化韵。侵类相同。并且可能消失
更快,或收[-n]或[-ŋ],但是变文毕竟距今千年左右,所以,还
是保持它的类名。

4. 入收声的消变同样明显。与《开蒙要训》的以"巨"注"屐"
相类的以阴声韵代入声韵的字例有三十个:

以史(之开二等)代失(质开三等) (901页)

以已(之开四等)代一(质开四等) (204页)

以以（之开三等）代一（质开四等） （133 页）

以意（之开三等）代一（质开四等） （276 页）

以既（微开三等）代讫（迄开三等） （37 页）

以唯（脂合四等）代忽（没合一等） （88 页）

以避（支合四等）代劈（锡开四等） （96 页）

以臂（支开四等）代擘（麦开二等） （727 页）

以意（之开三等）代益（昔开四等） （245 页）

以仕（之开二等）代适（昔开三等） （363 页）

以渧（齐开四等）代滴（锡开四等） （739 页）

以意（之开三等）代忆（职开三等） （317 页）

以撒（脂开三等）代揖（缉三等） （333 页）

以气（微开四等）代泣（缉三等） （21 页）

以赐（支开四等）代切（薛开四等） （190 页）

以赴（虞三等）代拂（物合三等） （157 页）

以恶（模一等）代物（物合三等） （251 页）

以赴（虞三等）代覆（屋三等） （225 页）

以暮（模一等）代幕（铎开一等） （249 页）

以模（模一等）代蓦（陌开二等） （731 页）

以务（虞三等）代牧（屋三等） （689 页）

以暮（模一等）代沐（屋三等） （118 页）

以数（虞三等）代椒（屋三等） （772 页）

以愉（虞四等）代欲（烛四等） （96 页）

以内（灰合一等）代纳（合一等） （24 页）

以衙（麻开二等）代压（狎二等） （200 页）

以写（麻开四等）代摄（叶开三等） （265 页）

以负（尤三等）代服（屋三等） （199 页）

以副（尤三等）代覆（屋三等） （12 页）

　　以富（尤三等）代福（屋三等）　（26 页）

与《开蒙要训》以"薛"注"栖"相类的以入声韵代阴声韵的字例有二十二例。

　　以督（沃一等）代都（模一等）　（349 页）

　　以欲（烛四等）代拟（之开三等）　（160 页）

　　以一（质开四等）代以（之开四等）　（172 页）

　　以乞（迄开三等）代岂（微开三等）　（197 页）

　　以恤（术合四等）代祟（脂合四等）　（251 页）

　　以勿（物合三等）代回（灰合一等）　（15 页）

　　以拨（末合一等）代簸（戈合一等）　（858 页）

　　以莫（铎开一等）代暮（模一等）　（744 页）

　　以索（铎开一等）代素（模一等）　（474 页）

　　以薄（铎开一等）代簿（模一等）　（810 页）

　　以各（铎开一等）代过（戈三等）　（567 页）

　　以卓（觉开三等）代掉（豪一等）　（19 页）

　　以辟（锡开四等）代譬（支开二等）　（433 页）

　　以辟（锡开四等）代臂（支开二等）　（331 页）

　　以即（职开三等）代既（微开三等）　（94 页）

　　以直（职开三等）代值（之开三等）　（222 页）

　　以忆（职开三等）代喜（之开三等）　（138 页）

　　以亿（职开三等）代诣（齐开四等）　（796 页）

　　以蓦（陌开二等）代慕（模一等）　（541 页）

　　以托（铎开一等）代拖（戈一等）　（202 页）

　　以及（缉三等）代既（微开三等）　（170 页）

　　以邑（缉三等）代衣（微开三等）　（138 页）

可以说入收声消失的趋势是很明白的了。

5. 尤类唇音读为鱼类唇音。如：

《李》："负特黄(皇)天孤傅(负)土。"(90 页)。

《韩》："但某请假三日,得之已府(否)?"(206 页)

《维》："如鸡附卵。"(530 页)又："如鸡负卵应时堆。"(554 页)

《破》："堇负(匡辅)圣朝。"(345 页)

等等。尤类唇音字读如虞、模二韵,这与《一切经音义》所记、汉藏对音所记相同。这是一个很有意思的音变,意味着已经接近现代音了。鱼韵没有唇音字,也不与尤类通假,这说明它的音接近于支类,但也只是接近而已。虞韵处在交错之中,它的一部分与鱼韵同,另一部分与"模"同。因此,[y]、[u]分化的情形是相当复杂的。

6. 支、鱼二类通假甚多,但是鱼类的模韵不与支类通假。支类字代鱼类字例,如：

以之(之开三等)代诸(鱼三等)　(53 页)

以知(支开三等)代诸(鱼三等)　(250 页)

以以(之开三等)代与(鱼三类)　(116 页)

以追(脂开三等)代诛(虞三等)　(54 页)

以俟(之开二等)代住(虞三等)　(582 页)

等等。鱼类字代支类字例,如：

以诸(鱼三等)代枝(支开三等)　(289 页)

以去(虞三等)代起(之开三等)　(739 页)

以去(虞三等)代气(微开三等)　(180 页)

以主(虞三等)代子(之二四等)　(351 页)

等等。集中在齿音、牙音(颚化的)和喉音,没有舌音和唇音,从而说明这是圆唇高元音([y])。它与"[i]"之区别在唇形,与"[u]"之区别在前后,可以说出入二者之间。王力先生说："在什么时代模鱼虞分为[u],[y]两音呢? 我们认为这个音变最晚在十六世纪已经完成了。"①从什么时代开始呢？变文假借字证明唐五代已经开始。

7. 佳韵麻韵相通，如：

《孟》："佳俱（家居）何郡？"（34 页）

《捉》："朱解忽然来买口。"（60 页）校注：戊卷"朱解"作"朱家"。（77 页）

泉按：事见《史记·刺客列传》和《汉书·游侠传》，二书都作"朱家"。

《李》："更若人为十只矢，参嗟（差）重得见家乡。"（91 页）

泉按：参差字读支韵，此书"嗟"通"差"，可见这个抄本已误读，这种误读今天还有，唐代有这种误读，倒是初见。

《张》："于是中军举华（画）角。"（116 页）

还有以衙代涯（331 页），以牙代崖（264 页），以寡代挂（129 页）等。总之，佳韵二等字读如麻韵二等。从声母看限于牙音，也有喉音和齿音。《汉语诗律学》说到唐诗中有这一现象，但认为数量太少，不承认二者相通。"佳字与麻韵通抨，唐人即有之。例如杜甫《喜晴》、刘禹锡《送荆州李郎中赴任》，但除佳字外，佳韵其他的字未见与麻韵通押者。"②所以，仍叫做邻韵。其实，上列诸例，都不是佳字，所谓"佳韵其他字未见"是一种误会。李白《千里思》、陆龟蒙《白鸥》用"涯"押麻韵，都说明唐代这一通押是很普遍的。白居易诗佳韵字押麻韵者，佳字一见，涯字六见，娲字五见，罢字二见，画字一见，此外夫韵的"话"字一见，共六字十六见。

———————

① 王力：《汉语史稿》，第 173 页。
② 王力：《汉语诗律学》，第 67 页。

　　如果根据以上几条作一种推测，那么二十一类便可并为十一类。这十一类与今天的十三辙韵，敦煌方言很相似，可以反证变文确系口语。

今敦煌方言韵母	十一类
ʅ. ɿ. i. ɣ	支类
u. y	鱼类
ɛ. uɛ	佳类
ei. uei	支类、佳类
ɔ. iɔ	萧类
ou. iou	尤类
æ. iæ. uæ. yæ	庚类、元类
ɔ̃. iɔ̃. uɔ̃.	阳类
a. ia. ua. ya	歌类
a. ia. ua	麻类
aŋ. uaŋ	庚类、真类、东类
iŋ. yŋ	真类、庚类、侵类

　　敦煌方言根据兰州大学中文系方言调查组的报告，可以看到，入声和闭口韵是消失了。

　　四、关于假借字的选取。以《敦煌变文集》为限，必须仔细辨识，多方面考究。如《伍子胥变文》：“越王见兵被杀，遂共范蠡捉西（投向）会稽山避难。”(26页)编校者的意思“捉西”是投向形近之误。据此，则难以列入同音通假。细一看，“西”字不误，正是通假字。《说文》：“西，鸟在巢上也。”据义即今“栖”字的古文。所以，《说文》又说：“栖，西或从木妻。”曲子词《菩萨蛮》：“棹歌惊起乱西（栖）禽”①，

---

　　①　《敦煌曲子词集》，第30页。

正作"西"。考之史实,这事见于史书。《史记·吴太伯世家》:
"越王勾践乃以甲兵五千人楼于会稽。"司马贞索隐:"鸟所止宿
曰楼,越为吴败,依托于山林,故以鸟楼为喻。"①《国语·越语》:
"越王勾践楼于会稽之上。"韦昭注:"山处曰楼。"②《越绝书》
"楼"与"保楼"互见。"越王再拜曰:'……军败身辱,遁逃上楼会
稽'。"③"昔者越王勾践与吴王夫差战,大败,保楼于会稽山上。"
(同上 23 页)《左传》单用"保"。《哀公元年》:"越子以甲楯五千
保于会稽。"杜预注:"上会稽山也。"④可见,"西"是"楼"的假借
字,因为"西"有二义,段玉裁云:"盖制此篆时,已分别西为东西,
栖为鸟在巢。"⑤后人为后一义造了新字。"保西"的"保"也不
误,除《越绝书》《左传》外,《史记》也是"楼"、"保楼"互见的。
《越王勾践世家》:"越王乃以余兵五千人保楼于会稽。"⑥又如
《燕子赋》:"言语未定,燕子即迴,踏地叫唤,雀儿出来,不问好
恶,拔拳即差(搓),左推右耸,剜耳掴腮。"(249 页)"搓"不见于
《说文》,《广韵》入歌韵,"手搓碎也","七何切"。因为这段韵文
叶皆、哈韵,音义都不合。《广韵》另有"扠"字,释为:"以拳加人,
亦作㨃,丑佳切。""差"有"楚佳切"一音,看成以"差"代"扠"为
宜。又如《张义潮变文》:"渌水任君连臂饮,青山休作断(短)长
吟。"(118 页)"断"不宜代"短",应该是以"长"代"肠"作"断肠
吟"。理由 1. 二句一联成对偶,"断肠"对"连臂"才工。2. 变文
"长"、"肠"混用。《舜子变》:"儿逆阿耶肠段",又作"儿逆阿耶

① 标点本,第 1407 页。
② 《四部备要》本卷二十。
③ 《四部丛刊》本卷六,第 33 页。
④ 《十三经注疏》,中华书局 1980 年版,第 2154 页。
⑤ 《说文解字注》,上海古籍出版社 1981 年版。
⑥ 第 1740 页。

长段"。"段"为"断"的借字。3. 此诗原是七绝,本自唐曾麻几
《放猿》诗:

> 孤猿锁槛岁年深,放出城南百丈林。
> 绿水任从联臂饮,青山不用断肠吟。

从而证明断长吟之"断长"不能作"短长",而应是"断肠"。其次,
不同方言不能混为通假。如《捉季布传文》:"低牟锁甲气如云"
(66页),校记:"低又作头,据丁、庚、辛三卷改。"但是,玄应《一
切经音义》说,这是两种方言,"甲胄、兜鍪也,中国行此音。亦言
鞮鍪,江南行此音","鞮音低"。(卷一)且不说头或兜,于古有
证,就是变文也不少见。《韩擒虎话本》:"头毛(牟)"(205页)、
《叶净能诗》有"兜餐(鍪)"(218页),不能混为一谈。又如《目连
缘起》:"洋(汁)铜灌口苦难当"(705页),而《目连变文》:"渴饮
镕铜损肝胀(肠)"(757页),"洋""镕"也是不同的方言。玄应
《一切经音义》:"镕以终反,江南行此音;谓镕铸消洋也。"像这种
方音歧异,自然不能看作某是某的同音,所以,一概不收。总之,
收入谱中的字必须细心核对,它是一项很艰难的工作,限于自己
的水平,差失是免不了的,望识者指正。

五、谱内诸字按假借字韵部编排。我认为据音求义,是识认
假借字的重要方法,而变文假借字又不是凭一般的古汉语音韵能
完全解决的,必须按照它自有特色的语音。现在的安排能够突出
这种语音。如果为了查检的便捷,可以编一个笔画索引,限于篇
幅这里从略。每韵部的字都分同韵字、合韵字和通韵字三项。所
谓同韵字,就是《广韵》一韵内的通假字;所谓合韵字,就是《广
韵》邻韵间的通假字,都在《广韵》韵系的框架之内,所谓通韵字,
就是越出了《广韵》分韵的规格的假借字,最能体现变文的语音
特质。

每字的具体编排是:假字在前,后面是加( )的本字;每字后的数字表示所属的《广韵》韵目、开合、等呼。为印刷方便,声调暂不标出。韵目标志采用以平赅上、去的办法。然后标出出处的页码,为了节省篇幅,那些证明假借字的考证一概删去。偶有"×××—××"的标号,是不同写卷的异文,前者为变文集页码,后者为变文集校记号码。这种异文就其文句里的地位来说,它们的语音关系同假借字相类。

东类(包括《广韵》1 东 2 冬 3 钟等韵)

同韵字:

公 1①(功)①₉₂、₁₃₈、₂₀₂、₂₀₃   翁 1①(公)1①₅₇—₅₁、₂₄₅—₃₁

穷 1③(躬)1③₁₆₇   宫 1③(躬)1③₂₂₇

同 1①(筒)1①₇₈₉   同 1①(铜)1①₃₄₇—₁₂

同 1①桐 1①₁₁₄、₁₂₅   中 1③(忠)1③₁₈

忠 1③(中)1③₁₂₉   中 1③(盅)1③₂₆₈

中 1③(终)1③₂₀₀、₂₅、₃₆、₂₇₅—₅₁、₂₇₆、₂₈₇—₂₅

终 1③(中)1③₂₇₆、₂₀₀   忠 1③(衷)1③₇₇₉、₈₀₈

众 1③(中)1③₇₄₄—₁₄₄   红 1①(鸿)1①₆₃₁

笼 1①(胧)1①₄₂₈   蒙 1①(梦)1①₁₇₄

悤 1①(匆)1①₈₆₇   风 1③(疯)1③₂₆₉

宫 1③(公)1③₇₉₅   琼 2①(骔)₃₂₅

综 2①(骔)₃₃₈

宗 2①(骔)₃₂₀ 注:《广韵》无骔字,借此证琼、综、宗同韵。

共 3③(供)3③₄₅₄   锺 3③(种)3③₁₆₉

鐘 3③(锺)3③₃₇₄

锤3③(鐘)3③808、185、199、510、511、200、613、718

种3③(踵)3③85　　捧3③(俸)3③456、457

峰3③(锋)3③200、810　　逢3③(锋)3③203

峰3③(烽)3③412　　拥3③(壅)3③384

墉3③(庸)3③124　　庸3③(傭)3③873

凶3③(胸)3③650　　凶3③(胸)3③60、181、727—10、734

凶3③(胸)3③7、91、299　　凶3③(匈)3③85

陇3③(龙)3③85　　纵3④(趴)3④135、340

趴3④(纵)3④38、344　　讼3④(颂)3④434、435、437

用3④(勇)3④233　　踊3④(勇)3④493

勇3④(踊)3④388、389　　从3④(重)3③276—78

容3③(用)3④251—54　　松3④(松)3③358

蓉3④(容)3③10

合韵字

众1③(种)3③752—63

种3③(众)1③233—29、286—17、300—225

供3③(贡)1①204　　衝1③(从)3④125

蓯1③(从)3④10　　匆1①(从)3④216

仲1③(重)3③901　　衝3③(充)1③250—20

奉3③(凤)1③103　　丰1③(锋)3③201

蓬1①(逢)3③172　　拥3③(翁)1①169

龙3③(聋)1③819　　融1④(容)3③125

容3③(融)1④25—25　　緫1①(宗)2①789—12

浓3③(脓)2①130、180

通韵字

恐3③（肯）登开①204　　　　众1③（曾）登开①178

肛②（肕）登合①155 注：肛，《广韵》许江切、以其从月工声，俗误从声读，故得与肕同音。"登"，凡此种地位字，并《广韵》韵目。下同。

支类（包括《广韵》1支2脂3之4微5齐6祭7废等韵）

同韵字

寄1开④（奇）1开③586　　　　踦1开③（崎）1开③534

踦1开③（踋）1开③225　　　　议1开④（仪）1开①、451

仪1开③（议）1开④17、469　　仪1开③（义）1开③2

宜1开③（仪）1开③858　　　　仪1开③（宜）1开③113

支1开③（肢）1开③179、580、662　　支1开③（枝）1开③185

氏1开③（是）1开③901　　　　祇1开③（知）1开③273—4

祇1开③（只）1开③385—45　　驰1开④（迤）1开④452

驰1开③（池）1开③375　　　　知1开③（智）1开③183、340

智1开③（知）1开③772　　　　觜1开④（雌）1开②213—13

觜1开④（嘴）1开④480　　　　此1开④（紫）1开④345

随1合④（隋）1合④200—18　　随1合④（堕）1合④464

堕1合④（随）1合④566　　　　吹1合③（炊）1合③397

为1合③（伪）1合③3、585、130—7　　罢1开③（罴）1开③105

被1合③（披）1开③72　　　　披1开③（被）1合③669

被1合③（帔）1开③216、221

四2开④（死）2开④327　　　　槌2合④（追）2合③85

遂2合③（邃）2合④457　　　　醉2合④（悴）2合④756

咨2开④(恣)2开④[139、701]　　姿2开④(恣)2开④[539]

恣2开④(咨)2开④[539]　　至2开③(指)2开③[320]

至2开③(自)2开④[901]　　脂2开③(指)2开③[327]

夷2开④(姨)2开④[445]　　唯2合④(维)2合④[532]

梨2开③(藜)2开③[809]　　媚2合③(眉)2合③[197、796]

眉2合③(楣)2合③[43]

期3开③(其)3开③[188、253—102]　　缋3开③(旗)3开③[20]

玘3开③(杞)3开③[102]　　记3开③(纪)3开③[129]

拟3开③(疑)3开③[7、589、520、666]

疑3开③(拟)3开③[190、203、335、456、401]

事3开②(仕)3开②[11、14、27、138、791—22]

事3开②(士)3开②[22、23、222、348—22]

仕3开②(事)3开②[27、364、378、792]　　仕3开②(士)3开②[13]

仕3开②(侍)3开③[772、138]　　士3开②(事)3开②[131、773—73]

士3开②(仕)3开②[162]　　时3开③(持)3开③[317—2]

使3开③(史)3开②[90、273—3、274、138—93、712]

之3开③(子)3开④[720、901]　　子3开④(字)3开④[323]

兹3开④(缁)3开④[224]　　慈3开④(兹)3开④[621、799—72]

慈3开④(滋)3开④[93]　　词3开④(辞)3开④[85、34、461]

词3开④(祠)3开④[34]　　嗣3开④(祠)3开④[406]

似3开④(以)3开④[99]　　以3开④(似)3开④[13、189、731、902]

以3开④(已)3开④[4、12、140—134、156、196、198、461、723、19、23、26、33、110、362、139—82、251—44、732、872]

已3开④(以)3开④[19、33、155、168、170、188、630、530、183、715、775、429、176、196、125、168、202、345、385、367、796、463、407、475、471、714、848、868]

异3开③(以)3开④[139—79]　　炽3开③(帜)3开③[52]

恃 3 开③（持）3 开③815、901

里 3 开③（理）3 开③129、182、138、26、89、231、220、186、160—9、274—31

里 3 开③（里）3 开③138、399　　　　李 3 开③（里）3 开③129、202

李 3 开③（理）3 开③203　　　　里 3 开③（理）3 开③250—21、384—35

氣 4 开③（岂）4 开③34　　　　几 4 开③（机）4 开③203、346

衣 4 开③（依）4 开③110、204、111、112、191、199、210、61—100、403、432、439、491

依 4 开③（衣）4 开③172、191、204、218、403、542、603

肥 4 开③（妃）4 开③185

飯 4 合③（归）4 合③85、89、105、137、156、672

辉 4 合③（晖）4 合③100　　　　尉 4 合③（慰）4 合③363

非 4 合③（飞）4 合③104、543　　　　违 4 合③（围）4 合③403、645

伟 4 合③（纬）4 合③734　　　　依 4 开③（未）4 合③53—14

齐 5 开④（脐）5 开④204　　　　董 5 开④（荠）5 开④7

计 5 开④（继）5 开④139　　　　计 5 开④（髻）5 开④130

溪 5 开④（稽）5 开④848　　　　启 5 开④（稽）5 开④589

撕 5 开④（嘶）5 开④379　　　　西 5 开④（楼）5 开④26

弟 5 开④（第）5 开④201、199、607、785—62、475、426、902

弟 5 开④（递）5 开④779—57　　　　递 5 开④（第）5 开④274—27

涕 5 开④（递）5 开④99　　　　提 5 开④（题）5 开④831

堤 5 开④（提）5 开④325　　　　帝 5 开④（谛）5 开④810

底 5 开④（抵）5 开④458　　　　底 5 开④（邸）5 开④180

低 5 开④（羝）5 开④82　　　　低 5 开④（提）5 开④575

体 5 开④（替）5 开④294—143　　　　泥 5 开④（鲵）5 开④517

兮 5 开④（奚）5 开④197　　　　继 5 开④（繫）5 开④427

携5 开④（兮）5 开④845 　　　齐5 开④（剂）5 开④267—19

惠5 合④（慧）5 合④511、572 　　慧5 合④（惠）5 合④835—3

製6 开③（制）6 开③226、267—2 　世6 开③（势）6 开③204、205

誓6 开③（筮）6 开③112 　　　弊6 开③（蔽）6 开③5、384、581

敝6 开③（蔽）6 开③386、387 　　弊6 开③（蔽）6 开③549

祭6 开④（际）6 开④345、439

合韵字

耆2 开③（衹）1 开③819—4 　　祁2 开③（衹）1 开③180

歧1 开④（鳍）2 开③56—42 　　至2 开③（智）1 开③346

是1 开③（示）2 开③829—2 　　驰1 开③（迟）2 开③407

迟2 开③（池）1 开③203 　　　尸2 开③（施）1 开③88

斯1 开④（私）2 开④461 　　　资2 开④（智）1 开③522

次2 开④（刺）1 开④130 　　　此1 开④（次）2 开④206、775

卑1 开④（悲）2 合③839—24 　　被1 合③（备）2 合③291

备2 合③（被）1 合③187、203 　　备2 合③（枇）2 开④290—85

毗1 开④（鼻）2 开④490 　　　彼1 合③（囏）2 合③26

靡1 开④（魅）2 合③130 　　　伊2 开③（移）1 开④708

惟2 合④（为）1 合③722 　　　为1 合③（位）2 合③201

为1 合③（唯）2 合④182、289、325、347 　唯2 合④（为）1 合③99

利2 开③（离）1 开③621、627、660

期3 开③（奇）1 开③331 　　　其3 开③（骑）1 开③268—24

其3 开③（奇）1 开③395、397、732、889 　其3 开③（衹）1 开④454

宜1 开③（疑）3 开③196 　　　疑3 开③（宜）1 开③632

疑3 开③（仪）1 开③204 　　　喜3 开③（戏）1 开③112、232—19

知 1 开③（之）3 开③60—88、294—166

之 3 开③（知）1 开③160—5、184、222、275、244—22、294—166、482、728、908

支 1 开③（之）3 开③10　　　　志 3 开③（智）1 开③244

之 3 开③（是）1 开③456　　　　市 3 开③（是）1 开③877

仕 3 开②（是）1 开③155

是 1 开③（事）3 开③171、176、203、224、428、296—223

事 3 开③（是）1 开③36—11、44、294—102、332—11、810

是 1 开③（时）3 开③792、799　　　志 3 开③（枝）1 开③587

志 3 开③（堕）1 开③626　　　　智 1 开③（置）3 开③129

池 1 开③（持）3 开③129、296—205、744—151

使 3 开③（池）1 开③387　　　伎 1 开③（使）3 开③156

使 3 开③（驰）1 开③387　　　子 3 开④（是）1 开③736—93

子 3 开④（紫）1 开④100　　　思 3 开④（是）1 开③322

赐 1 开④（思）3 开④205　　　思 3 开④（斯）1 开④589

似 3 开④（赐）1 开④960　　　异 3 开④（易）1 开④211、678

易 1 开④（异）3 开④213、678　　　离 1 开①（劙）3 开③104

儿 1 开③（而）3 开③312　　　而 3 开③（儿）1 开③401、739

尔 1 开③（耳）3 开③370　　　耳 3 开③（尔）1 开③401、766

祇 1 开③（祈）4 开③288—39　　　寄 1 开④（既）4 开③199、203

希 4 开③（蠛）1 开③519

为 1 合③（违）4 合③89、137—25、199、203、198、498、540

为 1 合③（谓）4 合③266、434、882、888

谓 4 合③（为）1 合③158、250—17、268—33

威 4 合③（逶）1 合③452　　　威 4 合③（委）1 合③880

奇 1 开③（齐）5 开④345　　　继 5 开④（羁）1 开③631

赐1 开④(切)5 开④190

之3 开③(至)2 开③267—10,273—9　　至2 开③(志)3 开③494

致2 开③(值)3 开③574　　置3 开③(致)2 开③796—55,797,807

指2 开③(止)3 开③93　　止3 开③(旨)2 开③810

旨2 开③(止)3 开③193　　志3 开③(旨)2 开③287—29

止3 开③(指)2 开③532　　志3 开③(治)2 开③220

持3 开③(迟)2 开③490　　癡3 开③(鸥)2 开③251

自2 开③(字)3 开④182,733　　资2 开④(兹)3 开④296

慈3 开④(资)2 开④67—149　　死2 开④(思)3 开④140—132

媿2 合③(鬼)4 合③130　　衣4 开③依4 开③伊2 开③59—78

遗2 合③(违)4 合③874—78　　惟2 合④(违)4 合③33,403,645

微4 合③(惟)2 合④202,205

繫5 开④(结)2 开③196　　结2 开③(髻)5 开④277

计5 开④(结)2 开③790—52　　地2 开④(第)5 开④199,203,204,205

梨2 开③(黎)5 开④156　　黎5 开④(利)2 开③715—16

致2 开③(制)6 开③267

岂4 开③(其)3 开③129　　岂4 开③(起)3 开③129,130

起3 开③(岂)4 开③130,262,788—8,848

既4 开③(记)3 开③201　　记3 开③(既)4 开③110,188,819

几4 开③(基)3 开③606　　几4 开③(己)5 开③198

意3 开③(衣)4 开③860

繫5 开④(喜)3 开③197　　你3 开③(泥)5 开④344

济5 开④(际)6 开④198　　弊6 开④(薛)5 开④169
例6 开③(荔)5 开④169

肺7 合③(非)4 合③183

通韵字

起3 开③(去)鱼③292—112　　戏1 开③虚鱼③喜3 开③231—4
以3 开③(与)鱼③116、285、290、174、903、907、252—71、741、906、908、13
已3 开④(与)鱼③38—21、137、858—13
衣4 开③(于)鱼③743　　依4 开③(于)鱼③203
以3 开④(于)鱼③906　　违4 合③(逾)虞③295—179
以3 开③(语)鱼③727—68　　支1 开3(诸)鱼③715—15
知1 开③(诸)鱼③250—33
之3 开③(诸)鱼③53—19、292—122、57—53
追2 开③(诛)虞③　　使3 开③(殊)虞③387
俟3 开②(住)虞③582、574
而3 开③(如)鱼③53、137、65—130、406、779—58
而3 开③(于)鱼③848　　儿1 开③(汝)鱼232—23

济5 开④(侪)皆开②218　　吹1 合③(推)灰各③251—54
荠5 开④(斋)皆开②646　　被1 合③(配)队合①253—89
伾2 合③(盃)队合①288

期3 开③(见)先开④764—3　　既4 开③(见)先开④66—134
济5 开④(紧)真开④615

纪 3 开③（经）青开③44　　　拟 3 开③（宁）青开④3

止 3 开③（正）清开②71—24　　礼 5 开④（令）青开④267—13

稽 5 开④（今）侵③63—112

史 3 开②（失）质开③901　　　赐 1 开④（切）薛开④190

已 3 开④（一）质开④204　　　意 3 开③（一）质开④276

以 3 开④（一）质开④133　　　既 4 开③（讫）迄开③37—13

唯 2 合④（忽）质合①88

涕 5 开④（滴）锡开④739　　　仕 3 开②（适）昔开③363

意 3 开③（益）昔开④245　　　意 3 开③（忆）职开③317—5

臂 1 开④（擘）麦开②727　　　避 1 合④（劈）锡开④96、204

氣 4 开③（泣）缉③21　　　　计 5 开④（汁）缉③725

槭 2 开③（揖）缉③333

鱼类（包括《广韵》1 鱼 2 虞 3 模等韵）合韵字

同韵字

居 1③（车）1③203　　　举 1③（弄）1③883

虚 1③（驱）1③764—6　　巨 1③（拒）1③188

拒 1③（距）1③502　　　鱼 1③（渔）1③13、185、511

如 1③（鱼）1③190　　　如 1③（汝）1③730

于 1③（如）1③184　　　于 1③（余）1④124

与 1③（如）1③274—16　　如 1③（茹）1③93

余 1③（余）1③630、823　　与 1③（于）1③660

于1③与1③₃₄₅

语1③(与)1③₁₆₂

语1③(余)1③₉₀₇

禦1③(语)1③₉₃

举1③誉1④(举)1③₁₃₈₋₇₁

预1④(豫)1④₃₆₅

序1④(叙)1④₆₀₈

叙1④(绪)1④₉₃

助1②(筋)1③₅₅₋₃₀

咀1④(沮)1④₂₅₁

暑1③(曙)1③₅₄₃

侣1③(旅)1③₈₂₈、₈₀₉

吕1③(侣)1③₃₄₇

俱2③(拘)2③₅₃₅

衢2③(瞿)2③₄₆₈

虞2③(愚)2③₉₂

愚2③(遇)2③₁₇₃、₂₁₆、₅₇₇、₁₇₄、₁₈₃、₁₉₁

禺2③(愚)2③₉₀₁

禺2③(禹)2③₄₁₆

遇2③(愚)2③₂₅、₁₃₃

注2③(住)2③₁₃₇

住2③(注)2③₂₁₆

柱2③(住)2③₂₆₃

柱2③(拄)2③₅₉₈

驻2③(拄)2③₃₆₉

主2③(注)2③₂₁₂

珠2③(主)2③₈₅₂

珠2③(殊)2③₂₂₅

殊2③(珠)2③₇₁₆₋₁₉

殊2③(诛)2③₈₄₉

珠2③(铢)2③₃₂₁、₃₂₅

朱2③(铢)2③₂₉₁、₃₃₈、₃₃₆、₃₃₉

殊2③(输)2③₃₂₅

须2③(输)2③₃₂₇

殊2③(铢)2③₅₃₁、₅₄₃、₅₅₀、₅₉₂

铢2③(殊)2③₁₉₁

须2③(鬚)2③₇₁₆、₁₇₈₋₃₉

取2④(娶)2④₁₂₉、₁₃₇、₂₁₇

府2③(符)2③₂₂₇

符2③(府)2③₂₁₈

苻2③(符)2③₂₀₆、₂₁₃

扶2③(符)2③₃₇₀

富2③(扶)2③₃₆₅

苻2③(扶)2③₂₂₇

府2③(俯)2③₇₀₉

俯2③(附)2③₁₇₈

府2③(抚)2③₁₂₉

付2③(敷)2③₈₂₀

付2③(赴)2③₃₉₈

附2③(驸)2③₂₇₆

无2③(舞)2③₁₀₀、₇₇₃₋₁₇

武2③（舞）2③205　　　　　　儛2③（武）2③859

无2③（毋）2③470　　　　　　无2③（巫）2③353—31

无2③（毋）2③714　　　　　　喻2④（谕）2④124

喻2④（愈）2④219　　　　　　榆2④（俞）2④807

孤3①（辜）3①22　　　　　　姑3①（孤）3①129

顾3①（股）3①285—3　　　　故3①（顾）3①197

故3①（古）3①274、154、200　姑3①（古）3①274

古3①（故）3①157、138　　　固3①（故）3①333

固3①（顾）3①67—150　　　　锢3①（涸）3①191

故3①（诂）3①184　　　　　　苦3①（瞽）3①129

苦3①（互）3①405　　　　　　苦3①（枯）3①706

狐3①（胡）3①10　　　　　　胡3①（狐）3①19

胡3①（蝴）3①684　　　　　　胡3①（湖）3①267

悟3①（铻）3①773　　　　　　铻3①（悟）3①170—9

悮3①（悟）3①569、571、572　悟3①（悮）3①604

梧3①（悟）3①471　　　　　　娱3①（误）3①163

悮3①（忤）3①43、251　　　　午3①（仵）3①265

吾3①（悟）3①253—99　　　　吴3①（悟）3①253—99

吾3①（忤）3①178　　　　　　吾3①（梧）3①233

忤3①（伍）3①545　　　　　　仵3①（伍）3①10

蜈3①（伍）3①10

徒3①（图）3①4、67、93、197、254、411、47、696

徒3①（途）3①93、197、203、204、451、787

塗3①（途）3①744—141　　　度3①（杜）3①187、203

睹3①（赌）3①105　　　　　　覩3①（都）3①220

都3①（覩）3①575、718—33　菟3①（兔）3①19

骈3①(图)3①185

奴3①(怒)3①175

努3①(怒)3①27、294—150

努3①(弩)3①51—6

弩3①(努)3①296—202

絮3①努3①怒3①348—21

虎3①(琥)3①558

麁3①(粗)3①187、190、335

祖3①(粗)3①155

醋3①(措)3①810

诉3①(素)3①198

素3①(塑)3①372

苏3①(稣)3①505

铺3①(捕)3①17

捕3①(布)3①172

捕3①(菩)3①723

补3①(铺)3①407、716

部3①(薄)3①212

部3①(步)3①321

暮3①(慕)3①98、550、548、606、610、660

慕3①(募)3①161

暮3①(幕)3①249

募3①(暮)3①807

募3①(慕)3①525、526、573、807

莫3①(暮)3①744

露3①(鹭)3①12、14

路3①(露)3①370、468

路3①(卤)3①791—40

垆3①(炉)3①168

合韵字

俱2③(居)1③34

具2③(拒)1③200

御1③(喻)2④525

舒1③(输)2③202

诛2③(诸)1③723

所1②(数)2③197

乳2③(语)1③557、559、601

汝1③(乳)2③158

如1③(儒)2③22

奴3①(如)1③298

都3①(诸)1③224

语1③(悟)3①436

呼3①(吁)2①333、133

铺3①(赴)2③169

补3①(辅)2③407　　　　　　甫2③(哺)3①674

夫2③(琥)3①10　　　　　　汙3①(纤)2③155

通韵字

诸1③(枝)支开③289—58　　　　诸1③(知)支开③290—90

许1③(喜)之开③825—8

诸1③(之)之开③53—19、57—53、267—5、267—11、292—122、851—3

与1③(而)之开③275—43　　　　与1③(已)之开③776—36

与1③(以)之开④133、902、906、901、233—34、233—27、740—111

与1③(异)之开④451、232—23　　语1③(以)之开④727—67

如1③(而)之开③137、185、188、325、327、476、717、734、820、874

于1③(依)微开③293—128　　　　去2③(起)之开③292—112、739—102

取2④(归)微合③684　　　　　　去2③(气)微开③180

须2④(虽)脂④231—12、235—52、244—16、364、735、860、867

主2③(子)之开④351—33　　　　须2④(垂)支合③273—8

布3①(报)豪①348—19

附2③(贺)歌①799—70

附2③(覆)尤③244—7　　　　　赴2③(覆)屋③225

府2③(否)尤③206　　　　　　傅2③(负)尤③90

附2③负尤③530　　　　　　　拘2③(勾)侯①193

无2③(母)侯①470

去1③(逐)屋③689　　　　　　愉2④(欲)烛④96

务2③(牧)屋③848　　　　　　数2③(椒)屋③772

暮 3①(沐)屋③[118]　　　　　　补 3①(福)屋③[532]

赴 2③(拂)物合 [532]　　　　　　恶 3①(物)物合③[251]

暮 3①(幕)铎开①[249]　　　　　模 3①(漠)铎开 [344]
摸 3①(漠)铎开①[764]

模 3①(蓦)陌开②[731]

佳类(包括《广韵》1 佳 2 皆 3 灰 4 咍 5 泰等韵)

同韵字

挂 1 合②(卦)1 合②[112]　　　　卦 1 合②(挂)1 合③[848]
芰 1 开②(钗)1 开②[130]
买 1 开②(卖)1 开②[61—98、61—99、109、131、132、407]

皆 2 开②(楷)2 开②[118]　　　　皆 2 开②(偕)2 开②[154、216]
界 2 开②(介)2 开②[192]　　　　骇 2 合②(骸)2 合②[337]
坏 2 合②(怀)2 合②[564、572]　　怀 2 合②(坏)2 合②[648]
俳 2 开②(排)2 开②[792]

推 3 合①(催)3 合①[335、345、455、643、765]
催 3 合①(崔)3 合①[209—7、738]　　催 3 合①(摧)3 合①[499]
摧 3 合①(推)3 合①[41]　　　　　媒 3 合①(枚)3 合①[41]
媒 3 合①(梅)3 合①[362]　　　　梅 3 合①(悔)3 合①[170]
陪 3 合①(背)3 合①[203、848]　　辈 3 合①(背)3 合①[496、696]
迥 3 合①(回)3 合①[158]　　　　泂 3 合①(迥)3 合①[497]

洄 3 合①（回）3 合①497

凯 4 开①（铠）4 开①91　　　　乃 4 开①（代）4 开①286—14
灾 4 开①（哉）4 开①335—18　　栽 4 开①（戴）4 开①456
载 4 开①（戴）4 开①493　　　　栽 4 开①（哉）4 开①677
载 4 开①（再）4 开①197、200　　再 4 开①（载）4 开①203
在 4 开①（再）4 开①203　　　　灾 4 开①（哉）4 开①335—18
採 4 开①（綵）4 开①157、295—174、738—100
婇 4 开①（綵）4 开①325　　　　採 4 开①（綵）4 开①656
綵 4 开①（睬）4 开①277　　　　採 4 开①（睬）4 开①277
赛 4 开①（塞）4 开①118、859—26

太 5 开①（泰）5 开①18、24　　　泰 5 开①（太）5 开①370、379

合韵字

解 1 开②（界）2 开②205　　　　檞 1 开②（械）2 开②347
犲 2 开②（柴）1 开②10　　　　差 2 开②（瘥）1 开②196、219
排 2 开②（罢）1 开②66

倍 4 开①（辈）3 合①456　　　　倍 4 开③（陪）3 合①554、654
倍 4 开①（背）3 合①205　　　　陪 3 合①（倍）4 开③604

会 5 合①（迴）3 合①155、722—52　　贝 5 开①（背）3 合①206
珮 3 合①（贝）5 开①139

盖 ⑤开①（概）4 开①657　　　　大 5 开①（代）4 开①95
代 4 开①（大）5 开①102　　　　大 5 开①（待）4 开①132—12

奈 5 合①（耐）4 开①250　　　丏 5 开①（改）4 开①200

通韵字

队 3 合①（坠）脂合③219　　　怀 2 合③（慰）微合③220

斋 2 开②（齐）齐开④561　　　碎 3 合①（脆）祭开④94

　　　　　　　　　　　　　　　会 5 合①（惠）齐开④674

佳 1 开②（家）麻开②34、177　　解 1 开②（家）麻开②60—82

栽 4 开①（才）盐③200　　　　内 3 合①（纳）合①24

真类（包括《广韵》1 真 2 谆 3 臻 4 文 5 欣 6 魂 7 痕等韵）

同韵字

新 1 开④（辛）1 开④493　　　辛 1 开③（新）1 开④95、118

新 1 开④（薪）1 开④499—13　　真 1 开②（珍）1 开②649、875

真 1 开②（嗔）1 开③674、676、682、686、692

陈 1 开③（阵）1 开③36　　　阵 1 开③（陈）1 开③526

振 1 开③（震）1 开③13

晨 1 开③（辰）1 开③346、382、276—57、762

辰 1 开③（臣）1 开③167—27　　神 1 开③（臣）11 开③773—15

进 1 开④（尽）1 开④338　　　赟 1 开④（烬）1 开④764

衬 1 开②（榇）1 开②198　　　信 1 开④（讯）1 开④718—40

信 1 开④（迅）1 开④139—76　　迅 1 开④（讯）1 开④59—69

讯 1 开④（迅）1 开④59—77　　宾 1 开④（滨）1 开④352

滨 1 开④（缤）1 开④221　　　宾 1 开④（嫔）1 开④221

频 1 开④（滨）1 开④332、238、286、289、33、482、484、823

频 1 开④（颦）1 开④₅₃　　　　　频 1 开④（贫）1 开③₇₁₇₋₂₉

贫 1 开③（频）1 开④₇₇₅　　　　　嫔 1 开④（鬟）1 开④₁₉₇

宾 1 开④（膑）1 开④₁₁₂、₁₁₃　　　镔 1 开④（缤）1 开④₇₃₈

人 1 开②（仁）1 开②₁₀、₂₆₇、₆₇₂、₆₉₆　仁 1 开②（人）1 开②₃₃₂、₅₉₀

刃 1 开②（仞）1 开②₈₄₆　　　　　仞 1 开②（刃）1 开②₈₄₈

任 1 开②（妊）1 开②₆₇₇、₆₇₈　　　骥 1 开③（麟）1 开③₁₅₄、₅₇₄

鳞 1 开③（麟）1 开③₅₉₃　　　　　敏 1 合③（憨）1 合③₄₈₈

敏 1 合③（悯）1 合③₆₇₆　　　　　憨 1 合③（悯）1 合③₁₈₇

憨 1 合③（愍）1 合③₂₈₅

俊 2 开④（骏）2 开④₁₂₅　　　　　均 2 合④（钧）2 合④₁₈₇

迅 2 合④（峻）2 合④₃₈₄₋₃₇ 注《广韵》"迅"有震韵稕韵二音。

逡 2 合④（迅）2 合④₃₉₉　　　　　峻 2 合④（浚）2 合④₉₃、₈₄₈

巡 2 合④（循）2 合④₄₃₅、₄₄₄

轮 2 合③（沦）2 合③₁₈₃、₁₈₉、₅₇₄、₆₅₆、₇₁₂

沦 2 合③（轮）2 合③₄₈₈、₄₉₆、₅₈₉、₆₅₆、₆₆₉

轮 2 合③（伦）2 合③₅₂₇　　　　　伦 2 合③（轮）2 合③₇₂₂、₇₂₅

论 2 合③（轮）2 合③₄₆₀　　　　　论 2 合③（伦）2 合③₅₉₋₇₁

伦 2 合③（论）2 合③₅₉₋₇₄

军 4 合③（君）4 合③₉₉、₁₀₀、₁₀₅、₁₉₈、₂₀₀、₁₉₉、₄₀₇、₈₅₀

君 4 合③（军）4 合③₂₀₃、₃₄₉₋₂₅　　军 4 合③（运）4 合③₄₅₂

群 4 合③（郡）4 合③₁₄₀₋₁₁₉　　　郡 4 合③（群）4 合③₁₃₃

勋 4 合③（薰）4 合③₅₇、₅₂₇、₅₄₄、₇₂₇　训 4 合③（勋）4 合③₂₀₂

闻 4 合③（问）4 合③₄₄、₁₄₀₋₁₂₅、₁₇₉、₂₂₀、₄₀₁、₄₆₅、₈₄₂

文 4 合③（闻）4 合③₈₉、₂₃₄、₄₀₀

问 4 合③（闻）4 合③57—54 、130 、175 、225 、231—11 、267 、290—78 、765

芬 4 合③（纷）4 合③12 、60 、72 、53—17 、96 、105 、361 、876

分 4 合③（纷）4 合③138 、352 、543 、544

分 4 合③（忿）4 合③85 、199 、201 、202 、249 、353

分 4 合③（粉）4 合③54 、323　　　纷 4 合③（粉）4 合③54

纷 4 合③（氛）4 合③461　　　芬 4 合③（分）4 合③234—48

分 4 合③（芬）4 合③580　　　雲 4 合③（纭）4 合③352

云 4 合③（雲）4 合③778　　　云 4 合③（纭）4 合③352

芸 4 合③（纭）4 合③53—17

懃 5 开③（勤）5 开③154

钝 6 合①（遁）6 合①167　　　村 6 合①（忖）6 合①365

寸 6 合（忖）6 合①740—107 、742—124 、793

孙 6 合①（逊）6 合①692　　　魂 6 合①（浑）6 合①796—62

奔 6 合①（本）6 合①67—150

垦 7 开①（恳）7 开①634　　　痕 7 开①（恨）7 开①103

合韵字

蓁 1 开④（榛）3 开②67　　　莘 3 开②（薪）1 开④540

近 5 开③（觐）1 开④197

遵 2 合④（尊）6 合①456 、540 、694 、855

门 6 合③（闻）4 合③134　　　门 6 合③（问）4 合③454 、726

昏 6 合①（荤）4 合③509

隐 5 开③（稳）6 合①766、858—22

通韵字

新 1 开④（斯）支开④705　　筋 5 开③（鸡）齐开④179

骏 2 合④（骔）冬①339
峻 2 合④（嵸）东①876—94

申 1 开③（生）庚开②512　　闻 3 合③（明）庚合③901
身 1 开③（胜）蒸开③197　　璘 1 开③（陵）蒸开③199
隣 1 开③（陵）蒸开③351—30　　憐 1 开③（陵）蒸开③294—153
臣 1 开③（承）蒸开③253—91　　胤 1 开③（孕）蒸开④295

真 1 开②（斟）侵③519　　亲 1 开④（浸）侵③495

元类（包括《广韵》1 元 2 寒 3 桓 4 删 5 山 6 先 7 仙等韵）

同韵字

宪 1 合③（献）1 合③741—112　　喧 1 合③（暄）1 合③691
暄 1 合③（喧）1 合③858　　元 1 合③（原）1 合③186、202、730、809
元 1 合③（源）1 合③185　　原 1 合③（源）1 合③361—2
愿 1 合③（源）1 合③275　　繁 1 合③（樊）1 合③441
烦 1 合③（樊）1 合③531、598　　翻 1 合③（旛）1 合③91
园 1 合③（原）1 合③204　　园 1 合③（苑）1 合③842
菀 1 合③（苑）1 合③460、524、592、621、622

惌 1 合③(宛)1 合③807　　冤 1 合③(怨)1 合③4

怨 1 合③(冤)1 合③132　　惌 1 合③(怨)1 合③139、180、353、723

苑 1 合③(宛)1 合③528、544　　宛 1 合③(苑)1 合③101、714

干 2 开①(肝)2 开①95　　忏 2 开①(肝)2 开①139

忏 2 开①(干)2 开①407　　单 2 开①(丹)2 开①23

丹 2 开①(单)2 开①116　　旦 2 开①(但)2 开①160

但 2 开①(诞)2 开①320　　但 2 开①(惮)2 开①676、765

弹 2 开①(殚)2 开①535　　弹 2 开①(惮)2 开①386、538、711

惮 2 开①(弹)2 开①327　　掸 2 开①(殚)2 开①533

掸 2 开①(弹)2 开①395　　滩 2 开①(难)2 开①358—24

璨 2 开①(灿)2 开①185　　珊 2 开①(跚)2 开①263

安 2 开①(鞍)2 开①140　　按 2 开①(案)2 开①45

按 2 开①(鞍)2 开①812　　安 2 开①(按)2 开①186

案 2 开①(安)2 开①775　　斓 2 开①(烂)2 开①185

阑 2 开①(蔺)2 开①125　　蔺 2 开①(阑)2 开①276、274、807

兰 2 开①(拦)2 开①785—62、274

管 3 合①(冠)3 合①93　　管 3 合①(馆)3 合①274

官 3 合①(观)3 合①197　　灌 3 合①(罐)3 合①901

棺 3 合①(官)3 合①859—25　　段 3 合①(断)3 合①129、169

断 3 合①(短)3 合①118　　断 3 合①(段)3 合①220

暖 3 合①(缓)3 合①217　　盘 3 合①(槃)3 合①668

潘 3 合①(伴)3 合①293—139　　半 3 合①(伴)3 合①55—28

半 3 合①(绊)3 合①200　　伴 3 合①(畔)3 合①456

般 3 合①(搬)3 合①370　　换 3 合①(唤)3 合①337

鸾 3 合①(銮)3 合①103、288

镮4合②（环）4合②449　　　　斑4合②（颁）4合②379

斑4合②（班）4合②415

间5开②（艰）5开②697　　　　闲5开②（娴）5开②100、406

填6开④（天）6开④387　　　　圓6开④（嗔）6开④504

见6开④（现）6开④197、198、210、408、507

悬6合（县）6合④21、217、223、235、273、905

县6合（悬）6合④129　　　　玄6合④（悬）6合④103、718、739

练6开④（铼）6开④227　　　　练6开④（炼）6开④378

卷7合③（眷）7合③775—31　　　　倦7合③（捲）7合③57—52、292

圈7合④（倦）7合④323　　　　塞7开③（愆）7开③14

虔7开③（乾）7开③197　　　　虔7开③（橡）7开③197

涓7合④（绢）7合④906　　　　彦7开③（谚）7开③171、185

传7合③（专）7合③278—21　　　　婵7开③（蝉）7开③197

战7开④（单）7开③849　　　　川7合③（穿）7合③101、274

剪7开④（箭）7开④626　　　　煎7开（箭）7开④625

宣7合④（楦）7合④190　　　　渲7合④（宣）7合④185

选7合④（旋）7合④884　　　　弁7开④（辨）7开③534、535

弁7开④（辩）7开③604

辩7开③（辨）7开③292—110、51、179、167、181、184、190、325、485、654

偏7开④（翩）7开④14　　　　变7合③（遍）7开④69—165

边7开④（遍）7开④347—13　　　　免7合③（勉）7合③338

勉7合③（免）7合③86、89、180、252　　　　免7合③（娩）7合③179、197、338、698

沿7合④（缘）7合④838—17　　　　缘7合③（员）7合③201

恋7合③（奝）7合③8

合韵字

晚 1 合③（完）3 合①155　　　茪 3 合①（宛）1 合③622
腕 3 合①（宛）1 合③878

卷 7 合③（券）1 合③175　　　元 1 合③（圆）7 合①329—2
元 1 合③（缘）7 合③91　　　缘 7 合③（原）1 合③206
员 7 合③（原）1 合③197　　　圆 7 合③（原）1 合③203
言 1 合③（缘）7 合③68—152　　　言 1 合③（然）7 开③820
钱 7 开④（言）1 合③321

瀚 3 合①（汗）2 开①19、25

艰 5 开②（奸）2 开①54、58

溅 7 开④（残）2 开①734　　　残 2 开①（贱）7 开④110
贱 7 开④（残）2 开①739

官 3 合①（宦）④合②138　　　玩 3 合①（顽）4 合②133
漫 3 合①（谩）4 合②256　　　慢 4 合②（漫）3 合①178

伴 3 合①（边）6 开④407

唤 3 合①（援）7 合③193

谏 4 开②（简）5 开②109、735　　　谏 4 开②（拣）6 开④179、109、337
幻 5 合②（患）4 合②575

间 5 开②（谏）4 开②₄₀₅　　　间 5 开②（拣）6 开 ₄₀₅

燕 6 开④（雁）4 开②₂₀₆

串 4 合③（穿）7 合③₁₃₃、₈₁₄　　瑗 7 合③（镟）4 合②₈₆₈

辩 7 开③（办）5 开②₃₄₇、₆₃₀　　办 5 开②（辨）7 开③₁₄₀—₁₃₁

办 5 开②（瓣）7 开③₂₉₅—₁₇₆

千 6 开④（迁）7 开④₉₅、₂₅₂—₂₄、₇₂₂　　先 6 开④（仙）7 开④₂₇₄

仙 7 开④先 6 开④₁₈、₆₈₅　　　　　先 6 开④（鲜）7 开④₁₃₀

前 6 开④（剪）7 开④₉₀　　　　　　泉 7 合④（渊）6 合④₈₇₃—₇₇

边 6 开④（鞭）7 开④₁₂₉、₃₂₇　　　面 7 合④（边）6 开④₃₈—₂₅

劥 6 开④（面）7 合④₅₃₈　　　　　边 6 开④（遍）7 开④₃₄₇—₁₃

眠 6 开④（绵）7 开③₅₅₆　　　　　连 7 开③（怜）6 开④₇₁₈

莲 6 开④（连）7 开③₁₀₅、₇₃₀、₇₄₁

连 7 开③（莲）6 开④₁₉₁、₃₂₀、₄₀₃、₄₆₂、₄₇₂、₄₇₄、₄₇₅、₄₇₆

通韵字

难 2 开①（罗）歌开①₇₁₆

煎 7 开④（滋）之开③₁₃₇—₂₄

患 4 合②（惑）德合①₄₀₆

箭 7 开④（接）叶④₈₂₀

萧类(包括《广韵》1萧2宵3肴4豪等韵)

同韵字

骁1④(晓)1④103

凋1④(雕)1④812

彫1④(雕)1④179、558

彫1④(凋)1④471、179、555、580、734、817

箫1④(萧)1④627

撩1④(料)1④250—21

寮1④(缭)④622

遼1④(嘹)1④698

寮1④(寥)1④624

寮1④(寮)1④200

寮1④(聊)1④273

寮1④(僚)1④908

寮1④(瘳)1④741

遼1④(聊)1④274

聊1④(缭)1④382

寮1④(嘹)1④542

嘹1④(僚)1④378

寥1④(嘹)1④480

遼1④(寥)1④106

寮1④(嘹)1④130

聊1④(嫽)1④372

娇2③(悄)2③690

桥2③(娇)2③275

骄2③(娇)2③718—32

娇2③(乔)2③274

悄2③(娇)2③690

峭2③(俏)2③663

招2③(朝)2③830—16

招2③(诏)2③68—155、69

昭2③(照)2③26

昭2③(招)2③88、99

照2③(昭)2③163

招2③(昭)2③279

肖2④(消)2④33

宵2④(霄)2④534

霄2④(宵)2④39、274、317、609

逍2④(消)2④723

嘆2④(啸)2④168

少2③(小)2④192、223、224、347—15、799

小 2④（少）2③129、649、766　　　醮 2④（樵）2④104

焦 2④（憔）2④139　　　　　　　摽 2③（飘）2④154

漂 2④（嫖）2④107　　　　　　　标 2③（飘）2④34

苗 2③（描）2③813　　　　　　　腰 2③（妖）2③819

妖 2③（夭）2③32—34　　　　　　摇 2④（傜）2④18

遥 2④（摇）2④648、716、720　　　姚 2④（遥）2④204

摇 2④（遥）2④187、220　　　　　遥 2④（姚）2④107

铙 2③（饶）2③531

交 3②（教）3②95、639　　　　　狡 3②（交）3②155

交 3②（校）3②62—108　　　　　教 3②（效）3②196

校 3②（教）3②614　　　　　　　效 3②（揽）3②203

教 3②（较）3②201、289　　　　　交 3②（郊）3②741

校 3②（较）3②211　　　　　　　交 3②（较）3②844

抄 3②（吵）3②794　　　　　　　稍 3②（梢）3②604

泡 3②（胞）3②660　　　　　　　苞 3②（包）3②606

告 4①（诰）4①154　　　　　　　考 4①（老）4①657

高 4①（篙）4①188　　　　　　　考 4①（拷）4①189、669

槁 4①（靠）4①668　　　　　　　刀 4①（忉）4①285—744

忉 4①（叨）4①251　　　　　　　涛 4①（逃）4①845

祷 4①（倒）4①202

到 4①（倒）4①9、202、361—4、470、503、583、398、658、735

道 4①（到）4①396、577　　　　　道 4①（蹈）4①17、25、88

桃 4①（宛）4①628　　　　　　　逃 4①（桃）4①10

恼 4①（脑）4①250、252、794　　　脑 4①（恼）4①187、454

扫 4①（燥）4①106　　　　　　　操 4①（藻）4①657

曹4①（遭）4①631

遨4①（敖）4①93、95

豪4①（号）4①850

保4①（报）4①71—181、59、72、129

保4①（宝）4①201

保4①（抱）4①405

报4①（保）4①69—163

抛4①（抱）4①468

毛4①（髦）4①274

冒4①（帽）4①277—84

毛4①（帽）4①277—84

劳4①（牢）4①116

劳4①（捞）4①397、463

劳4①（痨）4①909

合韵字

消2④（哓）1④566

姚2④（尧）1④129

皎1④（校）3②249

皎1④（绞）3②138

掉1④（棹）3②518

掉1④（踔）3②369—15

兆2③（逃）4①88

悼4①（踔）3②14

通韵字

刀4①（都）模①578

报4①（哺）模①712

遗2③（受）尤③735—87

毛4①（牟）尤③205

调1④（丢）尤③796

肃屋④（箫）1④13

校3②（觉）觉②209、222、325

歌类（包括《广韵》1 歌 2 戈等韵）

同韵字

哥1①(阿)1①45　　　　　　　　歌1①(哥)1①131、133

个1①(哥)1①792—42　　　　　　阿1①(诃)1①765

呵1①(诃)1①199　　　　　　　　诃1①(阿)1①434

何1①(呵)1①415　　　　　　　　阿1①(何)1①179

可1①(何)1①158、275、363、370、387、273—10、374、841

河1①(何)1①99

何1①(河)1①91、224、423、517、585、631

贺1①(荷)1①6、18、14、787　　　俄1①(娥)1①90、901

我1①(俄)1①777—47　　　　　　我1①(饿)1①858—11

驰1①(跎)1①491　　　　　　　　傩1①(那)1①199

佐1①(左)1①167　　　　　　　　左1①(佐)1①551

堕2合①(垛)2合①157、204　　　裹2合①(果)2合①197

和2合①(禾)2合①18　　　　　　坡2合①(颇)2合①442、509

坡2合①(婆)2合①387　　　　　　波2合①(婆)2合①819

颇2合①(波)2合①715—16

磨2合①(魔)2合①131　　　　　　摩2合①(磨)2合①334、491、496

摩2合①(魔)2合①341

磨2合①(摩)2合①320、464、590、739

磨2合①(麽)2合①820　　　　　　螺2合①(骡)2合①387

骡2合③(螺)2合①527

通韵字

罗1①(罹)支开③209

那1①（乃）哈开①400

过2①（给）缉③710

麻类（包括《广韵》麻韵）

同韵字

茄开②（家）开②10　　　　　　加开②（珈）开②653

加开②（伽）开②398　　　　　　枷开②（架）开②104

驾开②（家）开②200—18　　　　家开②（下）开②66—140

稼开②（嫁）开②107　　　　　　贾开②（假）开②199、203、524

价开②（假）开②277　　　　　　假开②（瑕）开②518

暇开②（瑕）开②630　　　　　　下开②（夏）开②157、379

夏开②（下）开②231—8　　　　　衙开②（牙）开②40、202、277—88

霸开②（把）开②95　　　　　　　马开②（骂）开②53—15

踝合②（跨）合②244—8　　　　　花合②（华）合②119、624、625

化合②（华）合②620　　　　　　华合②（花）合②384

蜗合②（蛙）合②27　　　　　　　瓜合②（䎛）合②138

查开③（楂）开③13　　　　　　　渣开③（遮）开③277

遮开③（者）开③202、203　　　　捨开③（舍）开③397

阇开③（奢）788　　　　　　　　社开③（射）开③204

耶开④（也）开④293—139　　　　也开④（夜）开④179

也开④（野）开④776　　　　　　写开④（泻）开④860—37

差开③（瘥）开④196　　　　　　谢开④（射）开③345—5

也开④（花）合②188　　　　　　乍开②（差）开③788—7、790—78

通韵字

嗟开④（差）佳开②91　　　　　　差佳开②（嗟）开④796—56

寡合②（挂）佳合②129　　　　　牙开②（崖）佳开②264—3

衙开②（涯）佳开②331　　　　　华合②（画）佳合②116

柘开③（拓）开③99　　　　　　衙开②（压）狎②200

写开④（摄）③开叶265

阳类（包括《广韵》1 阳 2 唐，据变文诗韵、曲子词韵还应包括江韵，但假借字缺例）

同韵字

庄 1 开②（装）1 开②829　　　　　庄 1 开②（装）1 开②570

粧 1 开②（庄）1 开②667　　　　　庄 1 开②（粧）1 开②740

藏 1 开②（粧）1 开②275—36

薑 1 开③（疆）1 开③811　　　　　壃 1 开③（疆）1 开③92

饗 1 开③（響）1 开③34

嚮 1 开③（響）1 开③168、178、457、651、652、808

常 1 开③（掌）1 开③396、455

常 1 开③（償）1 开③174、190、191、887

常 1 开③（尚）1 开③102　　　　　尚 1 开③（上）1 开③660

上 1 开③（尚）1 开③88、92、101、186、197、191、199、349、609、677、682、809、819、869、791、820

上1开③（常）1开③860—40　　偿1开③（赏）1开③144

长1开③（肠）1开③118、129、728、825　　胀1开③（肠）1开③757

伤1开③（肠）1开③216　　肠1开③（伤）1开③742—122

怅1开③（涨）1开③374　　伤1开③（醶）1开③275—42

霜1开③（孀）1开③701　　怅1开③（帐）1开③200

杖1开③（仗）1开③226、369、373　　场1开③（肠）1开③779—61

丈1开③（杖）1开③609　　枨1开③（怅）1开③200—14

丈1开③（仗）1开③778　　张1开③（章）1开③809

章1开③（张）1开③233—40　　章1开③（彰）1开③773

彰1开③（障）1开③741　　坊1开③（防）1开③325

方1开③（妨）1开③109、276、458　　仿1开③（方）1开③205

方1开③（芳）1开③809　　方1开③（房）1开③275—46

殃1开③（央）1开③104　　壤1开③（襄）1开③540

让1开③（圵）1开③585　　穰1开③（襄）1开③169、838—11

良1开③（梁）1开③102　　良1开③（梁）1开③741

粮1开③（梁）1开③670、777　　量1开③（良）1开③187

梁1开③（量）1开③244—14　　良1开（凉）1开③739

量1开③（亮）1开③372　　量1开③（两）1开③405—4

相1开④（想）1开④56—34、779、799—69

想1开④（相）1开④93、157、361—6、402

将1开④（浆）1开④470、544　　浆1开④（奖）1开④190

详1开④（祥）1开④224、287—23、807　　杨1开④（阳）1开④130、187、210

阳1开④（洋）1开④396　　杨1开④（羊）1开④809

羊1开④（殃）1开③191—176　　常1开③（祥）1开④191

阳1开④（杨）1开④457　　阳1开④（佯）1开④396

莄1合③（匡）1合③345

狂1合③（枉）1合③12、180、89、640.887

枉1合③（狂）1合③887　　　　狂1合③（诳）1合③495

往1合③（狂）1合③665

妄1合③（忘）1合③（妄）1合③62—107、524、699、700

妄1合③（望）1合③695

望1合③（忘）1合③13、95、234—45、736、845—17

望1合③（妄）1合③451、457　　　妄1合③（亡）1合③645

忘1③（妄）1合③178、183、193、495、524、539、540、503、562、664、699

忘1合③（望）1合③5、234　　　望1合③（魍）1合③819

忘1合③（亡）1合③845　　　王1合③（亡）1合③91—174、662

亡1合③（王）1合③775—38　　　忘1合（惘）1合③172

网1合③（冈）1合③156

唐2开①（堂）2开①376　　　当2开①（档）2开①647

党2开①（傥）2开①825　　　汤2开①（盪）2开①37

仓2开①（沧）2开①198　　　仓2开①（苍）2开①4、345、764

苍2开①（仓）2开①866

忙2开①（茫）2开①344、648、764、830—15

傍2开①（旁）3开①7　　　傍2开①（谤）2开250

旷2合①（圹）2合①140　　　黄2合①（皇）2合①96、156、90、825

皇2合①（黄）2合①867、59—61　　　簧2合①（簧）2合①540

荒2合①（谎）2合①262、263、264

合韵字

常1开③（当）2开①470、907—28　　　怆1开②（仓）2开③406

佾 1 开③（佽）2 开①₉₁   枪 1 开④（苍）2 开①₂₆

芒 1 开③（茫）2 开①₇₃₅

通韵字

锵 1 开④鎗庚开①₆₅₀

苍 2 开①（匆）钟④₃₇₄

旁 1 合①（奮）魂合①₆₆₁

方 1 开③（萬）元合③₁₅₇

庚类（包括《广韵》1 庚 2 耕 3 清 4 青 5 蒸 6 登等韵）

同韵字

猛 1 开②（盲）1 开②₈₁₉、₈₂₀   孟 1 开②（猛）1 开②₇₅₁

更 1 开②（竞）1 开③₈₄₅—₁₄   敬 1 开③（更）1 开②₅₈₄

惊 1 开③（擎）1 开③₁₁₀   警 1 开③（惊）1 开③₃₂₂

境 1 开③（敬）1 开③₇₇₉   竟 1 开③（竞）1 开③₃₅₁

京 1 开③（荆）1 开③₈₇₄   竞 1 开③（境）1 开③₃₅₀—₂₈、₄₅₂

倾 1 开④（顷）1 开④₁₃₃、₂₁₇、₂₇₇、₃₈₂、₄₉₃、₅₃₂、₅₅₇、₆₄₄、₆₄₈、₆₄₉、₆₅₃、₅₅₈、₇₀₁、₇₇₆、₈₁₇

顷 1 开④（倾）1 开④₂₇、₃₇₀、₃₇₁、₃₆₂、₃₇₇、₃₇₆、₃₇₀

明 1 合③（鸣）1 合③₆₀₀

争 2 开②（诤）2 开②385—43　　　诤 2 开②（争）2 开②407

莺 2 开②（鹦）2 开②414

呈 3 开③（逞）3 开③555、667　　　程 3 开③（逞）3 开③253—103、521

呈 3 开③（程）3 开③110、157、373、532

贞 3 开③（祯）3 开③488　　　桢 3 开③（睁）3 开③543

政 3 开③（正）3 开③130、141—167、170、291、878

正 3 开③（政）3 开③494　　　整 3 开③（正）3 开③553、554

政 3 开③（整）3 开③355、737　　　成 3 开③（城）3 开③170、820

成 3 开③（诚）3 开③（城）3 开③217、597、710

城 3 开③（成）3 开③9、99、402、468、469、471、473、474—2

成 3 开（盛）3 开③186、522　　　晟 3 开③（盛）3 开③371

姓 3 开④（性）3 开③186、245

请 3 开④（情）3 开④903　　　情 3 开④（清）3 开④810

清 3 开④（情）3 开④218　　　精 3 开④（晴）3 开④347、465、727

净 3 开④（情）3 开④92　　　净 3 开④（静）3 开④106、563

靖 3 开④（静）3 开④554　　　名 3 开④（茗）3 开④267—7

併 3 开④（摒）3 开④647　　　娉 3 开④（聘）3 开④688、791—31

婴 3 开④（缨）3 开④345　　　缨 3 开④（婴）3 开④675

璎 3 开④（婴）3 开④67　　　嬴 3 开④（赢）3 开④457

领 3 开④（嶺）3 开④154、155、234、345、824

营 3 合④（瀛）3 合④877—98

迳 4 开④（径）4 开④155

刑 4 开④（形）4 开④9、60、107、137、140—113、429、865、9

形 4 开④(刑)4 开④189　　　　廷 4 开④(铤)4 开 92

挺 4 开④(铤)4 开④539　　　　珽 4 开④(庭)4 开④368、374

定 4 开④(廷)4 开④190　　　　庭 4 开④(定)4 开④88

亭 4 开④(停)4 开④250—13、810、808

庭 4 开④(停)4 开④250—13　　　葶 4 开④(亭)4 开④807

顶 4 开④(鼎)4 开④344、764、845　　鼎 4 开④(钉)4 开④733—77

聽 4 开④(廳)4④177　　　　　寧 4 开④(灵)4 开④104

寧 4 开④(狞)4 开④19、24　　　星 4 开④(醒)4 开④597

令 4 开④(冷)4 开④808　　　　零 4 开④(龄)4 开④820

零 4 开④(龄)4 开④575　　　　令 4 开④(冷)4 开④37、424

冷 4 开④(泠)4 开④481　　　　零 4 开④(伶)4 开④268

并 4 合④(併)4 合④251

昇 5 开③(升)5 开③460　　　　承 5 开③(乘)5 开③13

昇 5 开③(胜)5 开③204　　　　丞 5 开③(承)5 开③460、713、729

陵 5 开③(绫)5 开③663　　　　凌 5 开③(陵)5 开③139—102

等 6 开①(登)6 开①296—207　　曾 6 开①(憎)6 开①88、101

增 6 开①(憎)6 开①533、550、539、593　曾 6 开①(增)6 开①91

嶒 6 开①(層)6 开①167

合韵字

耕 2 开②(粳)1 开②741

姓 3 开④(猩)1 开②179、17

名 3 开④(明)1 合③184、406、267—12、582、820

明 1 合③（名）3 开④$_{218、735}$　　　荣 1 合③（营）3 合③$_{756}$

荣 1 合③（萦）3 合④$_{579}$

经 4 开④（荆）1 开③$_{231—3}$

竞 1 开③（矜）5 开③$_{673}$　　　　英 1 开③（应）5 开③$_{322}$

净 3 开④（争）2 开②$_{849、901}$

刑 4 开④（茎）2 开②$_{140}$

青 4 开④（清）3 开④$_{137—22}$

清 3 开④（青）4 开④$_{137、22、218、228、808、811}$

靖 3 开④（青）4 开④$_{756、758}$　　　名 3 开④（冥）4 开④$_{882—152}$

营 3 合④（萤）4 合④$_{568}$　　　　令 4 开④（领）3 开④$_{202—20}$

政 3 开③（证）5 开③$_{178}$　　　　剩 5 开③（盛）3 开③$_{323、620、621}$

称 5 开③（精）3 开④$_{131—11}$　　　承 5 开③（争）2 开②$_{628}$

灯 6 开①（证）5 开①$_{465}$　　　　登 6 开①（证）5 开①$_{403}$

缯 5 开④（曾）6 开①$_{718—36、721}$　　僧 5 开④（赠）6 开①$_{158、159}$

缯 5 开④（赠）6 开①$_{717}$

通韵字

迳 4 开④（髻）齐开④$_{273}$　　　　定 4 开④（第）齐开④$_{218、438}$

政 3 开③（制）齐开③$_{244—19}$　　星 4 开④（栖）5 开④$_{137}$

声 3 开③（身）真开③43　　　影 1 开③（隐）欣开③206

净 2 开②（长）阳开③370—19　　　盲 1 开②（忙）唐开①291—101

竟 1 开③（禁）侵③628　　　昇 5 开③（寻）侵③424

性 3 开④（昔）昔开④96

尤类（包括《广韵》1 尤 2 侯 3 幽等韵）

同韵字

九 1③（久）1③267　　　久 1③（究）1③741

抽 1③（收）1③51—6　　　酬 1③（雠）1③67

雠 1③（酬）1③14　　　诪 1③（酬）1③218

受 1③（授）1③89　　　受 1③（寿）1③268—15、775、776

授 1③（受）1③221　　　守 1③（首）1③199、203、204、205、333

手 1③（首）1③201、203　　　首 1③（手）1③375—25、907

手 1③（守）1③26　　　有 1③（友）1③589

右 1③（又）1③901　　　又 1③（有）1③720—43

忧 1③（优）1③25、843　　　优 1③（忧）1③175、184、287

优 1③（忧）1③287　　　否 1③（不）1③232—16

流 1③（留）1③179、273、274、401、739

奏 1①（走）1①13、20　　　走 1①（奏）1①823

谋 1①（牟）1①200

邹 1②（皱）1②664

就1④（鹫）1④$_{415}$

修1④（羞）1④$_{34、112、265、698}$

羞1④（脩）1④$_{250}$

修1④（休）1③$_{777}$

秀1④（琇）1④$_{809}$

游1④（犹）1④$_{5}$

由1④（犹）1④$_{5、85、92、87、184、186、187、203、209、349、408、532、677、682、693、}$
$_{686、680、683、809、810、848}$

由1④（游）1④$_{122、691}$

游1④（由）1④$_{196}$

由1④（攸）1④$_{740}$

由1④（油）1④$_{469}$

犹1④（由）1④$_{222、564}$

犹1④（尤）1④$_{809}$

拘2①（勾）2①$_{193}$

钩2①（沟）2①$_{191}$

沟2①（构）2①$_{424}$

扣2①（口）2①$_{60}$

头2①（兜）2①$_{205}$

豆2①（逗）2①$_{401.739}$

头2①（投）2①$_{155、202、203、273、200}$

投2①（头）2①$_{54—25}$

透2①（投）2①$_{7}$

斗2①（陡）2①$_{16、169、37、387}$

嗽2①（奥）2①$_{129}$

后2①（候）2①$_{197、203}$

侯2①（候）2①$_{676}$

讴2①（瓯）2①$_{21}$

陋2①（漏）2①$_{276}$

幽3④（幼）3④$_{113}$

穆3④（缪）3④$_{570}$

合韵字

幼3④（诱）1④$_{406}$

瘦1②（叟）2①$_{129}$

通韵字

负1③（辅）虞③$_{345}$

浮1③（乳）虞③$_{675}$

母2①（姥）模①$_{352}$

浮1③（逋）模①$_{263}$

牟 1①（矛）豪①53

谋 1①（媒）灰合①793

负 1③（服）屋③199

副 1③（覆）屋③12—20

富 1③（福）屋③26

侵类（包括《广韵》侵韵）

同韵字

今③（金）③347、363、722、808、866—8

金③（锦）③137

裣③（擒）③199

噤③（擒）③250

音③（吟）③790—24

闇③（暗）③196—55

阴③（荫）③453、709

深③（心）④790—29

霖③（淋）③586

金③（今）③91、330、268—89、808

今③（衾）③653

擒③（禽）③387

襟③（禁）③54

音③（暗）③879

阴③（音）③156、157

荫③（阴）③180

禀③（凛）③105

通韵字

金③（斤）欣③138—40

坫③（沾）盐③480

覃类(包括《广韵》1覃2谈3盐4添5咸6衔7严8凡等韵)

同韵字

勘 1①(堪)1①666   撼 1①(感)1①1

参 1①(惨)1①778   谭 1①(潭)1①717

闇 1①(暗)1①186、746—55

暂 2①(惭)2①603.618   蹔 2①(惭)2①700

占 3③(瞻)3③157、244、776   粘 3③(沾)3③666

猒 3④(厌)3④526、610   奄 3③(菴)3③185、905

掩 3③(阉)3③94

谦 4④(嫌)4④842

减 5③(鹹)5③707   槛 5②(滥)5③199、200

合韵字

感 1①(敢)2①18、168、174、216、196、197、198、199、627、744—146

敢 2①(感)1①18、173、174、170、163、197、196、199、216、263、264、626、711、744—16

咸 5②(感)1①55—29   憨 2①(感)1①55—29

擔 2①(贪)1①858   躭 1①(担)2①251—51

諴 6②(喊)2①724   监 6②(婪)2①659

堑 3④(惭)2①720 　　　　渐 3③(惭)2①798

钻 3③(站)5②383

咸 5②(衔)6②18、744 　　　谗 5②(巉)6②721、731

通韵字

南 2①(兰)寒开 272、6 　　　谭 2①(弹)寒开①156
纔 3③(残)寒开①825

谦 4②(愆)仙开④187

梵 8③(饭)元合③377 　　　饭 元合③(梵)8③835—4

泛 8③(眨)1 合②585

屋类(包括《广韵》1 屋 2 沃 3 烛等韵)

同韵字

楝 1③(渎)1③439 　　　　黩 1③(渎)1③58—64
筑 1③(竹)1③169 　　　　畜 1③(蓄)1③663
族 1③(逐)1③820 　　　　熟 1③(孰)1③454
覆 1③(复)1③91、103 　　　伏 1③(复)1③15—24、58、116、499、518
伏 1③(服)1③41、175、227、777、216 　　服 1③(腹)1③181
福 1③(腹)1③706 　　　　福 1③(覆)1③199
仆 1③(扑)1①173 　　　　鹿 1③(簏)1①870
覆 1③(复)1③57

毒 2①（蠹）2①20—25、318—10、348—20

促 3④（足）3④276　　　　　　嘱 3③（属）3③221

录 3③（箓）216、219、220、221、224、222、226

录 3③（绿）3③739　　　　　　六 3③（陆）3③231—18

褥 3③（辱）3③88

合韵字

读 1①（毒）2①130　　　　　　独 1①（毒）2①39

髑 1①（髑）3③53　　　　　　筑 1③（促）3④335

祝 1③（嘱）3③791—31　　　　搛 1①（碌）3③538

通韵字

督 2①（都）摸①348

欲 3④（拟）之开③60—87

肃 1④（箫）萧④13

福 1③（逼）职开③226

质类（包括《广韵》1 质 2 术 3 栉 4 物 5 迄 6 没等韵）

同韵字

必 1 开④（毕）1 开④158、203　　　蜜 1 开④（密）1 开④226、171

述 2 合③（术）2 合③130、224、226、408

勿 4 合③（物）4 合③868　　　　物 4 合③（勿）4 合③7、201

佛 4 合③（弗）4 合③570

讫 5 开③（屹）5 开③170　　　　讫 5 开③（乞）5 开③287—31

乞 5 开③（讫）5 开③109　　　　乞 5 开③（讫）5 开③198

忽 6 合④（惚）6 合①205　　　　悖 6 合①（勃）6 合①172

合韵字

纥 6 合①（屹）5 开③171

通韵字

一 1 开④（以）之开④172

乞 5 开③（岂）微开③197、198、201、203

恤 2 合④（崇）至合④251—56

勿 4 合③（回）灰合①15—22　　　忽 6 合①（回）灰合①15—22

没 6 合①（麼）戈合①462

悉 1 开④（席）昔开④129

月类（包括《广韵》1 月 2 曷 3 末 4 黠 5 鎋 6 薛 7 屑等韵）

同韵字

揭1 开③（竭）1 开③$_{219}$　　　　揭1 开3（羯）1 开③$_{621}$

谒1 开③（竭）1 开③$_{210}$　　　　蠍1 开③（歇）1 开③$_{807}$

罚1 合③（伐）1 合③$_{141—165、265}$　　茷1 合③（伐）1 合③$_{423}$

越1 合③（曰）1 合③$_{881}$　　　　越1 合③（钺）1 合③$_{21、93}$

樾1 合③（越）1 合③$_{69}$

怛2 开①（妲）2 开①$_{627}$

褐2 开①（遏）2 开①$_{25}$

阔3 合①（括）3 合①$_{204}$　　　　跋3 合①（钹）3 合①$_{372}$

列7 开③（列）7 开③$_{18、228、420、423、354、437、455、480、543、551、553、845}$

列7 开③（烈）7 开③$_{7、156}$　　列7 开③（裂）7 开③$_{691}$

烈7 开③（裂）7 开③$_{172、188、682、692、102、198、205、808}$

说7 合③（悦）7 合④$_{295}$

合韵字

越1 合③（悦）7 合④$_{819}$

刹5 开②（杀）4 开②$_{202}$　　　　刹5 开②（察）4 开②$_{319—26}$

察4 开③（刹）5 开②$_{532、726}$

楔 6 开④（泄）7 开④₄、₁₉　　　　切 6 开④（浃）7 开④₃₉

通韵字

拨 3 合①簸戈合①₈₅₈—₃

阔 5 开②（霍）铎合①₃₈

劣 7 合③（立）缉③₂₁₇

药类（包括《广韵》1 药 2 铎 3 觉等韵）

同韵字

酌 1 开③（灼）1 开③₆₉、₃₅₁　　　勺 1 开③（灼）1 开③₈₅₇
栎 1 开③（铄）1 开③₂₆₇　　　　　若 1 开③（弱）1 开③₁₈₄

阇 2 开①（各）2 开①₃₉₉　　　　萼 2 开①（愕）2 开①₇₄₀
萼 2 开①（腭）2 开①₇₁₆　　　　梆 2 合①（郭）2 合①₇₇₆
昨 2 开①（作）2 开①₆₉—₁₆₉、₆₈₄　　博 2 开①（薄）2 开①₆、₁₄、₈₂₄
博 2 开①（搏）2 开①₁₃₈、₃₈₆　　　幕 2 开①（漠）2 开①₉₃
模 2 开①（漠）2 开①₂₆₄　　　　　莫 2 开①（摸）2 开①₈₅₈
乐 2 开①（落）2 开①₁₀₀、₇₄₃　　　落 2 开①（洛）2 开①₃₅₁、₆₅₈
洛 2 开①酪 2 开①₁₂₉、₅₀₅
洛 2 开①（落）2 开①₃₈、₈₇、₈₉、₅₉、₉₁、₁₁₈、₁₃₈、₁₅₆、₂₀₅、₂₂₀、₃₂₀

卓 3 开②（琢）3 开②₃₇₃　　　　　啄 3 开②（啄）3 开②₃₈₆
捉 3 开②（卓）3 开②₁₆₀—₄　　　　磘 3 开②（擧）3 开②₆₄₄
浊 3 开②（濯）3 开②₃₄₆、₆₈₁、₆₈₂　　渥 3 开②（握）3 开②₇₆₅

合韵字

作2 开①(斫)1 开③$_{21}$

通韵字

莫2 开①(暮)模①$_{744}$ 索2 开①(素)模①$_{474}$
薄2 开①(簿)模①$_{810}$

各2 开①(过)戈③$_{567}$

卓3 开③(掉)豪①$_{19}$ 愕2 开①(懊)豪①$_{668}$

握3 开②(屋)屋①$_{345}$

博2 开①(拨)末合①$_{36}$

莫2 开①(不)物合③$_{119}$

薄2 开①(魄)陌开②$_{87、15—25、15}$ 溺3 开③(搦)陌开②$_{20}$

陌类(包括《广韵》1陌2麦3昔4锡5职6德等韵)

同韵字

剧1 开③(屐)1 开③$_{8}$ 宅1 开②(泽)1 开②$_{69—159}$
择1 开②(泽)1 开②$_{253}$ 泽1 开②(择)1 开②$_{129}$
迮1 开②(窄)1 开②$_{631}$ 百1 开②(伯)1 开②$_{140}$
怕1 开②(拍)1 开②$_{3、743、5、190}$ 怕1 开②(珀)1 开②$_{10}$

帛 1 开② （白）1 开②$_{18}$　　　百 1 开② （柏）1 开②$_{276-62}$

泊 1 开② （柏）1 开②$_5$　　　赫 1 开② （嚇）1 开②$_{180、252}$

策 2 开② （册）2 开②$_{22}$

柘 3 开④ （拓）3 开④$_{99}$　　　拓 3 开④ （柘）3 开④$_{553}$

擿 3 开④ （適）3 开④$_{728}$　　　適 3 开③ （釋）3 开③$_{22、367}$

借 3 开④ （惜）3 开④$_{99、678、680}$　　昔 3 开④ （借）3 开④$_{425}$

借 3 开④ （昔）3 开④$_{848}$　　　昔 3 开④ （惜）3 开④$_{5、186、275}$

擗 3 开④ （僻）3 开④$_{520}$

狄 4 开④ （敵）4 开④$_{202、203}$　　滴 4 开④ （嫡）4 开④$_{354}$

辟 4 开④ （壁）4 开④$_{716、775}$　　僻 4 开④ （劈）4 开④$_{204、214}$

曆 4 开④ （歷）4 开④$_{95、362、377、482、519、524、728}$

歷 4 开④ （瀝）4 开④$_{735}$

極 5 开③ （殛）5 开③$_{23}$　　　檥 5 开③ （杙）5 开③$_{620}$

忆 5 开③ （臆）5 开③$_{743}$

尅 6① （刻）6 开①$_{89、206、532、534、558、653、704、711、776、817、867}$

克 6 开① （刻）6 开①$_{649}$

得 6 开① （德）6 开①$_{61-14、163、180、209、200、199、509、149、206、461、471、}$
$_{428、455、511、972}$

德 6 开① （得）6 开①$_{61-101、273-11、465、775-35、776-39、849}$

墨 6 开① （默）6 开①$_{92}$

或 6 开① （惑）6 开①$_{202、203、198、595、872}$

合韵字

择1 开②（释）3 开③521、738　　柏1 开②（擘）2 开②740—110

麦2 合②（蓦）1 开②10　　策2 开②（测）5 开②91
册2 开②（测）5 开②198　　责2 开②（侧）5 开②461
侧5 开②（责）2 开②203、206
色5 开③（索）2 开②201、204、794—49、858—21
侧5 开②（窄）1 开②57—45

借3 开④（即）5 开③275—34、881—134

藉3 开④（寂）4 开④729—71　　壁4 开④（璧）3 开④99
擗3 开④（劈）4 开④205

直5 开③（掷）3 开④704　　识5 开③（释）3 开③188

或6 开①（蛾）2 合②156

通韵字

辟4 开④（譬）支开②433、502、581　　辟4 开④（臂）支开②331
直5 开③（值）之开③222　　忆5 开③（喜）之开③138—42
即5 开③（既）微开③94、175、296—198　忆5 开③（诣）齐开④796

蓦1 开②（慕）模①541

息5 开③（悉）质开④525

亦 3 开④(一)质开④41、204、209、220、540、217、338、131—10

缉类(包括《广韵》辑韵)

同韵字

级③(急)③200   给③(汲)③492—7

什③(拾)③42   隰④(湿)③381

通韵字

及③(既)微开③170   集③(机)微开③347

合类(包括《广韵》1合2盍3叶4帖5洽6狎7业8乏等韵)

同韵字

答1①(搭)1①204   合1①(盒)1①196

纳1①(衲)1①451

摄3③(慑)3③341   接3③(妾)3③722

侠4④(惬)4④25、19

押6②(压)6②25、716

合韵字

腊2①(猎)4④100

厌4④(压)6②20、200   协4④(胁)7③42

甲 6②（浃）4④₂₀₆

通韵字

荅 1①（达）曷开①₉₂

纳 1①（例）齐开③₇₉₀

（原载《杭州大学学报》1984 年增刊）

校勘变文当明方音

在敦煌写卷中,变文是最引人注目的,但是,由于材料散失和多俗字异文,整理与研究都不容易。新中国成立以后,面貌焕然一新。先有向达、王重民诸先生编校的《敦煌变文集》的出版;继有徐震堮、蒋礼鸿先生的系统补校的发表;许多学者也纷纷写了专论,不仅成果累累,而且涌现出许多新人。学习他们的著作,我体会到,为了恢复写卷的面目,校勘应当特别注意两件事。一要尽量广泛地搜集材料。就变文而言,《敦煌变文集》乃是迄今为止收罗最富的一部书,如果有条件,当然还应该看原卷或照片。二要研讨校勘方法。如何应用音韵学,尤其是借用唐五代西北方音来校勘变文,乃是目前应当注意的一个问题。

举例来说,"覆",《广韵》"盖也,敷救切",收在宥韵。但是,在唐五代西北方音里,凡《广韵》尤、侯二韵的唇音字,都读同鱼、虞、模韵(上、去声准此),变文中的"覆"字就是这样押韵的,如《维摩诘经讲经文》:

> 世尊会上特申宣,遣往毗耶方丈去。
>
> 对敌维摩恐不任,须凭大圣垂加护。
>
> 我今艺解实非堪,狂(枉)受如来垂荫覆。

问疾毗耶恐不任，遥凭大圣垂加护。①

不光覆字，还有母、负、谋等字，都和这三韵字通押。如《父母恩重经讲经文》：

思量我等生身母，终日忧怜男与女，
为儿子抛出外边，阿娘悲泣无情绪。
……
损形容，各肠肚，乞待儿皈再团聚。
思想慈亲这个恩，门徒争忍生孤负。（689—690 页）

这段唱词的韵例，是四句为一节，第一、二、四句入韵。不识方音，就可能认为母字不入韵，以至弄错韵律。还有《张淮深变文》也是这样：

天生神将□英谋，南破西戎北扫胡。
万里能令烽火灭，百城黔首贺来苏。（127 页）

如此等等，不一一列举，都是方音押韵的明证，是不能以常例推求的。

此一方音反映在同音通假或异文上，则有《晏子赋》、《叶净能诗》和《秋胡变文》诸篇，据音校勘，颇见功效。《晏子赋》极力渲染晏子容貌丑恶，有"唇不附齿"的话（244 页），《敦煌变文集》出校记"丁卷'附'作'覆'"（246 页）。附，寄附也；覆，盖也，二者都能通。所以产生歧异，推想是同一字音在不同作者的心目中引起不同联想造成的。仔细审察，似以覆盖一义为优，"唇不覆齿"，即露出一口难看的牙齿的意思。在《叶净能诗》里，又以赴

---

① 《敦煌变文集》，第 639—640 页，以后凡引本书，只随文注出页码。加 △ 的是韵字。

代覆,不明方音,很难读通:

> 皇帝见其树,高下莫恻(测)其涯,
> 枝条直赴三千大千世界。(225 页)

这是月宫的娑罗树,我们想象成桂花树的,赴即覆的同音借字,再也明白不过的了,《变文集》似可以加个旁注。

无独有偶,赴、覆又见于敦煌曲子词。在一首写松的《生查子》词里,借字赴同本字覆并存,校勘学上叫做有衍字。原来这树高耸参天,"郁郁赴覆云霞,且拥高峰顶",王重民先生校道:"'赴覆'二字必有一误。"①词律此调为五言四句,双叠,决没有六字句的。所以,《敦煌曲校录》删去赴字,定作"郁郁覆云霞"(63页),从而,从另一个侧面证明方音的存在以及它与校勘的密切关系。

推广开去,如《燕子赋》"待敕捉浮逃"(263 页)的浮逃初不可解。对照另一篇《燕子赋》的"阿你浦逃落藉"(249 页),特别是校记说的:"丙卷'浦'作'浮',然当作'逋'。"(255 页)这就一目了然了。

有些校勘却是可以商量的。如《庐山远公话》的二句诗:"缘(绿)墙弊例(薜荔)枝枝渌(绿),赴(铺)地莓苔点点新。"(169页)赴还是覆的别字,诗句意思是覆盖而不是铺地,与上述《叶净能诗》等同例!论字音,赴、覆是轻唇音,铺属重唇音,亲疏远近明显有别。改缘为绿也是失误,这一联是对仗,缘墙与覆地,相对甚工,绿墙就难以成对,这是一;本句已经有绿字,墙的色彩可知,重出绿字,使成烦复,这是二。又如《秋胡变文》写大桑异常茂盛是"其树赴(拂)地婆娑,伏乃枝条掩映"(157 页)。伏通复,不具

---

① 　王重民:《敦煌曲子词集》,第49 页。

论;改赴为拂,正是忽略方音之故。桑树有自己的形貌,决不会像杨柳那样长条拂地,而是枝柯远扬的。

有时为解释疑难词语提供线索。如《韩擒虎话本》:"蹄觚小水,争福大海沧波;贾(假)饶蝼蚁成堆(堆),儞(那)能与天为患。"(199 页)其中的福字令人费解。倘若以音推测,可能便是覆字。《广韵》福、覆二字同属入声屋韵,唯声母稍有不同:一个轻唇不送气,一个轻唇送气。现代普通话只有后者,换句话,两个声母并同为一了。现代音在唐五代已经萌芽,王力先生在《汉语史稿》里,曾用白居易的《琵琶行》的用韵,论证过这个问题,就不细说了。

但是,解释到此并不完满,《广韵》解释屋韵的覆是"反覆,又败也,倒也,审也",而文句用的是覆盖义,它属于读"敷救切"的覆。屋韵的覆要具有覆盖义,就需要有由入声到阴声的消变。这样的消变,变文中出现了。最为相近的有《李陵变文》的以愉代欲:

> 双泪交流若愉(欲)终,肝肠寸寸如刀忉(切)。(96 页)

《庐山远公话》的以预代欲:

> 怨憎会苦者:人生在世,贪欲在心,见他有妻,便欲求妻。既得妻子,不经二三年间,便即生男种女,此即喻于何等预探。(181 页)

预探之义不详,但是细揣文意,殆即前文的贪欲:预、欲同音,探、贪音近。不同韵部的则有《伍子胥变文》的以剧代屐:"将竹插于腰下,又用木剧(屐)倒着。"(8 页)剧、屐都是入声,本无可说。但是,注音的《开蒙要训》写卷,却以巨字来注屐的音。罗常培先生对此大为振奋,认为它是唐代入声消变的"朕兆"(见《唐五代西北方音》)。巨又恰恰为阴声韵的剧同音,看来很可能是颇具意义的古口语。

到此,福可与覆盖之覆同音或者音近,从而也可以有其义的推论就算完成了。

《维摩诘经讲经文》又有一个比方:"如鸡负卵应时堆。"其中负字也不是用本义能解释的,同篇负又作附,见"如鸡附卵,啐啄同时"。按:附、负可通,就同附代覆,赴与覆一样,是方音。所以曲子词里径直将"负心人"写作"附心人"。(《敦煌曲子词集·望江南·天上月》44页)然而,附也不用本义。据音求义,它就是今天通用的孵,从卵孚声。古书里,文人多借用伏字。玄应《一切经音义》卷十二"伏鸡":"扶六反,谓鸡伛伏其卵也。《淮南》云:伏鸡博狸。《方言》:鸡伏卵而未孚。皆是也。"[1]看来"伏"是描摹鸡当时状态而借用的,但是藏隐的"伏"和伏卵的"伏"字音是不同的:后者多读阴声,如《内则》、《左传》、《庄子》等注,都作"扶又反"。负、附也是借字。所谓时有古今,地分南北,各取同音罢了。"今江北谓伏卵为菢,江南曰伛,央富反。"(玄应《一切经音义》卷五"鸟伏"注)清人用上海方言写的作品,犹存"江南曰伛"之音。而玄应据当时长安音定作"方付反"[2],正和变文作附字相合。

也有至今不得正解,却自以为解决的。《捉季布传文》二处有"低牟"字:"顺风高绰低牟炽"和"低牟锁甲气如云"(52页、66页)。校记:"低原作头,据丁、庚、辛三卷改。"然而,玄应《一切经音义》注得明明白白,这是两种方音。"甲胄古文䩜,同,除救反。《广雅》:胄,兜鍪也。中国行此音;亦言鞮鍪,江南行此音。鞮音

---

① 玄应:《一切经音义》卷十二,第570页。
② 玄应:《一切经音义》卷二,第103页。

低,鍪莫侯反。"①既然是不同方音,怎么可以用少数服从多数的办法来校改呢? 我查了一下,出现此物的变文,还有《汉将王陵变》、《叶净能诗》和《韩擒虎话本》三篇,一律作"兜牟"或"头毛",或类同音者。唯独《捉季布传文》作"低牟",应当说是很有语言特色的。而《捉季布传文》的不同写卷里,又有一本特殊,作"头牟",反而与其他变文同,也是很有语言学价值的,甚而对于研究流传也不无意义。

上面例子,说明汉字和别的文字一样,也是记录语音的符号。因此,抓住语音来是正文字,乃是文字功能所决定,理应成为校勘变文的重要方法。但是,汉字的特点是表意,表意越突出,越是掩盖了文字与语音的联系。加上我国地域广大,方言众多,语言历史格外悠久等因素,文献上本来明明白白的语音,在后人看来却已扑朔迷离,隐晦难认了。所以,清代学者就大声疾呼:要冲破字形的束缚,这是合乎现代语言学理论的。他们的丰富经验,是很值得敦煌变文校勘者借鉴的。

罗常培先生曾依据王念孙的据韵校雠十八例论述过音韵学与校勘学的关系,归纳得相当完整、系统。今抄录如下:"夫入韵之字,或有讹脱,或经妄改,则其韵遂亡。有因字误而失其韵者……有因字脱而失其韵者……有因字倒而失其韵者……有因句倒而失其韵者……有句倒而又移注文者……有错简而失其韵者……有改字而失其韵者……有改字以合韵而实非韵者……有改字以合韵而反失其韵者……有改字而失其韵又改注文者……有改字而失其韵又删注文者……有加字而失其韵者……有句读误而又加字以失其韵者……有既误且脱而失其韵者……有既误且倒而失其韵者……有既误且改而失其韵者……有既误而又加

---

① 玄应:《一切经音义》卷一,第16页。

字以失其韵者……有既脱而又加字以失其韵者。"①变文校勘更要注重音韵,理由是:(1)它是俗文学,民间书手辗转传抄,俗体别字百出;(2)它是讲唱用的底本,不仅有大量押韵的唱词,而且许多散文也往往有韵,韵字校读当然要明音韵;(3)多数作品成于唐五代,格律诗的讲究平仄,对仗的习尚很有影响,不少疑问需要从音的角度来发现,来解决;(4)变文语言与唐五代西北方言有密切关系,借助方音可以解决某些百思不得其解的疑难。敦煌学家越来越注意到这一点。

客观地说,变文校勘中利用音韵较少是不无原因的。第一,变文语音的研究起步比较晚,语音尚且不明,利用当然困难。第二,敦煌写卷的研究,音韵学和变文开始是不大配合的。尽管有《唐五代西北方音》这样的著作,但是,没有得到及时广泛的采用。而这本书也没有采用变文的音韵材料。最注意引用《唐五代西北方音》来校读敦煌文学的,我认为要数任二北先生的《敦煌曲校录》,那是 20 世纪 50 年代中期的作品。

为了推进这方面的工作,我借助清人的经验并从变文校勘的成果中,归纳出四个方面的条理:

(1)入韵之字因误、倒、脱、衍而造成失韵。

(2)诗句对仗因误、倒、脱、衍而造成声律失调。

(3)方音通假。

(4)方音俗字。

(1)(2)两项也有方音问题,现分述于下。

1.改字以合韵反失其读

《茶酒论》:"茶吃只是腰疼,多吃令人患肚,一日打却十杯,

---

① 《读书杂志·淮南内篇第二十二》,中国书店 1985 年版,第 58—63 页。

肠胀又同衔鼓,若也服之三年,养虾蟆得水病报。"(268 页)文义甚明,但是报不合韵。所以,校记特别加以说明,"乙卷'报'下有苦字,启谓'极为鼓字形讹,苦字鼓字音误'。当是也"(271 页)。徐震堮先生认为鼓即臌:"启校谓报为鼓字形讹,是也。同'臌'。"①然而蒋礼鸿先生不同意,他的《敦煌变文字义通释》写道:"《变文集》校记说'报'是'鼓'字形讹,恐不确。"②我认为论词义,鼓、臌都不及报字,报有报应义,为佛家所习用,在变文中屡见不鲜。《燕子赋》:"养虾蟇得疡病,报你定无疑。"(262—263 页)文字极近,语意相同,可以说前者是后者的紧缩形式,因此报不必改为鼓字,但是,不入韵怎么办? 报下有苦字怎么说? 我以为苦字是用来注音的,报在这里是方音入韵。《维摩诘经讲经文》有一节唱词:

> 逐缘生,随叶(业)报,魂魄游游无去处,
> 曾终十善重佛僧,敬莫交身沉六趣。(584 页)

加"△"者是韵字,报字不论词义还是叶韵,都同《茶酒论》相同。同篇有"宝"字:

> 出天门,下云路,来时不捧法珍宝。
> 得礼慈悲大法王,师兄收取天宫女。(629 页)

押韵十分相似。同时,《目连缘起》的"慈鸟返报(哺)"(712 页),以报代哺;《破魔变文》的"鬘鬚之云空里报"(348 页),校记:"乙卷'报'作'布',同声通用。"(358 页)如此等等,都证明报字可以押韵不必校改,变文作为讲唱底本,抄者不一手,用者非一人,恐

---

① 见《华东师范大学学报》1958 年第 1 期。
② 蒋礼鸿:《敦煌变文字义通释》,第 59 页。

其不知音读,于是旁注苦字来作提示。另外如《韩擒虎话本》把陈叔宝写作陈叔古,字音正相仿佛。

再如"羡"字。《维摩诘经讲经文》:"立在师前候圣言,仁天见者生欢喜,辨才无寻(碍)众降伏,感德难俦佛赞羡(羡)。"(593页)羡作羡,失韵,应是美字。同篇就有"十方诸佛尽赞美"的诗句(599页),可证赞羡即赞美。P. 2555卷《王昭君·安雅》"羡人看未必","羡酒之罇独不酌",说明羡是美的俗写。变文集的《百鸟名》错写作"姜":"花没鸽,色能姜,一生爱踏伽蓝地。野鹊人家最有灵,好事于先来送喜。"(853页)姜是韵字,"色能姜"是色那样美的意思。变文"能"字常用作"那样",如《维摩诘经讲经文》描写魔女之美:"朱唇旖旎,能赤能红;雪齿齐平,能白能净。"(620页)曲子词《拜新月》词又写作善:"明月镜匣参差斜坠。澄波善(美)。"①都是形近而误。《李陵变文》:"单于闻语,深羡(美)李陵,一见雄才,高山仰指(止)。"(93页)校勘很正确,可惜《变文集》全书没有统一,都可能是美字。

又如《佛说阿弥陀经讲经文》:"若说当日其(祇)园会,罗汉莫非皆上皆(智)。"(454页)皆、智形近,但是这段唱词叶灰哈韵,智字不韵。从形、音、义全面考虑,应是背字。背可代辈。如《父母恩重经讲经文》"弃德辈(背)恩多五逆"(696页),《佛说阿弥陀经讲经文》:"言'长老'者,年高腊长,僧中上首之倍(辈)也。"(456页)都可以证明。

2. 因失韵而知字误

《孝子传》:"向生养母值艰苑,被射(征)边埖(疆)未得归,新妇家中行不孝,天雷霹雳背上亡。"(909页)苑字,失韵,(这篇传

① 《敦煌曲子词集》,第81页。

里的诗都是七言四句,一、二四句押韵的)并且"艰苑"不词,据文义应是危字。传的开头说:"向生者,河内人也。慈母年老,两目俱盲,时遇盗寇相陵,向生遂被讨征。"这就是"艰危"的实际所指。据后文:"天具(见)不孝,降雷霹雳至死。"末句诗"背上亡"也应校改为"背上死"。这样,危、归、死,就完全叶韵了。

《佛说阿弥陀经讲经文》有"击阳(扬)法鼓更聪时"(457页),时字处韵字的地位,其余韵句的韵字是:名、声、情、星,全是梗摄字,并且"聪时"也不成词,由用韵可知,原是明的形近而误。

《王陵变文》:"为报北军不用赶,今夜须知汉将知。传语江东项羽道,我是王陵及灌婴。"(40页)按知字,失韵,从文意看也不应该有两知字,末句讲出二汉将之名,可见知是名字的误书,名、婴,都是梗摄字。

《难陀出家缘起》:"首托钵盂光灼灼,足蹑祥云气异音。掸拍(弹指)之间身即到,高声门外唱家常。"(395页)首代手,音不论从句意还是叶韵来说,都应该是形近的香字。这段唱调用阳唐韵。

《维摩诘经讲经文》:"直心人,无奸巧,心上不曾藏怨怀,好恶言词道了休,君能行得偏为好。"(615页)据韵例巧、怀、好三字入韵,但是,怀字失韵。推之文理与韵律,怀应是恼之误。

3. 因失韵而知字倒

《长兴四年中兴殿应圣节讲经文》"释道谭经宝台上"(414页)校记说:"'宝台上'原文如是,应作'上宝台',方叶韵。"《金刚般若波罗蜜经讲经文》"不知南北与东西"(440页),据韵应倒为"西东"。"不悟身中珠明月"(440页),据韵应倒为"明月珠"。《佛说阿弥陀经讲经文》"化生童子问春冬"(485页),据韵应倒为"问冬春"。变文为了押韵,往往临文颠倒词序,其实,文人有时也这样做。如韦应物《鼋头山神女歌》"碧窗松月无冬春"(《全唐诗》2007 页）。《王陵变》："天下声名无数众"（46 页），据韵应倒作"众无数"。《破魔变文》："魔王从此莫声多"（354 页），据韵应倒为"莫多声"。如此等等，不一一列举。

4. 因失韵而知句读之误

《燕子赋》有两段文字：

> 一獬虽然猛，不如众狗强；窠被夺将去，吓我作官方。空争并无益，无过见凤凰。
>
> 雀既被燕撮，直见鸟中王。凤凰台上坐，百鸟四边围，徘徊四顾望，见燕口衔词。（264 页）

其中"雀既被燕撮，直见鸟中王"之句明显是过渡句，表述燕子宣言"无过见凤凰"之后，就拉着雀儿去见凤凰了，从"凤凰台上坐"起则是另一个场面了。但是，从用韵来看，这一对过渡句，还是以属上为宜。

《妙法莲华经讲经文》："大王临行，别其慈母，兼及太子臣寮。更与后妃公主：'今欲辞违，愿垂允许！'公主闻兮苦死留连，慈母见兮殷勤安抚，后妃悲啼，臣寮失绪，人人交仙者却回，个个愿大王不去。"（492 页）按此段有韵，"兼及太子臣寮"句不韵，不宜句断，真正韵字是下句的主字。论句子结构，慈母、太子臣寮、后妃公主都是动词"别"的宾语，"今欲辞违，愿垂允许"一语不是只对后妃公主说的。

此种讹误以《金刚般若波罗蜜经讲经文》为最典型。

> 不拣山河大地，不拣日月星辰。
>
> 不论三恶道中，不说十方世界。
>
> 将来打碎作成尘，我佛身似三千界。
>
> 烦恼由如世上尘，世界本因尘土造。

众生能变作佛身,世界上有尘埃。

众生身上有如来,佛与众生不塞离,

众生贪变却轮回。(440 页)

整段失韵。其实不然,只要把标点修正一下,实际韵字就显示出来了:前面部分押真韵,最后四句押灰、哈韵。根据用韵,改写如下:

不拣山河大地,不拣日月星辰,

不论三恶道中,不说十方世界,将来打碎作成尘。

我佛身似三千界,烦恼由如世上尘。

世界本因尘土造,众生能变作佛身。

世界上有尘埃,众生身上有如来。

佛与众生不塞离,众生贪变却轮回。

5. 因平仄失对而知字误

有不少变文的诗是很讲究平仄的,前人有过论述,仅举一例不再细述。《维摩诘经讲经文》的一首诗:

父母闻言道大奇,少年本分正娇痴。

却思城外花台礼,不把庭前竹马骑。

又拟道场申供养,善缘和合正当时。

事须速疾来归舍,只向门前待我儿。(607 页)

七言八句,合乎律诗的平仄,第二联出句末三字"花台礼"乃是为了对仗和平仄格式的需要,把"礼花台"倒置而成的。同篇有"抛火宅于城中,礼花台于郭外","深惭瞻礼于花台"(608 页)可以证明。

《维摩诘经讲经文》还有一首七律,颈联是"六通每朝兴教纲(网),三途长日救轮回"(638 页),出句应是仄仄平平平仄仄,编集者校纲为网,合乎平仄,但未尽通。平声而处仄声位,可能有误。变文里与三途相应是六道、与六通相应是三明不相杂。如《父母恩重经讲经文》"于六道中来又去,向三途内死还生"(677页);《佛说阿弥陀经讲经文》"尽具三明及六通,个个出来能自在"(454页)。甚至在一篇变文里二者也了然分清,如《金刚般若波罗蜜经讲经文》:"六道三塗及四禅"(439页),"解具三明证六通"(44l页),道,仄声,正合平仄。

《左街僧录大师压座文》是一篇唱词,但是下面几句有疑问:"设使身成童子儿,年登七八岁,髻�(双)垂父怜,漏(编)草竹为马,母惜胭腮黛染眉。"(840页)内中有衍字,也有句读误点,徐震堮先生的校改才是正确的:

> 设使身成童子儿,年登七八髻(霆)双垂。
>
> 父怜漏(编)草竹为马,母惜胭脂黛为眉。

《太子成道经》有八句七言诗:

> 眼暗都缘不弁色,耳聋万语不闻声。
>
> 欲行三里二里时,四回五回头歇吟。
>
> 少年莫笑老人频,老人不夺少年春。
>
> 此老老人不将去,此老还留与后人。(292页)

校记:"乙、庚卷'四回五回头歇吟'作'虽是四回五回歇'。"(308页)据诗文对仗,乙、庚两卷为优,虽通须,这是变文语言常例。这样一来,就成:虽(须)是四回五回歇,但是歇与声不叶韵,看来吟字是涉后而衍,据歇之义,能叶韵的只有停字。似可备一说。

6. 因声律而知字衍

《金刚般若波罗蜜经讲经文》有一条校记说:"'此经一卷最幽玄'廿句,此句放在此处,应是衍文。因下八句是属上文一节

的,而全诗共廿四句,又不合廿句之数。疑当放在本诗文末,或者
'七劝'二字之后,即本诗之前。"(450 页)这是专家们早给我们
指明了的。

《王陵变文》:"三三五五暗中渧(啼),各各思家总拟归"二
句,出自述说陵母被抓受苦的唱词(43 页)。这段唱词前面押止
摄,有十四句;转到模摄结尾,却只有九句。上二句就在这九句
中,为证明有衍文,全抄如下:

> 回头乃报楚家将,大须归家著乡土。
>
> 一朝儿郎偷得高皇号,还解捉你儿郎母。
>
> 三三五五暗中渧(啼),各各思家总拟归。
>
> 诸将相看泪如雨,莫怪今朝声哽噎,
>
> 盖有霸王行事虚。

应是偶句韵例,韵字是:土、母、雨、虚,看来"三三"句和"各各"句
必有一衍。

也有衍字的。《维摩诘经讲经文》:"声名远振千千界,变现
遐传於万万方"(599 页),对句的於字实在多余。检查这段长达
六十句的唱词,五十九句都作七言,就是这一句八言。可见于的
确是衍字。《庐山远公话》:"天生意气,不与凡同,骨貌神姿,世
人之罕有。"(191 页)一读便知人字当删。由此说明不仅唱词,就
是骈体散文根据对仗等也可以发现衍文。同篇:"卿宰相排比,
何殊鼎沸威仪,直入寺中,便请大帅上舆。"(191 页)首先,句读可
以修正:"卿宰相排比,何殊鼎沸,威仪直入寺中,便请大师上
舆。"原来是齐整的四六文。整理以后"卿宰相排比"就应校改为
"卿相排比",宰是衍文。

7. 因声律而知衬字和插入句

《维摩诘经讲经文·文殊问疾第一品》的末句唱词是"如何

排枇也唱将来"（645页），"也"表示语气，明明是衬字。此卷所有唱词都七言为句，唯独各段尾句往往增字，如"如何白佛也唱将来"，"不知威仪何似唱将来"等句中的"也"，"不知"于文句基本意思关系不大，都是衬字。此例极多，如"处"字，"次第处唱将来"应是五言句，"说伊四大处唱将来"，该是七言句。

衬字之外，还有插入句。正是它使词句排列不一，使人产生失韵的错觉。如《大目乾连冥间救母变文》：

> 贫道今朝至此间，心中只手深相怪，
> 诸人答言启和尚，只为同名复同姓，
> 名字交错被追来，勘当恰经三五日，
> 无事得放却归回。（719页）

而《目连变文》写到这一节，却是有异。

> 和尚近就其前，便即问其所以。
> 善男善女是何人，共行幽径没灾退；
> 闲闲夏泰礼贫道，欲说当本修伍因。
> 诸人见和尚问着，共白情怀，启言和尚。
> 同姓同名有千嬝，煞鬼交错枉追来；
> 勘点已经三五日，无事得放却归迴。（759页）

两下对照，可以知道《救母变文》的"诸人答言启和尚"是插入语，如果把它独立成行，唱词便整齐押韵了。

8. 因声律而补脱文

《维摩诘经讲经文》有一句唱词脱三字，编集者以空围补足。"几多功行足，皆已□□□"（535页）。细看全篇，原词可以补出，这段唱词虽然很长，但是章节清楚。它以八句为一小节，每节结句或作"当日到庵园"，或作"当日在庵园"二种句式。自第一节至第三节以前种句式结尾，第四节起至第十节以后种句式结尾。上引两句属第五节，三空围应是"在庵园"的脱漏，"皆已"二字亦应是"当日"的误书。

9. 因声律而知字脱

如《伍子胥变文》"开山川而地轴，调律吕以辩阴阳"（1页）。据对文可知"地轴"之上脱一字。最有意思的是重文记号"々"见《金刚般若波罗蜜经讲经文》；或作"ᵇ"（437页）。所谓"上来总是六种心中，第六ᵇ住净心也"。校记云"未详，疑为仏字"，却是错了。或误以为之字，见《维摩诘经讲经文》："世尊唤命其弥勒，弥勒忿之从座起。"（593页）"忿之"应是"忿々"之误。《舒蚵书》则误二字为一字，造成脱文。"不见父兮子不子，不见君兮臣不臣。"（859页）"兮"疑是"不々"的混合，原文应是："不见父不父兮子不子，不见君不君兮臣不臣。"因为"不々"合为兮之后，二"兮"重复删存一个，才变成现在看到的样子。

这个重文记号闹出了种种误会。《叶净能诗》："其道士苦不推辞"（221页），校记："'苦不'与上下文意不合，'不'字疑由叠写作'々'而误。"《燕子赋》"但雀儿明々恼（脑）子"（252页），校记："明明原作之名，据甲卷改。"《金刚般若波罗蜜经讲经文》"长行好为唱々（唱罗）"（435页）。《捉季布传文》"挥鞭再骋堂々貌，敲镫重夸檀々身"（63页），校记："丁卷'檀々身'，作'弓々身'，庚卷作'了々身'。"看了这一条校记，就可以悟出丁卷的"弓々"和庚卷的"了々"，都是误会"々"而来的。《不知名变文》："逢着儿，儿布施，逢着女人布施，逢妻妻布施。"（820页），如果把叠写处一律换上重文记号，那么就成了这样："逢着儿，々布施，逢着女，々布施，逢着妻，々布施"，是很整齐的三排句，可见女人之"人"是误会了重文记号的。如"偄，二，希见不瞭皍"，"布，偄二"。《瀛涯敦煌韵辑》也收此卷，这二条作："偄、々俙见不了臭","俙,偠々",这样误"々"为"二"共十二处。

还有脱句的。《目连缘起》:"见母受罪千重,一日万生万死。所奉琼浆钵饭,唯愿圣主慈悲,更赐方圆救济。"(707页)饭句下脱一句。据上文"目连手擎香饭,充济慈母之饥。奈何恶业又深,争那悭贪障重,浆水来变作铜汁,香饭欲飡变成猛火。"(706页)又据《大目乾连救母变文》"饭未入口便成火"(742页),"入口喉中猛火生"(741页),"将作是香美饮食,饭未入口便成火"(742页)等等,应有类似的一句。

又《维摩诘经讲经文》有一段唱词,共分十节,每节八句,首句起韵,押偶句韵,尾句不作"恰如父母××病"就作"为君×××病"(540页),章节极为分明。但是,第六节只有六句,少却二句。

> 没尊卑,少遵敬,我慢礼乐谦恭令。
> 唯于见解纵乖愚,早晚行藏能拨净,
> 并慈悲与药医,为君耽染刚强病。(540页)

由于没有找到参照的材料,所以,一时还不能补上。

《百鸟篇》一鸟一节,四句一韵,如:

> 陇有道,出鹦鹉,教得分明解人语。
> 人衷般粮总不如,笼里将来献明珠(主)。(852页)

或一鸟二句,二鸟合成一节。如:

> 花没鸽,色能姜,一生爱踏伽蓝地,
> 野鹊人家最有灵,好事于先来送喜。(853页)

没有一鸟一句不成韵的。但是篇末却出现了五句二鸟构成一节的事。

> 寒豪(号)[□],夜々号,青雀儿色能青,

> 毛衣五色甚[□]明,闻道凤凰林里现,
>
> 皆来拜舞在天庭。(853 页)

从"青雀儿"句起,叶梗摄韵,四句一鸟一节,合乎体例。但是"寒号"只一句,没有接应,明显有脱文,只是目前还没有找到材料可以补足罢了。

10. 方音通假和方音俗字

二者密不可分。如以赴代覆、以负代孵等既是方音通假,又是方言俗字。这种校勘,真不容易。然而,关键在于把握方音这条脉络。《韩擒虎话本》:"迥睹此阵,虎无爪齖(牙),争恐猛利,遂抽衙(压)队弓箭五百人,已(以)安爪衙(牙)。"(202 页)"时韩衾虎亦见箭不解,不恐拜舞。"(204 页)二恐字并代肯字,变文音通摄字往往读为登韵。开以后二摄相合之源,限于篇幅不细述。宋·刘攽曾在《中山诗话》中记录了宋初长安口音:"向敏中镇长安,土人不敢卖蒸饼,恐触中字讳也。"[①]中何以讳蒸? 同音之故,罗常培先生论述过:"从《中原音韵》起,一部庚青部的合口字已然互见于东钟韵,可见[‐ueng]和[‐ong]两韵早就有混乱的趋势了。后来的韵书有的保存东钟一类的韵目,有的保存庚青一类的韵目,实际上并没有什么差异。"(《罗常培语言学论文选集》)说得明白得很。这条脉络从现存资料看,始自变文,经宋、元、明、清,以至今天的普通话,不但连延不绝,并且终于取得正宗地位。《庐山远公话》:"相公曰夫人:'众(曾)读《法华经》已否?'夫人曰:'曾读《法华经》。'"(178 页)以众代曾,也是一例。

方音通假,字随音转。《叶净能诗》中"第三夫人"与"定三夫人"并见(217 页、218 页),《汉将王陵变》"纪(经)旬日"(44

---

① 《续修四库全书》第 1478 册,第 270 页。

页），《张义潮变文》"下有押衙陈元弘走至沙州界内，以（与）游奕使佐承珍相见"（116 页），《太子成道经》"施以（与）一切众生"（285 页），《董永变文》"直至三日复墓了，拜辞父母几田常"（110 页），其中"田常"一语，校记："王庆菽、周一良疑当作'填偿'，谓填偿董永的卖身价。向达云：'都不应作填偿，田常亦仙人名，见《搜神记》。'"（113 页）从方音通假看，释作填偿是有理由的。《庐山远公话》："汝有宿债未常（偿）"（174 页），后文又说"缘贫道宿世曾为保见，有其债负未还"（190 页），"贫道欲拟填还"（191 页），可知常（偿）还、填还同义。《董永变文》押阳唐韵，所以，不用填还，而采用填和常的同义连用田常。

还有据方音造的俗字。变文俗字是变化繁多的。《长兴四年中兴殿应圣节讲经文》："撑舡而冲破莲荷"（422 页），《欢喜国王缘》荷作泂（772 页）。撑即撑字，撑从手堂声，这里有矛盾，是方音所在。原来唐时关内有读阳唐韵字如清韵音者。《匡谬正俗》记载过："穰字亦当音而成反，今关内闾里呼禾黍穰穰，音犹然。""俗呼姓杨者往往为盈音。"①变文也有这样押韵的，如：

> 实希有，法中王，示迹权为妙吉祥。
>
> 金紫耀明衣内宝，眉间时放白毫光。
>
> 花台瑞相时时现，莲座希奇别有名。
>
> 倾（顷）刻便过方丈室，争趋愿礼法中王。（644 页）

所以，从手堂声可以拼成撑音。在另一个地方又以桢字代之，"乾坤如把绣屏桢，世界似将红锦展"（549 页）。

不明音理，容易混淆。《维摩诘经讲经文》："宝镜无光，皆因尘坌（埃）"（630 页）；《燕子赋》："面色恰似坌土。"校记："'坌'

---

① 《匡谬正俗》卷七、卷六。

原作'勃'，据甲卷改，按'坌'即'尘'字。唐人或写作'尘'、'坌'等字形，会意字。"（258页）同一坌字，却作两般校注。《王仁昫刊谬补缺切韵·恩韵》："坌，蒲闷反，尘。"《广韵》还说："亦作坋。"据此，坌的意思是明白了，原作勃者有可能是坋的形误。也不必校作勃。皆因尘坌的坌用的是本义。

以上所说十例，只是个人归纳变文中据音校勘方法的一种尝试，希望可以类推，内中错误之处，教请方家指正。此外，还要说明两点：

（1）校勘是各种知识的综合运用，不能单凭音韵下断语，不过对比起来，目前校勘中这方面的知识利用得还不够，所以，特别加以强调。在实际工作中就是凭音韵发现的校勘讹误，也要结合训诂、文字、语法等方面一起审察才成。然而，话也要说回来，音韵是发现文字讹误的利器，应当积极利用。

（2）变文校勘当明音韵和方音，反过来，这种校勘成果，又为音韵史的研究提供了新资料。我国音韵学研究，古代口语的材料奇缺。关于唐代音，虽然有《唐五代西北方音》，但是，它没有系统搜集过文学作品中的活语言。总之，据音校勘变文和唐五代西北方音研究，是合则双美的工作。

古代敦煌方言

这里所指的古代敦煌方言主要是唐代敦煌地区使用的书面语。它是凭借敦煌遗书中的有关资料——汉藏对音写卷、唐代敦煌本俗字书、变文与曲子词等的用韵与通假——构拟而成的，其特征和价值正不断得到学术界的重视。一、在汉语古代方言研究领域里，古代敦煌方言可以说是迄今所取得的最准确、最具系统的古代方言。它拥有一个以拟音来表述的语音系统、一个由当时人记录下来的日常用语的常用词系列和业经研究已证明了的一些重要语法特点。而根据汉藏对音材料所得的拟音，近乎"记音"，准确度是很高的。二、古代敦煌方言隶属于唐代西北方言，也很接近当时通语。正如 P.2058《郑氏字宝序》云："今天下士庶同流，庸贤共处，语论相接，十之八七，皆以（已）协俗。"三、古代敦煌方言音系与《切韵》音系有整齐的对应，所显示的变化，堪称中古音发展到近代音的桥梁，词汇和语法也有相同情形，对于研究近代汉语的形成和发展，有着重要的作用。目前，古代敦煌方言研究还在深入，随着敦煌遗书研究的发展而发展，尤其是词汇和语法二部分将会有更多的成果。

语　音

一、声母　为了便于同《切韵》音系对照，声母分组沿用旧名，并将三十六字母随注于括弧中。

唇音　p（帮、并）　　　　　pʻ（滂）

　　　　m（明）　　　　　　ɱ（微）

　　　　f（非、敷、奉）

舌音　t（端、定）　　　　　tʻ（透）

　　　　n（泥）　　　　　　l（来）

齿音　ʨ（知、澄、照、床二、精四、从四）①

　　　　ʨʻ（彻、穿、清四）

　　　　ç（审、禅、床三、心四、邪四）

　　　　ʑ（日、娘）

　　　　ts（精、从）　　　　tsʻ（清）

　　　　s（心、邪）

牙音　k（见、群）　　　　　kʻ（溪）

　　　　ŋ（疑）

喉音　ʔ（影）　　　　　　　x（晓、匣）

　　　　w（喻）

凡五组二十二个。主要特点是：

1. 唇音已分重唇和轻唇二支。重唇有 P、Pʻ，m；轻唇有 f、ɱ。三十六字母中轻唇音非、敷、奉三母，已合读为 f。如"府"（非）与"抚"（敷）同音；"方"（非）与"纺"（奉）同音。

2. 全浊声母消失，读同相应部位的清音。如"屏"（非）读同"平"（奉），"佩"（并）读同"贝"（帮）；"道"（定）读同"到"（端），"蹬"（定）读同"等"（端）等等。三十六字母中全浊声母共八个：并、奉、定、澄、床、禅、邪、匣，在古代敦煌方音里，都已趋向消失。

3. 三十六字母的舌上音知、彻、澄、娘四母，正齿音照、穿、床、审、禅五母以及齿头音精、清、从、心、邪五母的四等音合流，形成

----

① "床二"表示床母二等，下同。

了古代敦煌方言的 ʨ、ʨʻ、ʑ、ɕ 四音。从而分成舌面音（ʨ组）与齿音（ts组）二支。

二、韵母　为了便于同《切韵》音系对照，将其平声韵目和入声韵目随注于括弧中。

a（歌、麻开二）①

	wa（戈、麻合二）
o（模）	e（庚、耕）
ye（齐、清、青）	we（庚、耕、清合）

i（脂开、之开、支开；微开及唇音合；鱼部分）

wi（脂合、支合、微合）

u（虞、模唇音、喉唇音；脂、支、微合）

iu（尤、幽）	ai（哈、泰开）
wai（灰、泰合）	ei（佳、皆、祭）
wei（废、皆合、佳合、祭合）	au（豪、肴）
yau（宵、萧）	eu（侯）
am（覃、谈、咸、衔、凡）	yam（盐、添、严）
im（侵）	an（寒、删开、山开）

yan（元开、先开、仙开）

wan（桓、删合、山合、元合、先合、仙合）

in（痕、真、欣）	un（文、魂、谆）
aŋ（江、唐开）	yaŋ（阳）
waŋ（江、唐合）	oŋ（柬一、冬）
eŋ（登、蒸）	uŋ（柬三、钟）
ap（合、盍、洽、狎、乏）	yap（叶、业、帖）
ip（缉）	at（曷、黠开、镛开）

---

① "麻开二"开指开口，二指等，下类推。

yat（薛开、屑开、月开）

wat（末、黠合、镐合、薛合、屑合、月合）

it（质、栉、迄）   ut（没、术、物）

ak（铎开）   yak（药开、觉）

wak（铎合、茶合、觉、烛）   ok（屋一、沃、德合）

ek（德、麦、陌开）   iek（昔、锡、戢、陌）

wek（麦、陌合）   uk（屋三）

凡四十六个。主要特点有：

1.《切韵》相邻韵目在古代敦煌方言里，往往并合，因此，每个韵母都与一个以上的韵目相对应。少者二个，如 a（歌、麻开二），ai（咍、泰开二）；多者六个，如 wat（末、黠合、镐合、薛合、屑合、月合），wan（桓、删合、山合、元合、先合、仙合）。而相邻韵目的并合正是《切韵》音向现代音发展的重要趋势。

2. 鼻音韵尾 – m 与 – ŋ 弱化，甚至可以不计。如 e 韵母与《切韵》具有 – ŋ 韵尾的韵目庚、耕二部对应，而 ye 韵母既与《切韵》阴声韵齐部对应。又与《切韵》具有 – ŋ 韵尾的韵目清、青二部对应。变文和曲子词用韵中，这两种韵尾的阳声韵与相应阴声韵通押的现象，屡见不鲜。敦煌遗书的别字异文也表现出同样的语音变化。

3.《切韵》鱼部的部分字读同"脂开、支开、之开、微开"，音值是 i。这是古代敦煌方音的明显特点，已成为校读敦煌遗书的规则之一。如颐、余同音，锯、己同音，绮、去同音，稀、虚同音。

4.《切韵》尤、侯二部的唇音字读同虞部，音值是 u。如扶、浮（尤）同音，附、复（尤）同音，辅、负（尤）同音。这一音变与当时通语一致。白居易的《琵琶行》以妇（尤）与住、部、数、去等字押韵，即是其证。

5.《切韵》江部不与阳、唐二部通，今人写古体诗仍遵用不

移。但是,古代敦煌方音此三部混用不别。如《李陵变文》以邦
(江)、场、方、降(江)、强、羊、王押韵,几乎全同于现代诗韵。

6.《切韵》佳部一些字,尤其是唇牙喉音字趋向读同麻部音,
韵母是 a。如家、佳同音,家、解同音,画(佳)、华同音。李白、杜
甫、白居易的诗,都有佳、麻互押的用例。《五经文字》的反切也
往往混用,所以说,这也是和通语一致的音变。

7. 入声韵尾 – p、– t、– k 弱化,趋向消失。已发现入声韵字
与阴声韵字同音互注,参见成于后唐天成四年(929)的注音本
《开蒙要训》,编号是 P. 2578;变文、曲子词已具有相当数量的阴
入通押用例,其别字异文也反映出同样关系。由此推测,古代敦
煌方音的入声韵尾应该是不明显的。正是这一现象,为具有入声
韵尾的中古音到没有入声韵尾的现代音,提供了演变轨迹。

三、声调　　虽然整个声调系统情况如何,有待深入研究,但
是,以《切韵》音来衡量,至少已经知道有关声调的三个基本点。

1.《切韵》的浊声母上声读同浊声母去声。如:仕(浊上)、事
同音,是(浊上)、事同音,待(浊上)、大同音,杜(浊上)、度同音等
等。这与现代音与《切韵》音对照时所得如的浊上归去是一
致的。

2. 随着《切韵》全浊声母在这里已经消失,因此,依照声母清
和浊而分阴声调和阳声调的体系在这里必然发生变化,至于与浊
声母相连的各阳声调是否归并到相应的阴声调,或作别的变化,
则有待深入研究。

3. 由于入声韵尾的弱化,乃至趋向消失,必将动摇入声的独
立性。

以上三点,正是中古声调和现代声调的主要区别,只不过在
这里是萌芽状态,而不是完全的状态。

词　汇

敦煌遗书,尤其是其中唐人自编的俗字书和许多音义写卷,为考究古代方言词汇提供了丰富资料。这些俗字书以《俗务要名林》为代表,收词数量最多。其书以义类归词,今存田农部、女工部、车部、手部、木部、水部等三十五部,约收词语近二千条。多数词语注有反切和释义。同时,变文、曲子词的词语研究不断为这一领域增添新的成果。根据上述材料就可以得到方言词汇的概貌,这一概貌具有二个特点。1. 古今方言词汇有明显的渊源。内中有古今沿用不革的,如"牙行"(《庐山远公话》)、"奔拉"和"窖"(《字宝》)等;有古今微殊的,如今天的"眼角屎"即《字宝》的"眼眵",今天的"红嘴鸦"当即《李陵变文》的"赤觜鸦"等;也有变化甚大而脉络犹存的,如今天的"戳掇"与《字宝》的"撋夺",今天的"磨啰"与《庐山远公话》的"醾酄"等等。说明了词汇的源远流长。2. 双音词大量增加,说明这一方言已进入双音词为主体的时期。《伍子胥变文》"认识"与"识认","虑恐"与"恐虑"并用,当是新双音词正在形成的实例。下列词汇表就是从《俗务要名林》摘录而加注音标的,所注音标的声调从略。（原本残缺处从略）

谷部二麦黍稷豆五谷。公禄反 kok

米铭礼反 mye	粟
薜谷茎。各满反 kan	穗音遂 swi
粒音立 lip	糯
穜稻晚熟。直容反 teuŋ	豆徒候反 teu
萁豆茎。口机反。ki	稃豆稃也。普胡反。p'o

踷磨豆。初麦反。t·wek

麦

稞青稞

䅘麦茎。古之反。ki

麪莫见反。myan

莩芳于。fu

䄻麦末也。苏骨反。swat

麧䄻头。胡没反。xwat

黍商吕反。çi

秫舒聿反。çut

糜黍之类。音眉。ɱi

穄亦黍类也。音祭。tsei

薥麦上音渠。ki 一名荞麦。渠骄反。kyau

枲麻枲也。古典反。kyan

沤水中熟麻。乌侯反。ʔeu

㯺麻黑恶。七遥反。tsyau

䴵麻骨也。音皆。kei

桑素郎反。swaŋ

枊枊桑也。莫卜反。mok

飏飏谷也。音羊。iyaŋ

筛音师。çi

檐当蓝反。tam

桩音莘。lyan

梉红讲反。xaŋ

楬渠竭反。kyat

圙贮谷所。殊缘反。çyan

囤小圙也。徒本反。tun

舂碓舂。事容反。çuŋ

捣杵舂。都老反。tau

碭㳑并再舂也。上徒郎反。taŋ 下音代。tai

舀出臼中米。羊沼反。jyau

晒晾并同。上所寄反。çi。下鲁浪反。laŋ

曝亦晒物也。薄报反。pau

炕火上干物。康浪反。k·aŋ

簸簛去糠秕。上博我反。pa。下资典反。tsyan

馎食

綵帛绢布部

綵杂色帛。千待反。t·sai

缯綵之别名也。自陵反。tseŋ

绮轻纱綵。祛蚁反。k·i

繍错綵缕。

缬胡结反。exyat

縠红禄反。xok

绫力竞反。leŋ

纹小绫。音文。ɱun

独窠绫名。下苦和反。kwa

雀眼上将荣反。tsyak

罗卢多反。la

爪子

锦居饮反。kim

卧鹿上音货。xwa。下音禄。lok

对凤已上四种锦名。

练熟练。郎见反。lyan

岭绢岭。巨淹反。kyam

绝舒夷反。çi

致绢密。直智反。ţi

绵弥连反。ŋyan

牵缡恶絮。上苦贤反。k·yan。下力之反。li

布补路反。po

高机布上细布。

板布上博眼反。pan

蒻布上土蜡反。t·ap

练青纻布。色鱼反。çi

氎细毛布。徒协反。tyap

蕉布缉蕉为布。七遥反。tsyau

龟甲上俱眉反。ki

填心上音田。tyan。已上绫名。

孔雀罗名。下将荣反。tsyak

许春已上三种锦名。

波斯锦名也。下音移。ji

鸭子上乌甲反。ʔo

绢规面反。kyan

帛帛练。音白。pek

帕绢定。当了反 tyau

䌷直由反。ţiu

纰疏恶也。匹离反。p·i

絮想虑反。su

筒布细布名。上音同。toŋ

土布上音杜。to

㡓布上音私。si

纻上直□反。

葛缉葛为布。个□反

氈亦毛布。胡葛反。xat

果子部

果古火反。kwa

柰奴盖反。nai

橘规律反。kut

枣音早。tsau

栗离七反。lit

李音里。li

柑音甘。kam

橙直耕反。te

樗枣上而兖反。ʐwan

桃徒高反。tau

梨力之反。li

枇杷上婢卑反。fwi。下蒲家反。pa

杏音幸。xe

石榴下音流。liu

楟樝上莫经反。mye。下侧加反。ta

樱桃上乌耕反。ʔe

菱水草实。力颠反。lyan

荷莲叶也。音何。xa

莵芘上房于反。fu。下自资反。tsi

瓝子上胡路反。xo

瓜古华反。kwa

黄瓡亦瓜名。下蒲莲反。pyan

瓟马瓟子。蒲角反。pyak

林檎下渠金反。kim

梅莫杯反。mwai

椑柿音士。ti

乌敥下蒲没反。put

木瓜下古华反。kwa

藕陶上薄姑反。po。下徒高反。tau

莲郎颠反。lyan

蕅莲根。五口反。ŋeu

甘蔗之夜反。ta

芋子上于付反。ju

青瓯瓜名。下池禁反。ȶim

胡櫨瓝实。上音胡。xo。下音卢。lo

掩种瓜块。乌敢反。ʔam

菜蔬部

椒即遥反。tsyau

芥音戒。kwai

菘蔓菁之类。私戎反。suŋ

韭音九。ȶiu

薤胡戒反。xwai

胡荽下息雌反。si

兰香上落干反。lan

香苏下桑卢反。so

苜蓿上音目。mok。下音宿。sok

莼水中滑菜。常伦反。zin

莴苣上乌和反。ʔwa 下音巨。ti

苋胡谏反。xan

葷茇上卑栗反。fit。下补割反。put

蔓菁上莫干反。man。下则丁反。tsye

葵巨规反。kwi

蒜苏乱反。swan

葫蒜之别名。荒乌反。xo

萝蔔上音罗。lo。下蒲北反。pek

香葇下而由反。zju

蘘荷上而羊反。zyaŋ 下音何。xa

芸薹上音□。□音台。tai

荠情礼反。tsye

芹音勤。ȶin

苟杞下音起。k·i

薇山上菜。音微。ŋwi　　　　　蕨亦山上菜。居月反。kyat

葫荾一名仓耳。上音胡。xo。下音徙。si

藜蓼上落兮反。lye。下徒吊反。tyau

藿豆叶也。荒郭反。xwak　　　　茄子上音伽。ȶwa

穆豆藋上豆也。北头反。pyan　　登豆野豆。音劳。lau

芙苦芙。乌老反。ʔau

酒部

酒津西反。tsiu　　　　　　　　麹丘六反。k·uk

蘖鱼桀反。ŋyat　　　　　　　　醖造酒也。于问反。ʔun

釀女亮反。ʐyaŋ　　　　　　　　酵古孝反。kau

酘再安米。徒陌反。teu　　　　　醲厚酒。女龙反。ʐuŋ

醇并厚酒。时伦反。ʑin　　　　　醪白酒。郎刀反。lau

醨薄酒。丑之反。t·i　　　　　　醅酒一般。普回反。p·wai

酮酒坏。徒揔反。toŋ　　　　　　糟酒滓。作刀反。tsau

粕糟安水。普各反。p·wak　　　　醅口酒具。楚流反。ȶ·iu

漉漉酒。音禄。lok　　　　　　　滤去酒滓。良预反。li

押押酒。乌甲反。ʔap　　　　　　柞槽押酒具。侧嫁反。ȶa。下音曹。tsau

肉食部

羊腔全羊也。苦江反。k·yaŋ

腊边半腊也。上陟鱼反。ȶi。下补眼反。pan

鹿骰上音禄。lok。下出猥反。ȶ·wai　　　冊羊腹中脂。桑安反。san

滕牛脂。郎刀反。lan　　　　　　血呼穴反。xwat

肪膪腹中脂。音方。faŋ　　　　　胰膪腹中息肉。音夷。ji

腦羊头中脂。奴老反。nau

腗脛鸡雉腹内食府。上频移反。fi。下处脂反。ȶ·i

饮食部

淘 以水淘米也。杜劳反。tau   浙 淅米也。之列反。ȶyat

炊 蒸之别名。昌惟反。twi

餐馈 炊米熟。上音脩 siu。下府云反。fun

泚 泚米也。侧亮反。ȶyaŋ   馏 馏饭也。力救反。liu

苏 凝牛羊乳。桑虑反。su   酪 郎各反。lwak

蜜 弥栗反。mit   油 油麻脂。羊周反。jiu

焦 焦菜也。音缶。fiu   腩 腩菜。奴感反。nam

饼 炊米为饼。符万反。fwan   飧 夕食以米沃饼也。苏昆反。sun

溲 溲面。疏久反。çiu   煎 煎饼也。资连反。tsyan

煮 煮物也。之居反。ȶi   瀹 瀹菜也。羊灼反。jyak

煠 沸汤中煠物。士匣反。ȶ'ap   羹 古衡反。ke

臛 呼各反。xwak   麋 老小食。音眉。mi

粥 薄麋。之六反。ȶuŋ   餻麋 黏米麋。上音高。kau

黍臛 黏米饼也。上舒吕反。çi。下呼各反。xwak

馄饨 上胡昆反。xun。下杜昆反。tun   饸饼 上音甲。kap。下卑领反。fye

脂馈 下都雷反。twai   笼饼 上洛东反。loŋ。下卑领反。fye

馝饠 上音必。fit。下音罗。la   馂饪 上音浮。fiu。下汤荀反。t'eu

膏馓 馂饪之别名。下音萐。jap   傏 杜郎反。taŋ

饧 薄饼。辞盈反。sye   馓 桑嫩反。swan

籽粔 以馂馓为团也。上抚于反。fu。下音流。liu

粼麰 上勤贤反。lyan 下郎苟反。leu

糫饼 寒具也。北人作之。上音还。xwan

膏糫 下音还。xwan

粔籹 音糫之别名。上音巨。ki。下音汝。zi

砂綦 上所加反。ça。下音其。ȶi   糖糦 上杜郎反。taŋ 下杜回反。twai

粺粽下资送反。tson　　糧乌结反。ʔyat

粉碎米为面。不准反。fun　　麨昌少反。tɕiau

粗音步。po　　豆馂豆末和馓。下于月反。ʔwat

饼脡下音淡。tam　　鞞十番为一鞞也，婢卑反。fi

糁羹糁。素感反。sam　　菹菜菹也。侧鱼反。ti

酱即亮反。tsyaŋ　　酢食路反。ço

盐移廉反。iyam　　豉辰利反。ʑi

酸酢味。苏丸反。swan　　醎盐多。音咸。ɣam

辛音新。sin　　苦康鲁反。ko

甘古南反 kam　　甜甘也。唐兼反。tyam

淡唐榄反。tam　　馊饼坏。所求反。çiu

墋饼有沙。初锦反。tɕʻim　　餦日西食也。识两反。çyaŋ

饷送食也。识两反。çyaŋ　　糊所以粘物。黄卢反。xo

黏糊黏也。尼廉反。ʑyam　　齑捣姜为齑也。则梨反。tsye

聚会部

铺设上普路反。又普卢反。pʻo　　饤饾上丁定反。tye。下丁豆反。teu

饮宴上於锦反。ʔim。下乌见反。ʔan　　言话下胡霸反。xwa

飧膳喫饮食也。上仓安反。tʻsan。下音善。ʑyan

尝少喫。ʑyaŋ　　啜细啮也。常悦反。ʑwat

喫苦历反。kʻiek　　噉徒敢反。tam

噍嚼上秦唉反。tsyau。下秦略反。tsyak

欱唇呼。呼甲反。xap　　歠细欱也。昌说反。tɕʻwei

皎五巧反。ŋau　　啮五结反。ŋyat

馋嗛嗜食而懒也。上士衔反。tam。下蜀容反。ʑuk

饕食贪食也。上乌倒反。ʔau

饕餮贪财为饕，贪食餮。上土高反。tʻau。下汤切反。tʻyat

贪婪不知足，上土含反。t'am。下郎甘反。lam

舐舌取食。神氏反。çi

唂神兖反。çyan

唵以掌进食。乌感反。ʔam

𠲿嗽上祖答反。tsap。下子角反。swap

𪗆喋上补各反。pwak。下子入反。tsip

欧喀上乌苟反。ʔeu。下音客。k'ek

吐𪖙上土路反。t'o。下羊制反。jei

戏懅据上虚义反。çi。下渠逆反。kiek

蒲摊上蒲姑反。fo。下汤干反。t'an

握椺上乌角反。ʔwak。下疏角反。çwak

围碁上于非反。ji。下渠衣反。ki

偒𤼩不事生业。上土盍反。t'ap。下郎帝反。lye

叫噭上古吊反。kyau。下苏较反。sau

嫽卟上郎雕反。lyau。下郎贡反。loŋ

嘲𠸺交反。ʈau

谜隐语也。莫计反。mye

酩酊醉也。上冥冷反。mye。下丁冷反。tye

醒醉歇也。苏零反。又苏鼎反。sye

醉子类反。tswi

解酲上姑买反。kei。下直盈反。ʈye

畣覆物。乌感反。ʔam

收举下居许反。ki

𥥍亦覆也。所教反。çau

鞔亦覆也。莫干反。man

洗盪上星礼反。sye。上唐朗反。taŋ

拭刷上音式。çiek。下所劣反。çwat

捭挡上卑敬反。fe。下当朗反。taŋ

坌以灰淹也。蒲本反。fun

墢除粪，府云反。fun

𥦬净洁也，乌猛反。ʔwe

杂畜部

马蒙贾反。ma

牛鱼留反。ŋiu

骡卢和反。lwa

驴力诸反。li

骆驼上郎各反。lak。下唐罗反。ta

骟骒上丁革反。tek。下音麦。mwek

駏驉上音巨。ki。下音虚。xi

羊余良反。jyaŋ

䐗陟互反。ʈi

猫古厚反。keu

猫儿上眉骄反。ŋyau。下音儿。zi

马驹下举虞反。ku

犊子上音独 tok

马有骔下音宗。tsoŋ

尾亡鬼反。ɱwi

骢音聪。ts‘oŋ

连钱骢马也。秦连反。tsyan

䯊丘栗反。k‘it

驳补角反。pwak

骆郎各反。lwak

驐都昆反。tun

锼锼马耳。所留反。ɕiu

辔衔上斌利反。fi。下胡监反。xam

缰鞚上居郎反。kyaŋ。下空弄反。k‘oŋ

鞦音秋。ts‘iu

靻悬镫皮。之列反。ʈyat。亦逆靻

鞭卑延反。fyan

屟脊上他曳反。t‘ei。下音积。tsiek

绊音半。pwan

鞁鞁具也。皮羲反。fi

翩疋扇反。p‘yan

槽枥下音曹。tsao。下音历。liek

餧马食粟多。离甑反。leŋ

䮊亲略反。ts‘yak

纣鞍后绳。直酉反。ʈiu

䭖蒲角反。fwak

牸音字。tsi

㹛牛毛色。於间反。ʔan

觰牛角上广。陟加反。ʈa

牞牛鼻中曲木。羁虞反。ku

䩶收绳于头也。音卜 pok

毛色骝赤骝紫骝。下力周反。liu

赭白上音者。ʈa

骠疋妙反。p‘yau

骓音隹。ʈwi

骗以朱反。ju

䯄古华反。kwa

草草马。

印蕃印。伊刃反。ʔin

排沫上蒲皆反。fei。下音末。mwat

鞍鞯上音安。ʔan。下则莲反。tsyan

镫丁邓反。teŋ

鞲连鞍皮。苏雷反。swai

鞘鞭皮也，鞍鞘也。所交反。ɕau

栊头上落冬反。loŋ

刷所劣反。ɕwak

卸马去鞍。司夜反。sa

骣马骣也。知战反。ʈyan

橛其月反。kwat

骦马多恶，莫历反。miek

格驮物具。胡革反。xek

牛有特下唐勒反。tek

犍居言反。kyan

牯小牛也。音故。ko

㸚亦牛也。力知反。li

牨牛无角。苦和反。k‘wa

桊牞之别名。居恋反。kwak

觝觧上丁礼也。tye。下昌欲也。ʈ‘uk

齝牛吐食。丑之反。ʈ‘i

羯羝上居谒反。kyat。下黎反。tye

羦羊息羔。芳万反。fyan

羶羊臭。式连反。çyan

豭亦大猪也。音加。ka

豵子宁反。tsoŋ

独猪子也。徒浑反。tun

栏圈圈猪所也。上音兰。lan。下求勉反。tyan

豷猪牙曲也。巨负反。kyan

潲猪食也。所教反。çan

滓侧拟反。ʈi

籸麻油籸也。所巾反。çin。以上并同。猪食。

猗膽苟耳大重。丁兼反。tyam

劇以刀去苟势。居言反。kyan,亦是劇牛字。

趖苟走疾也。苏和反。swa

羊有羔羊子。音高。kau

羖羝上音古。ko。下音历。liek

羥黑羊。兒闲反。ʔan

腯有獖大猪。符云反。fun

獏普角反。p‘wak

㺬小猪。子红反。tsoŋ

蝬猪掘地。呼雷反。xwai

泔米泔也。苦监反。k‘am

澱唐见反。tyan

耴耳小垂着头。丁箧反。tyap

木部

松翔龙反。suŋ

桯勑盈反。ʈ‘ye

楸音秋。ts‘iu

柘之石反。ʈye

檀徒兰反。tan

槐櫰之别名也。音回。xwai

榆羊朱反。ju

榉柳之别名。音举。ki

椿褚伦反。ʈ‘un

樆勑居反。ʈi

柏音百。pek

杉所衔反。çam

梓音子。tsi

荆音京。kye

櫰音怪。k‘wei

桐音同。toŋ

柳良久反。liu

杨音羊。jyaŋ

杆五干反。ŋan

槵无槵子。胡惯反。xwan

枫音风。foŋ

楠音南。nam

樟音章。ȶ‘yaŋ

柞音作。tswak

枥柞之别名也。音历。liek

槲胡禄反。xok

楢尺绍反。ȶ‘yau

梼直由。ȶ‘iu

梀所责反。sek

楝苦楝也。郎见反。lyan

桢女桢。音员。ȶye

橝土含反。t‘am

柃灰可染也。李郢反。lye

根树根也。

茎户耕反。xye

榦岗满反。kwan

柯音歌。kwa

条唐辽反。tyau

枝章移反。ȶi

葉羊涉反。jap

柙木理交。音甲。kap

棞大木未剖也。户昆反。xun

火部

柴士佳反。ȶ‘ei

薪柴之别名也。私隣反。sin

灰呼回反。xwai

炭土旦反。t‘an

烧舒遥反。ɕyau

燃而连反。ʑyan

焚燃之别名。苻表反。fwan

爇北人呼燃也。而拙反。zwat

焌急烧也。翠血反。tswat

炙诸亦反。ȶiek

熏许云反。xun

熬五高反。ŋau

煼初卯反。ȶ‘au

熝灰埋令熟也。乌了反。ʔyau

炮薄交反。pau

烙郎各也。lwak

燋燎上即遥反。styau。下郎□反。

燣燣焦气也。卢含反。lam

爆火裂也。博教反。pau。又普角反。p‘wak

炧火声也。陟讶反。ȶa

炵火盛也。徒冬反。toŋ

燲燲头也。祖高反。tsau

灺火灺也。私□□

烬火木余也。秦引反。tsin

爓以蟾反。jyam。亦作焰

烟乌□反，亦作烟。

燶煨熟灰也。上徒郎反。taŋ。下乌回反。ʔwai

櫜炉扇。蒲介反。fei

炱煤灶中墨也。上徒来反。tai。下莫杯反。mwai

尘埃上直隣反。tian。下乌□反　　　窑砖瓦所也。余招反。jyau

冶铸金所也。盈者反。ja　　　　　　垸骨灰和漆。胡段反。xwan

炉锻金所也。落胡反。lo　　　　　　韛皮袋吹火也。亦蒲拜反。fei

锻打铁也。当乱反。twan　　　　　　镕煮金也。羊锴反。jyaŋ

铸泻金为器也。之喻反。ʈu　　　　　鉴水鉴尹也。古电反。kyan①

釬烧金相著也。胡见反。xyan　　　　锢以铁缚物。居玉反。kyak

手部

撖抄上莫和反。mwa。下桑歌反。sa　　摸摝上音莫。mak。下桑落反。lak

抹挞上音末。mwat。下桑达反。sat　　揩挥上苦皆反。kʻei

搓挪上仓哥反。tsʻa。下奴哥反。na　　挼挱上奴和反。nwa。下苏和反。swa

按摊上乌旦反。ʔan。下奴旦反。nan　　捼捺上奴回反。nwai。下奴达反。nat

掐搯上土高反。tʻau。下乌末反。ʔwat

挑摘上土尧反。tʻyau。下土历反。tiek

摘捋上丁革反。tiek。下卢末反。lwat

拈搦上奴兼反。nyam。下奴麦反。niek

㩐捶称量也。上丁兼反。tyam。下丁果反。two

撩弄上落萧反。lyau。下郎贡反。loŋ

把握上补贾反。pa。下乌角反。ʔwak　　拾掇上音十。zip。下丁末反。twat

爬搔上薄加反。pa。下苏高反。sau　　掐捒上苦甲反。kʻap。下郎结反。lyat

捻奴牒反。nyap　　　　　　　　　　担奴结反。nyat

撚奴典反。nyan　　　　　　　　　　搊楚尤反。ʈʻiu

---

① 释义有误，《广韵·霰韵》作"鉴,鉴铁",平声先韵作"刚也"。

抓侧交反。t'au

揉挺上而由反。ʑiu。下舒延反。çyan

挽亡□反。

搋裂上车者反。ʈ'a。下音列。lyat

拨补末反。pwat

揎须缘反。swan

捧芳勇反。fuŋ

抌从上取也。疏臻反。çin

捉捽时卒反。ʑut

捦捉也。巨金反。tim

打搨上丁冷反。yte。下当腊反。tap

扷㨘上则解反。tei。下阻力反。tsek

搋敆上土回反。ʈ'wat。先摠反。soŋ

撼㨘上胡感反。xam。下音顿。tun

抛掷上普交反。p'au

搅姑卯反。kau

掊手掊也。薄交反。pau

敁以箭取物也。曲宜反。k'i

赍持上即稽反。tsye。下直离反。ʈi

提携上杜鸡反。tye。下户圭反。xwe

抬制上徒来反。tai。下昌热反。ʈ'yat。又昌裔反。ʈ'ei

掀高举也。虚言反。xyan

搁举也。苦郎反。k'aŋ

舁搁移物置他处也。延诸反。ji。亦与鱼反。ji

捞虑刀反。lau

牵苦连反。k'yan

捲掠上呼亦反。xek。下郎可反。la

摆补解反。pei

擘补麦反。pwek

揞手覆也。乌感反。ʔam

㧜内也。而睡反。ʑwi

择音宅。ʈak

拗拉上乌巧反。ʔau。下郎答反。lap

扠筑上勒佳反。ʈ'ei。下音竹。ʈok

掉撲上丁回应。twai。下彭角反。pwak

敲击头也。口交反。k'au

蹙拨上子六反。tsok。下帚末反。tswat

抽拔上勒留反。ʈ'ju。下彭八反。pwat

捐掷之别名。王忽反。jwat

掏杜高反。tau

挐居愿反。kwan

攫撮上乌获反。ʔwak。下七活反。ts'wat

攎揽上音卢。lo。下音览。lam

操拄上丑庚反。ʈ'e。下智主反。ʈu

语法

语言三要素中,语法是最稳定的要素。目前已经归纳出古代敦煌方言具有的新的语法现象,主要有新词缀的不断产生和丰富的词语重叠方式。略说如下:

一、新词缀有头、阿、儿、地、却等,还有一些出现频率少的暂不列入

1.头。粘附名词或动词后的名词后缀。如:

云头。《维摩诘经讲经文》:"伞盖云头盈路下,幡花雾应响玲珑。"

手头。《韩擒虎话本》:"缘二人权绾总在手头,何忧大事不成。"

骨头。《庐山远公话》:"薄皮裹脓血,筋缠臭骨头。"

宣头。《韩擒虎话本》:"虽自官家明有宣头,不得隐藏师僧。"

问头。《唐太宗入冥记》:"臣有一个问头,陛下若答得,即却归长安。"

口马行头。《庐山远公话》:"直至口马行头,高声便唤口马牙人。"

2.阿。粘附称谓名词前的名词前缀。如:

阿舅。《伍子胥变文》:"占见阿舅头上有水,定落河傍。"

阿耶。《舜子变》:"阿耶暂到辽阳,遣子勾当家事。"

阿郎。《董永变文》:"不弃人微同于载,便与相逐事阿郎。"

阿婆。《秋胡变文》:"新妇启言阿婆。"

阿翁。《降魔变文》:"小子曲躬启言阿翁。"

3. 儿。粘附名词后的名词后缀。如：

大丈夫儿。《伍子胥变文》："大丈夫儿天道通,提戈骤甲远从戎。"

保儿。《庐山远公话》；"缘汝前世曾为保儿,今世令来计会。"

病儿。《太子成道经》："何名病儿","则百脉病起,此名病儿。"

4. 地。粘附单副词和形容词后的副词后缀。如：

特地。《丑女缘起》："因兹特地送资财。"

暗地。《汉将王陵变》："双弓背射分分中,暗地唯闻落马声。"

立地。《降魔变文》："立地便书文契。"

忽地。《欢喜国王缘》："忽地夫人气色昏。"

5. 却。粘附动词后表动作完成的后缀。如：

抛却。《妙法莲华经讲经文》："抛却王宫,愿居云岭。"

除却。《降魔变文》："除却国主,第二之尊。"

变却。《破魔变文》："我等三人总变却,岂合不遂再归程。"

埋却、填却。《舜子变》："百丈井底埋却,大石挡之,以土填却,岂有活理?"

二、丰富的词语重叠方式增加了语言的感情色彩和形象感。有单词重叠,单词带重叠后缀和双音词交叉重叠三种

单词重叠见于名词、量词、形容词等,作用有表示逐指,也有加强程度,各有侧重,究其成因是随单词词义而定。如：队队、日日、夜夜、节节、些些、微微,等等。

单词带重叠后缀,其单词主要是名词、动词和形容词,其后缀主要由形容词、象声词充当,意在加重程度和形象性。如：色皑皑、血汪汪、泪揪揪、泪汪汪、声喘喘、晌珊珊、红艳艳、白丝丝、绿潺潺、齐历历、长楚楚、笑呵呵、走忙忙、喜哈哈、愁忏忏,等等。单词所采用的具体后缀完全随意而移,只是重叠方式是不变的定则。

双音词交叉重叠见于形容词和动词,意在加重程度。如:

《伍子胥变文》:"征马合合杂杂,隐隐埋埋。铁马捉撕,大军浩汗。"

《汉将王陵变》:"营是五花之营,遭遭傈傈,忡忡惶惶,令(冷)人肝胆,夺人眼光。"

《大目乾连冥间救母变文》:"声号叫天,岌岌汗汗。雷地隐隐岸岸向上,云烟散散漫漫向下。铁锵撩撩乱乱,箭毛鬼窜窜。"

莫高窟新出土的古韵书《排字韵》

友人寄示 1989 年于莫高窟北区出土遗书(见图 1)^①,展读之初,惘然不识。见其版心赫然有"排字匀(韵)"三字,推想应是韵书之属,遂持与《唐五代韵书集存》所录诸书相比勘,其黠、镈二韵合而为一,列第八,屑、薛二韵合而为一,居第九,《集存》所录无有与此同者,当为唐五代以后之韵书。持与宋代韵书相比勘,文字颇合《广韵》,而分韵大异。实为前所未见之韵书,而其分韵在韵书演进中尤令人瞩目。

一、分韵依稀 106 部

论韵书必先辨分韵。此二叶书共计 52 行,1—6 行是某韵的后部残文,7—17 行是一个完整的韵部"八黠镈",余下的是一个基本完整的韵部"九屑薛",相当《广韵》入声末、黠、镈、屑、薛五韵。韵部数虽少,但韵部分合与排列是深入考察的根本。今将《广韵》《集韵》《排字韵》与《平水韵略》四书之入声列表 1、表 2 如后。

《广韵》入声分 34 韵,其黠、镈、屑、薛四韵依次为第十四、十五、十六、十七,与《排字韵》完全不同。若依其独用、同用例加以

---

① 此二叶遗书于敦煌莫高窟北区 B59 窟出土,参见彭金章、王建军《敦煌莫高窟北区石窟》第 1 卷图版 84,文物出版社 2000 年版。

并合,则成 19 韵,其黠辖一部居第九,屑薛一部居第十,亦非《排字韵》韵次。《集韵》入声 34 韵,与《广韵》同,而与《排字韵》完全不同。若依其独用、通用例加以并合,则成 17 韵,其黠辖一部居第八,屑薛一部居第九,与《广韵》不同,而与《排字韵》同。《广韵》黠韵以前之物韵与迄韵各自独用,《集韵》则可通用,故知《排字韵》不从《广韵》之分,而从《集韵》之通,能推断其入声韵也分 17 部,与《集韵》同。视其黠辖合成一体、屑薛连成一篇,且都只标一个序号,比之《集韵》"通用",算得上真正之并合。《平水韵略》入声 17 韵,黠辖并为黠韵列第八,屑薛合为屑韵列第九,与《排字韵》相同。然《排字韵》于黠字下注有"与辖同用",屑字下注有"与薛同用",显然是《广韵》独用同用例之留痕。《平水韵略》却作"并入辖"与"并入薛",其韵目有黠无辖、有屑无薛,已彻底摒弃旧分韵。《平水韵略》全书只分 106 韵,历来认为 106 韵始见于此书,所以 106 韵又有平水韵之称。若以入声 17 分韵对应平上去三声推算,《集韵》总分 108 韵,后人将上声拯、等韵并入迥韵,又将去声证、嶝韵并入径韵之后,才合乎平水韵。以仅存的二叶书不能判断其上去声分韵,是《集韵》模式还是《平水韵略》模式,二者都有可能。

然而,上述比照也为《排字韵》成书大体划出了时限。《广韵》之成在宋真宗大中祥符元年(1008),《集韵》之成在宋仁宗宝元二年(1039),而《平水韵略》之成在宋宁宗嘉定十六年(1223),前后达 200 多年,完成了从 206 韵至 106 韵的演进。以《排字韵》实际情况看,应是此期后阶段之产物,若是能证实它确实已分为 106 韵的话,则《平水韵略》之分 106 韵不能不退居其后。此 200 多年又值西夏统治敦煌时期。西夏攻占沙州在宋景祐三年(1036),早《集韵》成书仅三年,西夏灭亡在宋宝庆三年(1227),仅晚《平水韵略》成书四年。史载西夏统治机构设置模仿北宋,可见敦煌出现雕版《排字韵》,自有其社会、政治的环境。

二、《排字韵》是《广韵》略本之一种

逐一比勘二书文字，即能证成此说，比勘结果，综述如下。

1. 书之体例同

《广韵》体例以四声分韵列卷，入声属最后之第五卷；每韵首字即韵目字，上标序次数；韵内分成若干同音字组，即所谓小韵，而小韵首字上标小圈作识别；注作双行小字，内容依次是释义、引证、异体及注音；注音多用反切，附在小韵字注末，若字有异读则加"又"字列注音于该字注中，即所谓又音；异体字采入正文者，注"上同"二字。凡此之类，《排字韵》一概秉承不悖。二叶书版心有"排字韵五"字样，"五"显然是卷数，对照其内容，足证第五卷是入声韵，上推前四卷必为平上去之三声；韵首字即韵目字，也上标序次数；韵内之字也分小韵，小韵首字上标小圈；注作双行小字，内容依次是释义、引证、异体及注音；注音多用反切，附在小韵字注末，若字有异读加"又"字列注音于该字注中；异体采入正文者，注"上同"二字。亦有差异，如《排字韵》之小韵数少，收字数少，注文简略，被注字若出现在注中，都以"丨"号代之，又音之"又"则以黑地白文之圆点出现，更为醒目。此等文字之删省和书写之改易，不伤大体之相同，恰是略本之明证。

2. 小韵字及小韵序同

不同韵书，小韵字及小韵序多有差殊，如《广韵》之与《集韵》。乃至一韵书之不同版本，也会有所不同，如王仁昫《刊谬补缺切韵》故宫本之与敦煌本。下举《广韵》镥韵与二叶书相应部分为例，以见其异同。

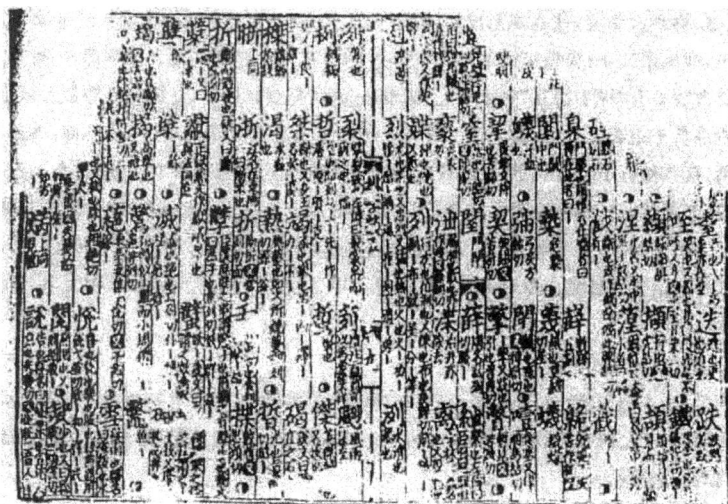

图 1　莫高窟出土古韵书

表 1 《广韵》、《集韵》、《排字韵》、《平水韵略》之入声韵对照表

韵书	入声韵对照（自右向左读，圈码①—⑳）
《广韵》	屋第一（独用）①；沃第二 烛第三（同用）②；觉第四（独用）③；质第五 术第六 栉第七（同用）④；物第八（独用）⑤；迄第九（独用）⑥；月第十（独用）⑦；没第十一（独用）⑧；曷第十二 末第十三（同用）⑨；黠第十四 鎋第十五（同用）⑩；薛第十六 屑第十七（同用）⑪；药第十八 铎第十九（同用）⑫；陌第二十 麦第二十一 昔第二十二（同用）⑬；锡第二十三（独用）⑭；职第二十四 德第二十五（同用）⑮；缉第二十六（独用）⑯；合第二十七 盍第二十八（同用）⑰；叶第二十九 帖第三十（同用）⑱；洽第三十一 狎第三十二 业第三十三（同用）⑲；乏第三十四 ⑳
《集韵》	屋第一（独通）①；沃第二 烛第三（同用）②；觉第四（独用）③；质第五 术第六 栉第七（同用，与术通）④；物第八（独用，与迄通）⑤；迄第九（独用）⑥；月第十（独用，与没通）⑦；没第十一（与曷通）⑧；曷第十二 末第十三（同用）⑨；黠第十四 鎋第十五（同用，与鎋通）⑩；薛第十六 屑第十七（同用，与薛通）⑪；药第十八 铎第十九（同用，与铎通）⑫；陌第二十 麦第二十一 昔第二十二（同用，与麦通）⑬；锡第二十三（独用）⑭；职第二十四 德第二十五（同用，与德通）⑮；缉第二十六（独用）⑯；合第二十七 盍第二十八（同用）⑰；叶第二十九 帖第三十（同用）⑱；洽第三十一 狎第三十二 业第三十三（同用）⑲；乏第三十四 ⑳
《排字韵》	入质 与术错同用 错 ④；入物 与迄同用 迄 ⑤；入月 与没同用 没 ⑥；入曷 与末同用 末 ⑦；入黠 与鎋同用 错 ⑧；入屑 与薛同用 薛 ⑨
《平水韵略》	一屋（并入，屋沃 独）；二沃（并入，屋沃 独）；三觉（并入，觉）；四质（并入，质术栉）；五物（并入，物迄）；六月（并入，月没）；七曷（并入，曷末）；八黠（并入，黠鎋）；九屑（并入，屑薛）；十药（并入，药铎）；十一陌（并入，陌麦）；十二锡（并入，锡）；十三职（并入，职德）；十四缉（并入，缉）；十五合（并入，合盍）；十六叶（并入，叶帖业）；十七洽（并入，洽狎乏）

表2　《广韵》、《排字韵》声韵序次表

《广韵》	字	锴	鶡	鷤	刹	籭	瞎	獭	刮	颉	颁	鷃	刷	刖	鬢	磍	妠	捌	鸹	鰤	听	犤
	序	1	2	3	4	5	6	7	8	9	10	11	12	13	14	15	16	17	18	19	20	21
《排字韵》	字	锴	○	○	刹	籭	瞎	獭	刮	○	○	○	刷	刖	○	○	○	○	○	○	听	○
	序	1	○	○	2	3	4	5	6	○	○	○	7	8	○	○	○	○	○	○	9	○

由表1可见,此处没有差异,只有删略,所以序次依然。甚至小韵内收字及其排列,情况亦同,只有删略。《广韵》黠、锴、屑三韵,二叶书之相应部分是完整的,二者可比较。据统计:《广韵》有小韵66个,收字409个;《排字韵》有小韵43个,收字119个。所略多是编者认为不常用之字。

3．注释同,反切用字同

《排字韵》所见之注义与反切用字,《广韵》亦见。第一叶第二行,小韵便是好例。

《排字韵》:

　　缬,结丨也。子括切。撮,丨挽牵也。又七括切。攃,手把。

《广韵》:

　　缬,结缬也。子括切。三。撮,撮,挽牵也。又七活切。攃,手把。

仅差一字,见"七括切"与"七活切"。活、括二字音同形似,有可能是抄误。二者如此相同,以至竟有《广韵》误而《排字韵》同其误者。如《广韵·黠韵》"扴,揩扴物也","揩"是"指"之形误。《唐韵》"扴,指扴物也",即其证。周祖谟《广韵校本》已作校改。然而此二叶依然,"扴,揩扴物也",字仍作揩。仅一字,却有证二书渊源之用。唯其如此,二叶书之残缺模糊,据《广韵》完全可以校补。如:第 1 叶第 1 行之末残缺正文,而《广韵》相应之𢶀小韵,则有"𢶀,𢶀取也"之文,对照二叶书之残画与注,宜补为𢶀字。又第 2 叶第 24 行末残破,据第 25 条首条"𪘀,上同",对照《广韵》"𪗾,环有舌也。𪘀,上同"一段文字,即知残破"𪗾,环有舌也"五字。又第 1 叶第 4 行"掇,拾Ⅰ也。下括切",反切上字必误。《广韵》云"掇,拾掇也。丁括切",反切上字作丁,属端纽,因知"下"是"丁"之形误。

《广韵》注中所有,二叶书多有删略,删略大抵为引书和有关姓氏、地望诸内容,而这些正是《广韵》所以"广"的一个方面。例如《广韵·黠韵》滑字注:"利也。亦州名。春秋时为卫国,秦为东郡,后魏以东郡属司州,周改为滑州,因滑台以为名。又姓。《风俗通》云:汉有詹事滑兴。又音骨,滑稽也。户八切。"计 55 字。二叶书删略成"利也。户八切"五字。又如《广韵·薛韵》云"泄,漏泄也,歇也。亦作洩。又姓。《左传》:郑大夫泄驾。又余制切",注有 21 字。二叶书只作"泄,漏泄也。亦作洩。又余制切",略去 11 字。《广韵》引述宏富,使其兼有类书的功能,而《排字韵》显然不以此为目标。

总之,《排字韵》作为《广韵》的一种略本,所略在三:略小韵、略收字、略注文,从而比《广韵》更便查检。

剖析韵书之发展,切合时用既是必然趋势,又是基本动力。《切韵》从隋末问世,尤其被定格为官颁准式之后,内容不断膨胀,到宋,终于酝酿出《广韵》、《集韵》这等大书。韵部从 193 增至 206,收字从 12158 增至 26194,《切韵》注本简略,甚至往往不加注释,而《广韵》务求完备,注文竟至 191692 字,但是,随之而来的是查检日渐繁难。于是产生韵略,即韵书的略本,是韵书发展由简而繁又由繁而简的回归。最有代表性的韵略是《礼部韵略》,系丁度诸人于宋仁宗宝元二年(1039)奉诏编定。其书存206 韵旧制,收字与注释则以举子应试常用字为重,收字删至9590 个,仅《广韵》1/3 左右。清人邵长衡说:"《礼部韵略》五卷……当时虽有《广韵》、《集韵》二书,不甚通行,盖《广韵》多奇字,《集韵》苦浩繁也。《礼韵》(案:即《礼部韵略》)……字既简约,义多雅驯,学士歆然宗之。"(《韵略·叙录》)"《广韵》多奇字,《集韵》苦浩繁"应为互文见义。由于社会效果奇佳,其后《附释文互注礼部韵略》、《增修互注礼部韵略》、《新刊韵略》诸书相继成风,从而在音韵学史上形成《礼部韵略》系列,韵略成为韵书应用性的体制。

《排字韵》也是韵略,与《礼部韵略》系列相比,据本明显不同:前者依据《广韵》,后者依据《集韵》。据本乃韵略之根本,故应重视。表3 以《广韵》锗韵小韵序次为例,说明《集韵》、《礼部韵略》之相应部分与《广韵》之异,《排字韵》与《广韵》相同,故略。

表3 《广韵》、《集韵》、《礼部韵略》声韵序次异同表

《广韵》	小韵字	锗	鹊	鸑	刹	稿	瞎	獭	刮	颏	颂	鹣	刷	刖	籑	磩	妠	捌	鶍	鐁	斫	霄
	序次	1	2	3	4	5	6	7	8	9	10	11	12	13	14	15	16	17	18	19	20	21
《集韵》	序次	1	5	7	14	3	2	23	10	8	21	20	17	11	18	13	22	12	4	15	19	16
礼	序次	1	3	6	2	○	9	4	○	○	○	7	5	○	○	○	○	○	○	○	8	○

备注:1.三书小韵字偶有不同,从略。

2.《集韵》尚有小韵6 瘵、9 眣、24 夐,《广韵》不收。

3."礼"指《附释文互注礼部韵略》,原本《礼部韵略》早佚。"○"表示不摘录。

　　清代著名学者戴震对《韵略》作过研究，其《声韵考》有云："景祐四年，更刊《韵略》，改称《礼部韵略》；刊修《广韵》，改称《集韵》，是为景祐、宝元间详略二书，独用、同用例非复《切韵》（案：即《广韵》）之旧，次第亦稍有改动矣。"由此可见，《集韵》与《礼部韵略》为详略二书，《广韵》则与《韵略》（即后人所称《景德韵略》，早佚）为详略二书，存在两种对应关系。《声韵考》又云："是时无《礼部韵略》之称。其书名《韵略》，与所校定《切韵》（案：即《广韵》）同日颁行，独用、同用例不殊。明年，《切韵》改赐新名《广韵》，而《广韵》、《韵略》为景德、祥符间详略二书。"则《景德韵略》更早于《礼部韵部》，且是《礼部韵略》之祖本。惜早佚不传，致成《礼部韵略》一脉独传。

　　今发现《排字韵》与《广韵》又为详略二书，性质同乎《景德韵略》。至于有无关连，史载缺文，苦难追溯。

　　《排字韵》的二叶书上还有三种情况，不可不提。

　　一是"八黠"部之尾标有"新添"一段文字，类似情况也见于《附释文互注礼部韵略》。抄如下：

　　《排字韵》：

　　　　新添：恝，无愁皃。《孟子》：为不若是丨。古黠切。鞂，草丨。《礼》槁丨之设。

　　《附释文互注礼部韵略》：

　　　　恝，古黠切。无愁之皃。《孟子》：公明高以孝子之心为不若是恝。新制添入。鞂与秸同。《礼》：槁鞂之设。当于秸字下亦作鞂。新制添入。

　　"新添"颇似"新制添入"。"新制添入"是对《礼部韵略》的增字，然而《排字韵》又是对何书的增字？又"新添"是受"新制添入"的影响吗？都是疑问。不过，《附释文互注礼部韵略》将恝、鞿二字添于黠韵末尾,而《排字韵》添在黠鎋韵之末尾,是合此二韵为一部的一佐证。

二是注中收列大量词语置于摘抄《广韵》注文之后。如第 1 叶第 11 行:"察,监丨也,谛也,知也,至也,审也。初八切。俯丨、慧丨、察丨、谛丨、照丨、仰丨、省丨、太丨、鉴丨。"又如第 2 叶第 12 行:"列,行次也,位制也,又陈也,布也。良薛切。前丨、雄丨、厕丨、布丨、就丨、星丨、分丨、等丨。"一字众语,义多雅驯,几乎不见俗语方言,正合应试作文之用。大量收列常用词为韵书和其他韵略书所无,若此书不残,将众词语辑为一册,即成应试常用词手册。

三是版面排列自有特色。除统一分韵分小韵之外,还将所收字横列成五排,纵横井然,便于查检。

因此,《排字韵》可理解为排字之韵略。排字者,排字整齐以利查检,一也;排列词语备采择,二也。韵者,韵略。其书有异于官颁《礼部韵略》,系地区性平民所用之书。

三、以《广韵》作校补

残叶模糊缺损的文字,多能据《广韵》(涵芬楼影印《古逸丛书》仿宋本)校补。讹漏之处,盼得指正。

第一叶

1 行,斡注"转也□□切",《广韵》作"转也乌括切",可据补。

"□取也",《广韵》作"捾,捾取也"。残叶犹存正文"捾"字些许残画,其释文疑漏抄"捾"字。

2 行,"撮"注"七括切"。《广韵》"七活切",二字音同形近,"括"疑误。

"铍"注"两刃刈"此处残破。《广韵》末有"也"字。

3行，"侻"注"一曰轻"之"轻"模糊。《广韵》正作"一曰轻"。

"挩"注"终也误也遗也"。《广韵》作"除也误也遗也"。知"终"为误书。

"脱"注"又□□切"，《广韵》作"又徒活切"。残叶"徒"字尚有残画。

"残"注"……取也……切"，所残正文上标❶，知是别一小韵。《广韵》与之相应有"捋"字，释文作"手捋也取也摩也或作寽郎括切"。因此，本条拟作"捋手捋也取也摩也郎括切"。

4行，"掇"注"下括切"，《广韵》作"丁括切"，是。"下"字误。

"撮"注"……四黍……取仓括切"，《广韵》作"六十四黍为圭四圭为撮撮手取仓括切"。可据补。

5行，"胈"注"腓无胫无毛"，《广韵》"胫"上有"胈"字，此脱。

6行，"軷"注残。《广韵》注作"将行祭名"，可参校。"茇"注"又此末切"，《广韵》无此四字。案：《广韵》音北末切者有"茇"，释为"茇茇"，字义有别。《集韵》也有清浊音，字义都是草木根。上溯王仁昫《刊谬补缺切韵》上载"茇，根茇"，音"博末反"一条，也与《广韵》差殊。推测本书编者也有采录《广韵》以外的。

"坺"注"又音代"。《广韵》作"又音伐"，"代"字误。

7行，"點"注"与辖"。"辖"应作"镥"，下文韵目即作"镥"。

"札"注"笔"以上21字，《广韵》作"简札释名曰札栉也编之如栉齿相比也又牒也署也"24字。本书编者略去"释名曰"三字而成21字。

8行，"扎"注"□弓弣也"，《广韵》作"缠弓弣也"。

"拔"注"又□也□□切"，《广韵》作"又尽也蒲八切"。

9 行,"劼"注"又固也□也□也",《广韵》作"又固也慎也勤也"。

11 行,"戞"注"揩也□也□也又戟也",《广韵》"□也□也"作"常也礼也",据以辨认,确然不误。

12 行,"扴"注"揩扴物也",《广韵》同。案王仁昫《刊谬补缺切韵》"揩"作"指"。《广韵校本》也校"揩"为"指"。本书与《广韵》误同,也是二者有关系之一证。

"轧"注"□□乌黠□"。《广韵》作"车辗乌黠切"。

13 行,"煞"注"□",《广韵》作"俗"。

14 行,"辖"注"□同又车声也□□□键也",《广韵》作"上同说文车声也一曰辖键也"。本书简省"说文"为"又";"聲"简书为"声";余字皆可依《广韵》补全。唯"辖键"依例宜书作"丨键"。

15 行,"瞎"注"一目盲亦作□诈辖切",《广韵》"□"作"瞎","诈"作"许",均宜校补;又"辖"作"鎋",二字同用。

"劼",注"□作□丨",《广韵》作"力作勴勴"。依书例宜作"力作丨丨"。

16 行,"嘫"注"□丨鸟鸣也陟辖切",《广韵》"□"作"嘲","丨"作"嘫","辖"作"鎋"。

18 行,"屑"注"敬",《广韵》缺笔作"敬",本书不避讳。

19 行,"偰"注"动草声又鸷鸟之声",《广韵》二"声"字写作"聲",同;"又"下有"云"字,本书省去。

"切"注"说文□□",《广韵》作"说文折也",本书残损。

20 行,"残"注"□□共有所作□□手丨据",《广韵》正文是"拮",注作"手□共有所作诗曰予手拮据"。本书正文残破,注文依《广韵》宜补"手"、"诗"、"予"三字。"曰"被省去。

21 行,"潔",《广韵》从水作潔,《集韵》、《龙龛手镜》俱从水。从氵应是俗体,见《碑别字新编》。又注"经典用□",《广韵》作"经典用絜",是。

“□”注“□传云执□曰袺”。依注则正文是“袺”之残。《广韵》正作袺，并注云“诗传云执衽曰袺”，行文与本书同，可补注文之残。

22 行，“节”注“又”，《广韵》作“说文曰”三字，本书省改。《广韵》引书，本书往往省改。

“槕”注文完全残破，《广韵》此条作“槕，屋梁上木”，字数正相合。

23 行，“阕”注“苦□切”，《广韵》作“苦穴切”，“穴”字与残画吻合。

“缺”注“器破也”，《广韵》无“也”。

“玦”原残，据注音“古穴切”补，且《广韵》正作“玦”。又注，《广韵》作“佩如环而有缺逐臣赐玦义取与之诀别也”，本书存“环而有”、“逐臣赐丨义取与诀也”，余字俱残。

24 行，“诀”原残，据《广韵》补。

“觼”原残，据《广韵》补。注全残，《广韵》作“环有舌也”，可补正。且下有“鐍上同”一条，与《广韵》同，也能证明正文残字是“觼”。

25 行，“駃”注“也”，《广韵》在注尾。

“鴂”注“鹈丨”，《广韵》作“鶗鴂”，且云，“关西曰巧妇关东曰鹈鴂”。《集韵》作“鹈鴂”。

“决”原残，据《广韵》补。又注“□□也又断□破也”，《广韵》作“流行也庐江有决水出大别山又断也破也”。可据补。“断”是“斷”的俗字。

26 行，“抉”注“丨□□□切”，《广韵》作“抉出于决切”，则可补“□□□”为“出于决”。

“侄”原残，据《广韵》补。注“丨□”，《广韵》作“侄娣”，是。

第二叶

1 行，残注"┊┈┈┊冢┊┈┈┊丘丨"。《广韵》相应处是垤条，作"垤，蚁封又曰冢前阙也"，知此条正文残"垤"字。注文于"冢"字上残"蚁封又"三字，"曰"字则隐约可辨。于"丘"字上残"前阕也"三字，"丘丨"是语例，又知此前又残一条，《广韵》从"侄"至"垤"，中间尚有昳、晊、胅、凸四条，注文"都止"二字，推想当是其中之一，惜不能确定何字。

"耊"注"亦作耋"，《广韵》云"亦作耋"，是。案：《集韵》以"耊"为正体，以"耋"为或体，其注云："说文年八十曰耊。或不省"，与《广韵》不同。敦煌所出唐五代韵书 S. 2071、P. 2011 正文并作"耊"，至《唐韵》始作"耋"，注曰："老加至。"《广韵》正文作"耋"，以"耊"为"亦作"。显然从老至声，更为通俗。所取字体的不同，不仅显示《广韵》与《集韵》的小别，而且也表明《广韵》与本书的共通。

2 行，"咥"前残破。《广韵》自"跌"至"咥"有七条，顺序是经、戜、嵽、轶、昳、闵、㨗，可供参详。又注"易曰"，《广韵》作"易云"，字义相似。

3 行，"缬"，此上残破。《广韵》自"铁"至"缬"有七条，依序为铗、偩、餮、㿉、蛈、擮和戜。可供参详。

"颉"注"诗传云飞而上曰颉"，据书例，"曰颉"当作"曰丨"。《广韵》注文此下尚有"飞而下曰颃说文曰颉直项也又姓风俗通有颉卫古之贤者"云云，推测本书残破为自"飞"至"也"12 字。

4 行，残注"邪"，上残一字及正文。《广韵》此条作"戜，头邪"知此处"邪"上笔画模糊依稀是"头"字，正文自当为"戜"。"箷"注"小者曰囗"《广韵》"囗"作"筡"，是。

5 行，"硟"，此上残一条。《广韵》自"箷"至"硟"有"茶，茶然疲役又乃叶切"一条,正可据补。

"截",此字草头模糊,据《广韵》"截,草截"得确认。

6 行,"臬"上残首条,《广韵》为齧小韵,于臬条前有"齧,噬也。亦姓。庄子有齧缺。五结切。十三。霓,虹。又音倪。蚬,寒蜩。又音倪。嵲,嵽嵲。槷,危槷",共五条。推测所残当是"齧,噬也五结切"。

"嶭"注"巀嶭□五割切",证之《广韵》,"□"是"又"之残。又"巀嶭",依例宜作"巀丨"。

7 行,残注"┌┈┈┐上注□丨",正文残破,据《广韵》是"陧"字,又注文"上"前残一"见"字,"□"是"杌"之残。《广韵》文字如下:"臲,臲卼,不安。书作杌陧。陧,见上注。"

"槷"《广韵》此条在"臬"条前,与此处"陧"条后不同。

8 行,残注"皮",正文残破。据《广韵》"篾,竹皮",正文当是"篾",注于"皮"上残一"竹"字。细辨残画,知为"竹"字下部。

9 行,注"哽咽",正文残破。《广韵》相应有"咽,哽咽",知正文可补为"咽"。又依书例,注"哽咽"宜作"哽丨"。

"挈",案《广韵》挈不是小韵字,其小韵字是猰,本书可能生僻字不录。

"摮"注"丨击又跋也引也",《广韵》"丨"作"小","跋"作"略",此误。《唐韵》也分别作"小"、"略",《广韵》自有依据。

"蹩"注"蹩□□行皃",《广韵》作"蹩躠旋行皃",证之前文"躠,蹩丨旋行",补"躠旋"二字。又"浦结切"之"浦",《广韵》作"蒲"。案:《广韵》浦音"滂古切",见上声姥韵,蒲音"薄胡切",见平声模韵,二字组有别。作"浦"属误书。

10 行,"绁"注两"绁"字,依书例,宜省作"丨",然《广韵》不省,录时沿袭不觉。

12 行,"列"注"位制也",《广韵》作"位序也","制"误。

15 行，"杰"注"英杰特□也又俊也□□切"，《广韵》"特□"作"特立"，"□□切"作"渠列切"。又"英杰"依例宜作"英|"。

16 行，"碣"注"□立之石□"，《广韵》作"特立之石也"。

17 行，"榤"注"栈"，《广韵》作"杙"，疑俗书。

18 行，"舌"注"□□□也食列□"，《广韵》作"口中舌也食列切"。

20 行，"糵"注"麴|又曰□米也"，《广韵》作"麴糵说文曰牙米也"，此省改"说文"为"又"，"牙"字残。

"蠥"注"衣□歌谣草木之怪谓之妖禽□□□之怪谓之|"，《广韵》"衣□"，作"衣服"，"禽□□□"作"禽兽虫蝗"，可据补。又"妖"作"祆"，《广韵》释妖为"妖艳"，"祆"为"祆灾"，见平声宵韵。据此，字宜作祆。然《集韵》云祆"通作妖"，显然本书已改用通用字体了。

21 行，"糵"注"|余"，《广韵》"|"作木，"|"误。

"□"模糊。据《广韵》是"㭭"。又注"□拔也又□也批也"，《巨宋广韵》作"手拔又摩抦也"，可据补。案："批"当作"抦"。《说文·手部》："㭭，掔也。"段玉裁注："掔各本作批。小徐本及《集韵》、《类篇》、《广韵》作抦，今正。"

22 行，"朅"注"丘竭切又去谒切"，《广韵》"竭"误从言作谒，遂致二反切音同。周祖谟《广韵校本》校正从立，本书可添一证。宋本《广韵》也有误书。

"鷩"注"□属"，《广韵》作"雉属"，是。又《周礼》下疑有"云"字，《广韵》无。

23 行，"□"，《广韵》作"绝"，可据补。注"□也"，《广韵》作"断也"，可据补。

"雪"注"疑"，误。《广韵》作"凝"，是。又自"水"至"下也"模糊难辨。《广韵》作"水下遇寒气而凝绥绥然下也"，可据补。

24 行，"悦"注"悦也"，误。《广韵》作"脱也"，是。

25 行，残注"之后又失蓺始☐☐☐☐"。《广韵》于"悦"下接"说"条，全文为："说，姓傅说之后又失蓺始锐二切"。知所残正文是"说"，注文"之后"前残"姓傅说"三字，"始"下残"锐二切"三字。

26 行，残注"如劣"，《广韵》相应条是"蓺，烧也。如劣切"，可据补。又审字数，此上残破处尚有一条，《广韵》自"缺"至"蓺"有"蕝，蕝菹草也。哕，逆气乙劣切一"一段文字。二字之中，哕更常用。敦煌俗字书《字宝》即载"哕逆气"一条，可以推测此上残当为哕条。

（原载《敦煌研究》2001 年第 1 期）

试论《广韵》的"又音"

　　所谓《广韵》"又音",原指《广韵》中同一字形有着不同注音,而字义可能相同也可能不相同的现象。有人又把它叫做"异读"。名称虽然不同,所指仍是一物。例如:

　　　　笼　西京杂记曰汉制天子以象牙为火笼。卢红切。又力董切。

　　　　笼　簁笼。竹车軬。亦籦笼竹。又力东力董二切。(力锺切)(按:"力锺切"是此笼字所属的小韵音切,不在笼的释义文中,所以,另外加括号,下同。)

　　　　笼　竹器。又龙聋二音。(力董切)

笼,一字而有三音,这就是《广韵》"又音"。三个音,一个是卢红切,或作力东切,或音聋,属东韵;一个是力锺切,或音龙,属锺韵;一个是力董切,则是上声音。释义则有四种,一种是火笼;一种是籦笼竹;一种是簁笼,即竹车軬;还有一种是竹器。

　　可见,这是一项颇具学术价值的资料,既可以用来系联反切上下字求取音系,如力东切与卢红切与聋既是同音,那么东、卢、聋的声母相同,作为反切上字可以同归一组,同样,作为反切下字,东、红、聋也可以同归一韵。又可以用来比较释义,从而理清音义的联系,如笼一表明卢红切为火笼,笼二表明力锺切为簁笼,那么,笼三的"又龙聋二音"分别与笼一笼二呼应,就很明白了,它的力锺切只同"竹器"释义相联。从此推论,《广韵》的编纂,音义自有配合，原是有条不紊的，读书时很可注意。又可以用来校勘，进而整理《广韵》。如笼二有二个义，簝笼和鐘笼，在笼一和笼三里都没有对应。正好可以考一考。查今存《切韵》残卷，《王仁昫刊谬补缺切韵》始在锺韵的力锤反小韵收这个笼：

> 笼　案鐘笼，竹名。又卢红反。

并且，诸残卷都不见"簝"字，就此可以推断，簝笼为《广韵》增添的后起义。不仅这样，就连笼三的释义，也清楚了。"竹器"云云，觉得太泛。把簝笼义排除之后，它显然就是"火笼"。"力董切"与"卢红切"是同义的。"又音"资料用途很广，不一一列举。

音韵学者早就注意到它，从清代陈澧以来，搜集者有之，研究者有之，创获不少。据我所知，迄今提出的最大数字是四千五百九十五条，数目之巨，出人意表。

但是，细读《广韵》，犹觉未尽。不少"又音"尚为人所忽略，由于拘守形式，许多未曾标明的"又音"也就没有发现。如：

> 样　槌也。出广雅。则郎切。
> 样　广雅云样槌也。与章切。

无论从字形、字义还是字音来看，都应该是"又音"关系，只不过没有标出"又××切"罢了。类似的还有"麣"字。

> 麣　黑虎。（徒红切）
> 麣　黑虎。（徒冬切）

不多举例。《颜氏家训·音辞篇》泛论音韵，说到"河北切攻字为古琼，与工公功三字不同，殊为僻也"，他以工公功作为正音。而《广韵》则两音兼收。

> 攻　攻击。（古红切）
> 攻　治也，作也，击也，伐也。（古冬切）

古冬切与《音辞篇》的"河北切攻字为古琼"同音。《王仁昫刊谬补缺切韵》之冬韵作："攻，古冬切。一加二。伐也，又古红切。"可见，二者原是"又音"，《广韵》虽然删去"又古红切"，但是，联系东韵，"又音"犹在，只是不标出来罢了。

其次是择取欠当。同一字形而具有的不同注音，是否全是"又音"，应当深究。同形同义，固然不失为"又音"，而同形异义往往是不同的词，换言之，同音词或者音近词，它们不能都看成是"又音"关系。试看：

> 俗　说文曰不安也。又音容。（余垄切）
> 俗　俗华县也。（余封切）

显然，县名之俗读余封切，或又音容，不安义的俗读余垄切，二者应该区分开来，不能笼统地称之为"又音"。

> 共　共城县。又渠用切。（九容切）
> 共　同也，皆也。（渠用切）

也是两个不同的词。

这样，就有必要重新研究"又音"，而这一研究又必须从全面搜集材料开始。本文试分三个方面论述所得的结果。

1. 就《广韵》"又音"的形式归纳条例，以明其范围。名为"又音"释例，计有注音方法、标识款式和来源等三项十九例。

2. 现有的"又音"术语的含义是有缺陷的，实质到底是什么应当辨明，故名"又音"辨名。

3. 经过清理的庞大"又音"系统，包含哪些学术价值？试作全面探讨。

所用版本为新近影印的《巨宋广韵》，它的价值，已见周祖谟先生的序，向来研究《广韵》者未及采用，故取作底本。疑难处以泽存堂本和《古逸丛书》本参照决定。

一、"又音"释例

此是形式例,分注音例、标识例和来源例三大项。

(一)注音例

指注"又音"之音的方法,又可分为:反切注音例、直音注音例、四声连读注音例和交互注音例四种。下分述之。

1.反切注音例,是最多见的方法。如:

> 檧　小笼。苏公切。又先孔切。
>
> 从　就也。又姓。汉有将军从公。
>
> 　　何氏姓苑云今东苑人。疾容切。
>
> 　　又即容七恭秦用三切。

它原是《广韵》的最主要注音法。

2.直音注音例,即所谓以同音字注音的方法,也不少见。如:

> 茏　茏古。草名。又音龙。(卢红切)
>
> 玒　玉名。又音江。(古红切)

但是,本音(此处与"又音"相对而言,如玒的本音为古红切,江为"又音")不用此注音法,足见仅是辅助之法。但是有时也颇感其简便。尤可注意者一事,标直音文字不少是小韵韵目字,如茏之"又音龙",龙即力锺切的小韵韵目字。更有的用了大韵韵目字,如玒之"又音江"。不仅可以推想作者选字有过斟酌,而且,直音与反切联系,也有助于系联反切上下字。

3.四声连读注音例,即如取平声字为上声字注直音,然后标明应作平声读的方法。当然,也可以拿上声字为平声字注音,总之,取不同声调的同音字来注音。最突出的是上声韵目拯字。

拯　救也。助也。无韵切。音蒸上声。

"音蒸上声"之意是把蒸字作上声读。此法每见于反切法和直音法的窘亟处,全书约十余见。更多作"又音某声",而相应的则是反切。如:

研　磨研。又音平声。(吾电切)平声作五坚切。

旖　旖旎。旗舒貌。又音上声。(于离切)上声作於绮切。

障　隔也。又丘山顶上平。又音去声。(诸良切)去声作之亮切。

等等。声调乃汉语特点,熟习四声者,得知某一音节,立即可以读出平上去入四音,得知一调之音,自然也能读出其余三调之音,可以说,四声连读原是切合汉语特点的注音法。后来,随着语音分析的精细,渐不采用,至今已不为人所知。但是,在唐代,讲究声律,尤重四声,当是常法。今传之《文镜秘府论》尚存其遗法,并列作首篇。今摘抄如下:

凡四字纽。或六字总归纽。

| 皇晃璜 | 鑊 | 禾祸和 | | 滂旁傍 | 薄 | 婆泼婆 |
| 光广珖 | 郭 | 戈果过 | | 荒恍㤓 | 霍 | 和火货 |

上三字,下三字,纽属中央一字,是故名为总归一人。

四声纽字,配为双声叠韵如后:

郎朗浪落　黎礼丽捩

刚䋫钢各　笄䇂计结

羊养恙药　夷以异逸

乡响向谑　奚蒵呬缬

良两亮略　离逦詈㓟

　　　　张长怅著　知伽智窒

凡四声,竖读为纽,横读为韵,亦当行下四字配上四字即为双声。
若解此法,即解反音法。

　　如此说来,解反音法,先须识双声叠韵,而识双声叠韵,先须
从四声连读始。作文者以此习调声,识字者用此来注音,从而,在
音韵学史上补上一笔。《广韵》的"又音"自有可贵之处。

　　4.交叉注音例,即诸法杂用之例。如:

　　　　间　厕也。廖也。代也。送也。迭也。隔也。又音平
声。(古苋切)

　　　　间　隙也。近也。中间。亦姓。出何氏姓苑。古闲切。
又闲涧二音。

"又音平声"即"古闲切",四声连读与反切并用,而"闲涧二音"则
又是直音法,故名之为交叉注音例。最常见的形式是反切与直音
并注,如:

　　　　攘　拢攘。又汝羊切。(如两切)

　　　　攘　以手御。又窃也。除也。逐也。止也。揎袂出臂
曰攘又音让。(汝羊切)

汝羊切即音让。

　　　　輠　车脂角。又音祸。(古火切)

　　　　輠　车脂角。又音果。(胡火切)

直音与反切两两呼应,尤为典型。直音字每每取用大韵韵目字,
如上例之又音果,又:

　　　　蛛　蝀蛛。虹也。又音东。(多动切)

　　　　蛛　蝀蛛。虹也。又音董。(德红切)

碭　石。又山名。又县名。又音唐。（徒浪切）

碭　芒碭。山名。又音宕。（徒郎切）

东、董、唐、宕都是韵目字，可知直音用字并非随手拈来。

此一例的"又音"给反切字系联以便利。

（二）标识例

所谓标识指标明"又音"的款式，与注音法不同。除"又某音"，"又某切"为常见套语外，有此呼彼应，此呼彼不应，不呼不应等多种，分例如下。

5. 全见例，此处出"又音"，彼相应处也出"又音"，只不过此处"又音"到彼处为"本音"，此处"本音"到彼处为"又音"而已。就该字应有的读音来说，两处是一样的。故名"全见"。如：

邀　邀遮。又音枭。（于宵切）

邀　邀遮。又于宵切。（古尧切）。

鍚　伤也。又且羊切。（式羊切）

鍚　伤也。又式羊切。（七羊切）

可注意的是相呼应的反切，用字颇有不同，然其意不异，如：

磬　大磬也。又音乔。（许娇切）

磬　大磬。又虚骄切。（巨娇切）

虚与许同纽，骄与娇同韵，这是一项很有用的资料。

6. 缺见例，与全见例不同，不是不见，而是缺见。即一处并出，而相应处只出一音，此音即前处的"又音"，故名缺见。它有前缺见和后缺见两种情况。前缺见如：

萌　遮也。（莫郎切）

萌　萌伥。失道貌。又音忙。（莫更切）

> 钢　钢铁。（古郎切）
>
> 钢　古浪切。又古郎切。
>
> 视　比也。瞻也。效也。承矢切。
>
> 视　看视。又音是。（常利切）

这种"又音"要读完全书。才能了然。相比之下，后缺见则比较容易发现得多。如：

> 泛　浮也。又孚剑切。（房戎切）
>
> 泛　浮貌。孚梵切。

7. 下分见例，指一处总见，数处分见一音之例，如：

> 嬛　便嬛。轻丽貌。又音娟。音琼。（许缘切）
>
> 嬛　身轻便也。（于缘切）
>
> 嬛　好妙也。（渠营切）

恰巧娟是于缘切的小韵韵目字，琼是渠营切的小韵韵目字，这样巧合，当非偶然。又《广韵》释义之文，表述时有不同，因"又音"而联系对照，这于训诂有相当价值，后详。

分见例又分先总后分与先分后总二类，先总后分者，如上述之嬛，又如褆字。

> 褆　衣服好貌。又是豸二音。（杜奚切）
>
> 褆　衣服端下。（承纸切）
>
> 褆　好衣。（池尔切）

"是"乃承纸切的小韵韵目字，豸系池尔切的小韵韵目字。先分后总者如：

> 菲　芳菲。又芳尾切。（方微切）
>
> 菲　文章貌。（敷尾切）

菲　菜。可食。又霏、斐二音。（扶沸切）

又霏斐二音,霏是方微切的小韵韵目字,斐是敷尾切的小韵韵目字,合前两条之音,故名先分后总。

"又音"与释义之关系很值得研究。音有"又音",义有"又义","又音"与"又义"每每相关联,不同的音和义各成系列,这是《广韵》一书的要则,读其书时,不可不察。

①音随义别,义逐音分,"又音"后之释义,乃是"又音"之义,与本音无关。如:

栎　木名。柞属。又音药。栎阳。县名。（郎击切）

栎　栎阳。县名。在京兆。又音历。（以灼切）

"又音"与"又音"义,本音与本音义,各自不同,说得清清楚楚。又如:

漕　卫邑名。又水运曰漕。又昨到切。（昨劳切）

漕　水运谷。（在到切）

䢞　重至。又魏有高士张䢞。戴篝之鸟巢其门阴者。又徂闷切。（在甸切）

䢞　人名。魏时张䢞。又至也。（徂闷切）

这里不同的是又义在前而"又音"居后,但是,不同的音义系列,依然有条不紊。此又一体。于此,我们可以明白昔人之用心,韵书编者审音及义,由于专门做着分析语音的工作,因此,在他们眼里,字是语言的记录符号,从而,直接感触到词义与字音的紧密联系,也就比较容易摆脱汉字字形的束缚,作出上面这样的安排。对汉字作出音义联系的注释,不但在千年以上的古代,是很先进的,就是今天编词典,也仍然非这样做不可,只不过更精密更科学而已。在这意义上说,《广韵》不失为很有训诂价值的辞书,那种

以为它可求音而不可能有训诂作用的说法,是不对的。不明此
例,往往造成误读者。如:

> 敆　宗庙宥坐之器。说文又居宜切。持去也。(去奇
> 切)

按《说文·支部》:"敆,持去也,从攴,奇声",段玉裁注:"去奇切。
按《广韵》曰《说文》居宜切,此本音隐,盖后人借为敆字,从敆读
去奇切也。"段注以居宜切为本音,以去奇切为后人读音,但是,
一个"盖"字道出了它仅是猜测之词,而非定见。其说居宜切为
本音的根据,出自上引之《广韵》文。但是,按音义配合原则,细
读这段文字,则段氏误解甚明。敆二义二音,器名读去奇切,持
去义读居宜切,不容混淆。因此,它不能作本《音隐》而读去奇切的
根据。

②一字数义,排在首义者往往与字头有双声关系。如:

> 解　晓也。又解廌。仁兽……又佳买古卖二切。(胡
> 买切)
> 解　讲也。说也。脱也。散也。佳买切。
> 解　曲解。亦县名。又古卖古买胡买三切。(胡懈切)
> 解　除也。(古卖切)

共四条,除最后一条,因为只有一义,无可选择外,其余三条,少则
二义,多则四义,所选首义之首字都与字头成双声。解与晓,解与
讲,解与曲。讲也与说也义近,以讲居首,用意更为明显。就此可
见,《广韵》诸义之排列次序,当有所讲究,故与训诂关系甚为
密切。

8.合见例,数处会合,才见全部又音之例,它与分见例不同,
分见例必有一处总见,故不易疏漏。合见例则需顺藤摸瓜,才知
全貌,甚至有无藤可顺者。如:

　　　治　水名。出东莱。亦理也。（直之切）

此不见又音，唯有又义。至去声至韵始得其应呼之音。

　　　治　理也。又直之切。（直利切）

已经完满。但是，读到志韵，又见一音。

　　　治　理也。又丈之切。（直吏切）

其义虽然同，其音却小别。非但不读全书，难见全貌，甚至读了全书，也有不得全貌之疑。这是合见例的难处。又如：

　　　填　屋也。又音田。（陟邻切）

相呼应的有：

　　　填　塞也。加也。满也。又陟陈切。（徒年切）

似全又不全，去声韵中又出现二音：

　　　填　定也。亦星名。又音田。（陟刃切）
　　　填　塞填。（堂练切）

二处"音田"，声调不同。比较之下，容易合见的是一种递增又音。如：

　　　狋　多毛犬也。又乃刀切。（奴冬切）
　　　狋　长毛犬。又音饶。（奴刀切）
　　　狋　犬多毛。又奴刀切。（奴交切）

乃刀切即奴刀切，音饶即奴交切。由一而见二，由二而见三，递增又音，至三而全。

　　9. 失见例，字有"又音"，而相应处不收其字，它与缺见例不同。缺见指有呼有应，不过应之不全，而失见有呼无应，单身而无偶。故黄侃拟作"字有又音而不见于本韵者"。如：

潼　水名。出广汉郡。亦关名。又通冲二音。（徒红切）

按他红切下无潼字，仅尺容切下有之。故通音为失见。

浼　泥著物也。亦作污。乌卧切。又乌官切。又于阮切。

按相应的平声桓韵和上声阮韵，都不收此字，故为失见。足见《广韵》"又音"有此一例。此例之来，时间当比较晚。仍以浼字为例。巴黎藏敦煌本《王仁昫刊谬补缺切韵》止有乌卧反一音，而无又音。故宫本同。至《唐韵》始见又音，又将此字移置韵末。可知又音是后增之字，《广韵》广采博收，沿袭《唐韵》。失见例之"又音"具有考较韵书源流、提供语音发展史料之价值。

10. 误见例。因字形相近，误成"又音"之例，宜从"又音"中剔出。如：

谥　易名。又申也。说文作謚。（神至切）謚上同。又音益。

謚　笑貌。（伊昔切）

谥、謚相混而成又音，明明是形近而误。

肜　祭名。又敕林切。（以戎切）

彤　船行。（丑林切）

11. 异体例。字有异体，并做字头，或标"又音"则显而易见，或不标"又音"，则往往忽略。异体又有标"亦作某"、"或作某"、"俗作某"等多种，需逐一细按。如：

紟　紟带。或作襟。又音今。（巨禁切）

襟　袍襦前袂。（居吟切）

今分体胪列如下：一曰亦作体。如猱为㹛之亦作，但是，并做字头，均标"又音"。

猱　尔雅曰猱蝚善援。又奴刀切。（女救切）

㹛　尔雅注云……亦作猱。又诺高切。（而沼切）

二曰或作体，与亦作，名异而实同。如上述之襟，为衿之或作。又：

池　加也。又离也。又弋支切。或作移。（移尔切）

移　加也。（弋支切）

三曰俗体，此亦异体，然标"俗"字，明其来历与性质。如：

蕴　蕴积也。又于粉切。（王分切）

薀　藏也。说文曰积也。春秋传曰薀利生孽。俗作蕴。（于粉切）

四曰古体，古体今体各成字头，究其读音则为"又音"者，如：

奔　甫闷切。又音犇。

奔　奔走也。（博昆切）

犇　牛惊也。出文字集略。（博昆切）

犇是奔的古体。

五为换声符。如：

勔　勉也。（弥兖切）

勉　勔也。劝也。强也，"亡辨切"。

胜　肉汁。（如甚切）

朕　肉汁。（他感切）

訕　以言答之。又之又切。（市流切）

詶　訕也。（直祐切）

梒　梒桃。礼亦作含。（胡男切）

樱　含桃。（乌茎切）

跊　蹛也。（都计切）

踶　蹛也。（特计切）

綅　綅织也。齐也。或作纴。（女心切）

纴　织纴。亦作絍。（如林切）

絍　织纳。亦作纴絍。（汝鸩切）

有的就不容易联系了。

葽　广雅云远志也。（乌绞切）

苏　苏草。远志也。（思兆切）

芀　草名。（书沼切）

一经找出，倒也明显。

頛　头不正貌。（落猥切）

頯　大头。说文云头不正也。（口猥切）

頯　头不正貌。（都罪切）

以上因没有标明"又音"，多举字例，证明确有其事。

六为换意符，如：

脮　腇脮。（吐猥切）

鮾　鱼败。脮　上同。（奴罪切）

徘　陋也。又作扉。又符沸切。（浮鬼切）

扉　隐也。陋也。（扶拂切）

颁　布也。赐也。又音汾。（布还切）

颁　鱼大首。亦众貌。又布还切。（符分切）

𦠄　大首貌。（符分切）

𦠄　大首。又音汾。（布还切）

七为声符意符全换。如：

憺　恬静。徒滥切又徒敢切。惔　上同。

倓　恬也。安也。静也。又徒滥徒坎二切。（徒甘切）

莜　草田器。又音苕。（徒吊切）

𣪠　田器。（徒聊切）

銚　烧器。亦古田器。又徒聊切。（余昭切）

此类最难辨认，如果说上二例还有音注可作线索，那么，下述之例连此一线索也没有了。

匽　隐也。（于幰切）

乚　匽也。（于谨切）

凡属异体又音，又未标明者，正是今日研究又音者需着力钩稽的资料。前所谓昔人有所疏漏处，此其一。异体又音门类众多，还有偏旁异位者，如：

甀　罂也。（直垂切）

甁　小口罂也。（是为切）

甀　小口罂。（驰伪切）

等等，不一一细列，仅举大略，以明有所类别。

12. 待见例。实为又音，未有标明，若欲发见，有待考研，故名待见。此例前人不曾道，搜集又音时，更要谨慎。上述异体例中已经有此种待见又音因素在，但是，异体又音字形有别，而待见又音之字形无殊，这是二例的最大差异。如：

> 衕　通街也。（徒红切）
> 衕　通街也。（徒弄切）
>
> 麷　煮麦。（敷空切）
> 麷　熬麦。（抚凤切）
>
> 狯　狡狯。小儿戏。（古外切）
> 狯　狡狯。（古买切）
>
> 牂　槌也。出广雅。（则郎切）
> 牂　广雅云牂槌也。（与章切）
>
> 羨　羊也。（辞恋切）
> 羨　羊也。（息绢切）
>
> 撦　指也。说文刺也。（陟侈切）
> 撦　挃也。（猪几切）
> 撦　指也。（陟里切）
>
> 朦　大貌。（莫红切）
> 朦　大貌。（莫孔切）

等等，同一向所说"又音"比，只未标明而已。

三、来历例。

指所注"又音"来自何方之例,《广韵》书中每每自有注明。下一一举例以明之。

13. 别名例,"又音"之来,乃是物有别名,"又音"者,别名之音也,此《广韵》之例也。如:

> 魵　鰕。又音忿。(房吻切)
> 魵　鰕别名。(敷粉切)

> 鮅　白鱼名也。(蒲迥切)
> 鮅　鮊鱼别名。(蒲猛切)

> 鮎　鱼名。(奴兼切)
> 鯷　鮎鱼别名。(特计切)

按,鮎与鯷,字形虽别,但不是异体,且注义有别名云云,故列此。

> 緊　褖也。又口典切。(苦茴切)
> 緊　褖别名。(牵蚕切)

自然不能说,凡为别名,必是"又音"的话。如:"鳪,巧妇别名"注"五盖切",巧妇与鳪不成"又音",也是很清楚的。此种别名不属别名例,别名例则非要发生"又音"关系不可。

14. 俗音例,《广韵》收有俗语和今音,它们每每成为"又音",俗音例即指此而言。若能加以收集,专为一文,也是有意义的。有注"今"或"今音"者,也有注"俗语"者不一。注"今"或"今音"者如:

> 蛇　说文同上(按同它)。今市遮切。(托何切)
> 橦　字样云本音同。今借为木橦字。(职容切)

按，木橦字见宅江切。

> 乾　字样云本音虔。今借为乾湿字。又姓。（古寒切）
>
> 俛　上同。汉书又作俛。今音免。（方矩切）
>
> 虹　县名。在泗州。今音绛。（古送切）

言俗语者如下：

> 那　俗言那事。本音傩。（奴可切）
>
> 殢　死也。说文曰弃也。俗语谓死曰大殢。（去奇切）

15. 方音例，《广韵》广采方音，成为特色，它是"又音"的重要来源之一。如：

> 爹　羌人呼父。（陟邪切）
>
> 爹　北方人呼父。（徒可切）
>
> 奢　吴人呼父。（正奢切）

> 嬭　齐人呼母。（武移切）
>
> 奶　楚人呼母，又奴蟹切。（奴礼切）
>
> 姐　羌人呼母。一曰慢也。（慈野切）
>
> 媎　媎母也。又尺氏切。（是支切）

> 焜　齐人云火。（许伟切）
>
> 煤　南人呼火。（呼罪切）
>
> 煤　楚人云火。（古玩切）

> 䀋　戎狄云盐。（乌浑切）
>
> 䲍　南夷名盐。（仓奏切）
>
> 䲝　蜀人呼盐。（薄法切）

父、母、火、盐都是基本词汇,现在把方音抄在一起,立即令人惊异:《广韵》于方音词汇的对应竟是如此注意。可以说,它是记载古方音的宝库。除上述外,按提及区域,各举一例。

一曰吴语。

> 悁 吴人语快。说文曰宽娴心腹貌。(须缘切)
> 悁 宽心。又音宣。(况晚切)

可知须缘切或又音宣是吴音,义为快;况晚切是通语,义为宽心,即《说文》之义。

二曰楚声。

> 咷 叫咷。楚声。又音桃。(他吊切)
> 咷 号咷。(徒刀切)

"又音桃"即"徒刀切",通语之音,他吊切是楚声。

三曰越人语。

> 譏 鬼俗。吴人曰鬼。越人曰鬻。又音祈。(居狶切)
> 譏 鬼俗。(渠希切)

居狶切是通语,吴语曰鬼,越语为渠希切,是浊声。

四曰蜀人云。

> 胦 肥。蜀人云。(如两切)

五曰齐人语。

> 嫂 齐人呼娣。(所交切)

六曰燕人语。

> 矮 燕人云多。(乌禾切)

此外,还有"北人"、"南人"、"长沙"、"关东"、"淮南"诸地人之音，详见后。还有少量的兄弟民族之音，如朝鲜语。

> 徥　行貌。朝鲜语也。（池尔切）
> 徥　行貌。又池尔切。（承纸切）

承纸切是通语。

16.本音例，指标有"本音某"、"本又某某切"、"本又音某"或"本自音某"之类字样的"又音"。所谓"本音"或是古音，或是书面音，可细考释文而得之。

古音者如觯字：

> 觯　本音寘。今作奉觯字。（章移切）

去声之音寘是本音，也是古音，平声音是今音。

书面音如琊字廾字。

> 琊　石之有光璧琊也。说文本音留。（力久切）
> 廾　竦手也。说文本居竦切。（九容切）

其他：

> 姬　王妻别名。本又者基。（与之切）
> 姬　周姓也。（居之切）

> 萑　萑苇。易亦作萑。俗作萑。萑本自音灌。（胡官切）

看来本音为雅，而另一个为俗音了。本音一例还可细细考究。

17.引《说文》例。《广韵》引用面广而量多，就引音来说，以《说文》为最多。书中有称"《说文》音某"，"《说文》某切"、"《说文》又某切"、"《说文》本某切"等。《说文》原无反切，以此判断，所引《说文》之本应在《切韵》之后，宋代之前之书，即唐本《说文》。按引用款式，举例如下。

《说文》音某：

獿 事露。又奴巧切。说文音哮。（下巧切）

《说文》某切：

蜼 似猴……说文惟季切。又音柚。（力轨切）

《说文》又某切：

钻 持铁者。说文又敕淹切。（巨淹切）

《说文》本某切：

冰 上同。（按，同二字）说文本鱼陵切。（笔陵切）

未曾标明，但是，又可能是《说文》音者：

帑 金帛舍。又音奴。（他朗切）

帑 说文曰金币所藏也。又他朗切。（乃都切）

据上，《说文》“金币所藏”之义，其音为乃都切，亦即“又音奴”。按今本《说文》正如此作，卷七《巾部》：“帑，金币所藏也”，段注乃都切，当有所本。段氏又辨明：他朗切是后来产生的读音。此项又音，可以成为研究《说文》的重要资料。

18. 引他书例，如《声类》、《周礼》、《淮南子》和释典等通归在此例。如：

般 乐也。又博干切。释典又音钵。（薄官切）

无 南无。出释典。又音无。（莫胡切）

绫 挂也。出淮南子。（古哀切）

绫 大丝。又音该。（侯楷切）

示 地祇神也。见周礼。本又时至切。（巨支切）

婟 婟嫪。恋惜也。出声类。（胡误切）

䨟 雷也。出韩诗。（陟佳切）

　　论　有言理。出字书。又卢昆切。（力迍切）

其方式可以归纳为二，一式出专书名，如《周礼》；一式出书之类名，如释典、字典等。

　　19.引学者音例，数量不多，也成一例。如：

　　荏　荏丘名。颜师古又士疑切。（侧持切）

　　昧　星也。易曰日中见昧。按音义云字林作昧。斗杓后星。王肃音妹。（莫拨切）

　　谕　譬谕也。谏也。又姓。东晋有谕归。撰西河记二卷。何承天云喻音树。豫章人。（羊戍切）

综上所述，"又音"表现形式计分三项十九例，既可据它归类，又可按它搜寻。"又音"范围既定，数量比以往所说要大增。

二、"又音"辨名

　　经过这样一番重新搜集"又音"的工作，我更加认识到"又音"之名几乎是包罗万象的，仅来历一项，就兼收古今南北之音，笼统称之为"又音"，很不恰当。只此一端，就有辨名之必要。不仅如此，迄今沿用的"又音"术语，其含义也是含混的，有修订补正之必要，名既不准，如何研究。所以，在占有材料之后，辨名应该是研究"又音"的第一要务。

　　旧说同一字形兼有二个以上的读音，意义或同或异，皆可以称之为"又音"。此说似是而非。它抓住字形作枢纽，只看到字形与字音的关系，而置字义于不顾。这在理论上是片面的，何况也不切合《广韵》实际。

　　从理论上说，汉字往往相当于词，所以，一字而具形、音、义三个方面。这三者关系十分密切，但是，比较起来，音和义为重，字形为次。音、义结合可以成词,这就是口语,而字形不过是书面符号,它是辅助工具。三者之中,能牵合其他二者的是音,而不是字形。旧说之误就在专重字形,因此,一不能认异体又音为又音,从而,失去了一部分材料;二误认不同词为"又音",只要字形同一即可,从而,产生混乱。

从《广韵》实际说,《广韵》是一部汉语音节表,每音节下收录数目不同的同音字。而音节则分韵归类,此《广韵》大例。字有异读,别出又音,既别又音,又列又义,又音又义各有系列,此《广韵》又一例,内中已隐含分词之意,尤可珍贵。如:

> 芍　芍药。萧该云。芍药。香草。可和食。芍。张略切。药。良约切。又芍陂。在淮南。七削切。又莲芍。县名。在冯翊。之若切。又蔻茈。草名。胡了切。(市若切)

两草名和两地名各有其读,分属四个不同的词,不能说哪一个名词兼有其余三音。这个"又"字是异常紧要的。

尽管词与字常常一致,但是,词的观念仍然十分重要。抓住区分词这一点,纷繁复杂的"又音"就能理出头绪来。如:

> 淡　洊淡。水满貌。又薄味也。又徒滥切。(徒敢切)
> 淡　淡味。(徒滥切)
> 淡　水貌。又徒览徒滥二切。(徒甘切)

又义薄味也,连着又音徒滥切,另一处释作淡味,这是一个音义系列。水貌,详言作水满貌,则与徒甘切、徒敢切组合,成另一系列。初看似混,细视则清。原来是两个词。

又据《广韵校录》统计,一东韵里徒红切下共有七个又音字,我把相应资料一并抄录如下:

> 峒　崆峒。山名。(徒红切)

峒　砷深。（徒弄切）

犿　兽。似豕。出泰山。（徒红切）
犭同　兽名。似豕。出泰山。又音同。（他红切）

曈　曈曨。日欲明也。又他孔切。（徒红切）
曈　曨曈。欲明之貌。（他红切）
曈　曨曈。欲曙。又音童聋。（他孔切）

侗　扬子法言之侗倥颛蒙。（徒红切）
侗　大也。（他红切）

甀　井甓。一曰鍪也。（徒红切）
甀　甕属。（之用切）

眮　目眶。又徒揔切。（徒红切）
眮　转目。（徒弄切）

衕　通街也。（徒红切）
衕　通街也。（徒弄切）

以词的观点来看，可分为二类：一类是同词又音，如犿、曈、衕三组，是严格意义之又音。余四字另成一类，是由不同词组成的又音，是宽泛意义上的又音。能作这样的区分，可以说，《广韵》又音的研究就进了一层。

根据划词原则，今将"又音"分为二类：同词又音和异词又音。同词又音者指一个词有不同的读音，不同读音的词义相同或相近，而不能毫无瓜葛。字形以同者多，但也可以不同。异词又音乃是不同词的不同读音，偶然巧合而已。这是以往所忽略，而当今最需考究的部分。下面分别加以说明。

一曰同词又音，关键在于义同或义近，其义已如上述，其格式略有数般。

其一完全同义，连释语也相同。如：

    莽   羊臭。许间切。又失然切。

    羶   羊臭也。（式连切）

其二完全同义，释文只出一处，它处省略如：

    仰   偃仰也。说文举也。（鱼两切）

    仰   又鱼两切。（鱼向切）

其三义同而释文略异。如：

    狰   兽如狐。有翼。又音争。（疾郢切）

    狰   兽名。似豹。一角五尾。又音净。（侧茎切）

其四义少异，如：

    姁   姁然乐也。又况羽切。（其俱切）

    姁   姁媮。美态。（况于切）

等等。

二曰异词又音，实是别词别音，最难辨识，然而，弄清了异词又音，剩下便是同词又音了。异词文音又可细分为地名又音、物名又音、姓氏又音、语词又音、词性又音、词族又音、古语又音、方言又音和外来语又音等项。

三曰地名又音，是因地名之音而形成的"又音"，如：

    栎   栎阳。县名。在京兆。又音历。（以灼切）

    栎   木名。柞属。又音药。栎阳。县名。（郎击切）

归纳地名,有地名、国名、州名、郡名、县名、城名、乡名,还有殿名、门名、山名、寺名、水名等等,不一而足。下各举一例：

> 袲　宋地名。又音侈。（弋支切）
> 移　衣长。亦作袲。又宋地名。（尺氏切）

这是某地名。

> 氾　国名。又姓。又音汜。（符咸切）
> 氾　滥也。（孚梵切）

这是国名。

> 蕲　州名。汉蕲春县也⋯⋯又姓也。（渠之切）
> 蕲　草也。又巨希切。（巨斤切）

这是州名。

> 盟　盟津。又音明。（莫更切）
> 盟　盟约。杀牲歃血也。（武兵切）

这是城名。

> 厝　县名。在清河。又七削切。（秦昔切）
> 厝　厝在临邛。（资赐切）

这是县名。

> 犛　乡名。在扶风。又力知切。（落哀切）
> 犛　说文曰强曲毛也。可以著起衣。（里之切）

这是乡名。

> 娑　馺娑。殿名。又苏哥切。（苏可切）
> 娑　婆娑。舞者之容。素何切。

这是殿名。

横　长安门名。又户觥切。（古黄切）

横　非理来。又音宏。（户孟切）

横　纵横也。又姓。（户盲切）

这是门名。

碽　大礐。又碽谷寺。在相州。（户公切）

谸　谸谷。在南郡。（古双切）

这是寺名。

台　三台星。又天台。山名。（土来切）

台　我也。又音胎。（与之切）

这是山名。

浪　沧浪。水名。又卢宕切。（鲁当切）

浪　波浪。谑浪。游浪。又姓……来宕切。又鲁当切。

这是水名。

四曰物名又音,因木名、草名、禽名、兽名等之音而形成的"又音",显然是别一词别一义,不可不分清。兽名如:

禺　兽名。母猴属。又音愚。（牛具切）

禺　番禺县。在南海,本又青遇。（麞俱切）

木名如:

栩　柞木名。说文曰杼也。（况羽切）

栩　栩阳。地名。又况羽切。（王矩切）

草名如:

煎　甲煎。又将仙切。（子贱切）

煎　熟煮。（子仙切）

作物名如：

> 茄　茄子。菜。可食。又音加。（求喋切）

器名如：

> 笍　小车具也。（陟卫切）
> 笍　竹名。（而锐切）

五曰姓氏又音，因姓氏人名等音而成的"又音"，如：

> 鲜　姓也。本音平声。（私箭切）
> 鲜　鲜絜也。善也。亦水名。（相然切）

> 嬾　姓也。（奴旬切）
> 嬾　女姿态。又奴见切。（式善切）

这是姓，人名者有之：

> 踤　晋大夫名。辅踤。本又音历。（卢各切）
> 踤　动也。（郎击切）

> 侅　无侅。人名。又音该。（候楷切）
> 侅　奇侅非常。（胡改切）。

官名者有之：

> 射　仆射。（羊谢切）
> 射　射弓也。神夜切。又音石。又音夜。仆射也。

六曰语词又音，即不同词用了同一字形，其间词义没有关连，或者虽有关连，却隐而不显，暂时未能考出者。如：

> 汤　汤汤。流貌。本他郎切。（式羊切）
> 汤　热水。（吐郎切）

汤汤者,流水之声,流貌者,以声状貌之谓。是象声词。热水应是汤字本义,但与水声全无瓜葛。故别立一类,为语词又音。又如:

> 禅　圭禅。又禅让传受。(时战切)
>
> 禅　静也。又市战切。(市连切)

其中往往有谉语借字,音有不同,如果视为同词又音,则有望文生训之嫌,还得归入此类。如:

> 铻　锄属。又音语。(语居切)
>
> 铻　钽铻。不相当也。(鱼巨切)

> 汀　汀滢。不遂志。又音厅。(他定切)
>
> 汀　水际平沙也。(他丁切)

七曰词性又音,词义虽有联系,但是二者词性不同,所以,音义组合也要分开,如形容词与动词用同一字形,却不能把动词音视作形容词的又音,各有其音,才是正理。如:

形容词与动词:

> 光　明也。亦州名。又姓。(古黄切)
>
> 光　上色。又古黄切。(古旷切)

明也,形容词义;上色,动词义,二音各有所属,不能混淆。

> 好　善也。美也。呼晧切又呼号切。
>
> 好　爱好……呼到切又呼老切。

形容词与名词:

> 斤　十六两也……(举欣切)
>
> 斤　尔雅曰明明斤斤察也。又居勤切。(居焮切)

名词与动词：

扇　扇凉。又式战切。（式连切）

扇　崔豹古今注舜作五明扇。（式战切）

虫　尔雅曰有足曰虫。（直弓切）

虫　虫食物。又音冲。（直众切）

亲　爱也。近也。说文至也。（七人切）

亲　亲家。七遴切。又七邻切。

跨　越也。又两股间。（苦化切）

跨　两股间也。（苦瓜切）

八曰词族又音，组成"又音"的词在词义上有某种渊源，故名。如：

教　效也。又古孝切。（古肴切）

教　教训也。又法也。语也。（古孝切）

大致说来，有三种关系。一是词义引申，成了新词；二是一般义和个别义，各为一词；三是基本义相同，所处场合不同，各为一词。一类如：

盪　涤盪。动摇貌。说文曰涤器也。又吐浪切。（徒朗切）

盪　盪行。又度朗切。（他浪切）

朋　脊肉。又直忍切。（羊晋切）

朋　杖痕肿处。（直忍切）

绒　锦类。又絛属。（博禾切）

绒　水波锦文。又补柯切。（匹美切）

二类如：

吊　至也。又音钓。（都历切）

吊　吊生曰唁,吊死曰吊。多啸切。又音的。

临　莅也。大也……（力寻切）

临　哭临……良鸩切。又音林。

三类如：

殍　饿死。（芳无切）

殍　草木枯落也。又音孚。（符鄙切）

齾　器缺也。（五辖切）

齾　兽食之余曰齾。（五割切）

败　破他曰败。补迈切。又音呗。

败　自破曰败。说文毁也。薄迈切。又北迈切。

九曰古语又音,古语与今音组成"又音"。如：

雇　本音户。九雇鸟也。相承借为雇赁字。（古暮切）

雇　说文曰九雇……（侯古切）

繖　繖丝绫。今作散盖字。（苏旱切）

繖　盖也。苏旰切。又苏旱切。

舄　人姓。篆文云古鹊字。（七雀切）

舄　履也。（思积切）

疋　巳也。又山于切。（疏举切）
疋　足也。古为雅字。（所菹切）

十曰方言又音，方言与方言、方言与通语形成之"又音"。例见上方音例，此从略。

十一曰外来语又音，外语音译而形成的"又音"。如：

无　南无。出释典。又音无。（莫胡切）
无　虚无之道。又汉复姓。（武夫切）

单　单复也。又大也。亦虏姓。都寒切。又常演切。
单　单父。县名。亦姓。又丹禅二音。（常演切）
单　单于。又丹善二音。（市连切）

氏　月支。国名。又精是二音。（章移切）

拔　回拔。又虏复姓……又蒲八切。（蒲拨切）

以上是关于"又音"内容的分析，证明浑言"又音"，门类非一。约而言之，一是时间有古今之异，二是地域有通语、方言甚至外语之别，三是在限定的时、地内，同词还是异词。也就是说，需要区分它们是否为一个语音系统的"又音"，异词的说法也就是这个意思。如今既然基本清楚，就能进而探讨"又音"的学术价值了。

三、"又音"之用

释例明"又音"的范围,辨名明"又音"的内涵,二者明,则其学术价值也明。总而言之,一切"又音"都有文献资料的价值,但是,关键在于什么样的"又音",从而具有什么样的价值,非分析清楚不可。如古语又音,可藉以上溯古音,并探索语音的流变,而方言又音则可以考见当时方言的情状,至如外来语又音更能求外语的古读,因而为历史上的民族文化交流提供新证,就是异体又音也不缺乏文字学的价值,如此等等,各有其用。明其用而后能尽其用,因此,论"又音"之用,就要分类分项,逐一考察。但是,这样做,非此文的篇幅所能容纳,于是,不得不改为略述大义,归结为三方面。这三方面是证语音系统,助训释和利校勘及辑佚。下面分别加以说明。

首先,证语音系统。

利用"又音"考证《广韵》音系,应当有所选择。因为具体音系总是属于一定时期和一定地域的某种语言的。由此看来,古语又音、方言又音等虽然很有价值,但是,不能采用,或者说,只能作对照而已。最具有考证音系价值的"又音",是同词又音。从理论上说,同词又音乃是同一语言系统中某个词的异读,理应属于同一音系,从数量来说,它的最多。因而,下文专就同词又音分析一番。

还要说明一点,"又音"是随词而生的,不一定有什么规则,但是,同词又音经过分析以后,常常可以看到一些集中的现象。这些现象是偶然的,还是有规则的,同《广韵》音系的关系如何,都很值得注意,其中最突出的有三条。

1. 它的反切用字和直音用字说明它的语音仍在《广韵》音系之内。虽然，反切用字略有不同，但是，深考那些不同的反切用字的音也还是《广韵》音系的音。这是一。其二是直音用字中绝大部分是《广韵》小韵韵目字，并且在相应条下该音以反切形式出现时，其反切用字就是小韵的反切用字。如"鬾"字。

> 鬾　妇人束小髻也。又音祭;音节。（子计切）
> 鬾　露髻。又音霁。（子例切）
> 鬾　说文曰束发少小也。（姊列切）

按:祭和霁都是《广韵》韵目字，其反切正是子例切和子计切。音节同姊列切不合。《广韵》把姊列切归入薛韵，而把节字归入屑韵，二音少异。但是，《切韵》原貌并不是这样。《王仁昫刊谬补缺切韵》将此字收在屑韵的节小韵下，与"又音"所表明情况相同。《唐韵》亦是这样。这不仅证明"音节"也是用小韵韵目字，而且证明了入薛韵是后人所为。

直音如此乐于采用小韵韵目字和韵目字，足以说明其编者很熟悉这些韵目和小韵，也就是说着意遵循《广韵》音系的。

2. 就一个词的几个"又音"的语音关系来说，声纽有一些很突出的情况。

甲，类隔，主要是舌音的类隔。如：

> 湩　乳汁。竹用切。又都贡切。
> 湩　乳汁。（多贡切）

这是端纽和知纽。

> 鮦　鱼名。又直柳切。（直陇切）
> 鮦　尔雅云鳏大鮦。又直冢直柳二切。（徒红切）

徒字、直字分属定纽和澄纽。

　　茝　摘也。周礼有茝族氏。（丑列切）

　　茝　周礼茝族氏……又丑列切。（他历切）

　　《广韵》各卷之末附有"新添类隔合更音和"一例，这是说声纽有古今之异，不更改则不和。那么，为什么在篇中留下如许类隔又音而不更呢？是卷后示例，表示不再全书一一更改呢？还是一切更为音和之后，这些又音都不见了，从而失去"因论南北是非古今通塞"之旨呢？

　　考其来源，有来自古语者，如：

　　縠　衣至地也。说文音斫。（丁木切）

按：《广韵》觉韵："斫，削也。竹角切。"

　　有来自译音者，如：

　　竹　天竺国名。又姓……又冬毒切。厚也。俗作竺。

　　　　（张六切）

　　竹　地名。说文厚也。（冬毒切）

这些属于异词又音，可置而不论。但是，也有这样的情况：

　　哆　唇下垂貌。又当可切。（昌者切）

　　哆　哆哣大口。（陟驾切）

"当可切"与"陟驾切"呼应，于声于韵，都有古今之异。但是，释文无所说明，此一现象可以说明一些又音还是古语又音。

　　眣　目不正也。（丑栗切）

　　眣　目出。（徒结切）

这是比前者更为隐晦的古语又音，据此，估计类隔又音是古语又音，应从同词又音中分出。它说明《广韵》有古音成分在。

　　乙，还是就同词又音的几个音之间关系而言，存在清音和浊音的对应,范围广阔,几乎涉及《广韵》音系的所有浊声母。

舌音如:"鼞　地名。又直容切","丑凶切"。又如"苹　草名。又音冲","陟弓切","苹　草名又音中","直弓切"。浊音分别和清音次清音对应。这几乎是一条规则了。

> 饳　饤饳。(田候切)
>
> 餖　餖饤。(都豆切)

这是定纽与端纽对应。

> 桶　木器。又他揔切。(徒揔切)
>
> 桶　木桶。又音动。(他孔切)

这是定纽与透纽对应,走的仍是浊纽同清纽次清纽对应的路子。

齿音如:

> 娷　妇人貌。又疾支、此移二切。(即移切)
>
> 娷　妇人貌。又即移、疾移二切。(此移叨)

疾移切小韵未收娷字,属缺见例。

> 凇　冻落之貌。(息恭切)
>
> 凇　冻落貌。又先恭切。(祥容切)

> 纾　缓也。又音舒。(神与切)
>
> 纾　缓也。(伤鱼切)

牙音如:

> 腒　鸟腊。又音渠。(九鱼切)
>
> 腒　鸟腊。(强鱼切)

> 尳　迫也。又去牛切。(巨鸠切)

戠　迫也。（去鸠切）

喉音如：

　　䜴　大锺。又户圭切。（许规切）
　　䜴　大锺。（户圭切）

　　迂　远也。曲也。又忧俱切。（羽俱切）
　　迂　曲也。又音于。（忆俱切）

唇音如：

　　蹳　步行躃跋。（博盖切）
　　蹳　赖蹳。行不正也。（蒲盖切）

　　馚　香气。（蒲拔切）
　　馚　香貌。（普没切）

这样整齐的清浊音相配，一种可能是说明《广韵》音系的确有配合得整齐的清浊音，还有一种可能是一个疑问：同一个词既读浊音，又读清音，数量又不是个别，恐在实际语言里不大可能。联系中古以后，浊纽有演变为清纽和次清的史实，那么，这些清浊对应的又音，正是语音正在演变的记录，是一份很有价值的音韵史料。

　　丙，存在着送气和不送气的对立。详言之有精纽与清纽、知纽与彻纽、见纽与溪纽、帮纽与滂纽、端纽与透纽等，略举几例：

　　鏨　鏨錍。斧也。又千支切。（即移切）
　　伥　蒿伥。失道。猪孟切。又丑良切。
　　胞　胞胎。又区交切。（布交切）
　　狧　犬食。（都合切）
　　狧　犬食。（吐盍切）

　　銕　小釜。又他典切。（多殄切）

这情况与清浊又音类似，也是关于语音演变很有价值的资料。

　　丁，尖音与团音互为又音，这是现代汉语的一个特征，又音中见到这种端倪，所以特别摘出，如：

　　踖　敬貌。又秦昔切。（资昔切）
　　敫　敬也。（古历切）

　　诶　谋也。（奇寄切）
　　诚　谋也。（七赐切）

　　肐　瘾肐……又音紧。（章忍切）
　　肐　唇病也。又之忍切。（居忍切）

　　志　记志。（职吏切）
　　记　记志也。（居吏切）

　　尖音在有[i]、[y]介音的场合，即读成团音，可见《广韵》已有所记载，据此推演，还可发现一些新的又音。如：

　　钁　说文曰大锄也。（居缚切）
　　锗　钁也。（张略切）

已是尖团又音，但是，虞韵中又有邸字。

　　邸　锄属。（其俱切）

而锄字是"士鱼切"，又转为齿音。又如：

　　趑　行貌。（将此切）
　　趄　行貌。（居许切）

进而,如下列诸字都可能属于这种又音:

> 阱 坑也。(疾郢切)坑,溪纽。
>
> 墐 清也。(居隐切)清,清纽。
>
> 紧 稷别名。(牵茧切)稷,精纽。
>
> 灸 灼也。又居有切。(居祐切)灼,照纽。

总上四项,古今又音可能存留古语,清浊又音与清次清又音可能记载着方言的分歧,而尖团又音可能显示了语音发展的新趋势。虽然,只是可能,也足以说明又音显示的语音是复杂的,从而,也证明《广韵》音系并不单纯。

　3.就又音之间的韵母来说,也有突出的现象,说其主要的。一类似存古音。即本音与又音的韵母关系呈现出有规则的情况。有麻韵与鱼虞模韵的、歌戈韵与支脂之韵的、东冬钟韵与江韵的、东冬钟韵与尤侯韵的、甚至东韵与覃韵的、东韵与登韵与凡韵的等等。

麻韵与鱼虞模韵的,如:

> 野 田野。神与切。又与者切。
>
> 野 田野。说文云郊外也。(羊者切)
>
> 姹 美女。又丁故切。(陟驾切)

歌戈韵与支脂之韵的,如:

> 旖 旌旗旖貌。又犿蚁切。(舸可切)
>
> 猗 猗旎。旌旗从风貌。(于绮切)

东冬钟韵与江韵的,如:

> 鬃 高髻。又士江切。(藏宗切)
>
> 尥 小儿皮屡。巴讲切。又补孔切。

东冬钟韵与尤侯韵的,如:

> 鲖　尔雅云鲩大鲖。又宜家直柳二切。(徒红切)

东韵与覃韵的,如:

> 赣　水名。在豫章。(古禫切)
> 湏　水名在豫章。(古送切)

东韵与登韵、凡韵的,如:

> 冯　又防戎切。(扶冰切)
> 泛　浮也。又孚剑切。(房戎切)
> 泛　浮貌。(孚梵切)

后二种数量甚少,前几种则甚多。

另一类则可以视为新音和方音,这是就通常所说的《广韵》音系而言的。可分为:

蟹摄与麻韵的,多是牙音和喉音字,也有唇音字。如:

> 洼　深也。又于佳切。(乌瓜切)
> 颒　首大骨。又口瓦切。(口猥切)

元韵与先仙韵的,如:

> 莠　黄豆。又求晚切。(居倦切)

尤侯韵与鱼虞韵的,如:

> 姁　巧也。又音口。(驱雨切)
> 取　又千庾切。(仓苟切)

尤侯韵与萧宵韵的,如:

> 愀　变色。又子小切。(在九切)

支脂之韵与齐韵的,如:

> 瘘　痿瘘。疼痛。又斯齐切。(息移切)

入声质韵与屑韵的,如:

> 蛭　水蛭。又音质。(丁结切)

等等,数量甚多。所展示的语音,一方为《广韵》音系,另一方则与变文等唐宋俗文学的字音相合,甚至同近代音相合。各举一证于下。

1. 关于蟹摄与麻韵相关的。《敦煌曲子词用韵考》曰:"《敦煌俗文学中的别字异文和唐五代西北方音》例举五对佳、麻代用例,说'这种现象和《千字文》、《大乘中宗见解》的对音相合。佳麻合并在唐代是很普遍的现象'①。涯字押麻韵,还见于李白诗,如《千里思》,陆龟蒙诗,如《白鸥》。他二人的籍贯,西北东南,'天各一方',但是诗韵通叶,如此一致,很值得重视。白居易诗叶麻韵者,佳字一见,涯字六见,娃字五见,罢字二见,画字一见,还有夬韵的话字一见,凡六字十六见。凡此都说明,这是唐代语音的新发展。"②

2. 关于元韵与先仙韵相关的,敦煌变文的唱词的用韵,其元韵字则与先、仙韵字通叶。如《汉将王陵变》:

> 此是高皇八九年,自从每每事王前,
> 宝剑利拔长离鞘,雕弓每每换三弦。
> 陵语大夫今夜出,楚家军号总须翻,
> 选拣诸臣去不得,将军掼甲速攀鞍。③

《广韵》前,弦属先韵,翻属元韵,鞍字属寒韵。周祖谟先生在《宋

---

① 《中国语文》1963 年第 3 期。
② 《杭州大学学报》1981 年第 3 期。
③ 《敦煌变文集》,第 36—37 页。

代汴洛语音考》中作过论述，"至于元韵，《切韵》本与魂、痕为一类，宋人诗中多读同先、仙，与魏晋以来音迥异，其转入先、仙，亦当肇于唐代"。

3. 关于尤侯韵与鱼虞韵相关的，黄淬伯先生分析《一切经音义》反切之后，得出结论："《切韵》尤韵唇音字读轻唇者，《韵英》多转于虞，其读重唇者多转于模。"敦煌曲子词如《望江南》把"负心人"写作"附心人"，《苏莫遮》把"扶桑"写作"浮桑"，《内家娇》把"敷粉"写作"浮粉"，都是其例。王力先生提议："我们有必要研究唐诗、宋词、元曲的实际押韵，来补充和修正韵书脱离实际的地方。例如白居易《琵琶行》以'住、部、妒、数、污、度、故、妇、去'押韵。这里有两点值得注意：(一)当时的声调已经和《切韵》的系统不同，'部、妇'已经由上声转到去声了；(二)当时的韵母系统也和《切韵》系统不同。依照《切韵》，'住、数'属遇韵，'污、度、故'属暮韵('部'字属姥韵，和暮韵相当)，'去'属御韵，'妇'属有韵。特别值得注意的是'妇'字；依传统的诗韵来说，无论如何'妇'字不应和'住、数'等字押韵，可见中唐'妇'字的读音已经接近现代的读音了。"①他把语音发展说得很清楚了，可补充的是，《广韵》增收字时带进了唐宋语音。这些新音素会不会影响它代表中古音系，是一个有待深入研究的课题。又音资料的可贵首先是给了我们这个启示。

4. 关于尤侯韵和萧宵韵相关的，《敦煌变文字义通释》释："透，就是跳。伍子胥变文：'遥见抛石透河亡。'《变文集》校改透作跳。徐震堮校：'按透字不烦改，唐人原有此语，《南史》梁元徐妃传：乃透井死。案《玉篇》、《广韵》都说透，跳也。'透河就是跳河。"②这就是一个极为明显的例子。

---

① 《汉语史稿》上册，第 21 页。
② 《敦煌变文字义通释》，第 95 页。

5. 关于支、脂、之韵(即止摄)与齐韵相关的。如敦煌曲子词的用韵,其《苏幕遮·聪明儿》:

> 聪明儿。禀天性。莫把潘安。才貌相比并。弓马学来阵上骋。似虎入丘山。勇猛应难比。 善能歌。打难令。正是聪明。处处皆通顺。久后策官应决定。马上盘枪。辅佐当今帝。

韵字中,帝是霁韵字,比是至韵字。又如《韩擒虎话本》用至韵的地代霁韵的第。其文曰:"卿二人且归私地(第)。"[①]说明二者读音相近乃至相同,故而得以假借、得以押韵。

6. 关于质韵与屑韵相关的,其实质是入声可能已经弱化,甚至消失。唐代口语确是这样。罗常培先生在《唐五代西北方音》里呼吁人们注意这一演变。他从《开蒙要训》的注音中,发现了阴声的"巨"来注入声的"屐",认为"现在既然用它来注屐字,那末屐字的读音,很可表现屐的[-g]收声,既然有了消失的朕兆。这一特殊的例子是很值得我们注意的。"[②]然而,何止唐五代西北方音,还在更广大的地域发生,并且更彻底。《封氏闻见记》:"《汉书·艺文志》:'蹴鞠二十五篇。'颜注云:'鞠以韦为之,实以物,蹴蹋为戏。蹴鞠,陈力之事,故附于兵法。蹴音子六反,鞠音巨六反。'近俗声讹,谓踘为球,字亦从而变焉,非古也。"从鞠到球,先是读音变,接着是另造新字以记新音,入声读音连影子也没有了。这些又音可以使我们设想,应该从新的角度来考较《广韵》音系的性质。

此外,有些又音是邻韵关系,当可探求韵部的分合和流变。

综合上述关于声和韵的分析,可以知道"又音"成分极为复

---

① 《敦煌变文集》,第 199 页。
② 《唐五代西北方音》,第 120 页。

杂,加之数量又大,因此,不能不影响到对《广韵》音系的认识。至少可以说,《广韵》所记载的不全是一个音系的音。

其次是助训释。

《广韵》既是韵书,又是辞书,以往对后一功能重视不够。由于"又音"往往前后呼应出现,因此,一词的几个训释就可比较异同,从而,找到某些条例,例如有引书不称名例、训释互补例等。

1. 引书不称名例,如:

　　馊　马食谷多。气流四下也。（里甄切）

　　馊　说文曰马食谷多。气流四下也。本力甄切。（力赝切）

借后者知前者亦《说文》之文。于是,知《广韵》引书有不称名之例。不仅《说文》,他书亦然。

2. 训释互补例,如:

　　蒌　草可烹鱼。又力俱切。（力主切）

　　蒌　蒌蒿。又虏姓。（力朱切）

前条释其用,后条释其名,合此二义,训释完足。

3. 以此补彼例,指的是同一义项,此处简略,彼处详细。如一处只说类名,而另一处于类名外,又增加说明个性。

　　枳　木名。又居帝切。（诸氏切）

　　枳　木名。似桔。居纸切。（诸氏切）

又如一处训释有失漏,见另一处才知其失漏。如:

　　觭　牛角。又丘奇切。（墟彼切）

　　觭　角一俯一仰也。（去奇切）

　　靪　补履。又音丁。（都挺切）

　　靪　补履下也。（当经切）

4. 释联绵字例，因以单字出现，故训释形式往往一处以双音联绵字作释义，另一处除注出双音联绵字外，再加释义。如：

> 岽　崆岽，又作孔切。（子红切）
> 岽　崆岽，山貌。（作孔切）

联系起来，有助理解。释义之例还待深入探求，暂列数例如上。

最后是利校勘和辑佚。

《广韵》注文繁富称引极多。其所引用皆可以辑佚，亦可用作校勘，当可一一分类摘出而编纂之。如：“獬”《字林》、《字样》俱作解廌。《广雅》作貐貖，陆作獬豸也（胡买切）。所引字书除《说文》外，次是《字林》，还有早已亡佚的《新字林》、《陆该字林》等，聊举数例如下：

> 䶢　䶢䶥。面貌。出《新字林》。（是义切）
> 幮　帐也。似厨形也。出《陆该字林》。（直诛切）
> 糭　《字统》云耕也。（昌力切）
> 鎈　钱异名。出《字諟》。（初牙切）
> 㤎　㤎缉麻纻名。出《异字苑》。（子计切）
> 倮　《苍颉篇》果敢作此倮。（古火切）

也保存了重要韵书。如：

> 鐶　鐶被也。出《韵略》。（户关切）
> 梩　枯木根。出《声类》。（卓皆切）

等等，还有史传、子书、道书、释典等等。其面极广。

可供校勘者有下列三点。

1. 校字头。如：

> 醰　酒味不长。徒绀切。又音谭。
> 醰　长味。（徒感切）

　　覃　长味。又徒统切。（徒含切）

于后二条知首条释义中"不"为衍文，三条合看，知"醰"字误，应改从"酉"。

　　2. 反切字误，如：

　　僄　轻也。又四（案"四"，泽存堂本作"匹"）妙切。（抚招切）

　　僄　僄狡轻迅。（匹妙切）

据此，知前条四妙切系匹妙切之误。

　　3. 释义有误字。如：

　　弽　张其兽也。其亮切。又鱼两切。

　　弽　张取兽也。又鱼两切。（其亮切）

可知"其"是"取"之误，抄时口误之故。

　　膏　高车（案："高车"，泽存堂本作"膏车"）。又音高。（古到切）

　　膏　脂也。（古劳切）

下为名词，上为动词，则高车之高误矣，应作膏字，抄时笔误。《巨宋广韵》有可贵处。如：

　　倜　武猛貌。一曰宽大。下赧切。又姑限切。

"又姑限切"泽存堂本作"又音简"。但是，《切一》、《切三》诸切韵残卷并作"又姑限反"，同《巨宋广韵》。则见其存《切韵》之旧。

　　　　　（原载《文史新探》，上海社会科学院出版社 1988 年版）

敦煌古字书考略

敦煌遗书十分丰富,发现已近百年,但是,至今还有许多内蕴没有开发,古字书便是其中之一。这里说的古字书,不是指《切韵》《尔雅》等敦煌写卷,因为它们属于最先得到重视的敦煌遗书,发现以来,刊布、校勘、研究不乏其人,甚至集大成之作如《唐五代韵书集成》和《瀛涯敦煌韵书卷子考释》也已相继问世,而是指名不见著录,在当时民间广为传用的俗字书一类的写卷。敦煌遗书发现以来,它们不但大多数未被刊布,依然默默无闻;并且连已经刊布的少数几种,也未见相应的校勘、研究和利用,致使摹写的失误流传至今。举例来说,以收录唐代俗语词著称的《字宝》一书,早在 1924 年已经收入《敦煌掇琐》,但是书名误标成《字宝碎金》。《敦煌遗书总目索引》非但沿用不正,而且又把另一写卷 S.619《白家碎金》录作《百家碎金》,并把毫不相干的 S.6189 卷臆断为《字宝碎金》残卷。据我们调查,敦煌遗书中,这类古字书,约有 211 种,738 个写卷。数量之多,内容之富,堪称我国词书史上的一大发现。它们至今仍如璞玉待贾,等待得到刊布和研究。

一

这类写卷有的书名赫然在目,有的书名残损不存,有的本来就没有书名,也有不少书名是今人拟题的。总起来说,内容有详有略,保存有全有阙,收字、编排和注释之例有同有异。在敦煌遗书中,它们有的岿然独存,不少却附在他书之末,甚至插杂其他写卷之中,情形相当复杂。因此,调查中,首先遇到的难题就是如何确认古字书写卷。

首先看书名。如《字宝》,书名含义正如 S. 6204 卷所附的赞诗所云:"墨宝三千三百余,展开胜读两车书。人间要字应来尽,呼作零金也不虚。"自序也说:"缉成一卷,虽未尽天下之物名,亦粗济含毫之滞思。号曰字宝,有若碎金。"当然是堂堂正正的词书。又如《俗务要名林》,虽然开头残缺,是否有序已不可知,但是,循名思义,即是俗用词语的荟萃。《正名要录》旨在正字,属于唐代新兴的字样书。P. 3698 卷自称"杂字一本",S. 5671 卷以"诸杂字"立名,二书皆收日用要字,依类编次而成。P. 3823 卷有《大般涅般经难字壹本》,S. 3366 卷名为《大般涅般经音》,S. 3539卷称《大宝积经第一帙略出字》,三书并依经次摘字,如同今用课本的生字专辑。当然都是字书。今学者遵循唐人的定名,把性质类似的 S. 4622、S. 5712 等卷拟名为《杂字》,把 S. 5999 卷和 S. 840卷定名为《字书》,都是很有道理的。

其次看条目。所见条目有字、词和词语三种,由于汉语特点往往字就是词,因此,我们统称为古字书。总览所收字、词和词语,不出既相联系而又区别的两个方面。一为字难得知而言常在口的口语词。如眼花、眼眍眑、偓倚、伞盖之类。《字宝·平声字》:"相偓倚(乌皆反)①又挨。"《广韵·海韵》:"挨,击也";蟹韵:"打也",与"乌皆反"音异,与"倚"字音别。传统字书到《龙龛手鉴》才有与《字宝》相近的著录。其手部云:"挨:乌皆反。倚也。"但是,犹未见"偓"字。为表述这个口语词,白居易当初不得

---

① 括号中字原文均小字排,括号为本刊编者所加。下同。

不借字注音,以济其事。其《岁除夜对酒》诗:"醉依(乌皆反)香枕卧,慵傍暖炉眠。"①又《太平广记》卷二燕昭王条"王登捱日之台"校云:"明抄本捱作掘。本书卷四〇二引《拾遗记》作握。"由此推断"偓"应是偓或捱的俗书。看来《字宝》作为首先记录"挨"和"捱倚"这一俗语词的字书,是可信的。而《俗务要名林》,仅市部就收 23 条词目:

> 市(辰里反)廛(市之别名迟连反)行(胡朗反)肆(行之别名音四)底(丁礼反)店(丁念反)商(行者为商音伤)贾(坐者为贾音古亦作估字)卖(莫懈反)粜籴(徒历反)酤(买酒也古胡反)沽(卖酒也古路反)赊(买物未与钱舒遮反)赙(买物预少钱徒绀反)贩赑(贱买贵卖上方万反下音致)质(将物知钱之粟反)赎(还钱取物伤欲反)贷(借与人物他口反)贡(假取人物唐勒反)笇计(上苏乱反)赢(得利音盈)锐(折本盈缀反)

全是常用词语。一叶知秋,不多引例了。

二为容易读错写错的字和难认难写的字,敦煌古字书称其为"杂字"、"难字"。如 P.3109 卷《诸杂难字》收 590 个,P.3823 卷《大宝积经难字》收 416 个。特别值得一提的是《正名要录》一书,卷号 S.388。作者自述:

> 右作颜监《字样》甄录要用者,考定折衷,刊削纰缪。颜监《字样》先有六百字,至于随漏续出不附录者,其数亦多。今又巨细参详,取时用合宜者。至如字虽是正,多正多废不行;又体殊浅俗于义无依者,并从删翦,不复编题。其字一依《说文》及《石经》、《字林》等书,或杂两体者,咸注云正,兼云

---

① 《全唐诗》卷四五六,中华书局 1979 年版,第 5181 页。

> 二同；或出《字诂》，今文并《字林隐表》其余字书，堪采择者，
> 咸注通用；其有字书不载，久共传行者，乃云相承共用。

颜监《字样》即颜师古《字样》，早佚。今得敦煌写卷，不难想见其规模，诚一大快事。

第三看编排。词书编排从汉字实际出发，采用音序、义序、形序三种系统，即便现代词书亦复如此。敦煌古字书当然也不例外，不过三种之外还有一种随书序摘字的编排系统。

音序编排者与韵书有密切关系，或可说与《切韵》有密切关系。如 S. 5731 卷《时要字样》和 S. 6330 卷，都是先分声调、再按韵部列字的。前者有"时要字样卷第四"字样，下收从屋韵至屑韵字（以下残），注有简略释义但不注音。"卷第四"前存 14 行，皆去声字，从啸韵字到陷韵字。从而推知卷第三应是去声，卷第二为上声，卷第一为平声，应无可疑。S. 6330 卷存 13 行，未见著录，未有拟名。所收字从模韵"芦"字，到真韵"神"字，注例与《时要字样》相同。此外，还有一种书，仅分声调大类而已。如《字宝》，序称"今分为四声，傍通列之如后"，其书分平、上、去、入四大部分，每一部分收百余条词语。

义序编排者仿《尔雅》，但是，所归义类差别很大，并且诸古字书分类也不尽相同。如《俗务要名林》，虽然开头残损，但是尚保存田农部、谷部、养蚕及机杼部、女工部、彩帛绢布部、珍宝部、香部、彩色部、数部、度部、量部、秤部、市部、果子部、果蔬部、酒部、肉食部、饮食部、聚会部、杂畜部、兽部、鸟部、虫部、鱼鳖部、木部、竹部、草部、船部、车部、火部、水部、戎仗部、手部等 33 类。大义类下又分小义类，如杂畜部，先列马、牛等畜名词目 11 条，依次承接关于马的词目 41 条，关于驴的词目 8 条，关于牛的词目 15 条，关于羊的词目 6 条，关于猪的词目 14 条，最后是关于狗的词目 4 条，共七小类 99 条。《敦煌遗书总目索引》著有 P. 3776 卷

《小类书》一目。细审残卷,专收词语,注文只在释义,体例与《俗务要名林》相类,当是词书。抄录一段为证:

> 天(清轻为天)造化(万物始)玄穹(玄天穹天)旻上(旻天上天)日(太阳之精)扶桑(日出处)阳谷(日)濛汜(日入处)昧谷(日入处)阳道(日行道)昽(日欲明)晚(日西)

此书拟名《小类书》,与事实不符。看来由于它是义序编排,造成了误会。今存天部、阴阳部、年载部、地部、郡邑部和丈夫立身部六大类,天部又分天、星、云、雨、雪、风等六小类。有的卷子则无部类之目,但是,审察其排列还是采用义序的。如 S. 5671 卷《诸杂字》。

形序编排者如 S. 5513 卷《杂字》。其书以偏旁为序,依次列系、衣、页、肉、玉、金、手、食、革、车等偏旁之字。特殊的有 S. 388 卷《正名要录》,其附录以字体对比分类,有正俗、正讹、楷讹等对比的名目。如"右正行者虽是正体稍惊俗,脚注随时消息用",收"𧶠(贵)北(丘)"等 28 对字;"右正行者正体,脚注讹俗"组,收"归(皈)藕(𦾔)"等 20 对字;"右正行者楷,脚注稍讹"组,收"𧨅(訙)笑(咲)"等 106 对字。

随书序摘字编排者多为佛经字书,如 P. 3823 卷《大般涅般经难字》随经书列卷一至卷十一等名目,按卷列字。S. 2821 卷《大涅般经音》随经书列卷一至卷四十之目。实质上就是音义体,不赘述。

最后看注释。词书注释包括注音、释义、辨形和语例。敦煌古字书注释简略,一般注重注音和释义,辨形甚少。以注音为主者,如《字宝》,其注音方式有二:反切和直音。专门释义者如上述的 P. 3776 卷《小类书》。释义除一般解说外,也有连读明义的方式。如"读(书)独(孤)髑(髅)",见 S. 5731 卷《时要字样》。

注音兼释义,偶有辨形者如《俗务要名林》。但是,写卷一概不用语例,甚者也不加注文。看起来不像词书,细想却正是俗字书特色。俗语词记录之难在于不会写,一旦找到确当的字形,加上注音即能认读,那么,立即进入口语。语词是熟悉的,词义是了解的,用例自然可以省略。所谓"取音之字","读之易识"(《字宝》序)。何况不少古字书就附在被摘书之后。二者合看,也就不必另加语例了。

综上所述,无论从书名、收词、编排和注释看,也无论从整体还是专书看,只要是历史地从民间俗用的角度出发,而不是求全责备,那么,这些写卷的确是字书,理所当然地在我国词书史上占有重要的地位。

<h1 style="text-align:center">二</h1>

敦煌古字书的学术价值有以下五个方面。

1. 丰富了词书史的内容。我们知道唐代以前字书有《说文》,义书有《尔雅》,音书有《切韵》等。唐代除承用前人书以外,新兴的唯有《干禄字书》、《五经文字》等字样书。到了宋代,又有《广韵》、《集韵》、《类编》等。在二代之间,唐代似乎成了空缺。如今忽然发现200多种字书,唐代作为一个词书多产时期的真面目,终于扫除历史尘埃呈现在我们的面前。不仅如此,这些古字书还至少填补了词书史上的两个空白:一是提供了地区性词书,二是提供了最早的俗语字典。

2. 创造了编纂俗语字典的体例。细说有以下几点:(1)多取要用俗语,所谓"凡人之运动手足,皆有名目。言常在口,字难得知。是以兆人之用,每妨下笔,修撰著述,费于寻检",而不是冷僻字。(2)以音取字,重在假借,而不追求所谓本字。意在使用而已。(3)所假借之字尽可能从传统字书中寻取。所谓"余今讨穷《字统》,援引众书:《翰苑》、《玉篇》、数家《切韵》,纂成较量,辑成一卷"(《字宝·序》)。(4)注文以音为主,不用语例。这样做,收到字俗而不僻、注要而不疏的效果,既节省又便查。

3. 保存了数以千计的唐代俗语词,为探寻近代汉语的形成提供了可靠资料,为认读变文乃至所有敦煌遗书提供了必要工具。今举二例为证。

貌哨　魋魋　飍䫴　肔膘　齈䫴

王梵志《吾富有钱时》诗:"邂逅暂时贫,看吾即貌哨。"《王梵志诗校辑》注云:貌哨"唐代口语,指脸色难看"[1]。《敦煌文学作品选》注者觉其非是,改字作"貌诮"。云:"诮,原作'哨',当是'诮'之讹字。貌诮即'面嘲'。"[2]亦是臆会之谈。从上举五体,可以知道"貌哨"是一个字形众多的联绵字。其中间三体采自《字宝》:一曰"人魋魋(貌色貌反)",二曰"人肔膘(冒燥)",有音有义。音有反切和直音,义从它的限定词"人"可明其范围。三见《白侍郎寄卢协律》诗,此诗附于《字宝》卷尾以为赞语。诗云:"满卷玲珑实碎金,展开无不称人心。晓眉歌开白居易,飍䫴卢郎敢窘人。""飍䫴"意为烦恼。《降魔变文》写二家斗法,文中有"是日六师渐冒惨,忿恨罔知无□控"句,"惨"是"燥"的俗书,"冒憷"亦"貌哨"之一体。

自《敦煌变文集》问世以来,兴起了变文语词研究热,开拓了唐代俗语词研究新领域。敦煌古字书正是研究唐代俗语词的最珍贵文献,亟待整理、开发。

---

[1]　张锡厚:《王梵志诗校辑》卷一,中华书局1983年版,第2页。
[2]　周绍良主编:《敦煌文学作品选》,中华书局1987年版,第2页。

4. 为唐五代西北方音提供新证,推动汉语音韵学研究。

王国维依据《切韵》写卷,考定作者陆词字法言,陆慈即陆词,是重大发现。罗常培依据汉藏对音写卷和注音本《开蒙要训》写卷,写成《唐五代西北方音》。从而构拟出第一个汉语古方言音系。敦煌古字书至少可以从两方面开掘。

(1)为唐五代西北方音提供新证。如《字宝》注音就出现了清音浊化,浊上变去,入声趋于消失等现象。

清音浊化,如:

"趑集(音鸠)",《广韵·尤韵》趑"巨鸠切",浊音;鸠"居求切",清音。

"口呷歠(户甲反尺悦反)",户甲反,浊音。而 S.2071 笺注本《切韵》作"呼甲反",清音。《字宝》自言据《切韵》,却将其清音字用浊音字作切语,当是浊音清化的表现。

浊上变去,如:

"卖不售(音受)",售,去声字;受,上声字。"火炻(音谢)",炻,上声字;谢,去声字。

入声趋于消失,如:

"车辇辇(希连反之逸反)",辇,本去声字,却用入声反切注音。"手㧓㩴(尺染反一赖反)",㩴,入声字,却用去声反切注音。自然使人想到入声独立性在削弱。

此外,如 S.5999 卷以庆音憩,以去音机,以尹音耘。P.3109 卷背以吹音蛆、以富音晡、以水音疏等等,都使我们看到了唐五代西北方音的遗存。

(2)为研究《切韵》,提供对比材料。这些古字书有的直接采用《切韵》反切。有的如 S.5731 卷《时要字样》保存着去声啸韵至陷韵的韵序和入声屋韵至薛韵的韵序。S.6330 卷保存《切韵》平声模韵至真韵的韵序。而且其中摘字、注音等项均可看作比照材料。

5. 保存大批俗字,具有文字学价值。许多俗字不见于传统字书,如瞶字,以收俗字著称的《集韵》未收录此体。又如枴子之"枴",玄应、慧琳都说:一切字书并无此字。

此外,还有正字法的价值、考索风俗文化的价值等。

三

积极开展敦煌古字书的整理研究,可以说不仅是敦煌学的一项急务,而且也应当是汉语史和词书史研究的一项急务。以我们看来,工作可以从三方面着手,或者说分三步走。这就是辑录、整理和刊布;校勘和笺注;分学科作专题研究。

辑录、整理和刊布,看来简单,实不容易。古字书散布于整个敦煌藏书,要搜集完整,不仅工作量大,而且认定也不简单。其次,这些写卷,书手文化程度不甚高,文字整理本身就是一项繁难的学术研究。不然前辈学者何以会有失误,留待后人正补。近年来,杭州大学一些同志在浙江省社联的资助下,全力以赴,从事敦煌古字书的收集、整理,此项工作将要完成,定名《敦煌音义汇考》。全书收录敦煌古字书 211 种,738 号写卷(韵书写卷另有专书,故不计入),分为四部书音义、宗教书音义、字书和无名写卷四大类,每大类下再分小类编次。每一种书都有题解、正文和校勘记三部分。题解文字简要,内涵丰富,包括作者、译者及其简介,成书年代,写卷年月,写卷号数以及主要内容的说明和评价。正文包括校定本和胶卷复印本两种。校勘记以录异文为主,异文来自同一书的不同写卷。有传本的书,选重要传本录入异文,以资比勘。至于书名,则采沿用《敦煌遗书总目索引》的办法,遇到未曾拟名或拟名失误的,参照《敦煌宝藏》。《敦煌宝藏》也失误的,研讨书的内容来定。总之,一切从实际出发,以胶卷所示写卷内容作最后根据。为了便查,书名之下附伯希和、斯坦因和北京图书馆三种标号。书后还有词目笔画索引一种,除发挥索引本身功能之外,也可看做一份唐俗语词目表。

校勘和笺注。校勘之事,前已说及。至于笺注,主要为这些古字书少注缺例而来。对当时当地人来说,凡能读就能懂,少注缺例不算一回事。对今人来说,可难如天书了,不加笺注难明其义。笺注工作可以先从敦煌遗书中找证汇通,尤其是俗文学和佛经,而后又可以从唐人著述中找证汇通,也可以核查当时的字书和韵书。此外,还可以越出唐代,上下求证。因此,是一件披沙拣金、费力巨而收效微的研究工作。但是,它是考索词义必做的工作。

分学科作专题研究,如俗语词研究、词汇探源、唐西北方音研究、字样书研究,等等。随着研究深入,学科之分会明确起来。目前,只能就其已知,分立专题。

（原载《辞书研究》1993 年第 3 期）

敦煌遗书与字样学

——兼谈唐代文字规范化工作

　　每个历史时期，都要求文字统一和规范，悠久的汉字发展史，也可以说，就是一部字形不断规范化的历史。唐代是我国历史上迅速发展的极为辉煌的时期，字样学即发轫于其间，并且取得了充分的发展。那时候，上自皇帝，中至学者，下到边民，都致力于文字规范化工作，从而满足了社会迅速发展的需要。少为人知的敦煌遗书 S.388、S.5731、S.6117 和 S.6208 卷可以认定是字样学的重要文献，但是迄今没有得到充分的整理和研究，有的甚至被误作别种著作。如果我们能够把有关史料汇总一起，那么，一定程度上就能够重现虽然已经消逝但却存在过的唐代文字规范工作的蓬勃发展面貌。据此，可以丰富已往的字样学研究，并且，进而使字样学在我国文字学中占到自己应有的地位。同时，总结唐代字样书所体现出来的文字研究切实面向社会的宗旨及其取得的经验，对我们今天的汉字规范化工作也是非常有益的借鉴。

　　字样，即字的样式，用今天话来说，就是标准字形。所以，字样学又叫正字学，或叫正字法。它是汉字学的一个重要分支学科，主要内容是整理、研究社会上行用的字形，确定标准字形而废除其他字形，以达到统一规范。唐兰先生的《中国文字学》中有一段话，他说："唐人因六朝文字混乱，又有一种整齐画一的运动，这就是字样之学。颜师古作《字样》，杜延业作《群书新定字样》，颜元孙作《干禄字书》，欧阳融作《经典分毫正字》，唐玄宗开元二十三年（735）作《开元文字音义》，自序说：'古文字唯《说文》、《字林》最有品式，因备所遗缺，首定隶书，次存篆字，凡三百二十部，合为三十卷。'林罕说'隶体自此始定'。中国文字史上第一次同文字是秦时的小篆，结果失败了。这第二次定隶书（即现在所谓楷书），却成功了。楷书体到现在还行用，已经经过一千二百年了。后来张参作《五经文字》，唐玄度作《九经字样》，宋张有作《复古篇》，一直到近世的《字学举隅》，都属于这个系统。"①因此，他把字样学看成中国文字学的五大分支之一，认为近代以来研究太少，应当大力开拓。他说："由中国文字学的历史来看，《说文》、《字林》以后，可以分成五大派：一、俗文字学；二、字样学；三、《说文》学；四、古文字学；五、六书学。前两派属于近代文字学，后三派属于古文字学，在文字学里都是不可少的。清代学者只复兴了《说文》学和古文字学，可是其他的……正是方来学者的责任。"②《中国大百科全书》把我国历来的字书分为五类，说："三曰刊正字体的书，如《干禄字书》。"③可见对字样学及其地位，学界已有了共识。

但是，实际研究确实太少，闻见所及，不仅专著几乎没有，就连论文也不多见，是颇见冷清的学科。唐兰先生是现代屈指可数的重视字样学的前辈专家，上述所引关于唐以来字样学重要著作的一段文字，原已有详尽之叹。但是，同今天所得的唐代史料比较，就显出不少欠缺。首先，敦煌遗书中的字样学著作只字不及，从而使字样学研究中的难点，得不到解决。不过，他的书是1949年出版的，没有涉及敦煌遗书也是能够理解的。但是，今天还要

① 唐兰：《中国文字学》，上海古籍出版社 1979 年版，第 18—19 页。
② 唐兰：《中国文字学》，第 25 页。
③ 《中国大百科全书·语言文字》册，字书条，1988 年版，第 552 页。

让它继续下去,那就不应该了。其次,高僧大德如玄应、慧琳都在自己的著作里细致辨别字形,王仁昫在其《刊谬补缺切韵》的自序里说到也写过《字样》,虽然书已不传,但是,他的《刊谬补缺切韵》依然保存了大量辨别字体的史料。足见我们的字样学研究还欠深入,而对唐代正字活动的了解还是不够。诚如唐兰先生所说,这与清代学者只重视古文字学和《说文》学的风气有关,忽视为社会服务的实用性研究,导致字样学现状只能如此。

此外,有一个现象也值得引起我们注意,随着敦煌遗书整理研究的扩大和深入,对遗书中的层出不穷的令人费解而不见于传统字书的那些字,谈论越来越多。尽管颇为费解,但是,考虑到作者和书手的文化水平而给予谅解,总名之为"俗字"。至于这些"俗字"是否有规范性,在大量创造新字的同时是否也大力开展规范化工作,却无人问津。无意中产生只有任意造作的混乱,而无统一规范的努力的错觉,殊不知新字之多与规范之勤正是唐代文字学的两个相辅相成的方面,请看唐人自己的见解吧! P.2058《字宝》是唐人自编的常用语词手册,其序云:

> 凡人之运(手)动足,皆有名目,言常在口,字难得知。是以兆人之用,每妨下笔,修撰著述,费于寻检。虽以谈吐常致之,又俗猥刿之字不在经典史籍之内,闻于万人理论之口,字多僻远,口则言之,皆不之识。至于士大夫及博学之客,贪记书传典籍之言,计心岂暇繁杂之字,每欲自书,或被人问,皆称不识有,何耻之下辈而惭颜于寡知! 则有无学之子、劣智之徒,或云俗字不晓,斯言谬甚:今天下士庶同流,庸贤共处,语论相接,十之七八皆以协俗。既俗字而不识,则言话之讹讹矣!

这番话,听来语气激烈,冷静想来倒也是事实。在敦煌遗书的俗语、俗字考释中,往往引用唐代文人诗文甚至诏令的语证。我曾经推想是文人作品影响了民间,还是民间作品影响了文人? 现在看来,乃是语言和文字的实际情况如此,即所谓"今天下士庶同流……十之七八皆以协俗"。敦煌本民间字样书有叫《新商略古今字样撮其时要并行正俗释》的,公然正俗并重。连专家所作的《干禄字书》也自称"具言俗、通、正三体"①,也承认俗字可用。毋需再多举证,已经能够说明我们对"俗字"要有正确的估价,对唐代文字工作要有全面的认识。

为此,需要补上关于唐代文字规范这一研究课题。唐代文字规范的成果留在今天最明显最集中的当是字样书,字样书的始祖就是唐初颜师古所作的《字样》。我以为,从它开始,字样书在唐代大体上有三个发展阶段。先是初创阶段,代表作为颜师古《字样》。唐初结束了连年混战而实现了统一,迫切要求文字规范化,并且也具有实施条件。当时权威学者颜师古受命刊校经籍,"贞观中,刊正经籍,因录字体数纸,以示雠校楷书,当代共传,号为颜氏《字样》"②。书早佚,据今存史料分析,当是摘录异体字,注有简要评说,编纂无体系的随校随录之作。不过影响很大,所谓"怀铅是赖,汗简攸资"③,成为当时流行的规范手册。接着是成熟阶段,代表作是颜元孙的《干禄字书》。其书以颜师古《字样》、杜延业的《群书新定字样》为主要依据,"参校是非,较量同异"而成④,其特点是"以平上去入四声为次,每转韵处朱点其上,

① 《干禄字书》序,载施安昌编《颜真卿书〈干禄字书〉》,紫禁城出版社1990 年版,第 8 页。
② 《干禄字书》序,第 4—5 页。
③ 《干禄字书》序,第 5 页。
④ 《干禄字书》序,第 7 页。

具言俗通正三体"①。也就是说:1. 有了以声调和韵部为次序的科学编纂体例,显现出《切韵》对字样书的影响,成为一时风尚。2. 按不同使用场合分层次论字体的使用,不是一味排斥俗体和通用,认为"自改篆行隶,渐失本真,若总据《说文》,便下笔多碍"。最后是新发展阶段,代表作是张参《五经文字》和唐玄度《九经字样》。二书在唐文宗时,下令镌刻在石刻九经之后,是明令颁行的文字规范。其特点是取字范围限在九经——当时的教科书,创造出以偏旁为序的新编纂体例,从而,突出了对字的结构分析。《五经文字》分 160 部,《九经字样》分 76 部,都比《说文》少了许多部目。

敦煌遗书的发现为字样学提供了一批新的材料。S.5731、S.6117和 S.6208 三卷告诉我们,唐代有过《新商略古今字样撮其时要并行正俗释》这样的书,却是我们以前所不知道的。仅书名,就提供出不少讯息。书名有四层含义,一曰"新",与其相对的则是"不新","不新"的《商略古今字样撮其时要并行正俗释》之类,可惜佚而难见。二曰"商略古今字样",即是"集成"之意。商略也就是斟酌,是说其书系作者众采以前的和同时期的字样书,斟酌取舍而成。这二层意思就使这本书成为唐代正字活动蓬勃开展的有力见证,有著作如林之感。三曰"撮其时要并行正俗","撮"即摘要,"时要"即时用要字,也就是当时所行的常用字。这一观念屡见于敦煌遗书,如 S.610 卷的题名作《新集时用要字壹千叁百言》等。"并行正俗"指同时行用的正体和俗字,作者着眼于时用,把正体和俗字摆到同等地位,是很有眼光和勇气的。作者很看重这一点,所以又把书名简称作《时要字样》,突出为时所用是作书的宗旨和取字的标准。四曰"释",一般地说,字

---

① 《干禄字书》序,第 8 页。

样书不同于词书，没有释义的职责。但是，这本书却把释义作为
主要内容之一，并且，赫然写进书名。这样做无疑是为了满足民
间一书多用的需求，从而，使它在古往今来的字样书中独树一帜。
民间编纂的字样书确是以往研究字样学的空白。S.388 卷抄存
了颜师古同时期人所写的一本字样学著作。颜师古《字样》虽然
影响很大，是公认的字样书之祖，但是，由于过早地亡佚，以致至
今未能知晓其具体面貌。清代学者经过艰难的辑佚，所得不过十
数条而已。而 S.388 所保存的有关《字样》资料，定会使清人惊
喜不已，如果当时他们能看到的话。从《字样》到《干禄字书》可
以说是一次飞跃，S.388 提供的资料为这一飞跃提出了背景材
料，譬如作为《干禄字书》的重要特点之一"具言俗通正三体"，
S.388 里就有相近的主张。敦煌遗书中的字样资料当不止于上
述，尚有待我们去深入发掘，但是，就上述资料而论，就已经可以
填补以往字样学史著作的重大空缺。

下面，我们就来谈谈这几件敦煌写卷。

一、S.388 卷之一　　S.388 卷含两部分，前部分首残，存 85 行
字，第 84 行写了一半而废弃，后部分存 183 行，自成一体。两部
分书写端正秀美，行款整齐画一，如同一书，抄手是很下功夫的，
也是有书法修养的。今将前部分称作 S.388 之一，后部分称作
S.388 之二。

S.388 之一依次为正文、自序和关于书名、作者的题签。

正文首残，存 74 行字，计收 630 字，其中 326 字之下有简要
评注，用来辨正字形，注明字音和解释字义等，如"棲正栖通用扼古
文迁字"，"楮木名褚姓也，亦丑吕反，一曰装衣，张吕反"，注中"正"、"通
用"、"古文迁字"系辨正字形，"丑吕反"、"张吕反"系注明字音，
"木名"、"姓也"、"一曰装衣"系解释字义。

分析全文，可以得出四条书例，一是以楷书作为规范字体，即

所谓正体，如"析正枅相承用"。"枅"尚保存小篆笔画之意，所以虽为楷书，仍不为"正"。行书不作正体，如"走正辵相通用"，"暨正曁通用"。区别古字今字，如"珤古字宝"。辨认本字和借字，如"雕鵰鸟也，并都辽反。相承用上雕作彫饰字"，意为"雕"作为本字其义是鸟，用作借字其义为"彫饰"之彫。而本义相同的"鵰"字无此假借。批评俗字之失，如"美从大或火。从火俗，无依"，"啚音鄙，俗用作圖字，非"。不论何种评议，共立论点皆是楷书。汉字发展从甲骨金文，经秦篆汉隶，抵唐已是楷书盛行。因此，把楷书作为规范字体是符合历史发展的，对于巩固楷书的地位起到了积极的作用。二是按不同字形来源和使用场合，分成正、通用和相承共用三类，提出了规范字可以含有三级不同层次的灵活办法。如"遽正遽通用；據正攄通用"，"職正軄相承用，聠正姅相承用"等。认为正者有可能变为不正而删汰，不正的有可能行用广泛而进入规范，这种灵活做法对于文字规范紧密跟上唐代的文字迅速发展形势，并且从中改进自己，是很有效的。三是字的排列没有条贯，既不按形，也不按音，又不按义，无非是一组组对比字的堆积，这应当是颜师古《字样》的面目。但是，在细部上，偏旁相同的对比字组往往相连，也有只出一字而不构成对比字组的，如"亦旧满"等，大都存对比字组的正体而把非正体删弃。四是注文分单字作注和一组字下作注两种，如"汎泛并浮氾滥也。三字今并通用"，其中"滥也"只注"氾"字，而"三字今并通用"则为整组字作注。注音有直音和反切两种形式，共130个，大体与《切韵》音相合。

　　序言共九行，录如下：

　　　　右依颜监《字样》，甄录要用者，考定折衷，刊削纰缪。颜监《字样》先有六百字，至于随漏续出不附录者，其数亦多。今又巨细参详，取时用合宜者。至如字虽是正，多正多废不行；又体殊浅俗于义无补者，并从删翦，不复编题。其字

> 一依《说文》及《石经》、《字林》等书；或杂两体者，咸注云正，
> 兼云二同；或出《字诂》，今文并《字林隐表》(今案疑是《字林
> 音隐》之误)其余字书堪采择者，咸注通用；其有字书不载，
> 久共传行者，乃云相承共用。

序文虽短而价值很高，不啻是一篇关于字样的上乘之作。其要点
有：一是作者自称其书据颜监《字样》写成。颜监即颜师古，先后
担任过秘书少监和秘书监。《旧唐书·颜师古传》云："贞观七年
(633)拜秘书少监，专典刊正，所有奇书难字，众所共惑者，随疑
剖析，曲尽其源。是时多引后进之士为雠校。"作者对《字样》做
了两个方面的改进：即"甄录要用"和"刊削纰缪"。"甄录要用"，
也就是"取时用合宜者"，他为时所用的观点是十分强烈的。"刊
削纰缪"即将已不行用的正体字和太过浅俗的字决意删汰。二
是提出了颜氏《字样》先有 600 字之说，是迄今所知关于《字样》
字数的最确实的记载。三是提出了辨字体的"正"、"通用"和"相
承共用"的三层次规范说。字里行间很少轻重尊卑之别，只是有
否书籍依据以及据什么书之别而已，作者所重仍在"取时用合
宜"。《干禄字书》的三体说与此颇有相似，且在其后。颜元孙在
《干禄字书》序中写道：

> 且言俗通正三体……所谓俗者，例皆浅近，唯籍帐文案
> 券契药方，非涉雅言，用亦无爽。傥能改革，善不可加。所谓
> 通者，相承久远，可以施表奏笺启尺牍判状，固免诋诃。所谓
> 正者并有凭据，可以施著述文章对策碑碣，将为允当。

与 S.388 之一所说何其相似，总原则也是分层次论规范，定字体
也是凭书证，其通体相当 S.388 之一的"相承共用"体，其正体相
当 S.388 之一的正体和通用体。自然还有差异，但是重要的是同
而不是异，因为它至少可以为从《字样》演进到《干禄字书》提供

了一座桥梁。而在发现它之前,可以说,我们对此过渡一无所知。

最后是一行题签,为"正名要录霍王友兼徐州司马郎知本撰"16字。因知其书名为《正名要录》,作者是郎知本。《正名要录》者,《字样》摘要之谓。"正名"即规范字,其含义与字样不异。"录"即录自《字样》之谓,书名明白显示了它与《字样》一书的深厚渊源。作者郎知本是郎知年之误。《旧唐书·儒学传下》载:

> (郎)余令少以博学知名,举进士。初授霍王元轨府参军,数上词赋,元轨深礼之。先是,余令从父知年为霍王友,亦见推仰。元轨谓人曰:"郎氏两贤,人之望也,相次入府,不意培塿而松柏成林。"

唐朝定制:亲王府设友一名,以陪随左右、拾遗补阙。"年"字隶定作"季",与"本"字形近易混。霍王元轨系李渊第14子,李世民的亲弟弟,很受亲信,很有声望。武德六年封蜀王,八年徙封吴王;贞观十年,改封霍王,并授绛州刺史,后转任徐州刺史;贞观二十三年,改封定州刺史。郎知年任霍王又兼徐州司马就在贞观十年至二十三年这十三年间,《正名要录》之成书也当在此期间。而颜师古刊正经籍随录字样始于贞观七年,升任秘书监则在贞观十五年,卒于贞观十九年。二人生活同时,郎氏有可能是最先获见《字样》者之一,也由于身怀广博学识,赞叹之余,对《字样》有所不满足,于是有《正名要录》之作。因此,可以把成书年限缩短到贞观十五年至二十三年。颜氏《字样》据颜元孙记载,不过是刊正经籍时随刊随录的几张笔记,实在也称不上"书"。由于它满足了社会需要,才有"当代共传,号为颜氏《字样》"的情况出现。不过对于开创之作,自然不可苛求。但是,经过郎知年的再创造,它终于成为一本新的颇具规模的专著。

利用《正名要录》可以考见颜氏《字样》,除上述情况外,还有下述理由：一是《正名要录》以楷书为规范字体，据颜元孙说《字样》："以示雠校楷书"①，二者相同。颜元孙又说《字样》流传，"岁久还变，后有《群书新定字样》是学士杜延业续修，虽稍增加，然无条贯"②。对照《正名要录》列字缺乏统系，"无条贯"三字应是颜书旧貌，也与颜师古刊正经籍中随刊随录的情形吻合。二是字数。《正名要录》已称《字样》有 600 字。《正名要录》所录今存 630 字。同样也以《字样》为依据的《干禄字书》收 1599 字，略去重文 717 字，实为 882 字。二书相较，基本相同者达 211 字，似可看作《字样》之旧。三是《正名要录》所载多与辑佚的《字样》残文相合。辑佚《字样》的重要书有《广仓学窘丛书》、《小学蒐佚》、《黄氏佚书考》等，其中又以《广仓学窘丛书》所辑为备，计有：

熟　字样作熟唐释慧琳大藏经音义六

螺　颜氏字样正体作蠃慧琳音义八

穜　字样云本音同，今借为橦字宋陈彭年等重修广韵三锺、金韩道昭五音集韵二冬作字统，误

乾　字样云本音虔，今借为干湿字广韵二十五寒、辽释希麟续音义七、五音集韵八寒

矜　字样借为矜怜字广韵十六蒸、五音集韵六蒸

钩　字样句之类并无着厶者广韵十九侯、五音集韵九侯

媄　字样云颜色姝好也广韵五旨、五音集韵五旨无也字

獬　字样作解廌广韵十二蟹、五音集韵十八骇、元态忠古今韵会九蟹

轨　字样以九辽行均龙龛手鉴车部

我也新得数条：

---

①　《干禄字书》序，第 5 页。

②　《干禄字书》序，第 5—6 页。

弱冠常览颜公字样,见炙从肉长孙讷言笺注本切韵序

燕　玄鸟。又作鸾。字样云借燕赵字唐韵三十三霰

雇　本作户,九鳸鸟也。相承借雇赁字唐韵十一暮

句　章句。字样无着厶者唐韵十过

据这些残文,可以了解到颜氏《字样》的情况有:1. 确以楷书为规范字体。2. 字下作注,注有释义的,如娞字注;有明借字的,如橦、乾、矜、燕、雇等字注;有说明字体的,已见到正体和通用二个名目,这些情况都见于《正名要录》。而且上述辑佚共 14 条,除钩、句两条相重,为 13 条,已有 4 条亦见于《正名要录》。《正名要录》载:

苟苟从草二同筍取鱼器。从竹,并古口反苟自苟救也。音棘。敬字从此敬敬二同……句 鉤局(今案凡从句之类是无着厶者)

炙之石反又之夜反炙音久(今案炙是从肉不从久)

雇鸟也。音户、九鳸字相承为赁雇字(今案"鳸"是"鳸"之讹)

醼饮也。古燕饮字无傍酉安者相承作此宴字

四是与颜师古《汉书》注和《匡谬正俗》中正字言论相符合。这两种书是颜氏的主要学问所在,既然《字样》不传,故借此以为证。

A.《汉书》注与《正名要录》。《汉书》注采用标点本,引文只标页码。二书文句隔以"——",前为《汉书》注文,后为《正名要录》文。

1. 喜,好也,许吏反(3312)——憙悦也今通用作喜好字。憙,许忌反(今案二反切同音,下文同音者不再加案)

2. 瘞,埋也,音于例反(1955)——瘞薶也音于懿反

3. 琱字与彫同,彫,画也(3069)——琱理玉彫饰凋落也。三并都辽反

4. 誉,古愆字(3282)——誉愆二同

5. 沂与欣同（324）——沂欣處虜_{上正下相承用}

6. 抵，至也……音丁礼反（24）——抵抵至。_{二同。丁礼反}

7. 檄者，以木简为书，长尺二寸，用征召也……音胡历反（69）——檄_{胡历反}

8. 诗，乖也，音布内反（2218）——悖诗_{二同。布□反}

9. 养音弋向反，字本作漾（1610）——樣法漾水流。_{并弋向反}

10. 徇，行示也（19）——徇_{行示}

11. 毆，捶击，音一口反（2216）——毆_{一口反}

12. 畀，与也，音必寐反（1167）——畀_{与也。必寐反}

13. 蠡音礼（3199）——蠡_{音礼又来戈反}

14. 刪音工犬反，字或作畎，其音同耳（1933）——刪畎_{工犬反。二同}

B. 《匡谬正俗》与《正名要录》。同前例。

1. 猷字从酋从犬（卷1嘼）——猷猷_{二同}

2. 且喜下施心是好憙之意，音虚纪反（卷5憙）——憙_{悦也，今通用作喜好字，许忌反}

通过综合以《正名要录》为主的有关《字样》的资料，知《字样》有如下内容：1.以楷书为规范字体。2.收录刊正经籍中的异体字，多列成对比字组，缺乏编排系统，所录共 600 字左右。《正名要录》与《干禄字书》皆载的 211 字当是 600 字中字。3.有注，内容为辨说字形、解释字义等。4.《正名要录》正文部分基本上保持了《字样》面貌。

二、S. 388 之二　　S. 388 之二载六类区别字，其一名为"正行者虽是正体，稍涉惊俗；脚注随时消息用"，如"髽_{贵北丘}"等，共列对比字 29 对。一般说来，其正体明显留存篆书结构，所以"惊俗"，也就是渐渐不为时俗理解和行用。而脚注字完全楷书，正在不断取其位而代之。明显表示正体可能变为不正而不必行用，非正者可能变成正体最终进入规范。其二是"正行者正体，脚注讹俗"，如"歸皈蘸甦"等共 20 对字。所谓正体大多是假借字，所谓"讹俗"往往是后起形声字，中间是非颇难遽定。但是，"國"之"讹俗"为"国"，在今天看来，是很不简单的。有些脚注字属于明显不规范显然应当淘汰的字。不论怎样，作者意图是这一组属于正体字同讹误字对比，前者宜取、后者宜删。其三为"正行者楷，脚注稍讹"，如"觸觧弄卡"等 109 对，作者把尚未进入规范却已广泛行用的新字称为"稍俗"，以别于"正"，又别于"讹俗"。其四为"各依脚注"，如"奮从田舊从臼"等 117 字，皆注明应当采用的正确偏旁，属于区分形近的字。其五为"字形虽别，音义是同，古而典者居上，今而要者居下"，如"崧嵩"、"杯盃"等 256 对，承认有不同使用场合的规范字，换言之，一个字的规范也可以不止一个。其六为"本音虽同，字义各别"，如"连及联联累不绝"等 309 对，属于区别同音异形异义字。

　　这是一次非常有意义的探索，也是很有成果的探索，表示作者已经把文字规范作为一个独立课题来研究了。字样学之所以成为一门学，单是一个个字的辨别是不够的，虽然这是不可少的、基础性的，它还应当有自己的理论、方法和规则。联系书的时代，S. 388 之二的首要意义不在于提出了哪些方法和规则，而在于把总结实际工作并且使它上升到理论的工作提上日程，力求为字样学成为学跨出很重要的一步。而且，它也的确总结出了一些方法和规则，有些东西就是今天仍有其现实意义。它提出的六条区别了五种关系：即正与俗、正与讹、形近字、同音字，不同场合行用的规范字。对正体又区别对待，分清真正的规范字和不久将从规范中剔出的规范字；对俗字也一分为二，分错讹不宜行用和有可能进入规范二类。原先人们笼统地认为就是判断这个字或那个字是否规范，经过作者分析，原来这里面有规范标准问题、规范指导原则问题、依据何种字体进行规范问题、有哪些有规律性的现象、有哪些处理方法、规范工作如何同创造新字相辅相成、已规范字会不会退化等等，从而使正和俗、正和讹具体化了，在处理上规则化了。

S.388 之二无书题，也没有关于作者、年月等题记，而且与《正名要录》连成一体，故而《敦煌遗书总目索引》把二者视成一书：称全卷为《正名要录》。周祖谟先生则认为，正文与序未必为郎知本所作，而 S.388 之二才是《正名要录》，文见《敦煌唐本字书叙录》。据我分析，卷子实际情况是：1. 二部分书写、行款完全一致，的确是同一部书的模样。2. 正文和序言等，即称为 S.388 之一的那部分是《正名要录》，作者郎知本是郎知年的误题。3. S.388 之二写在前书的题签之后，虽然行款密接，但是说成一书，实在不合常例。4. 二部分存在许多共同点，这些共同点如下：①正字标准相通。不仅都采用楷书，而且注文评说也多有相同。如 S.388 之一主张"取时用合宜"，S.388 之二认为需"随时消息用"，都以"时要"为第一标准。又如 S.388 之一主张"字虽是正，多正多废不行，又体殊浅俗、于义无依者，并从删翦"，表明了正有未必依旧正，俗有可取的观点，S.388 之二认为，"正行者虽是正体，脚注随时消息用"，"字形虽别，音义是同，古而典者居上，今而要者居下"，二体有可以并用的。②收字多同，S.388 之二第一条 29 对字约有六对亦见于 S.388 之一，第二条 20 对字约有六对亦见于 S.388 之一，第三条 109 对字约有 22 对亦见于 S.388 之一，第四条 117 字约有 51 字亦见于 S.388 之一，第五条 256 对字约有 12 对亦见于 S.388 之一，第六条 309 对字约有 70 对亦见于 S.388 之一。不仅数量可观，而且评说相同。

据上述分析，可以认为是关系密切的二种书，S.388 之二可能据《正名要录》归纳出六条规则，扩充字证而成。拿这一观点重读《正名要录》，就发现有惊人相似。如 S.388 之二有"豺豹貍从豸"，《正名要录》相应有"貍豹豺"一组；S.388 之二有"雕刻彤落鵰鸟"之辨识，《正名要录》亦有"琱理玉彫饰凋落也。三并都辽反凋水名。音同雕鵰鸟也。并都辽反。相承用上雕作彤饰字"；又如《正名要录》往往把同偏旁的字列在一组加注，如"斗料科斜已上并从斗"，"罗置署買罪如五字准篆文并从罒"等。可以说，S.388 之二是类编的《正名要录》，而《正名要录》则是混写的 S.388 之二，当然不是完全一样。在今天，还没有充分材料证明 S.388 之二是另有作者另有书名之前，不妨且将它搁置不谈，而把精力和目标集中到研究二者在唐代字样学发展中所起的作用和意义。

三、《新商略古今字样撮其时要并行正俗释》　此书仅见于敦煌遗书，当是民间之作，已知有 S.5731、S.6117 和 S.6208 三个写卷，其中 S.6117 一直被误认为韵书，今正。

S.6208 卷含二部分，前部分存 28 行残字，是一种分类编录常用词语的书的残文，后面部分存 26 行残字，才是本书的残文，其中第 9、10 二行是空白。首行存"新商略古今字样撮其时要并行正俗释下卷第"19 字，"第"字下残"三"字。所存皆去声字，并且依《切韵》的去声次序排列，可知全书当分上下二卷，上卷分第一、第二，分别载平声和上声字，下卷分第三、第四，分别载去声和入声字。其第 22、23、24 三行拼接有误，当移至第 15 行之下。列字除先按声调外，次按韵部，再次分同音字组，其韵序和组次并与《切韵》相同。同音字组收字数量不等，其首字下注有反切以明全组读音，尾字下注有数字以标同音字之数量。每字有简略释义。《敦煌遗书总目索引》认为"体例特殊，如旧字右下角注以新字，舅字右下角注一姑字，帐字右下角注以幄字，胀字右下角注一胖字"，案胖字抄误，写卷作胖。原来所用的是被注字和注字连读成训的简捷方法，以上举例为证，当读作旧者新旧之旧，舅者舅姑之舅,帐者帐幄之帐,胀者胖胀之胀。怡然理顺,殊无沮滞。此卷的优点是:1. 保存着完整的书名。2. 保存着去声自开头到暮韵的字。3. 保存着去声部分整个骨架。

S.5731 与 S.6208 当是一卷之裂,详周祖谟先生《敦煌唐本字书叙录》。这是敦煌遗书发现之初,外国人掠夺时损伤文物的明证。残存 39 行,共有 33 行缺下半。前 14 行属去声字,大致与 S.6208 末的下半残缺可以拼接。总存自去声啸韵至陷韵的 69 字和入声屋韵至屑韵的 212 字。优点是:1. 可与 S.6208 拼合,使去声部分大致完整。2. 入声字前有一行书题,作"时要字样卷四"六字,因知此书还有简名。

S.6117,《敦煌遗书总目索引》定名"韵书",说"存十一行,首为:嚓,一医、祭、擦,末为:晕、郓、韵、一奋"。《唐五代韵书集存》也将它视为"韵书残叶"收载其中。此写卷上半多损缺,存始于霁韵的嚓字,终于问韵的奋字,共含去声霁、祭、怪、队、换、泰、代、废、震、问等 10 韵 70 字,书例与上二卷同,而且恰是上二卷的缺失,三卷综合,去声就基本上完整了,这是它的最有意义的一点。可惜字迹潦草,中有错简,常用"——"来标志分韵,而被人误为一字。

据 S.5731,卷尾题记"乾符六年己亥",《时要字样》之作当在公元 879 年以前。张参于大历十一年(776)在他的《五经文字》序中指出"近代字样多依四声,传写之后,偏旁渐失"①,《时要字样》依四声为序,正在他评论之中。又以今所知,最早依四声为序的字样书是《干禄字书》,其书写作年月不详,但是知道作者颜元孙卒于公元 714 年。从而说明由公元 714 年到 776 年的约六十年间,四声编纂法就走了从创新到衰落的全过程,唐代字样书

① 《五经文字》,见《小学汇函》第十一,第 3 页。

的发展步伐何其迅速！而四声编纂法在此期间竟又在敦煌出现，唐代字样书的普及又何其广泛！

　　综上所述：1.唐代进行了广泛深入的文字规范工作，成为适应并且推动文字发展，满足社会迅速发展需要的有力措施。2.唐代规范宗旨是为时所用，采用字体是通行的楷书，方法是分不同规范层次的灵活管理，具有很强的自我调整规范能力。3.唐代创建了字样学，并有了很大发展，涌现出了许多重要的字样学著作，它们往往成为后代的榜样。4.敦煌遗书中蕴藏着丰富的字样学文献，没有它们，就不能全面、完整地认识唐代字样学。上面提到几种卷子，至多只能说是代表，此外，还有关于以往失传的佛经音义的抄卷，名为杂字、难字的写卷，以及俗词书如上文提到的《字宝》等也具规范文字功能，凡此种种，有待于进一步开发。

（原载《文史》第 41 期）

论《时要字样》

　　每个历史时期,都要求文字统一和规范。唐代是我国历史上迅速发展的极为辉煌的时期,字样学即发轫于其间,并有了充分的发展。20世纪初发现于敦煌石室的唐民间俗字样书《时要字样》,说明唐代文字规范化工作遍及到了西陲民间。我们今天整理和研究《时要字样》,主要目的是总结唐代字样书所体现唐代文字学研究面向社会实际的宗旨及其取得的经验。

一

　　在我国文字学史上,字样学是一个很重要的门类。字样学,又叫正字学,或叫正字法,其主要内容,即整理和研究异体字,从而确定文字的正确形体,达到文字的规范化。唐代,由于学者的努力和政府的提倡,字样学有着蓬勃的发展,为国家统一和社会发展作出了显著的贡献。

　　字样专书始于唐初《颜氏字样》。在唐代,大体经历了三个发展阶段。先是初创阶段,代表作即《颜氏字样》。唐初结束了连年混战而实现统一,迫切要求文字规范化。当时最权威的语言文字学家颜师古,"贞观中,刊正经籍,因录字体数纸,以示雠校楷书。当代共传,号为《颜氏字样》"①。其书早佚,仅据史料分

①　《干禄字书》序。

析,当是摘录异体字,并有简要评说作注,编排无一定体系的草创之作。但是,影响很大,所谓"怀铅是赖,汗简攸资"①,成了当时写作的文字规范手册。其次为成熟时期,代表作是颜元孙的《干禄字书》,其书今存。该书主要依据《颜氏字样》、杜延业《群书新定字样》,并参校名家字样书的是非异同而成。主要特点是"以平上去入四声为次每转韵处字点其上,具言俗通正三体"②,也就是说:1. 有了以声调和韵部为序的科学编纂系统,明白显示了《切韵》对字样书发展的影响。2. 论字体采取按不同使用场合而定的标准,不是一味排斥俗体和通用者。再次为新发展阶段,代表作是张参的《五经文字》和唐玄度的《九经字样》二书,唐文宗时,镌刻在石刻九经之后,成为政府颁行的文字规范。其特点是取字范围扩大到九经和以偏旁部首为序的新编纂法。《五经文字》分160 部,《九经字样》分 76 部,与《说文》部目不尽相同。

所以,唐兰在《中国文字学》中写道:"由中国文字学的历史来看,《说文》《字林》以后,可以分成五大派:一、俗文字学;二、字样学;三、《说文》学;四、古文字学;五、六书学。前两派属于近代文字学,后三派属于古文字学,在文字学里都是不可少的。清代学者只复兴了《说文》学和古文字学,……搜集新材料,用新方法来研究文字发生构成的理论,古今形体演变的规律,正是方来学者的责任。"③总结古代字样的经验,为今天汉字规范化服务,是我们研究古字样书的主要任务。

《时要字样》全名为《新商略古今字样撮其时要并行正俗释》。书名有四个层次内含义:一是"新",原本当有"不新"的书

① 《干禄字书》序。
② 《干禄字书》序。
③ 唐兰:《中国文字学》,第 25 页。

在,可惜早佚无存,已不得见。但是,已经告诉我们:这类著作在当时决不只一种,此书不过是当时蓬勃开展的文字规范化工作留存到今天的一个见证。二是"商略古今字样"。据今所知,唐代著名字样书有《颜氏字样》、《新定群书字样》、《干禄字书》、《九经字样》、《开元文字音义》、《经典分毫正字》、《正名要录》等等。作者收集他以前的和同时期的字样书,斟酌取舍,这就叫做"商略古今字样"。从这一意义上说,《时要字样》是集大成之作。三是"撮其时要并行正俗"。撮者,取也。时要者,时用要字也。敦煌遗书中有 S.610《杂集时用要字》一种,书名含义相似。又有 S.388《正名要录》一种,序有"取时用合宜者"之说,意亦相同,这段文字的意思是:从众多古今字样书中,采集当时常用字的通行的正体和俗体。把通行俗体与通行正体并重,是很有眼光和勇气的。书名简称《时要字样》,突出表明作者为时所用的宗旨。四是"释"。即是字有解释。一般说,字样书不必释义,即使加注释义,也是为了辨析字形。此书把释义作为主要内容之一,明白标在书名中,从而表明自己兼有辞书的功能,适应了民间一书多用的需求,在字样书中独树一帜。

二

《时要字样》一书只存于敦煌遗书中。遍阅敦煌遗书缩微胶卷,《时要字样》抄卷共有三种,分述如下。

S.6208 有两部分,前一部分共 28 行残字,存缬部、饮食部、姜笋部、果子部、席部、布部、七事部和酒部等标目,是分类编录常用词语的书。后一部分存 26 行残字,其中第九、第十行是空白。首行是书题,作"新商略古今字样撮其时并要行正俗释下卷第",第下残"三"字。所存皆去声字,足见书依平上去入四声编作四卷。其 22、23、24 行截残字，拼接错误，当移至 15 行之下，因而，又知道 15 行与 16 行上二字，不能直接拼接，胶卷又错了。全书按韵部列同音字组，韵序与《切韵》相同。同音字组的最后一个字注一数字，表示该组录几个字。同音字组的开头一个字偶而注上反切。每个字都有很简要的释义。三个写卷中，此卷特色是：1. 保存完整的书题。2. 保存去声开头送韵至暮韵字。3. 保存了去声全卷的骨架。

S. 5731 与 S. 6208 实为一书之裂，详见周祖谟《敦煌唐本字书叙录》。这是因为敦煌遗书发现之初，多次遭受外国人劫夺所造成。残存 30 行，前 33 行缺下半。前 14 行为去声字，始于啸韵"嫽"字，终于陷韵儳字，共有啸、笑、号、箇、祃、阚、漾、宕、劲、径、宥、候、沁、栝、证、陷等韵 69 字尔后是入声字，计含屋、沃、烛、觉、质、物、迄、月、没、末、黠、屑等韵凡 212 字。其特色是：1. 去声部分基本与 S. 6208 相补充。2. 入声字前有一行书题，作"时要字样卷第四"，据它得知简称和依平上去入分四卷。

S. 6117《敦煌遗书总目索引》定名"韵书"，其说明作"存十一行，首为：嚛、一医、祭、櫗，末为：晕、郓、韵、一奋。"（泉按其说明多误，如"一"本是分韵记号，而作"一"字）此 11 行残字，上半多有残破。今存始于霁韵嚛字，终于问韵奋字，含去声霁、祭、怪、队、换、泰、代、废、震、问等 10 韵凡 70 字。体例与上二卷同，而且可以互补。只是书写潦草，又有误注文小字为大字的现象，韵序错杂，疑拼接不善。其价值正可补充上二卷所缺少的去声中间几韵。

根据上面的剖析，可以得出三点认识。

1. 综合三个写卷，获得了《时要字样》第三、第四卷的大部分，可以说，有半部书之多。根据这半部书，知道了书的基本情况。其宗旨是采录当时常用字的通行的正体和俗体，其依据是各种古今字样书,其编纂法是依《切韵》:先依四声分卷,卷内按韵部分,韵部内按同音字组分,所分皆与《切韵》相符。注以释义为主,逐字加注。保有数字和注音。分别加在同音字组之末字和首字下,兼有标志之用。

2. 三写卷同中有异,字有讹误,都不是原书,而是抄本。其拼接错乱处,是洋人恣意掠劫我国文物之见证。

3. S.5731 卷尾别有"乾符六年己亥"的题字,按乾符是唐僖宗年号,六年即公元 879 年。证明《时要字样》当成于公元 879 年以前。又张参《五经文字·序》云:"近代字样多依四声,传写之后,偏旁渐失。"其书撰于唐大历十一年,即公元 776 年。表示颜元孙《干禄字书》开创的四声编纂法的没落。《干禄字书》写作年月不详,颜元孙死于公元 714 年。因而推测《时要字样》之作当在《干禄字书》之后,在《五经文字》略后。

三

《敦煌遗书总目索引》认为"体例特别,如旧字右下角注一新字,舅字右下角注一姑字,帐字右下角注以幄字,胀字右下角注一胖(泉按误抄胖字)字"。这部分就来探讨《时要字样》的体例。说体例,就含收字例、编排例、注例等多种。上面已说了收字例和编排例,不再重复。以下专释注例。但是,《敦煌唐本字书叙录》认为"书中所出都是同音的单字语词",却未能苟同。

书中所出都是同音单字,不假,但并非没有变音语词。就以 S.6208 为例,如:以菟字注雉字,以书字注记字,以有字注未字,以州字注冀字,以章字注句字等等,都应当连读成双音词语,而非单音,只不过以单字形式收录罢了,所论未为周全。

注例分有释义例、注音例和注形体三项。依次作释。

释义例,即被称为"特殊"的体例。这是被注字和注字连读为训之法。《敦煌遗书总目索引》所举四字,都可以这样来解释:即旧者是新旧之旧,舅者是姑舅之舅,帐者是帐幄之帐,胀者是肨胀之胀。怡然理顺,晓畅明白。连读时,可以被注字居前,亦可以在后,没有定规,视所出单字而定。前四字中,只有帐字居前,其余皆在后,也因为这样,易令人迷惑难解。如以豁字注一侔字。查王仁昫《刊谬补缺切韵》和《唐韵》都作"侔:侔健,肥大",见末韵。但是,依连读为训,便与"没忽"音近义通,是同一谜语的变体。"没忽",《敦煌变文字义通释》释作肥。王梵志诗《富儿少男女》有"到大肥没忽"句。又如攉字右下角注一头字,义为攉头,王仁昫《刊谬补缺切韵·觉韵》字作攉,释为"击"。因知攉头即是击头之义。比照韵书,此法与韵书很有渊源。如王仁昫《刊谬补缺切韵》醆释为白醆,轴释为车轴,蝠释为蝙蝠,茯释为茯苓等,《时要字样》依次作:醆字右下角注一白字,轴字右下角注一车字,蝠字右下角注一蝙字,茯字右下角注一苓字。含义实同,唐人写书常用省略号":",我们可以设想,会有"醆:白:","轴:车:","蝠:蝙:""茯:苓:"这样的过渡形态。而 S.6117 卷正是这样用省略号。加上《时要字样》编例取自《切韵》,这种释义方法与韵书有渊源是可信的。分析连读为训情况,存在四种类型:一是带词尾的双音词,如磐字右下角注一子字,栗字右下角注一子字,忽字右下角注一然字。二是谜语。如苜字右下角注一蓿字,茯字右下角注一苓字,侔字右下角注一豁字。三是复合名词,如獭字右下角注一水字,秃字右下角注一头字,英字右下角注明子二字。四是复合词,如后字右下角注一前字,读字右下角注一书字,勃字右下角注一逆字。自然,还有燧字右下角注烽火二字,皱字右下角注筋上弓三字这种直接释义方法,但是,占绝大多数的是连读为训法。明乎此,也就读通了全书的释义。

注音例有二种：一是直接注音，二是间接注音。直接注音多用反切而不用直音，为数不多。S. 6117 没有一个，S. 5731 有 7 个，S. 6208 有 8 个，在众多同音字组中，总共只有 15 个反切。这些反切基本与王仁昫《刊谬补缺切韵》相符。所谓间接注音，首先是同音字组的首字既然注上音，那么，全组字也等于注上音，15 个反切注 15 组同音字的音。此外，占大部分的没有注音的同音字组，其实也在一定程度上注了音。由于它依《切韵》编排，因此，每一字在它所处地位上，声调和韵部都是确定了的，未标明的只有声母。联系到它的同音字组次序也与《切韵》相同，只要对照《切韵》就很容易查到读音。

注形例：只有 S. 6208 有二处注明字形，一是"舟"字右下角注一古字，表示是古文，二是科字右下角注一俗字，表示是俗体。其余都不注明，待与有关书籍对校，才能明白它以正体为主，兼采俗体，二者一样列入正文，作为正字。如涨、唊、嘆诸字，王仁昫《刊谬补缺切韵》都收作异体，称为"亦作"、"或作"、"俗作"，而不列入正文。如虱、节、擢、倭、宂、面、麺、派诸字，《干禄字书》都定为俗体。

四

现在可以具体谈谈《时要字样》一书的学术价值。

首先是关于字样学的价值。主要有二方面：一方面，据今所知，《时要字样》可以说是我国文字学史上第一部民间字样书，以前的字样学著述不知道还有民间字样书在。另一方面，证明了唐代文字规范化工作地域之广大，成效之显著，上自政府，中至学者，下及民众，各个层次都致力于文字规范化。从而说明一部汉字发展史也是使字形不断规范化的历史进程。

其次是关于敦煌学的价值。以前研究敦煌遗书几乎不涉及字样书,而研究字样学又不涉及敦煌资料。通过《时要字样》的整理与研究,把二者沟通了,为敦煌学开拓出字样学这个新分支。敦煌遗书中有不少写卷,如 S. 4622 背、北 1452 背、P. 3109、S. 5999、S. 840、P. 3765 等,这些残文凡是没有书题的,《敦煌遗书总目索引》或定名为字书,如 S. 840;或定名为"杂字",如 S. 4622背;而北 1452 背则称之为"帙袟辍缀等字词辨别四行"。它们虽然与《时要字样》有所不同,但是,一样具有规范化的用意。或许其中就有字样书,有待于今后做返本还原的工作。S. 5731《时要字样》被《敦煌遗书总目索引》误定成"韵书",迄今未改,无独有偶,《唐五代韵书集成》又把 S. 6117《时要字样》残卷,误认做"韵书残叶",而收载书中。都足以说明有待做的工作很多。

第三是关于汉语史,尤其是关于唐代口语研究的价值,可以说全面涉及文字、词汇、语音三个方面。唐代盛行《切韵》,而《时要字样》又和它有关连。因此通过二者比较来加些说明。《切韵》早轶,敦煌遗书中虽存片段,但吉光片羽,终非全豹。可以用来代表《切韵》而又完整的唯有王仁昫《刊谬补缺切韵》。其书有故宫本和敦煌本,敦煌本多残破。今以故宫本为主,兼顾敦煌本为之。为省篇幅简称王韵。

二书对此,有同有异。先说共同点。

1. 分韵及韵序相同。以 S. 5731《时要字样》为例,依次去声存啸韵 1 字、笑韵 1 字、号韵 1 字、箇韵 3 字、祃韵 6 字、阚韵 5字、漾韵 12 字、宕韵 6 字、劲韵 1 字、径韵 3 字、宥韵 10 字、候韵 5字、沁韵 5 字、桥韵 3 字、证韵 2 字、陷韵 5 字。入声存屋韵 35字、沃韵 1 字、烛韵 10 字、觉韵 13 字、质韵 8 字、物韵 5 字、栉韵 2字、迄韵 2 字、月韵 7 字、没韵 12 字、末韵 26 字、黠韵 7 字、屑韵15 字。有三个显著特点:一是曷韵和末韵不分,二是阚韵居漾韵前,三是证韵在沁韵、栎韵之后。都不是《唐韵》和《广韵》的分韵与韵次,保持着《切韵》原貌。

2. 收字、字次及同音字组次序大致相同,王韵收字显然多得多,但是,《时要字样》所载字往往王韵都有,有似摘抄。以 S.5731 为例,字次与同音字组次序不同的只有 14 处。除一处是口语音变之外,大都因摘抄导致字次不同,无妨大局。正字中与王韵不同形体有 17 字,大都是正俗字体的选载之异。不见于王韵有 14 字,大都是口语音变所致,如将舅臼等浊上字写进了去声,造成去声突然新增了字的错觉。

3. 释义相似。见前不赘。

4. 反切相同,用字相近。S.7531 有 8 个反切,摘抄如下,括弧系王韵反切。

踤:丁左(丁佐反)　咶:呼觉(许角反)

兀:五忽(五忽反)　稺:铺钵(普活反)

攉:苦角(苦角反)　倔:强衢(衢物反)

斡:□末(乌活反)　赚:伫陷(伫陷反)

或切字相同,或字异音同。

次说二书相异点。

1. 字形,《时要字样》正俗兼收,王韵以正体为尊,见前不赘。有保持俗字之功。

2. 字义,二书相较,《时要字样》新增了带词尾口语词,如栗子、忽然,反映了近代汉语词汇的形成和发展。又新增双音合成词,往往与变文等俗文学互见。如

"勃:逆"《伍子胥变文》云:"勃逆小人,何由可耐。"

"认:识"《伍子胥变文》云:"子胥被妇认识,更亦不言。"

同时释义改从口语。如"淡:醶",王韵作"淡:无味"见阚韵,

"秃:头",王韵作"秃:无发"见屋韵。保存了许多当时口语,为王韵所无,亦为其他传统字书所未载。

3.字音,较《切韵》音系有突破,突破处反映当时口语。共有五点。其一是派与怕同音,王韵派归蟹摄,怕属祃韵,不相通,今已同音是反映口语。其二浊上字读同去声,如旧、舅、臼、受、后、湛等六字,王韵归上声。浊声母上声字读同去声,是中古音向现代音发展的大势,这里有了记载。其三根据认字与刃字同音,并把二字编在证韵的事实,可以推论"－n"与"－g"可能相混,《伍子胥变文》用韵就是二者相混的,可见也是口语音。其四,从泄、楔、屑同音,知道入声屑、薛二韵相混。中古音向现代音发展又一趋势是相邻大韵规模合并,这里也有反映。其五,从以栖注屑字音看,有可能入声发生消变了。王韵栖读"苏计反",是阴声韵字。罗常培《唐五代西北方音》在敦煌注音本《开蒙要训》中发现二例阴入互注字例,兴奋写道:"露出了消失的朕兆。"其中一例为以薛字注栖字音,与此极为相似。

综上所说,《时要字样》实为研究汉语史之宝贵史料。

（原载《浙江社会科学》1993 年第 4 期）

敦煌佛经音义写卷述要

　　佛教传入中国,于是有佛经音义之作,所谓"至于文字或难,偏傍有误,书籍之所不载,声韵之所未闻,或俗体无凭,或梵言存本,不有音义,诚难究诸"①。唐代佛经音义盛极一时。始初有玄应撰《一切经音义》二十五卷,起于《华严经》,终于《阿毗达磨顺正理论》。继有慧苑作《新华严经音义》二卷,云公作《涅槃经音义》二卷,大乘基作《法华经音训》一卷。后有慧琳撰《一切经音义》一百卷,始于《大般若经》,终于《护命放生法》;郭迻作《新定一切经类音》八卷;行瑫作《大藏经音疏》五百卷;可洪作《新集藏经音义随函录》三十卷等等。虽然岁月流逝,传承至今的只有玄应、慧琳两部书,却早已经被学者视为探寻训诂、校勘、辑佚的不可多得的宝藏,引用不已。都说作者生于唐代,"去古未远,能识古字,通古语,多见隋唐前旧籍。故是书义有师承,语有根据,包罗群籍,羽翼六艺,周秦汉魏六朝之训故,咸具于斯,固已极魁玮奇丽之观矣"②。敦煌,地处丝绸之路要冲,又是唐代佛教圣地,佛经汇聚,音义咸集。据统计,20 世纪发现的四万余件敦煌写卷,佛经占百分之九十以上。研究者已经钩沉出且加以刊布的佛经音义写卷有:《一切经音义》(P.3538、P.3734)、《第一帙第一卷

---

　　① (唐)景审:《一切经音义序》,载《正续一切经音义》,上海古籍出版社 1986 年版,第 24 页。
　　② 丁福保:《重刊〈正续一切经音义〉序》,载《正续一切经音义》,第5794 页。

序文音义》(李39)、《菩萨璎珞本业经两卷上卷音义》(李39)、《大庄严论三论十卷同帙第十一卷音义》(李39)、《妙法莲华经音义》、《大方大集经贤护分音义》、《金光明最胜王经音义》(后三种是许国霖据各卷经文后附音注辑录缀合而成,见《敦煌杂录》)等多种。由于未作全面、彻底的清理,所以,《敦煌遗书总目索引》标名的只有《一切经音义》、《大乘律二十六部五十四卷五帙大乘律音义第二》、《仁王护国般若波罗蜜经音》以及《佛经音义》等约十三件写卷,讹漏递见,全貌不显。今据缩微胶卷、《敦煌宝藏》与《俄藏敦煌文献》调查整理之后,删汰复重,得音义写卷共八十九件,写成述要一篇。不敢言尽,愿努力焉,并祈识者指正。《述要》把音义写卷分为三类,一是众经音义写卷,如《一切经音义》写卷。二是单经音义写卷,如《大般涅槃经音》写卷。这两类都是音义专著。三是音注单经写卷。它们有的集中在一卷之后,有的散布于经文字行。虽不成专著,但是,缀合成编,往往与单经音义专著不异。它们无疑是音义专著的基础,因此,不避量大和分散,尽可能录入。

一、众经音义写卷

(一)一切经音义

S. 3469、S. 3538、P. 3734、Φ. 23、P. 2901、P. 2271、P. 3765

原名《众经音义》,释玄应撰。约成于贞观末年至麟德元年(664)之间。二十五卷。写卷的抄者及年月不详。总存卷一、二、三、四、五、七、十、十一、十二、十三、十四、十五、十六、十七、十八、十九、二十和二十一诸卷全部或部分,约近全书的四分之三。有全抄、选抄、节录和摘字等方式。大多一语一行,不作双行小注，与 1935 年商务印书馆影印南宋苏州陈湖延圣院碛砂藏本相同，而不同于乾隆五十一年(1786)庄炘刊行的南藏本，为唐本又一版式。用以校传本，每能证其讹漏。由于距成书不远。故而一字一语弥足珍视。用以校慧琳《一切经音义》所载的玄应音义，也颇有异同。其正文之字很多与玄应批评的经本误字、俗字相合，可用来考索唐以前的佛经古本。从写卷数量之众、方式之多，可以推想玄应音义在敦煌的流行。

　　1. S. 3469　抄本。存 34 行，中有残破。系卷二《大般涅槃经》第一卷文。每条提行，注不作双行小字。

　　2. S. 3538　抄本。存 25 行。系卷七《等集众德三昧经》、《集一切福德经》、《广博严净不退转轮经》、《佛说阿维越致遮经》和《胜思惟梵天所问经》文。每条提行，注不作双行小字，行款齐整，颇见传本的讹失。《敦煌遗书总目索引》拟为"佛经音义上、中、下卷"，并作说明"书名缺。尚可看出其卷次，但每卷亦只有音义数条"，未明其所据。

　　3. P. 3734　抄本。存 29 行，系卷十六《优婆塞五戒威仪经》、《舍利弗问经》和《戒消灾经》文。每条提行，注不作双行小字，字多俗写，有讹漏，颇能正传本的讹脱。

　　4. Ф. 23　存卷二《大般涅槃经》卷第十至第四十文字，自卷第十至第十九，标卷作"第×"而无"卷"字，条目连书而不提行，是节录；自卷第二十至第四十，标卷作"第×卷"，每条提行，是全抄。皆有是正传本的价值，节录部分与传本对照有三个明显的差别：一是少抄条目，共 8 条，约为总数的五分之一；二是大量删注，如卷第十五"其镞，子木反"。传本作"其镞，《字林》：子木反。镞，箭镝也，江南言箭镝也。江东言箭足，《释名》云：箭本曰足，古谓箭足为箭族。《尔雅》金俗箭羽也"。注文字数三比三十八。又如卷第十一"拍毛"条，注文字数十七比七十。"掷石"条，注文

字数五比三十七。所删大都是引书和考辨。三是偶有增添。如
"拄髀"注文有"上知主反",传本所无。"鼪鼪注"上他合反下音
登",传本只有"他盍反"三字与"他合反"对应。已是超出抄录的
范畴。

5. P. 2901　节录本。存一百十一行,首残,前四行存下半。
书法甚佳,字行严整。不分卷,条目连写而不提行,双行夹注。其
有条目 321 条,对照传本,分属 101 种经。原书二十五卷,写卷自
首至十六行,凡六经四十三条属卷一;自"胃胖"至二十四行"猜
焉",凡六经二十五条属卷三;下至二十九行"恳切",凡二经十六
条属卷二十一;下至四十行"若侨",凡二经三十六条属卷四;下
至四十五行"怵惕",凡十一经十四条属卷五;下至四十七行"播
殖",凡三经三条属卷七;下至五十行"舌哑",凡六经十二条属卷
十;下至六十二行"礓陈",凡五经三十六条属卷十七;下至六十
六行"眴动",凡八经十二条属卷十八;下至七十三行"斫发",凡
一经二十条,属卷十九;下至七十五行"财贿",凡三经五条属卷
二十;下至八十六行"绮语",凡三经三十二条属卷十一;下至九
九行"屈无",凡八经三十一条属卷十二;下至一百十一行"吟
哦",凡六经三十二条属卷十三;最后三条同出一经,属卷十四。
其卷次特点是:将卷二十一部分移到卷三与卷四之间,将卷十七
至二十部分移到卷十与卷十一之间。各卷内部经序则不变,唯有
不录而已。如卷六共有十种经,只录六种;卷四共有十九种经,只
录十二种。经有删选,此其一。其二条目有删选。如卷一收六种
经音义共 389 条,只录 43 条,约十分之一。不录者多是重复与音
译名词。表现在条目正文,删多字为一字的现象不少,即只取被
注音的字。其三大量删注。如"酬酢,又作酬,又诪。主客酬酢"。
传本作:"酬酢,又作酬,《苍颉篇》作诪,同。市周反。主答客曰
酬,客报主人曰酢也。"重在辨形认字,不录考辨引书,训解也尽

量简略。有的几乎成了改写,如:"俙张,《说文》作诔,同。竹流反,俙张,诳惑也。"传本作:"俙张,《说文》作诔,同。竹流反。《尔雅》:俙张诳也,亦幻惑欺诳也。"综上所述,写卷可以认为是一种通俗、简明、便用的节录本。它还是保存玄应音义最多的写卷,极具校勘价值,内中《中阴经》与《濡首菩萨无上清净分卫经》为传本所无。此外,写卷时有讹失,又不标经名和卷次,故《敦煌遗书总目索引》标作"残佛经音义",《敦煌宝藏》标作"佛经音义"。

6. P. 2271　摘字本。存五十余行。主要是卷第七、十二、十六中字。不分卷。字迹潦草,多俗讹,有重复。所摘多条目正文中字,也有注文中字。其中不少是玄应所见经本的俗字误字,存唐以前古本经文之旧。亦有不见于玄应书的,原因未详。注文重注音,兼辨异体与存异文。其音有与玄应不同的,主要有止摄字与遇摄字互注、梗摄字与止摄字、齐韵字互注等,与罗常培《唐五代西北方音》所论吻合,存当时口语。

7. P. 3765　摘本字。存四十六行,大体与 P. 2271 的前四十六行相同,二者可以互校,不赘。

(二)新集藏经音义随函录

P. 3971、P. 2948、S. 5508、李 39、S. 3553

后晋人释可洪撰,成书年月不详。三十卷,其书早佚,传世唯有高丽藏本。抄卷重现,填补中土不存之空缺。抄者及年月不详。有抄本、选抄本和摘抄本三种,总存《仁王护国般若波罗蜜经》等十二种经音义。后晋建国从公元 936 到 947 年,距藏经洞封闭不甚远,可以推测写卷本当早于高丽藏本。《敦煌遗书总目索引》称 P. 3971 为《仁王护国般若波罗蜜经音》和"背为另一佛经音义",P. 2948 为"佛经音义"、S. 5508 为《大乘律五十六部二十四卷五帙大乘律音义第二》、李 39 为"俟考诸经"（《敦煌宝藏》更名"佛经论释"）、S. 3553 为"经音义四行"。许国霖《敦煌杂录》有李 39 录文。皆未识它们是《新集藏经音义随函录》的残抄。

8. P. 3971　抄本，存十二行。抄者及年月不详。两面抄。正面七行，其前六行是《仁王护国般若波罗蜜经》音义，末行是经题"金刚般若波罗蜜经"八字。背面五行，首残，是《大宝积经》音义残文，分别见于高丽藏本第二册的第二十五张和第七十五张，未详何以抄在一纸，二本对勘，写卷一行字数较多，以《仁王护国般若波罗蜜经》为例，写卷作五行，高丽藏本作九行；写卷的经题和卷首不加"〇"；而俗字与错讹却往往相同，如《大宝积经》"雌黄"注音俱作"此斯又"，误"反"成"又"。

9. P. 2948　选抄本。存《莲花面经》等四经音义。行款与高丽藏本不同，然而，文字可以互校。写卷误读换行处注文籍高丽藏本而得明，当能视为二者据本同源之迹。

10. S. 5508　抄本。存九行。首行是标题"大乘律二十六部五十四卷五帙大乘律音义第二"诸字。二行是标题"菩萨地持经一部十卷一帙第一卷"诸字。三行首条是"勘任"。末行则是"第三卷"三字。存《菩萨地持经》卷一卷二音义的全文。文字与高丽藏本大体相同，但有用正体注俗字的现象，如"含咲，音笑"、"尔不惚，上音亦"。

11. 李 39　抄本。四纸四十八行。除末纸外，均有界栏。第一纸十四行，是《大庄严论》音义；第二纸十六行，是《菩萨璎珞本业经》音义和《佛藏经》音义；第三纸八行，是《佛说义足经》音义；末纸十行，前九行是《阿毗达磨显宗论》音义，第十行是空白。与高丽藏本相校，互有正讹。

12. S. 3553　摘抄本。共四行，始"嚼"终"援"，为《佛藏经》音义卷一、卷二文。与高丽藏本、李39相校，条目有省略，正文二字有只摘一字的，注有省略甚至不抄，且注文左读，在遗书中颇为少见。

二、单经音义写卷

（三）大般涅槃经音

P. 2172、P. 3205、S. 2821、S. 3366、P. 3578、P. 3438、P. 3415

作者及年月不详，据 P. 3438，下限不晚于宋开宝六年（973）。各卷条目有多少，注文有详略，残损有轻重，虽然这样，仍不掩其共同点，一是都分作四十二卷，尤其 P. 2172、S. 2821 和 S. 3366 均有较完整的四十二卷标目。《大般涅槃经》四十卷，后来唐若那跋陀罗等译出《大般涅槃经后分》二卷（又名《阇维分》），合此二者方成四十二卷本，为写卷所据。所以，玄应、云公、慧琳所据皆四十卷本，然而，慧琳于其后又有《阇维分》音义两卷，只是尚不曾与前者合为一编。以上情况可以作为考索写卷撰写年月上限的佐证。二是条目多于玄应、慧琳之作（云公音义含慧琳书中），丰富了此经音义。三是存古本经文旧字。有如"诸天姪女。旧本姪，五茎反。今改作婬女、媟女，错。合取旧字"。王仁昫《刊谬补缺切韵·耕韵》："姪，五茎反，身长好儿。汉武夫人名曰姪娥"，写卷所释不虚，"婬"、"媟"，是臆改。考之慧琳书作"婬"，是"婬"之变；考之传本作"媟"，"媟"通"媟"。并如写卷所言。四是存唐西北方音。如"鸜"音"葵"、"葵"音"劬"等显示出虞韵字与止摄字相通；又如"溪"音"轻"、"瓶"音"丁"等呈现了梗摄字与齐韵字相通。二者都不是《切韵》音系所能有的。

13. P. 2172　作者及年月不详。首行是书题"大般涅槃经音"六字，全卷除本文开头三行和从第八至第十一行严重残损外,几乎称得上完帙。分四十二卷,皆有"第几"的标目。一卷条目少则四条,多则七十余条不等,其总数远胜玄应,可用作整理其余写卷的依据。条目正文多存古经旧字,如:"牟",玄应作"矛",注曰:"经文有作牟……非字体"。注文重在字音和异文,其音大体符合《切韵》,异文多有"亦作"、"或作"、"今作"、"有本作"之称。此外,注中时见校语,能正传本之讹。如"失有,失是,夫不是"。传本正作夫,云:"如王所言,父王无辜者,大王云何无夫?有罪者则有罪报,无恶者则无罪报。"

14. P. 3025　作者及年月不详。存十四行,起卷一的"纵广"条,止于卷二"难"字。每行之首皆约残一字。七件写卷唯此注语最详,并接近 P. 2171 卷。注文除注音之外,兼重异文,"诸天致女"条注即出于它。又如"牟稍,上矛或铧",考玄应作"矛",慧琳与传本作"铧",并如注所载。《敦煌遗书总目索引》标作"佛经音义"。《敦煌宝藏》拟名"大般涅槃经音义"。不如借用 P. 2172 所存书题《大般涅槃经音》。

15. S. 2821　摘字本。作者及年月不详,无书题,始"大般涅槃经序品第一慄",止于"大般涅槃经机感荼毗品四十二",共五十八行,基本完整,有品目和卷目,所摘字数介于 P. 2172 与 S. 3366 之间,而具体文字互有出入。注音兼录异文,往往存古经旧字。如"俎"注以"沮"。玄应作"沮",云"经文作俎……非此义也";"捔"注以"力角",玄应作"角力",云:"并单用角。经文犄,古文粗字……犄非此用","犄"是"捔"的俗字,玄应误以为"捔",传本作"捔"从手。注音存西北方音。如以"推"注"挎",以"除"注"稚",以"至"注"财"等,都是虞韵字与止摄字互注之例;又如以"丁"注"秪",以"迎"注"睍",以"轻"注"溪"等都是梗摄字与齐韵字同读之例。

16. S. 3366　摘字本。作者及年月不详。共二十一行,无书题,始"第一帙第一卷佉",止第四十二卷"惮"字。各卷少只一字,多至十八字,不等。第四、十五、十七、二十、二十一、三十五及四十一共七卷未摘,共摘 158 字,无注,《敦煌遗书总目索引》已经标名《大般涅槃经音》,当是"经音"摘字之类。字多俗写,如"抱"作"铇"等。

17. P. 3578　摘字本,作者及年月不详。存八行四十余字,始"涅槃经第一帙二卷株",止"四卷窈臑",无注,体例同于 S. 3366,《敦煌遗书总目索引》称其为《涅槃经难字》,称彼为《大般涅槃经音》,理当一致。字多俗写,如"菰"作"菝"、"贮"作"貯"。其中"谰",玄应、慧琳及传本经文皆作"瀰",对照玄应注语"经文多作谰",知写卷保存古本经文旧字。

18. P. 3438　摘抄本。抄者及年月不详。存二十二行,始"大般涅槃经第一帙第一卷谶",止第三帙"豕"。前二行注有反切。《敦煌遗书总目索引》标名《大般涅槃经难字》,《敦煌宝藏》改称《大般涅槃经音义》,实是"经音"摘抄之类。联系 S. 3366、P. 3578,一律归入《大般涅槃经音》。正面是《沙州官告国信判官将仕郎试大理事王鼎状》,则其摘抄时间上限当在张义潮收复沙州的大中二年(848);据首行"辛巳年三月转"的题记,下限应不迟于距闭洞最近的辛巳年,即宋太平兴国六年(981)。摘字不多,注文很少,仅有九个反切。对照所摘字与标卷偶有错乱。字多俗写,如"庭燎"作"烶燎"。其中有与古本经文旧字相合的,如"拊",玄应、慧琳及传本经文皆作"傅"。玄应注云:"经文作拊……拊非字体也。"具有校勘和研究俗字价值。

19. P. 3415　摘字本。摘者及年月不详。存七行约六十四字,始"蝇蚤",止"邻"。摘字不多,不分卷,排列不依经序,只注音而不及其他。注音只有十二个,多数字无注。《敦煌遗书总目索引》标名"佛书中难字",《敦煌宝藏》称作《大般涅槃经音》,实是"榬"摘字之类,与 P.3578、S.3346、P.3438 相似。多存古经俗字,如"榤",玄应、慧琳作"㦎",玄应注曰:"经文作榤,俗字也。""瘤",玄应、慧琳作"習",玄应注曰:"经文从广作瘤,书无此字,近人加之。"注音见西北方音,如以"葵"音"鸜"、以"劬"音"葵"。

(四)大佛顶如来密因修证了义诸菩萨万行首楞严经音义

S.6691 背、P.3429

作者及年月不详。十卷。写法基本完整,慧琳《一切经音义》卷四十二有《大佛顶经》音义,二书相勘,慧琳注重文字正俗,而写卷兼存经本异文,并且,条目多于慧琳书。它是内容最丰富的《大佛顶经音义》,惜其久佚不闻。

20.S.6691 背　抄者及年月不详。书题残。存 220 行,除开头部分遭严重残损外,大致完整不缺。注简要,以注音辨形为主。注音兼用反切与直音,还有四声读法,如:"从"注"去声呼","弘范,下无反无韵,上声呼之",与《广韵》相似,如"㲋,少。息浅反。亦作鲜"。《广韵·狝韵》:"鲜,少。俗作㲋","息浅切";又如"窍穴,苦吊反。穴"。《广韵·啸韵》:"窍,穴也。苦吊切。"归结起来,有反切相同、释义相同和直音字同《广韵》小韵字等,表现出与韵书的密切关系。

21.P.3429　抄者及年月不详。存六行,首尾俱残,约当S.6691背的第四至第七部分,然其条目、文字少有出入,可资比勘。

(五)金光明最胜王经音

22.S.6691 背　作者及年月不详。不分卷。以《金光明最胜王经》作十卷,故写卷有第一至第十的标目,但是,第三、第五有目无字，所收与附在《金光明最胜王经》每卷之后的音义相同，皆以注音为其宗旨。字多俗写，如"鸲"作"鹍"之类。慧琳《一切经音义》卷二十九撰有此经音义，对比二书，条目总数以慧琳为多，但是写卷也有三十多条是慧琳书没有的。此外，慧琳二字条目，写卷也有只取一字的，二书注音相同而用字不同。

（六）佛本行集经难字

23. P. 3506　作者及年月不详。残存二十一行，间有模糊字。首行即"佛本行集经第二"七字，而后始于"偃"字。止于第十九卷"抑"字。名行字数不一，但是，皆在十二字左右。摘字依照经序，字与字有空隔。少注，仅有十三个字注了反切或直音。其音合乎《切韵》。玄应《一切经音义》卷十九撰有此经音义，对照二书，一是写卷存古经本旧字，如十三行"偝"，玄应作"背"，注曰："经文从人作偝，非也。"二是写卷重在摘难字，所以玄应多字条目之仅注其中一字音者，写卷往往仅摘一字。如，玄应"熇拘罗王"条，写卷所摘只有注音的"熇"字。三是写卷摘字与玄应条目正文互为有无，相论总数以写卷为多。四是玄应注反切，写卷有的用直音，并且三处字音稍异。综上所述，它是直接与玄应不同的另一本音义。"音义"与难字注音关系密切，如慧琳《一切经音义》常有某卷或某卷至某卷无难字不音训的说法。《敦煌遗书总目索引》标称《佛本行集经难字》，是有道理的。

（七）妙法莲华经难字

24. P. 3406　作者及年月不详。无书题，共三十五行，全。以二十八品标目，并于第一品、三品、五品、八品、十四品、十八品和二十四品的品目下面分别注有一、二、三、四、五、六、七，知所据是七卷经本。各品摘字不多，并有十三品无字，惟第三品多达三十二字。注文简略,一般只注反切或直音,也有注异体或释义的。其中以"已"音"豫"和以"净"音"齝"二则与唐西北方音相合。《敦煌遗书总目索引》标名《妙法莲华经目录》,非宜。

(八)新译大方广佛花严经音义摘字

25. S.5712 摘者未详。约抄于乾符六年(879),存八行,前有二行杂写。行约十字,除末行残损难认之外,共七十字左右。字迹潦草,又多讹俗。内有直音八个,颇合唐西北方音。《敦煌遗书总目索引》标名《杂字》,作"说明"云:"不满百字,兼有注音。如羼注以善(案写卷作"扇")、暨注以既。"拿它与慧琳《一切经音义》所载慧苑《新译大方广佛花严经音义》对勘,多相合。所不同是慧苑用反切,写卷则用直音。所以,改用今名。

(九)佛经难字

26. S.5999 作者及年月不详。存十三行,行十五至二十六字不等。约二百四十六字。有残损,多俗体,可与《干禄字书》、《集韵》、《龙龛手鉴》所载互证,不失为文字学的重要史料。注约一百六十二处,除一处释义和十处注异体字外,都是注音。注音基本采用直音,语音颇不同《切韵》,一是遇摄字与止摄字互注,如以"为"注"逾"、以"居"注"羁"等;二是邻韵互注,包括《广韵》规定同用和不同用的韵字;三是梗摄部分字读同齐韵祭韵字,如以"庆"注"憩"、以"令"注"悷"等;四是清音字与浊音字互注,如以"唐"注"珰",以"才"注"裁"等;皆合唐西北方音。《敦煌遗书总目索引》拟名《字书》,鉴于其中多见《大般涅槃经》字,故改作今名。

三、音注单经写卷

此种写卷,每经选代表者,不是总数。

(十)胜天王般若波罗蜜经卷第五

27. S. 1220　注音者及年月不详。咒语有音注,玄应《一切经音义》卷三有此经音义,卷五有音义十条,与此不同。慧琳《一切经音义》卷十所载即玄应撰。

(十一)阿弥陀经

28. 秋 97

29. S. 1023　注音者及年月不详。咒语有音注。秋 97 卷比 S. 1023 卷多二个音注。玄应《一切经音义》卷八有此经音义,慧琳《一切经音义》卷三十二也有此经音义,均与写卷不同。

(十二)佛说大乘入楞伽经

30. S. 3570　注音者及年月不详。唯第六卷陀罗尼品第九有音注,多与《广韵》不同。慧琳《一切经音义》卷三十一有此经音义,与此不同。

(十三)摩诃摩耶经卷上

31. P. 2160　注音者不详。抄于陈至德四年(586)。咒语有音注,与《广韵》不合。玄应《一切经音义》卷五有此经音义,未为咒语注音。慧琳《一切经音义》卷三十四所载即玄应撰。

（十四）佛说佛顶尊胜陀罗尼经

32. S. 3635　注音者及年月不详。咒语有音注，与《广韵》不同。慧琳《一切经音义》卷三十五有此经音义，却未为咒语注音。

（十五）佛顶尊胜加句灵验陀罗尼

33. S. 2566　注音者不详。释惠銮抄于"戊寅岁"。注音与《广韵》相出入。

（十六）佛顶尊胜陀罗尼咒

34. 裳78　注音者及年月不详。咒字与音注与上二者有别，注音与《广韵》相出入。

（十七）金刚顶经五字心陀罗尼经

35. 地59　注音者及年月不详。咒语注有五音。慧琳《一切经音义》卷三十六有此经音义，仅五条，未为咒语注音。

（十八）无垢净光大陀罗尼经

36. S. 1634　注音者及年月未详。咒语注音十一处。慧琳《一切经音义》卷三十七有此经音义，仅五条，与此不同。

（十九）不空罥索神咒心经

37. P. 3916　注音者及年月未详。卷尾有音义二十一行，行约四至五字，注作双行小字。其音与《广韵》大致相同。玄应《一切经音义》卷五有此经音义，与此不同。慧琳《一切经音义》卷三十九有此经音义，共十五条，其中有五条可与写卷互证。

（二十）佛说十一面神咒心经

38. S. 3007　注音者及年月不详。咒语有音注八处，与《广韵》有所异同。慧琳《一切经音义》卷四十有此经音义，仅五条，与此不同。

（二十一）十一面观自在菩萨摩诃萨咒

39. S. 5586　注音者及年月不详。咒语残存四个注音，音与《广韵》有所异同。

（二十二）佛说千眼千臂观世音菩萨陀罗尼经卷下

40. S. 3534　注音者及年月不详。咒语有音注三个，与《广韵》不同。慧琳《一切经音义》有此经音义，未为咒语作音。

（二十三）千手千眼观世音菩萨广大圆满无碍大悲心陀罗尼经

S. 231、S. 2498

41. S. 231　注音者及年月不详。咒语注有二音，音近《广韵》。慧琳《一切经音义》卷四十有此经音义，未为咒语作音。

42. S. 2498　注音者及年月不详。咒语注有四音，音与《广韵》不同。其反切上字皆作"于"。

（二十四）千眼千手观世音菩萨大身咒

43. 宙57　注音者及年月未详。有十一个注音，颇与《广韵》不同，且有讹误。

（二十五）大吉祥天女十二契一百八名无垢大乘经

44. 皇 78　注音者及年月不详。咒语有注音二个，音与《广韵》不同。慧琳《一切经音义》卷四十有此经音义，无此音注。

（二十六）佛说救拔焰口饿鬼陀罗尼经

45. P. 3920　注音者及年月不详。仅存一音，与《广韵》音不同。慧琳《一切经音义》卷四十载《焰口饿鬼经》一卷，注云"无可音训"。

（二十七）五千五百佛名神咒除障灭罪经

云 39、调 84、潜 37 背

46. 云 39　注音者及年月未详。不分卷，有注音二十六个，音与《广韵》不同。玄应《一切经音义》卷四有此经音义，见经卷第四、第五、第六，音注不同。慧琳《一切经音义》卷四十三所载即玄应书。

47. 调 84　注音者及年月未详。不分卷。有注音十四个，音近《广韵》。玄应、慧琳有此音义，见上。

48. 潜 37 背　注音者及年月不详。存卷第四中、卷第五，咒语有注音七个，音近《广韵》。玄应、慧琳有此经音义，详上。

（二十八）根本萨婆多部律摄卷第十三

49. P. 2175　注音者及年月不详，注音多同《广韵》，共九个。

（二十九）金刚界大曼吒罗十六菩萨赞

50. P. 2322　注音者及年月不详。赞分十六会，第五及第十六会各有一个注音。音与《广韵》不同。

（三十）普贤所行行愿菩萨赞

51. P. 2322　注音者及年月不详。赞分十五会，并有注音。音与《广韵》有异。慧琳《一切经音义》卷七十六载《梵音普贤菩萨行愿赞》，注云"无"，即无音训。

（三十一）增壹阿含经第三四卷七日品第三八

52. S. 3288 背　注音者及年月不详。有音注五个，与《广韵》不同。玄应《一切经音义》卷十一有此经音义，与此不同。慧琳《一切经音义》卷五十二所载即玄应书。

（三十二）诸星母陀罗尼经

53. P. 4587　注音者未详，抄于大中十一年（857）。卷末有四字及注音，音近《广韵》。

（三十三）贤护菩萨所问经

S. 2020、珍 66、S. 3258

注音者及年月不详。卷三、四、五有音注，音与《广韵》相合。玄应《一切经音义》卷五有此经音义，从卷一至卷四有音。慧琳《一切经音义》卷一九所载即玄应书。与写卷比照，写卷音注较多，字多俗写。

54. S. 2020　存卷三，有言注十一个。内有八个玄应未注音。

55. 珍 66　存卷四，有音注十三个。内有十个玄应未注音。

56. S. 2258　存卷五，有音注七个。

（三十四）佛说普遍光明焰鬘无垢清净大盛思惟如意宝印无能胜大明王即得大自在总持大随求陀罗尼神妙章句

57. P. 2197　末则有音注,注音者及年月不详。约有音注十个,音近《广韵》。

（三十五）观自在如意轮菩萨瑜伽法要

58. P. 3916　注音者及年月不详。有音注约十个,音与《广韵》不同。

（三十六）金刚顶莲华部心念诵仪轨

59. P. 2105　注音者及年月不详。有音注约七个,与《广韵》音不同。

（三十七）菩萨布萨法

60. 龙 68　注音者及年月不详,有音注约四个,与《广韵》音不同。

（三十八）相好经

61. S. 22　注音者及年月未详。有音注约十个,与《广韵》音合。

（三十九）观世音经

62. 菜 21　注音者及年月不详。有音注约六个,与《广韵》音不同。

（四十）注观世音经

63. P. 3904　注音者及年月不详。有音注三个，与《广韵》音合。

（四十一）大佛顶如来顶髻白伞盖陀罗尼神咒经

64. S. 4634　注音者及年月不详。有音注约十个，与《广韵》音有同异。

（四十二）佛部三昧邪印

65. S. 3916　注音者及年月不详。有音注约九个，与《广韵》音有同异。

（四十三）治病神咒

66. S. 1307　注音者及年月不详。有音注四个，与《广韵》音近。

（四十四）佛经音义残片

67. S. 6189　注音者及年月不详。存二行五条，与《广韵》音近。被误标名《字宝碎金》。

（四十五）解一切咒陀罗尼

68. S. 3534　注音者及年月不详。仅存二音注，其一残反切下字，其二与《广韵》音近。

（四十六）用身咒

69. S. 5586　注音者及年月不详。只有音注一个，与《广韵》

音不同。

(四十七)用心咒

70. S. 5586 注音者及年月不详。只有音注一个,同《用身咒》。

(四十八)一切佛心陀罗尼

71. S. 5586 注音者及年月不详。有音注三个,与《广韵》音异。

(四十九)观世音治头痛咒

72. S. 6978 注音者及年月不详。有音注三个,与《广韵》音近。

(五十)观世音菩萨咒

73. S. 6978 注音者及年月不详。有音注约十一个,与《广韵》音近。内有一处提到"吴音"。

(五十一)密教杂咒语

74. S. 5541 注音者及年月不详。有音注八个,与《广韵》音近。

(五十二)大明咒藏摩贺般若波罗蜜多心经

75. S. 4577 注音者及年月不详。只有一个音注,与《广韵》音近。

(五十三)大方广佛华严经

76. 宇 28　注音者及年月不详。其第七十六卷入法品之十七有音注。注音例加"音"字,音与慧苑《音新译大方广佛华严经音义》大致相同。多将平声字读作上声;歌、戈二韵相混,歌、麻二韵相通,即所谓"借音"。慧苑书见慧琳《一切经音义》卷二十一、二十二。

(五十四)妙法莲华经

S. 3082、S. 114

77. S. 3082　注音者及年月不详。存卷五音注七个,与《广韵》音近。玄应《一切经音义》卷六有此经音义,慧琳《一切经音义》卷二十七有大乘基所撰的此经音义,其音相似。写卷"被,皮寄反"为二书未注音者。

78. S. 114　注音者及年月不详。存卷七音注十三个,与《广韵》音不同。

(五十五)金光明最胜王经

S. 1777、S. 980、云 93、S. 2097、S. 17、S. 267、S. 18、S. 814、S. 649、S. 712

注音者不详。十件写卷的卷末并有音注,多少不一。其中 S. 2097、S. 267、S. 18、S. 814 和 S. 649 五件咒语中还有音注。它们的音注与《广韵》大致相合。慧琳《一切经音义》卷二十九有此经音义。

79. S. 1777　抄于光化三年(900),经文第一卷末有 15 个音注。

80. S. 980　抄于辛未二年,经文第二卷末有七个音注。

81. 云 93　经文第三卷末存四个音注。

82. S. 2097　经文第四卷末存一个音注,经中咒语有四个音注。

83. S. 17　经文第五卷末存四个音注。

84. S. 267　经文第六卷末存十九个音注,经中咒语有一个音注。

85. S. 18　经文第七卷末存九个音注,经中咒语有十六个音注。

86. S. 814　经文第八卷末存二个音注,经中咒语有三个音注。

87. S. 649　经文第九卷末存八个音注,经中咒语有二个音注。

88. S. 712　经文第十卷末存八个音注。

(五十六)合部金光明经

89. 张 39　注音者及年月不详。经文第三卷陀罗尼最净地品第六的咒语有音注十一个,多与《广韵》不同。慧琳《一切经音义》卷二十九载有此经音义,却未为咒语作音。玄应《一切经音义》卷四有《金光明经》音义,即此经。摘字注音互有出入。

(原载《敦煌研究》1997 年第 2 期)

P. 2901 佛经音义写卷考

    P. 2901 佛经音义写卷为唐写本,共6纸,存111行,前4行残损大半。起"聋聩"、"衰耄"二词,至"吮出"而止,凡数百条。既乏书题,又不分卷,词语连书,中有双行夹注,所引书无出唐以后者。观其书,字端庄而方正,行款密合而整齐,自非庸手之所为。著名敦煌学家姜亮夫先生30年代游学巴黎,在国民图书馆检阅敦煌遗书,喜睹此物,归国后,心念不已,为之作《志》云:

    不知为何经音义。起"聋聩"、"衰耄"二词,注中引用之书,《说文》最多,此外有《字体》、崔寔《四民月令》、《方言》、《广雅》、《苍颉篇》、《三苍》、《史记》如淳说、《声类》等。当检阅时,以仓卒未录全卷,仅将与字学有关者录存百数十条,兹并存而不废云。

希望藉此引起关注,《志》及所录收载在1953年印行的《瀛涯敦煌韵辑》。这是 P. 2901 写卷的第一次摘录刊布。于60年代问世的《敦煌遗书总目索引》则称此卷为"某佛经音义",80年代刊行的《敦煌宝藏》又删去"某"字,改名"佛经音义"。这两部具有总结性巨著的称名,反映了对此写卷的研究仍然没有多大进展。因此,姜亮夫先生在1990年发表《瀛涯敦煌韵书卷子考释》一书时,重刊《志》及所录的百数十条,再一次申明深入研究的必要。这几年笔者集中精力,整理研究敦煌音义写卷,究明 P. 2901 佛经音义写卷的面目,自然而然地成为必须完成的课题。

一

依据"某佛经音义"的提示,笔者拿它与今存的单本经音义比照,希望找到相同的。由于我们已经掌握敦煌遗书中的音义,因而,具备一定的有利条件。然而,比照结果,却没有一种单本经音义能拥有写卷这般丰富的词语。于是,不得不转换方法,拿它与众经音义比照。今存众经音义有唐初的玄应《一切经音义》、中唐的慧琳《一切经音义》和五代后晋的可洪《新集藏经音义随函录》三种,比照结果,它与玄应《一切经音义》关系密切,笔者将它归结为三方面:

第一,写卷全文均见于玄应《一切经音义》(用《丛书集成初编》本,下省称玄应书),且能据以分卷和填补经名。因此,我们得知写卷所载的 354 条语词分见于玄应书卷一、卷三、卷四、卷五、卷七、卷十、卷十一、卷十二、卷十三、卷十四、卷十七、卷十八、卷十九、卷二十、卷二十一、卷二十四和卷二十五中 102 种经,这么多经的分卷及其在卷内的序次也与玄应书同(所作的逐行逐条比照从略)。慧琳《一切经音义》也收载玄应书,但是改变了序次;不仅如此,慧琳缺少写卷中的 6 种经音义,此外,又有 6 种经音义不用玄应而自作,自然与写卷不合。

第二,摘经摘卷摘语词而不全盘照抄,见统计。

玄应书	经本数		经之音义卷数		语词数	
卷次	玄应	写卷	玄应	写卷	玄应	写卷
1	6	6	99	28	138	45
3	10	6	69	19	137	2
4	19	12	80	23	152	36
5	64	9	17	11	35	11
7	49	3	14	4	23	4
10	18	6	42	13	59	13
11	4	3	89	25	110	31
12	15	9	55	21	161	36
13	87	28	35	29	154	33
14	1	1	14	2	33	3
17	5	3	66	15	107	21
18	16	8	76	11	89	11
19	2	1	52	14	110	19
20	28	3	21	3	47	5
21	13	2	25	11	91	16
24	1	1	27	6	132	7
25	1	1	62	5	61	9
总计	339	102	833	240	1639	354

其中，卷十四是《四分律》音义，《律》分 60 卷，玄应作音义的有 48 卷。写卷摘至卷十四而残，所以，只算 3 卷。统计表明：经本与卷数之比，玄应书为 1 比 2.45，写卷为 1 比 2.4；卷数与语词之比，玄应书为 1 比 2，写卷为 1 比 1.45；经本与语词之比，玄应书为 1 比 5，写卷为 1 比 3.5，大体相称。摘经摘卷的关键在于摘语词，有语词就有卷有经。从对照中，我们得知抄者有两种语词是几乎不摘的。一是译名，写卷只有 9 个，而玄应书相应部分近

300个。二是重复者不收。如"衰髦"既见于玄应书卷一《大方广佛华严经》第六卷,亦见于卷十七《俱舍论》第六卷。又如玄应书卷一《大方广佛华严经》第五十八卷有:"甌裂:宜作擭。九缚、居碧二反。《说文》擭,爪持也。《淮南子》云兽穷则擭。是也。"卷三《摩诃般若波罗蜜经》第八卷又有:"甌裂:字宜作擭,同。九缚、居碧二反。《说文》擭,爪持也。擭则擭(按:甌之误)是也。"卷十九《佛本行集经》第二十六卷则有:"捆裂:字宜作擭。力(按:九之误)缚反。《说文》擭,扨也。《苍颉篇》擭,搏也。言兽瞋即擭也。"而卷十七《出曜论》第二卷又有:"自捆:宜作擭。俱缚反。擭,裂也,搏也。"四条同释一字。写卷只摘了第一条。道宣《大唐内典录》记叙玄应书,"恨叙缀才了,未及覆疏,遂从物故"(见卷五)。从这一角度看,写卷摘抄似乎有过一番梳理。譬如说写卷卷次依玄应书,序次为:卷一、卷三、卷二十一、卷四、卷五、卷七、卷十、卷十七、卷二十五、卷二十四、卷十八、卷十九、卷二十、卷十一、卷十二、卷十三和卷十四,与玄应书有所不同。按玄应书的卷目标明,卷二十一为"大乘经",卷十为"大乘论",可以推知写卷以大乘经、论居前。而卷十一标明是"小乘单经",可以推知卷十一、十二、十三因"小乘单经"居后。

第三,摘字摘注而不是全盘照抄。摘字针对条目正文而言,玄应书正文大多二字,少数在二字以上,写卷往往省为一字。如:写卷第5行"阃"条,玄应书作"门阃";"宣"条,玄应书作"宣叙";第6行"御"条,玄应书作"御之"。此种情况约有35处。详加审察,玄应书这些二字正文,大抵注文只释其中一字。如:"门阃:又作梱,同。苍本反(按:苍是苦之误)。《三苍》梱,门限也。《礼记》外言入于阃。是也。"故写卷径摘被释字作正文。

摘注如"门阃"条,写卷作"阃:又作梱。门限也",省去11字。又如"禦之:古文敔,同。鱼举反。禦,当也,亦止也。《尔雅》禦，禁也，谓未有而预防之也。"写卷作："禦：古文敬，同"，省去 22 字。由此可知，摘注重辨字形，其次是注音，释意只求简要，引书考证则一律省去。有时释义甚至近乎改写。如：

玄应书："酬酢：又作醻。《苍颉篇》作詶，同。市周反。主答客曰酬，客报主人曰酢也。"

写卷："酬酢：又作醻，又詶。主客酬酢。"

玄应书："佁张：《说文》作诗，同。竹流反。《尔雅》佁张，诳也。亦幻惑欺诳也。经文作辀，车辕也。《春秋》挟辀而走。辀非字体也。"

写卷："佁张：《说文》作诗，同。竹流反。佁张，诳惑也。"

经过上述考辨，笔者以为：P. 2901 可以拟名为《玄应〈一切经音义〉摘抄》，才能比较确切地表述出它的内容和性质。

二

确定了内容和性质，就能进而评说写卷的价值了。

首先，敦煌玄应书写卷除 P. 2901 以外，还有 S. 3469、S. 3538、P. 3734、Φ. 23、P. 2271 和 P. 3765 共 6 种。抄录、摘抄、摘字三种方式同在，一语一行，连书双行夹注两种版式并存，玄应书的盛行说明敦煌佛教的兴盛和对疏解文义的严肃认真。这 6 种写卷中，S. 3469、S. 3538 和 P. 3734 为一类，都是抄卷，格式为一语一行，与连书的双行夹注不同，而且残存不多。S. 3469 存 34 行，系卷二《大般涅槃经》第一卷音义；S. 3538 存 25 行，系卷七《等集众德三昧经》、《集一切福德经》、《广博严净不退转轮经》、《佛说阿惟越致遮经》和《胜思惟梵天所问经》等五经音义；P. 3734 存 29 行，系卷十六《优婆塞五戒威仪经》、《舍利弗问经》和《戒消灾经》等三经音义。Φ. 23 存卷二《大般涅槃经》第十卷至第四十卷音义，其中第

十卷至十九卷是抄录,此后全是摘抄。摘抄只在删注。P. 2271
含 P. 3765,存 50 行左右,为摘字注音,所摘多正文字,也有注文
中字。所涉是卷七、卷十二和卷十六等三卷。相比之下,P. 2901
不仅篇幅最大,而且涵盖面最广。它最能代表唐代古本。

其次,写本据抄的是早已失传的唐代古本,与传本有不少差
异。最明显之处是第 43 行和第 44 行的 6 条语词,为传本所无。
周祖谟先生考证说:日本大治三年抄本所存的目录,在传本卷五
《等目菩萨所问经》与《密迹金刚力士经》之间还有《超日明三昧
经》等 42 种经。丽藏本保存了其中 21 种,慧琳音义保存了其中
17 种,去同存异,两书共保存 42 种经中的 30 种(详《问学集·校
读玄应一切经音义后记》),但是没有涉及本写卷。而本写卷才
是真正的唐古本,年代比丽藏本、慧琳音义更早,日本大治三年相
当于我国宋高宗建炎二年(1128),当是南宋写本。P. 2901 据抄
的敦煌古本证明丽藏本、传本慧琳音义和大治抄本确系渊源有
自,它们的祖本与这个敦煌古本有着一定的关系。现将写卷的六
条文字与丽藏本、慧琳音义合抄如下:

P. 2901	丽藏本	慧琳书
掷缐:古文缐、今线,同。私贱反。	掷缐:《字诂》古文缐,今作线,同。私贱反。所以缝缐者也。	同丽藏本:惟《字诂》作"《文字诂约》"。
剑刐:古文殈,同。亡粉反。	剑刐:古文殈,同。亡粉反。《通俗文》:自刻曰刐。	剑刐:古文殈,同。云粉反。《通俗文》:自刻曰刐。《公羊传》曰:公遂刐脰而死。何休曰:刐,割也。脰音豆也。
鹿隊:古文羅、䳜二形,今作聚,同。才句反。《广雅》:聚,居也。	同。且于"居也"后,有"谓人所聚居村邑者也"9 字。	同丽藏本,唯脱"䳜"字,"二"作"一","者"后无"也"字。

慷慨:正作忼忾,同。古葬反,下苦代反。忼忾大息不得志者。	同。唯"古"作"口",是;"息"下有"也"字;"者"后有"也"字;"大"上有"亦士"二字。	同丽藏本。唯"作忼",讹"作忧","反忼"讹"反悦"。
一盏:又作盏、琖、醆三形,同。侧限反。《方言》:盏,杯也。	同。	无。
笼罩:䇫、筆、剹三形,今作罩,同。陟校反。捕鱼笼。	同。唯"䇫"前有"古文"二字,注末有"也"字。	无。

写卷所存是《中阴经》、《濡首菩萨无上清净分卫经》、《迦叶经》与《发觉净心经》四种经的音义条目。从《中阴经》到《发觉净心经》,在大治三年抄本所载目录的 42 种经中,依序从第 5 种到第 27 种;在丽藏本所存 21 种经中,依序从第 3 到第 14,覆盖面很大。

其三,可以校正传本文字讹误。如:

8 行炒粳注"初狡反"。玄应讹"初交反"。《广韵》炒、狡俱属上声巧韵,交属平声肴韵。10 行嗽注"经文作嗽"。玄应"嗽"讹"数"。11 行仂仍注"而陵反",玄应"陵"讹从禾。《广韵》陵,仍属蒸韵,稜属登韵。11 行尘暳注"古文壃",玄应"壃"讹"暳"。11 行陂添注"泊",玄应讹"洦"。13 行垂胡注"又作颔咽二形",玄应"咽"讹"咽"。14 行停憩注"息也",玄应讹"鸟也"。17 行有翅注"施豉反",玄应"豉"讹"致"。《广韵》翅,豉属寘韵,致属至韵;18 行凌伤,玄应"凌"讹"陵",慧琳作"凌"。19 行我曹注"十余曹",玄应"十"讹"卜"。21 行履袜注"或作帓",玄应"帓"讹"怵"。23 行尼坻注"直饥反",玄应作"直饑反"。《广韵》坻,饥属脂韵,饑在微韵。28 行营耨注"除田草器",玄应无"草"字。

按《说文·木部》："橾，耨器也。从木辱声。鎒，或作从金。"段玉裁注："蓐部曰薅，披去田草也。橾者，所以披去之器也。"有"草"字为长。28 行舌耕注"又作齡"，玄应"齡"讹"齡"。29 行宝磺注"孤猛反"，玄应"孤"讹"狐"。30 行好拂注"经文作氋、彿二形"，玄应"彿"讹"佛"。32 行櫓注"字书作欂"，玄应"欂"讹从心。33 行诜林注"又作牲羍莘三形"，玄应"莘"讹"辛"。36 行踵注"又作徰"，玄应"徰"讹"種"。37 行肺腴注"庚俱反"，玄应"庚"讹"廋"。39 行動他注"古文遥"，玄应"遥"讹"渾"。41 行灾祸，玄应"灾"作"灾"。按注云："又作裁灾抆三形"，知正文不合作"灾"。42 行晴阴注"又作暀殊二形"，玄应"殊"讹"姓"。45 行风鼬注"又作獝"，玄应"獝"讹从禾。45 行尔炎注"焰"，玄应讹从心。46 行开闵注"于彼反"，玄应讹"丁彼反"。47 行播殖注"囤"，玄应讹"囤"。按 S. 3538 玄应《一切经音义》作"囤"。《说文·采部》："番，兽足谓之番。""从采田，象其掌……囤，古文番。"段玉裁注引洪兴祖、丁度云："囤，古播字。"48 行弥彰注"又作暲"，玄应"暲"讹从月。50 行振给，玄应讹"辰给"。55 行俟注"古文竢蛟䢉三形"，玄应"蛟"讹"挨"。56 行紽注"作"，玄应讹"他"。56 行不革注"古文萆"，玄应讹"古文革"。57 行登豆注"又作稄"，玄应作"猿"讹从犬。57 行如筕注"令筕出汁"。玄应"令"讹"今"。58 行所瀹注"江东呼瀹为渫"，玄应"呼"讹"受"。60 行誇衒注"古文眩徛二形"，玄应"徛"讹"衒"。《说文·行部》："徛，行且卖也。从行言。衒，徛或从玄。"62 行确陈注"《埤苍》作塙"，玄应"塙"讹从扌。"又作磝"，玄应脱此三字。63 行弥离车注"谓边夷无可知者"，玄应全脱。慧琳有之，且"者"后有"也"字。64 行敧仄注"敧"，玄应讹"敬"。又"敧呕"，玄应讹"敧呕"。65 行粹哉注"昨"，玄应讹"昨"。又"邨"，玄应讹"邨"。67 行"骚鹹"，玄应讹"骚骚"。又"士"讹"土"。又"及"讹"乃"。68

行筋陡注"陡"，玄应讹"陟"。71 行赢脊注"才亦反"，玄应讹"才亦云"。72 行滑稽注"古没胡刮二反"，慧琳同，玄应"古"讹"胡"。按《广韵》有二音：古忽切和户骨切。73 行轨地注"古文衒迖"，玄应"迖"讹"匹"。75 行埋罗注"今作垔"，玄应"垔"讹"咽"。又"帝释象王"，玄应"象"讹"家"。78 行祭餟注"古文裰"，玄应"裰"讹"掇"。又"以酒沃地"，玄应"地"讹"也"。79 行拳搤注"犹手捐也"，"捐"是"搊"的俗字，玄应讹"胫"。80 行刿注"古文斳铬二形"，玄应"斳"讹"刿"。82 行颤顽注"古文钪疢顽"，玄应"钪"讹"钪"。慧琳不讹。83 行欑箭注"祖丸反"，玄应"祖丸反"。按："欑、祖，皆精纽，而徂属从纽。"84 行如眎注"又作鮎"，玄应"鮎"讹"馂"。又"经作醋"，玄应"醋"讹"酣"。85 行篡修注"古文缮"，玄应"缮"讹"僎"。《集韵·缓韵》："篡"或作"缮"。86 行并䉨，玄应"饕"讹"厣"。注云："此应厣字误作也"，是其证。88 行歉食注"口咸反"，玄应讹"口灭反"。89 行榾煮注"合心曰榾"，玄应"榾"讹从禾。92 行枥撕注"囚具"，玄应讹"曰具"。93 行鮖口注"又作鮎"，玄应"鮎"讹从舌。94 行银铛注"力当反"，玄应"当"讹"铛"，造成以被注字作反切。96 行名戬，玄应"戬"讹"戥"从角。注"古文愚"，玄应"愚"讹"甬"。96 行苦橐注"古文囿"，玄应"囿"讹"固"。97 行连樏注"樏"，玄应讹"絜"。又注"《说文》作靲，《诘幼文》又作靲，皆一也"。玄应无，慧琳有。99 行饩施注"古文槩"，玄应"槩"讹"既"。101 行飰此注"借音耳"，玄应"借"讹"昔"。102 行米潘注"泔汁也"，玄应"泔"讹"甘"。106 行釪铥注"今作于阗"。玄应、慧琳皆无。107 行枭磔注"冬至日捕枭磔之"，玄应、慧琳无"之"字。按《说文·木部》："枭，不孝鸟也，日至，捕枭磔之。""之"字当有。

"浙江学者丝路敦煌学术书系"已出书目

序号	作者	书名	定价/元
1	朱 雷	敦煌吐鲁番文书研究	36
2	柴剑虹	丝绸之路与敦煌学	38
3	刘进宝	敦煌文书与中古社会经济	38
4	吴丽娱	礼俗之间:敦煌书仪散论	45
5	施萍婷	敦煌石窟与文献研究	45
6	王惠民	敦煌佛教图像研究	42
7	齐陈骏	敦煌学与古代西部文化	38
8	黄 征	敦煌语言文献研究	36
9	张涌泉	敦煌文献整理导论	39
10	许建平	敦煌经学文献论稿	38
11	方 豪	中西交通史	45
12	冯培红	敦煌学与五凉史论稿	38
13	黄永武	敦煌文献与文学丛考	45
14	姜亮夫	敦煌学论稿	42
15	徐文堪	丝路历史语言与吐火罗学论稿	48
16	施新荣	吐鲁番学与西域史论稿	36
17	郭在贻	敦煌文献整理论集	39
18	夏 鼐	丝绸之路考古学研究	40
19	卢向前	敦煌吐鲁番与唐史研究	48
20	贺昌群	丝绸之路历史文化论稿	48
21	张金泉	唐西北方音丛考	48